ספר

נהר שלום

לרש"ש

רבינו המקובל הרב

שלום מזרחי שרעבי

עם הקדמות

רחובות הנהר

עם קונטרס ראשי תיבות

ידוע כי אין בר בלי תבן, כך אין ספר בלי טעויות, ועוד יודע אני כי דל ועני אני, **ואין עני אלא בדעה**. לכן מבקש אני בכל לשון של בקשה אם יש לכל אחד שאלות, הערות, הארות, תיקונים, נא לשלוח ל - simchatchaim@yahoo.com והשתדל לענות, ולתקן את הצריך תיקון.

בברכה והצלחה בלימוד התורה הקדושה
ובעיקר בפנימיות התורה, ותורת רבינו האר"י והרש"ש.
ורפואה שלימה לכל חולי ישראל.

היב"ש

להשיג ספר זה או ספרים אחרים לאינפורמציה
simchatchaim@yahoo.com

מהדורה ראשונה תשפ"ד 2023

בס"ד

ירפא **ה**מאציל **ו**יושיע **ה**בורא את כל חולי בני ישראל, וישלח להם רפואה שלימה, רפואת הנפש ורפואת הגוף, בכל אבריהם ובכל גידיהם לעבודתו יתברך.

בי"ב במנחם אב תשס"ה, הובהלתי לבית החולים, הרופאים לא נתנו לי סיכוי לחיות יותר מכמה שעות בגלל מספר תסבוכות. עם כל זאת בזכות התפילות של בני ישראל הקדושים, ברחמיו הרבים, ריחם עלי הקדוש ברוך הוא, ונשארתי בחיים.

עם כל זאת, הובחנה אצלי מחלה קשה בכליות, ונאמר לי שהצטרך למכונת דיאליזה. בשבילי זה היה שוק!!! אף פעם לא הייתי אצל רופא, או בבית חולים. כך בעל כרחי התחברתי למכונת דיאליזה, ומכונה זאת הייתה קשורה בי ככלב במשך שמונים חודשים בדיוק, כמניין יסוד, במשך 10-12 שעות ביום.

בשבת פרשת ויחי יעקב י"ב טבת תשע"ב, בזכות בני ישראל, שכולם אהובים כולם ברורים כולם גיבורים כולם קדושים... וכולם פותחים את פיהם באהבה שלוש פעמים ביום, ואומרים - ברוך אתה... רופא חולי עמו ישראל, וכללותם כל האברכים, תלמידי הישיבות, רבנים וחכמים, חסידים, מקובלים עם תינוקות של בית רבן, זקנים עם נערים, בחורים וגם בתולות, בארץ הקודש ובעולם.

ומצד שני בנות ישראל היקרות מפז, שהתפללו וקבלו עליהם כל מיני קבלות, מהפרשת חלה עד צניעות וכיסוי הראש, עם הרבנים, המנהלים, המורים, המורות והתלמידות של בית יעקב דטורונטו שכל יום התפללו, וכללו בתפילתם שבקעה את כל הרקיעים אותי, ונושעתי אני הקטן. הושתלה בי כליה. והתנתקתי ממכונת הדיאליזה.

אמר המלך דוד - לולי תורתך שעשעי אז אבדתי בעניי. מה שנתן לי חיות היא התורה הקדושה, בשעות הרבות שהיתי מחובר למכונת הדיאליזה (כ12 שעות ביום), העתקתי ערכתי סדרתי וכתבתי וניקדתי (חלק מהכתבים) במחשב, את קונטרסים שלמדתי במשך שנים. וקונטרסים אלו הפכו לחיבורים, ואחרי התלבטויות ובקשות מבני גילי, החלטתי בעזרתו יתברך להדפיס קונטרסים אלו.

בברכה והצלחה בלימוד התורה הקדושה.
ובעיקר בפנימיות התורה, ותורת האר"י החי והרש"ש

ורפואה שלימה לכל חולי ישראל.

היב"ש

נהר שלום – לרש"ש

תוכן הספר

ב

נהר שלום – לרש"ש

נהר שלום - לרש"ש

המקובל רבינו הרב שלום מזרחי שרעבי הרש"ש

הרב שלום מזרחי שרעבי מכונה גם הרש"ש הקדוש, ה'תס"ג, 1720 - י' בשבט ה'תקל"ז, 1782 היה גדול המקובלים אחרי מרן האר"י ורבי חיים ויטאל, חיבר את "פירוש השמ"ש" על כתבי האר"י "סידור הרש"ש", עם כוונות התפילה, ספר "נהר שלום" ובתוכו הקדמה חשובה להבנת כל דברי האר"י ז"ל הנקראת - **הקדמת רחובות הנהר**.
הרש"ש נולד בשרעב שבתימן, ביום פטירתו של רבי שלום שבזי. למד תורה וקבלה מחכמי צנעא. בצעירותו עלה לארץ ישראל. בדרך עבר בבומביי, בצרה ובגדאד, שם למד בספר הזוהר בישיבה שעל קברו של הרב יצחק גאון, עד שמצא שיירה לדמשק. משם המשיך לחלב, שם שימש לפרנסתו כעגלון לגביר. הוא עמד בקשרים עם חכמי העיר, ובין השאר חלק עליהם בשאלה הלכתית בנוגע למצוות אכילת כזית מצה בפסח. משם המשיך אל ארץ ישראל.

על פי המסופר הוא עבד כשמש בית כנסת בישיבת המקובלים בית אל אצל ראש הישיבה - הרב גדליה חיון. לאחר פטירת ראש הישיבה מונה לראשות הישיבה. בנו של הרש"ש הרב חזקיהו יצחק שרעבי ונכדו הרב רפאל אברהם שלום מזרחי שרעבי שימשו אף הם בראשות הישיבה. הרש"ש נשא לאישה את בתו של הרב חיון.

הרש"ש עמד בראש חברת רבנים מפורסמים שנקראה "חברת אהבת שלום" ובין תלמידיו היו החיד"א, הרב יום טוב אלגאזי (מהרי"ט אלגאזי), רבי חיים דילרוזה מחבר ספר "תורת חכם", ורבי אברהם גרשון מקיטוב גיס הבעל שם טוב. תלמידים אלה היו כמעט בני גילו של הרש"ש (רבי אברהם גרשון מקיטוב היה מבוגר מהרש"ש ביותר מעשרים שנה) ולמרות זאת נחשב הרש"ש בעיניהם לרבם.

כל מנהגי ירושלים, שמתפשטים היום בארץ ובעולם שורשם הם מהרש"ש ותלמידיו הקדושים.

הקדמת רחובות הנהר

[ד"ב ע"א] **ידוע** כי ה' נקודות יצאו מעיניים דא"ק מבחי' ב"ן וכולן יצאו שלימות כל אחת שלימה בכל חלקי הנקודה ההיא באופן שכל אחת ואחת כוללת ה' פרצופים עתיק וא"א ואו"א וזו"ן וסדר שבירת הכלים היה בכל נקודה ונקודה מהם דכל א' וא' מהם הג"ר עתיק וא"א ואו"א שבו נתקיימו וז"ת זו"ן שבו נשברו כמבואר כל זה באורך בע"ח ער ט' פ"ו ופ"ז ופ"ג משער י"ז ובכמה מקומות משער הלקוטים ומשער מאמרי הרשב"י ע"ה וכן במבו"ש ש"ב ח"ג פ"ו יעו"ש. ועפ"י שהניח שם הרח"ו ז"ל שאלתו בצ"ע הנה ידוע ופשוט וברור הדבר כי זה בתחילת לימודו עם האר"י זלה"ה שעדיין לא נתיישב הענין בלבו והוא מחמת שהבין שמקרה המלכים ההוא היה בכללות וגם בפרטות ולכן יצא לו קושיא אבל האמת הוא כי לא היה בכללות רק בפרטות לבד ואז אין קושי' וכמו שאח"כ כתב הרח"ו זלה"ה עצמו בפשיטות ובאורך וביותר פרטות בשער הלקוטים ובשער מאמרי הרשב"י ע"ה ובכמה מקומות יש כי לא בפרטי הה' נקודות בלבד היה מקרה המלכים אלא היה בכל מין י"ס וי"ס דכל פרצוף דפרטי אבי"ע וכמ"ש בדרוש הדעת וז"ל כל פרצופי אבי"ע כלולי' ממ"ה וב"ן שהם חסדים וגבורות וכל בחי' משתיהם יש בה נרנח"י שבכל פרצוף ותחלה יצאו ז' מלכים והם זו"ן ז' קצוות שבכל פרצוף בבחי' נפש הנקרא ז' מלכיות שבז' הקצוות מבחינת ב"ן ונשברו ואח"כ באו ז' קצוות של מ"ה מבחי' נפש והמשיכו עמהם נפש דב"ן ונתקנו ואח"כ עד"ז באו רוח ונשמה וחיה ויחידה דמ"ה והמשיכו את רוח נשמה חיה יחידה דב"ן שלא נאצלו עדיין ובאו כולם כלולים בסוד תוספת בזו"ן שהם ז' קצוות שבכל כלל ובכל פרט וכל זה תבין ממצות ירושת המתים בפרשה פנחס וכן עד"ז י"ס דעגולים הם גבורות ויצאו תחילה בבחינת נפש לבד שבהם בסוד נקבה תסובב גבר ואח"כ יצא היושר שהוא חסדים בה' מיני נפש ורוח שבו ואז נשלמו העגולים בנרנח"י שבהם עכ"ל. באופן שכל י"ס דכל פרצוף דפרטי פרצופי אבי"ע נכללים בה' נקודות ובכל נקודה ונקודה מהם היה מקרה המלכים באופן שדברי האר"י זלה"ה חיים וקיימים כי אעפ"י שימצא בדברי הרח"ו ז"ל אינ קושיא וצ"ע לא מפני כך נדחים דברי רבינו האר"י ז"ל כי זה הקושיא היא מחוסר ידיעתנו [ד"ב ע"ב] שלא הבננו דבריו אבל סוף סוף דבריו דברי אלהים חיים אמת:

אמנם צריך להבין מה שכתב הרב ז"ל כי בכל פרצופי אבי"ע היה מקרה המלכי' ההוא איך אפשר

שהמקרה ההוא היה בבי"ע והלא ג' עולמות בי"ע אינם עולמות גמורים כמו עולם האצי' כי אינם אלא התפשטות כוחות הנוקבא דאצי' וחייליה וצבאיה וכולם בחי' נוק' ואין בהם דכורא כלל כמ"ש במ"ש ש"ב ח"ג פ"ח וכמ"ש בע"ה וכל קיומם והעמדתם הוא בכח שארית בירורי הכלים ורפ"ח אורות דמלכים דאצי' וכשיושלמו להתברר כל הבירורים אז נאמר הנה ישכיל עבדי ירום ונשא וגבה מאד ואז השמים כעשן נמלחו והארץ כבגד תבלה כמ"ש בע"ח ש"ג ספ"ב ע"ש:

ועוד כי אם היו בהם מלכים היכן נפלו הכלים שלהם בעת מיתתם כי במלכי האצי' נתבאר כי הכלים הפנימיים דמלכים נפלו לבריאה והאמצעיים ליצירה והחיצוניים לעשייה אבל במלכי בי"ע לא נתבאר היכן נפלו וכעת לא השמיענו הרב ז"ל כזאת להיכן נפלו וכיוצא באלה שאלות רבות. אמנם לפי מה שנודע מכמה מקומות ובפרט בדרוש שביעי משער שלשים כי אין כל פרצוף נקרא בשם פרצוף אלא עד שיהיה כלול מי"ס אשר כל ספי' מהם כלולה מאבי"ע ונמצא כי כל פרצוף מפרטי פרצופי אבי"ע הוא כלול מי"ס כוללות והם עשרה פרצופים מלבישים זה את זה בשוה מתחילים מטיבורא דא"ק עד סוף העשיה וכמ"ש לקמן בע"ה וכל ספי' מאותם הי"ס דכל פרצוף יצא מעינים דא"ק וירדו דרך אח"פ וקבלו הארתם וירדו והלבישו לתנה"י דא"ק ובהגיע האור לגבול האצי' אירע בהם ענין ביטול המלכי' ונפלו הכלים פנימי אמצעי וחיצון עם אורות דרפ"ח לבי"ע התחתונים דאותה הספירה כמ"ש בדרושי הרב ז"ל וכן היה בכל ספי' מי"ס דכל פרצוף דפרטי פרצופי אבי"ע שבצאת הכלים והאור שלה מעיני א"ק ובהגיע האור לגבול האצי' היה בהם ביטול המלכים באצי' שבהם כסדר המפורש בדרושי הרב ז"ל אבל לא בבי"ע התחתונים. באופן שכל דרושי הרב אינם מדברים אלא בפרצופי אבי"ע דספי' אחת מי"ס דכל פרצוף מפרטי פרצופי אבי"ע הרי איך היה ביטול המלכים בבי"ע ואיך אינו אלא באצי' שבהם כנ"ל:

ונודע כי סיבה א' מסיבות מיתת הז"ת היה על מיעוט קבלתם מאור האוזן דא"ק ואו"א שקיבלו הארת אור האוזן לבד נתקיימו הפנים שלהם והכתר שקבל עצמות אור האזן נתקיים כולו ועל שקיבלה מרחוק נפגמו אחורי נה"י שלו וע"כ הכתר שיש בו כח הלביש לחצי התחתון דת"ת דא"ק ומקבל לבדו את אור הטיבור שהוא נקודת החולם אבל או"א שלא קבלו כי אם הארת האוזן הלבישו את התרין פרקין עילאין דנה"י דא"ק ושניהן מקבלין את אור היסוד שהוא ניקוד שורק ואין

להם כח לקבל משני נקבים וז"ת שלא קבלו אפילו הארתה אינם מקבלים אלא מצפורני א"ק. והנה כן היה הענין בכל פרצוף ופרצוף מפרטי פרצופי אבי"ע שהיה בו מקרה המלכים ונודע כי אין הפרצוף נקרא פרצוף עד שיהיה [ד"ב ע"ג] כלול מי"ס אשר כל ספי' מהם כלולה מאבי"ע ונמצא כי מוכרח הוא כי כל פרצופי אבי"ע שהיה בהם מקרה המלכים מלבישים זה את זה בשוה מטיבורא דא"ק עד סוף העשיה כי כל ספי' מי"ס דכל פרצוף דפרצופי אבי"ע יצא מעינים דא"ק ועברו דרך אח"פ והכתר שבה קיבל אור האזן וחו"ב שבהם קבלו הארתה לבד וז"ת לא קבלו אפי' הארתה וירדו והלבישו את תנה"י דא"ק כנז"ל עד סוף העשיה כל זה בכל ספי' מי"ס דכל פרצופי אבי"ע וד"ל:

ונמצא כי כל מקום שכתב הרב דג"ר יצאו שלימות וז"א יצא בששה חלקי הנקודה לבד ונוק' בחלק אחד מלכות שבה לבד היינו בג"ר ובזו"ן דכל אחד ואחד מה' נקודות הכוללות דכל פרצוף אבל הה' נקודות כוללות דאותו פרצוף יצאו שלימות וכמבואר בפ"ו משער שבירת הכלים וז"ל ואל תתמה אים יצאו התחתונות אחר שבירת העליונות וגם איך כל ג"ר שבכל נקודה של ה' נקודות לא נשברו והז"ת דנקודות ראשונות נשברו התשובה היא כי בכל נקודה ונקודה יש מין אור א' שוה לערך הנקודה ההיא ואז האור שלהם של הג"ר יוכלו לקבל וז"ת שבו לא יכלו לקבל וכעד"ז בכל נקודה ונקודה מהה' נקו' אירע כך ע"כ. באופן דכל דרושי הרב המדברים בפרצופי עתיק וא"א ואו"א וזו"ן אינו מדבר על הכוללים כי אם בה' פרצופים דנקודה אחת די"ס דפרצוף א' מפרצופי אבי"ע וממנה נקיש אל השאר:

גם נודע כי המלכים יצאו בתחילה בבחי' כלים דנפש לבד שהם המלכות דכל מלך וכל מלכות כלולה מעשר וגם הג"ר יצאו בבחי' כלים דנפש אלא שכל אחת מהג"ר כלולה מעשר מלכיות וכל מלכות כלולה מעשר אמנם זה הכללות שהיה בהם עדיין לא היה מבורר ומתוקן כראוי עד שיצא שם מ"ה החדש ותיקנם בבחי' פרצוף כראוי כמ"ש בע"ה והכלים דז"ת דזו"ן דעתיק וא"א ואו"א וזו"ן דכל נקודה נפלו הפנים שלהם לבריאה והאמצעי ליצירה והחיצון לעשיה כל פרצוף לפרצוף שכנגדו בבי"ע כלים דזו"ן דעתיק לעתיק דבי"ע ודא"א לא"א דבי"ע וכן כולם וכלים דאחוריים דג"ר שהם א"א ואו"א דעתיק וא"א ואו"א וזו"ן נפלו למקום זו"ן דכל אחד מהם באצי' עצמו ולא אתקרי בהו מיתה וזה [ד"ב ע"ד] בערך זו"ן אמנם בערך הפרצופים העליונים מהם גם הם נקראו זו"ן אע"פ שכלולים הם מי"ס בנרנח"י שלמים אותו

הכללות הוא בערך הפרצופים התחתונים מהם אבל בערך הפרצופים העליונים מהם כל אותו הכללות אינו כי אם פרטי הו"ק לבד לכן גם הם נקראו זו"ן ומקום זו"ן בערכם הוא כמו בי"ע בערך זו"ן וכן א"א בערך עתיק ועתיק בערך מה שלמעלה ממנו וד"ל וכמ"ש בע"ה כי הכל מיוסד על ערכי הכינויים לבד אבל אין ביניהם שינוי כלל אלא לפי זכות האורות ושינוי עילוי המקומות כך הוא שינוי מיעוט הרגשתם בתחתונים וד"ל ראשית דבר מאחריתו. ואותם הכלים דא"א ודאו"א וישסו"ת שנפלו למקום זו"ן שם בתוכם נתונים האורות דמלכים דזו"ן שלא נפלו עם הכלים לבי"ע שהם השש מדריגות העליונו' דע"ב וכנודע כי פשוט בכתר ומלא בחכמה ומלא דמלא בבינה עיין בס' מבוא שערים ש"ב ח"ב פ"ט וי"א ר"ל כי בחי' ד' אותיות הוי"ה עצמן בכל מקום הם בפנים דט"ב עליונות דכתר דאותה הבחי' וריבוע הפשוט דאותה הוי"ה היא באחוריים דט"ס עליונות דאותו הכתר ומספר הפנים והריבוע הנזכר דאותה ההוי"ה היא בפנים ואחוריים דמלכות דאותו הכתר הרי ד' מדריגות הראשונות דכל שם בכתר דכל פרצוף ואחריהם ד' מדריגות אחרות כמותם ממש בעשר אותיות המלא והם בפנים ואחור דט"ס ומלכות דחכמה דאותה בחי' ואחריהם ד' מדרגות אחרות בכ"ח אותיות דמלא דמלא בט"ס עליונות ומלכות דבינה דאותה בחי' וכן הולכים מד' מדריגות לד' מדרגות אין קץ וזה בכל שם ושם שבעולם. ונמצא כי הששה מדריגות העליונות דע"ב שנשארו באצי' ולא נפלו לבי"ע עם הכלים הם פנים ואחור דאותיות ומספר די"ס דכתר דע"ב ובפנים ואחור דאותיות לבד דט"ס עליונות דחכמה דע"ב והם נתונים בכלים דאבא וממדריגה השביעית שהיא הפנים דמלכות דחכמה דפרצוף מל' דפרצוף חסד דאצי' שהיא מספר שם ע"ב דכל פרט עד אין קץ ירדו עד הכלים דע"ב לבי"ע וד' מדריגות עליונות דס"ג והם פנים ואחור דאותיות ומספר די"ס דכתר דס"ג נשארו באצי' והם נתונים בכלים דאימא וממדריגה החמישית שהוא הפנים דט"ס עליונות דחכמה דפרצוף מל' דפרצוף גבורה דאצי' שהיא עשר אותיות עצמן [ד"ג ע"א] דס"ג דכל פרט עד אין קץ ירדו עם הכלים דס"ג לבי"ע. והנה בהצטרף עם עשר האותיות דס"ג מספר שלהם והוא המדרגה הז' והוא הפנים דמלכות דחכמה דפרצוף דגבורה הנזכר יעלו למספר ע"ב והכולל:

ושני מדרגות עליונות דמ"ה והם פנים ואחור דאותיות עצמן לבד דט"ס עליונות דכתר דמ"ה נשארו באצילות והם נתונים בכלים דנה"י

דא"א וממדריגה השלישית שהיא הפנים דמל' דכתר דפרצוף מל' דפרצוף ת"ת דאצי' שהיא מספר ד' אותיות הוי"ה שהוא כ"ו דכל פרט עד אין קץ ירדו עם הכלים דמ"ה לבי"ע. והנה בהצטרף עם הכ"ו הנזכר מדריגה השביעית שהיא מספר מ"ה שהיא פנים דמלכות דחכמה דפרצוף ת"ת הנז' יעלו עם הכולל למספר ע"ב:

גם שני מדרגות העליונות דשלשה שמות י"ה והם פנים ואחור דאותיות עצמן דט"ס עליונות דכתרים די"ה דפרצופי המלכיות דפרצופי נה"י דאצי' נשארו באצילות (ואור סכ"י) דנו"ה נתונים בכלים דאו"א ואור דיסוד בכלים דנה"י דא"א. ומהמדריגה השלישית שהיא הפנים דמלכיות דכתרים דפרצופי המלכות דפרצוף הנה"י דאצילות שהוא מספר ג' י"ה העולים מ"ה דכל פרט עד אין קץ ירדו עם הכלים די"ה (לבי"ע סכ"י) ומדריגה זו השלישית לבדה שהוא מספר הג' י"ה העולים מ"ה עמדה בט"ס עליונות דחכמה דמלכות דפר' ת"ת דמ"ה שנאר ריקם מבלתי אור שלו שהם העשר אותיות דמ"ה לפי שנשארו מחוברים בכלים דס"ג ברדתם לבריאה ופגעו בעשר אותיות דס"ג ונתחברו עמהם ולא ירדו לכלים שלהם וכדי שלא יגרר ויעלה ג"כ המספר שלו אחר האותיות (דס"ג סכ"י) ולא יוכל לקום בתחיית המתים ע"כ נשארה מדריגה זו דנה"י במקומה ולא ירדה לכלים שלה:

ומדריגה הראשונה העליונה דב"ן והוא הפנים דאותיות עצמן דט"ס דכתר דב"ן נשארה באצילות והיא נתונה בכלים דנה"י דא"א. וממדריגה השנית שהיא אחוריים דט"ס עליונות דכתר דפרצוף מלכות דפר' מלכות (דאצילות סכ"י) שהיא י' אותיות עצמן דריבוע דהוי"ה עד אין קץ ירדו עם הכלים דב"ן לבי"ע. והנה מספר המדריגה הזו הב' דב"ן שהוא באחוריים דמלכות דכתר הנז' היא ע"ב הרי ד"פ ע"ב הם רפ"ח והם מספר המדריגות הראשונות אשר מהם התחילו לירד האורות דע"ב ס"ג מ"ה ב"ן דמ"ה וב" דב"ן דא"ק עם הכלי' לבי"ע ושאר המדריגות שמהם ולמטה לא עלו בשם דמכל שכן הוא ושאר המדריגות שמהם ולמעלה נשארו באצילות בכלים דא"א ואו"א כנז"ל וזה היה בכל פרטי פרצופי אבי"ע דמחצב העולמות והנשמות:

והנה אחר שבירת הכלים דמלכים דאצילות שהוא החיה דכל פרט וירידתם לבי"ע שהוא הנר"ן דכל פרט נתגלו ונפרדו מהם הקלי'. וכאשר רצה המאציל העליון להעלות הכלים הנז' עם האורות דרפ"ח שנשארו בהם למ"ן להשלים בירורם ותיקונם ולהוציא הט"ס העליונות דב"ן החסרים מכל פרט אשר עדיין לא יצאו וי"ס

דמ"ה ע"י זווג עליון דע"ב וס"ג דא"ק. ונודע כי אין זווג בעולם זולתי ע"י העלאת מ"ן מן התחתונים והנה עדיין אדם אין להעלות המ"ן הנז' כי הנה ידוע כי תמיד אי אפשר לבירורים בשום אופן לעלות למ"ן בלי מי שיעלה אותם והוא ע"י התחתונים ר"ל ע"י הפרצופים התחתונים שכבר יצאו ונתקנו והם נק' בנים בערך הפרצופים העליונים שעליהם. והענין כי כל פרצוף תחתון מחבירו נקרא בן אליו והוא מברר בירורי פרצוף העליון ההוא שעליו ומעלה אותם לפרצוף שעל גבי פרצוף שעליו לתקנם וכמ"ש במ"ש ש"ב ח"ג פ"ט וז"ל וכל תחתון מחבירו נק' בן אליו והוא המעלה המ"ן שלו נמצא כי כל הפרצופים דכל העולמות נקרא בנים שהן זו"ן אלא [ד"ג ע"ב] שכל פרצוף נק' ב"ן שהוא זו"ן בערך הפרצוף שעליו ונק' או"א בערך הפרצוף שתחתיו ונקרא א"א בערך הפרצוף התחתון השלישי אליו ונקרא עתיק בערך הפרצוף התחתון הרביעי אליו נמצא שכל פרצופי כל העולמות נקראים זו"ן שהם ו"ק וכמ"ש בשער ג' שער עיגולים ויושר פרק ג' וז"ל דע כי בחינת זו"ן שיש בכל העולמות כולם הם נקרא ז' קצוות של גוף של אותו העולם כי כן יצאו בעת האצילות הראשון שנאצלו חסרים ג"ר לז"א וט"ר לנוקבא ואלו הב' צריכים ג' זמנים עיבור יניקה ומוחין להשלימם נמצא כי בכל עולם ועולם אינם צריכים מוחין ועיבור רק זו"ן של אותו העולם בערך א"א ואו"א של אותו העולם שהם שלמים כפי אותו העולם אמנם בבחינת הכולל יהיו כל הה' פרצופים של אותו העולם נקראים זו"ן של עולם שלמעלה ממנו ויהיו חסרים מוחין בבחי' הכולל כנזכר והבן זה היטב עכ"ל:

הרי מבואר כי כל פרצופי כל העולמות הם זו"ן למה שלמעלה מהם ושכל חמשה פרצופים דכל עולם הם זו"ן שהם ו"ק לה' פרצופי' של עולם שלמעלה מהם כל פרצוף לפרצוף שכנגדו בעולם העליון המשל בזה כי חמשה פרצופי האצי' הם זו"ן שהם ו"ק לה' פרצופי א"ק וחמשה פרצופי א"ק כל אחד נקרא או"א לפרצוף שכנגדו בה' פרצופי האצי' וגם ה' פרצופי א"ק גם הם נקראו זו"ן שהם ו"ק בערך הקודם אליו וכמ"ש הרב בשער ההקדמות בדרושי א"ק וז"ל ועתה יתבאר ענין אחד נמשך מן האמור והוא כי הנה שם אדם אינו נקרא אלא הזכר והנקבה שהם זו"ן שהם מ"ה וב"ן ונמצא כי א"ק הוא בחי' זו"ן מ"ה וב"ן בערך הקודם אליו ודי בזה ויש בו כללות ע"ב ס"ג מ"ה ב"ן וכן בחי' אורות היוצאים ממנו כולם יחד הם זו"ן כלול מע"ב ס"ג מ"ה ב"ן. והנה מ"ה וב"ן שבהם שהם נקרא אחרי התיקון עולם האצילות הוא בחינת זו"ן של

אלו ההארות חיצוניות ולכן נקרא אדם דאצילות ולכן אינ מתפשט אלא מהטיבור דא"ק ולמטה וכן אדם זה דאצילות כולל ע"ב ס"ג מ"ה ב"ן והמ"ה והב"ן שלו שהם זו"ן דאצילות יוצא מהטבור דא"א ודאו"א משם ולמטה עכ"ל:

הרי נת' היטב מה שכתבנו כי אפי' א"ק עצמו הוא זו"ן שהם ו"ק שהם מ"ה וב"ן בערך הקודם אליו ואלו המ"ה וב"ן הכוללים שבו נפרטים לעסמ"ב שהם י"ס שהם הה' פרצופי' שבו כ"ז בפנמיותו וכעד"ז במ"ה וב"ן הכוללי' בחיצוניותו שנפרטים לעסמ"ב שהם י"ס שהם ה' פרצופים שבו ואותם המ"ה וב"ן הפרטים שהם זו"ן שהם הו"ק שבחיצוניותו המתפשטים מטבורו ולמטה נפרטים גם הם לעסמ"ב שהם י"ס והם הם ה' פרצופי האצילות המלבישים לא"ק מטבורא דיליה ולתתא ואינם רק זו"ן שהם ז"ק אלא שנפרטו לי"ס ומהם נעשו עתיק וא"א ואו"א וזו"ן דאצילות. ובתחילה יצא שם ב"ן שהוא ז"ק זו"ן שהם מ"ה וב"ן דב"ן דא"ק והם הם הז' מלכים דב"ן דמיתו ואינם רק ז' מלכים אלא נפרטו לי"ס שהם עסמ"ב והם עתיק וא"א ואו"א וזו"ן דב"ן דאצילות. ואח"כ בתיקון יצא שם מ"ה החדש שהוא ז"ק זו"ן שהם מ"ה וב"ן דמ"ה דא"ק ונפרטו גם הם לעסמ"ב ע"ד הנ"ל ובירר ותיקן לע"ב ס"ג מ"ה ב"ן דב"ן כמ"ש בע"ה. וכן מבואר בדרוש א' משער מ"ד ומ"ן כי לא יצאו רק ז' מלכים אלא שנפרטים לעשרה ע"ד ז' היכלות שהיכל העליון כולל לג' והאחרון כלול מב'. וכן נתבאר בפ"ח משער מוחין דצלם כי שם ב"ן שהם הז' מלכים לבד (עם שהם ז' מלכים לבד סכ"י) יש בהם רפ"ח שהם עסמ"ב והוא לסיבת כי הו"ק נעשו י"ס גמורות ע"ש והוא כי התרין פרקין עילאין דחג"ת עלו ונעשו חב"ד ופרקין עילאין דנה"י נעשו חג"ת וכמ"ש לקמן בע"ה. ונמצא כי החו"ב שהם ע"ב [ד"ג ע"ג] ס"ג דב"ן הנמנים בכלל רפ"ח הם מכלל אורות דמלכים שנפלו לבי"ע ואינם א"א ואו"א שנפלו אחוריהם באצילות עצמו כי אם היו הם איך אנו מכוונים בק"ש להעלותם מבי"ע. באופן כי כל הנאצלים מראש א"ק עד סוף העשיה כולם בחי' ו"ק שהם זו"ן מ"ה וב"ן אלא שנפרטים לי"ס שהם עסמ"ב אותם המ"ה וב"ן הפרטים שהם הזו"ן הפרטיים חוזרים ונפרטים לי"ס וכעד"ז עד סוף העשיה. הרי נתבאר היטב מ"ש כי כל פרצופי כל העולמות הם נק' זו"ן שהם ו"ק כל פרצוף נקרא בן שהוא זו"ן בערך הפרצוף העליון שעליו שנקרא או"א בערכו וגם אותו הפרצוף העליון גם הוא נקרא זו"ן בערך הפרצוף שלמעלה ממנו וכן כולם. ואע"פ שהג"ר שלימים וכלולים מי"ס הנה אותו הכלות

אינו אלא בערך הפרצופים התחתונים מהם אמנם בערך הפרצופים העליונים מהם כל אותו הכללות אינ רק פרטי הי"ס דו"ק. נחזור לענין כי כל פרצוף תחתון נקרא בן לפרצוף שעליו והוא מברר בירורי הפרצוף העליון ההוא ומעלה אותם לפרצוף שעל גבי פרצוף שעליו לתקנם. המשל בזה הנה ידוע כי ישראל נקראו בנים לזו"ן דאצילות וע"י התורה והתפלות והמצות שעושים ישראל מתבררים מבחינת בירורי המלכים דזו"ן ומבחי' הנשמות ומעלים אותם למ"ן לישסו"ת לתקנם וכפי ריבוי או מיעוט אותם הבירורים שמעלים ישראל מבחי' הזו"ן כך כפי אותו השיעור ניתן כח בזו"ן ומבררים גם הם מבירורי ישסו"ת ומעלים אותם לאו"א עילאין לתקנם כי הזו"ן נק' בנים לישסו"ת. וכן ישסו"ת שנק' בנים לאו"א עילאין מבררים גם הם מבירורי או"א עילאין כפי ערך אותו השיעור שנברר מהם ומעלים אותם הבירורים לא"א לתקנם וכעד"ז או"א שנק' בנים לא"א מבררים מבירורי א"א ומעלים אותם לעתיק לתקנם וכעד"ז א"א שנקרא בן לעתיק גם הוא מברר מבירורי עתיק ומעלה אותם לפרצוף הקודם אליו לתקנם וכל זה הוא בערך מה שנתברר ועלה מן הזו"ן כמבואר בע"ח ובס' מבו"ש ש"ב ח"ב פ"ו עם מ"ש בש"ב ח"ג פ"ח ופ"ט ע"ש היטב.

אמנם תיקון כולם עליונים ותחתונים תלוי בתיקון זו"ן דאצי' ותיקון זו"ן דאצי' תלוי ביד ישראל הנק' בנים לזו"ן דאצי' וע"י התפלות של ישראל מתבררים מבירורי המלכים דזו"ן מבחי' העולמות ומבחינת הנשמות שיעור קצוב בכל תפלה ותפלה ומעלים אותם למ"ן וכפי גודל כונתם וזכותם ומעשיהם וזכות הזמן שבו נאמרה התפלה ההיא כך גודל תיקונם להעלות ניצוצות רבים דמ"ן אם בכמות אם באיכות ובכל יום מעלים ניצוצות חדשות מחדש ואין יום דומה לחבירו ואין בריה דומה לחבירתה ואין צדיק דומה לחבירו. וזהו גודל חיוב מצות התפלות והמצות וכל אחד מתקן ומעלה כפי בחי' הראויה אליו ותתקן החלבנה מה שלא תתקן הלבונה ולכן הכל צריכים זו לזה ולא יוכל שום אחד מיראל לעשות מה שיעשה חבירו וכפי גודל הבירור שמתברר ועולה ניתוסף כח למעלה ויורד שפע מלמעלה ע"י זווג העליונים להשפיע בתחתונים וע"י השפע היורד מוסיף כח בתחתונים ללקט ולברר ולהעלות מ"ן כנזכר כל זה בפרקים הנ"ל:

והנה נודע כי בכל עת וזמן שמתבררים ועולים האורות דרפ"ח והכלים דמלכים דב"ן מבי"ע למ"ן הם מתבררים ועולים ונתקנים קצת בכל מדריגה ומדרגה ובכל פרצוף ופרצוף אבל

אינם נגמרים להתברר לגמרי כי אין הסיגים שבהם נפרדים מהם לגמרי עד עלותם אל האצילות [ד"ג ע"ד] העליון שהוא בחי' חכמה הכללית הנקרא נקודות שהוא שורשם ולא עוד אלא שאפילו באצילות עצמו אינם נגמרים להתברר ולהתתקן לגמרי עד עלותם אל האצילות דכל פרצוף שהוא החיה והוא פרצוף הרביעי דכל פרצוף שהוא אבא דכל פרצוף הנקרא מחשבה כי במחשבה אתבריר כולא והוא זריק פסולת מגו מחשבה ובעלותם עד ששם אז אין יכולת בסיגים ההם (שנשארו בה סכ"י) לישאר שם והם נפרדים מהם על סדר הנז"ל כי בפרצוף מחשבה דעתיק נבררו ונתקנו בירורי א"א ונוק' ובפרצוף מחשבת א"א נבררו ונתקנו בירורי או"א עילאין ובפרצוף מחשבת או"א עילאין נבררו ונתקנו בירורי ישסו"ת ובפרצוף מחשבת ישסו"ת נבררו ונתקנו בירורי זו"ן ובפרצוף מחשבת זו"ן (דאצי') נבררו ונתקנו בירורי עתיק דבריאה וכן עד"ז מפרצוף לפרצוף וכן הוא בפרטי פרטים מספי' לספי' וכמבואר כל זה במבו"ש ש"ה ח"א פ"ב ישאי אפשר לסיגים להפרד מן הבירורים לגמרי אם לא על ידי מחשבה דאבא דכל פרצוף המברר ומתקן בירורי הפרצוף שתחתיו וכן נתבאר בש"ב ח"ג פ"ג פ"ח כי סדר הבירור הוא כי הבירורים דפרצוף תחתון עולים להתברר ולהתתקן ע"י הפרצוף העליון שעל גביו הסמוך לו כגון מנפש לרוח או מרוח לנשמה וכיוצא ואי אפשר לשום בירור לעלות ולהתתקן ע"י הפרצוף העליון שעל גבי פרצוף שעליו כגון מנפש לנשמה או מרוח לחיה וכיוצא רק ע"י הפרצוף שעליו והוא על סדר הנז"ל. אמנם צריך להבין עם זה מה שנתבאר בש"ב ח"ג פ"א כי כל הבירורים דכל הי' נקודות צריכים לעלות ולהתברר ולהתתקן ע"י שורשם העליון מהם שהם הטעמים דע"ב וס"ג דפנימיות דא"ק אשר מזיווגם יצאו כל העשר נקודות ולא יצאו זה מזה ומה שנתבאר במ"א כי מזווג דא"א יצאו או"א ומזווג דאו"א יצאו הז' מלכים הוא בפרט האחרון שאיפשר לפרט כנודע וכנזכר לעיל וכל העשר נקודות יצאו חסרים ובלתי מתוקנים ולפיכך צריך להעלות כל הבירורים דכל העשר נקודות למ"ן לשורשם העליון דע"ב וס"ג הנזכר דא"ק כדי שיזדווגו ע"ב וס"ג הנזכר להוציא את הט"ס דב"ן החסרים לאותם הבירורים וגם להוציא ע"י הזיווג הנזכר את הי"ס דמ"ה החדש המתיחסים לאותם הבירורים וכ"ז אי אפשר אם לא ע"י זיווג הטעמים דע"ב וס"ג דפנימיות דא"ק כנודע. ונודע כי כפי הסדר שנברר ונתקן ונעשה בששת ימי בראשית וגם מה

נהר שלום - לרש"ש

שנתקן ביום הששי דמעשה בראשית ע"י אדה"ר כדוגמתו ממש נתקן ונעשה בכל יום כנודע וכנזכר בכמה מקומות ובספר הכנות בדרוש המפיל וכמו שיתבאר לקמן בע"ה באריכות באופן שכל הבירורים צריכים לעלות למ"ן לשורשם העליון דא"ק כנז"ל:

אמנם לפי מה שנבאר עתה בע"ה בקיצור יתבאר הענין כי שתי הבחינות הנזכרים אמת ושניהם מוכרחים ושתיהם כאחת טובים. והענין הוא כי לפי מה שיתבאר לקמן בע"ה כי בתיקון העולמות נתקנו ונכללו ונתקשרו פרצופי כל העולמות זה בזה וכל פרצוף נכלל מכל העולמות כולם ואין בו מחלקי בחי' עצמותו רק ספי' אחת לבד ושאר הספי' שבו הם מקובצלות מכל העולמות אמנם הם מבחינות המתייחסות לאותו הפרצוף בדקדוק ע"ש היטב. המשל בזה כי כל פרצופי אבי"ע דא"א דאצי' נתקנו ונעשו מן הכתרי' דכל פרטי פרצופי אבי"ע דאצילות דכל העולמות וכל פרטי ספירות שהיו בו מתחילה נתקנו ונעשו פרצופי כתרים [ד"ד ע"א] שהם א"א לכל פרטי פרצופי אבי"ע דאצילות וכעד"ז פרצופי אבי"ע דאו"א עילאין דאצילות נעשו מחכמות דפרצופי אבי"ע דאצילות וספירות שהיו להם נעשו חכמות (שהם או"א וכו') לכל פרצופי אבי"ע דאצילות וכן פרצוף ישסו"ת דאצילות נעשו מבינות דכל פרצופי אבי"ע דאצילות וספירות שהיו בהם נעשו בינות (שהם ישסו"ת וכו') לכל פרצופי אבי"ע דאצילות וכן הזו"ן דאצילות נעשו מו"ק דפרצו' אבי"ע דאצילות והספירות שהיו להם נעשו ו"ק שהם זו"ן לכל פרטי פרצו' אבי"ע דאצי':

גם נתבאר שם כי כשנתקנו כ"ה פרצופי כתר דא"ק נתקנו כ"ה פרצופי הכתרים דכל פרטי פרצופי כל העולמות עד סוף העשיה והלבישו זה לזה ע"ד הסדר הנז' שם קודם שיתוקנו כ"ה פרצו' חכמה דא"ק ואח"כ נתקנו פרצו' החכמות דא"ק ואב"ע ע"ד הנז' והלבישו לפרצו' הכתרי' הנ"ל שוה בשוה כנז' שם ואח"כ נתקנו פרצו' הבינות דא"ק ואבי"ע ע"ד הנז' ואח"כ פרצופי זו"ן דא"ק ואבי"ע ע"ד הנז' וזה בכללות אמנם הענין בפרטי פרטות בפרט האחרון שאפשר לפרט. גם נתבאר שם כי כל פרצופי' כל עולם נקרא זו"ן לפרצופי העולם שלמעלה מהם ע"ש היטב. ונמצא כי פרצופי האצי' הם כל אחד נק' זו"ן לפרצו' שכנגדו בפרצופי א"ק. והנה זו"ן דא"ק שהם מ"ה וב"ן שבו המתגלים מטבורא דיליה ולתתא הם מלובשים תוך א"א דאצילות המלביש לא"ק מטיבורא דיליה ולתתא ונתלבשו חמשה פרצופי זו"ן דא"ק תוך ה' פרצו' א"א דאצילות באופן זה. כי

בתחילה כשנתקנו פרצו' הכתרים דפ' א"ק ואבי"ע נתלבשו ה' פרצו' כתר דזו"ן דא"ק תוך ה' פרצופי כתר דא"א דאצילו' המתפשט עד סוף עולם האצילות. והנה פרצוף הכתר דכתר דא"א ובתוכו פרצוף כתר דכתר דזו"ן דא"ק הוא מגולה למעלה מלביש מן הטבור דפרצוף הכתר [דכתר] דא"ק עד סוף התפארת ההוא. ופרצוף חכמה דכתר דא"א ובתוכו פרצוף חכמה דכתר דזו"ן דא"ק מלביש מטבור החכמה דכתר דא"ק ולתתא מתפשט מן הגרון ועד החזה דכתר דא"א תוך פרצוף כתר דאו"א עילאין המלביש לא"א מן הגרון ועד החזה. ופרצוף בינה דכתר דא"א ובתוכו פרצוף בינה דכתר דזו"ן דא"ק מלביש מטבור דכתר דבינה דכתר דא"ק ולתתא [מתפשט] מן החזה ועד הטבור תוך כתר דישסו"ת המלביש לא"א מן החזה ועד הטבור. ופרצופי זו"ן דכתר דא"א ובתוכם פרצופי זו"ן דכתר דזו"ן דא"ק [מלביש מטבור דזו"ן דכתר דא"ק. ולתתא] מתפשטים מן הטבור עד סוף האצילות מלובשים תוך פרצופי כתרים דזו"ן דאצילות המלבשי' לא"א כשיעור הנזכר:

וכשנתקנו פרצו' החכמות דפרצו' א"ק ואבי"ע נתלבשו ה' פרצו' חכמה דזו"ן דא"ק תוך ה' פרצו' חכמה דא"א דאצי' המלביש מטיבור דפרצופי דחכמה דא"ק עד סוף האצילות והוא ע"ד הסדר הנז"ל בפרצו' הכתר. כי פרצוף כתר דחכמה הנז' דא"א ובתוכו פרצוף כתר דחכמה דזו"ן דא"ק הוא מגולה למעלה מלביש מן הטבור דפרצוף חכמה דא"ק עד סוף הת"ת ההוא מלביש לפרצוף כתר דכתר דא"א. ופרצוף חכמה דחכמה דא"א ובתוכו פרצוף חכמה דחכמה דזו"ן דא"ק מתפשט מן הגרון עד החזה דא"א תוך פרצוף חכמה דאו"א ובינה מהחזה עד הטיבור וזו"ן מהטיבור ועד סוף האצילות ע"ד הנז"ל בכתר ממש:

וכן כשנתקנו פרצופי הבינות דפרצופי א"ק ואבי"ע נתלבשו ה' פרצופי בינה דזו"ן דא"ק תוך ה' פרצופי בינה דא"א דאצילות המלביש מטיבור דפרצופי בינה דא"ק עד סוף האצילות ע"ד הסדר הנז"ל בפרצוף הכתר כי פרצוף כתר [ד"ד ע"ב] דבינה הנז' דא"א ובתוכו פרצוף כתר דבינה דזו"ן דא"ק הוא מגולה למעלה מלביש מהטבור דפרצוף בינה דא"ק עד סוף הת"ת ההוא מלביש לפרצוף כתר דחכמה דא"א. ופרצוף חכמה דבינה דא"א ובתוכו פרצוף חכמה דבינה דזו"ן דאדם קדמון מתפשט מהגרון עד החזה דא"א תוך פרצוף בינה דאו"א ובינה (מהחזה סכ"י) עד הטיבור וזו"ן מהטיבור עד סוף האצי' ע"ד סדר הנזכר בכתר ממש:

וכן כשנתקנו פרצוף ז"א דפרצופי

א"ק ואבי"ע נתלבשו חמשה פרצופי ז"א דזו"ן דא"ק תוך ה' פרצופי ז"א דא"א דאצילות והוא מלביש מטבור דפרצופי ז"א דא"ק עד סוף האצילות ע"ד סדר הנז"ל בפרצוף הכתר. כי פרצוף כתר דז"ר הנזכר דא"א ובתוכו פרצוף כתר דז"א דזו"ן דא"ק הוא מגולה למעלה בראש האצי' מלביש מהטיבור דפרצוף ז"א דא"ק עד סוף הת"ת ההוא מלביש לפרצוף הכתר דבינה דא"א. ופרצוף חכמה דז"א דא"א ודז"א דזו"ן דא"ק מתפשט מהגרון ועד החזה תוך פרצוף ז"א דאבא ואמא ובינה עד הטיבור וזו"ן מהטבור עד סוף האצילות ע"ד הנז"ל בכתר ממש:

וכן כשנתקנו פרצופי המלכיות נוקבא דז"א דפרצופי א"ק ואבי"ע נתלבשו ה' פרצופי מל' נוק' דז"א דזו"ן דא"ק תוך ה' פרצופי מלכות נוקבא דז"א דא"א דאצילות והוא מלביש מטיבור דפרצופי מלכות נוקבא דז"א דא"ק עד סוף האצילות ע"ד הנז"ל בפרצוף הכתר. כי פרצוף כתר דמלכות נוקבא דז"א הנז' דא"א ובתוכו פרצוף כתר דמלכות נוקבא דז"א דזו"ן דא"ק הוא מגולה למעלה בראש האצילות מלביש מהטיבור דפרצופי מלכות נוקבא דז"א דא"ק עד סוף הת"ת ההוא מלביש לפרצוף כתר דז"א דא"א. ופרצוף חכמה מהגרון עד החזה פרצוף בינה מהחזה עד הטבור ופרצופי זו"ן מהטבור עד סוף האצילות הכל ע"ד הנז"ל בפרצוף הכתר ממש וזה בכללות. אמנם הענין היה בפרטי פרטות שאפשר לפרט באופן כי כלים ואורות דזו"ן דא"ק מתפשטים ומתלבשים תוך כל פרטי ספי' פרצופי דעתיק ואריך דאצי' והם מתלבשי' תוך כל פרטי ספירות פרצופי האצילות אין לך ספירה בכל פרטי החצי' שאין מלובש בה מבחינת כלים ואורות דעתיק ואריך אנפין ומבחי' זעיר ונוקביה דאדם קדמון כפי' הבחי' המתייחס אליהם וד"ל. והנה ע"י התפילות ומצות שעושים ישראל בימי החול מתבררים מבירורי אורות דרפ"ח וכלים דבינה דזו"ן דאצילות דא"ק ואבי"ע דכל העולמות המתפשטים מטבור דא"א דאצי' דכל פרט עד סוף האצי' דכל פרט ועולים להתתקן ע"י ישסו"ת דאצי' דא"ק ואבי"ע דכל העולמות המתפשטים מחזה דא"א עד הטבו' דכל פרט ואז מזדווגי' ישסו"ת וגם מזדווגים פרצוף בינה דזו"ן דא"ק המלובשים בתוכם ומתקנים הברורים ההם וחוזרים וממשיכים אותם בבחי' מוחין מלובשים בצלם הנמשך ממוחין דישסו"ת עם נרנח"י דנשמה הנמשכים מאור הא"ס המלובש בפרצוף בינה דזו"ן דא"ק לה' פרצופי בינה דזו"ן דאצילות דא"ק ואבי"ע דכל העולמות כל פרט לפרט המתייחס אליו. ועי"כ נגדל שיעור קומת הזו"ן דאצי' דכל

העולמות כשיעור קומת ישסו"ת
שהוא עד החזה דא"א כמ"ש
לקמן באורך בע"ה ענין זה וענין
המוחין והצלם הזה מה ענינו. וכן
ע"י התפלות של ישראל כגון
בשחרית ומוסף דשבת נבררים
מבירורי אורות וכלים דחכמה
דזו"ן דאצילות דא"ק ואבי"ע דכל
העולמות ועולים להתתקן ע"י
או"א [ד"ד ע"ג] עילאין דכל פרט ואז
מזדווגים או"א עלאין וגם מזדווגים
פרצוף חכמה דזו"ן דא"ק
המלובשים בתוכם ומתקנים
הבירורים הנז' וחוזרים וממשיכים
אותם בבחי' מוחין מלובשין בצלם
הנמשך ממוחין דאו"א עם נרנח"י
דחיה הנמשכים מאור א"ס
המלובש בחכמה דזו"ן דא"ק לה'
פרצופי חכמה דזו"ן דאצילות
דא"ק ואבי"ע דכל העולמות כנז"ל
בנשמה. ועי"כ נגדל שיעור קומת
זו"ן דאצילות דכל העולמות עד כל
שיעור קומת או"א עילאין שהוא
עד הגרון דא"א וכמ"ש לקמן ענין
הגדלה זו מה עניינה ובאיזה אופן
ע"ש. וכן עד"ז בתפלת מנחה
דשבת מתבררים מבירורי אורות
וכלים דכתר דזו"ן דאצילות דא"ק
ואבי"ע דכל העולמות ועולים
להתתק ע"י א"א דכל פרט ואז
מזדווגים דכר ונוקבא דא"א שהם
מ"ה וב"ן שבו וגם מזדווגים
פרצופי הכתרים דזו"ן דא"ק
המלובשים בתוכם ומתקנים
הבירורים הנז' וחוזרים וממשיכים
אותם בבחי' מוחין מלובשים

בצלם הנמשך ממוחין דא"א עם
נרנח"י דיחידה הנמשכים מאור
א"ס המלובש בכתר דזו"ן דא"ק
לפרצוף כתר דזו"ן דאצילו' דא"ק
ואבי"ע דכל העולמות כל פרט
לפרט המתייחס אליו. ועי"כ נגדל
שיעור קומת הזו"ן דאצילות דכל
העולמות עד כל שיעור קומת א"א
דכל פרט שהוא עד הטבור דא"ק
וכמ"ש לקמן באורך ענין זה ע"ש:
והנה כבר נתבאר לעיל כי כל
פרצוף תחתון מחבירו נקרא בן
אליו והוא מברר בירורי פרצוף
העליון ההוא ומעלה אותם לפרצו'
שעל גבי פרצו' ההוא שעליו
לתקנם כנז"ל וכך היא המדה לכל
הפרצופים. וגם נתבאר כי כל ה'
פרצופי דכל עולם הם זו"ן לחמשה
פרצופי דעולם שלמעלה מהם
ונמצא כי חמשה פרצופי האצילות
הם זו"ן לחמשה פרצופי א"ק וכבר
נתבאר ענין זו"ן דאצילות שהם
זו"ן לזו"ן דזו"ן דא"ק ושבירור
ותיקון והמשכת מוחין לג"ר דזו"ן
הוא ע"י ג"ר דזו"ן דאדם קדמון
המלובשים בא"א ואו"א ויש"ס
ותבונה דאצי' כנז"ל. והנה כמו כן
הוא בחי' ישסו"ת שהם נק' זו"ן
לפרצוף בינה דס"ג דאזן דא"ק כי
זו"ן דבינה דס"ג דא"ק מלובש תוך
בינה דזו"ן דא"ק המלובש תוך
בינה דא"א דאצי' המלובש תוך
בינה דאצי' שהם ישסו"ת. ופרצו'
בינה דבינה דס"ג דא"ק תוך
חכמה דזו"ן דא"ק תוך חכמה
דא"א תוך או"א עילאין דאצי'.

ופרצו' חכמה דבינה דס"ג דא"ק תוך כתר דזו"ן דא"ק תוך כתר דא"א דאצילות ופרצוף כתר דבינה דס"ג דא"ק הוא מן האוזן דא"ק ועד הטבור שבו שהם אורות אח"פ:

וכמו כן או"א עלאין דאצילות שהם זו"ן לפרצוף חכמה דע"ב דא"ק שהפרצוף דזו"ן דחכמה הנז' מלובש תוך פרצו' בינה דבינה דס"ג דא"ק תוך חכמה דזו"ן דאדם קדמון תוך חכמה דא"א דאצילות תוך חכמה דאצי' שהם או"א עילאין. ופרצו' בינה דחכמה דע"ב דא"ק תוך חכמה דבינה דס"ג דא"ק תוך כתר דזו"ן דא"ק תוך כתר דא"א דאצילות ופרצוף חכמה דחכמה דע"ב דא"ק תוך כתר דבינה דס"ג שהם אורות אח"פ ופרצוף כתר דחכמה דע"ב הנז' הוא מן האוזן ולמעלה עד הגולגלתא דא"ק:

וכמו כן א"א דאצילות שהוא זו"ן לפרצו' כתר דא"ק [ד"ד ע"ד] שהפרצו' דזעיר ונוקבא דכתר דאדם קדמון מלובש תוך בינה דחכמה דע"ב תוך חכמה דבינה דס"ג תוך כתר דזו"ן דא"ק תוך כתר דאריך אנפין המלביש לטבורא דא"ק אשר בעת התיקון נתפשט ע"ס האצי'. ופרצו' בינה דכתר דא"ק תוך חכמה דחכמה דע"ב תוך כתר דבינה דס"ג שהם אח"פ ופרצוף חכמה דכתר דא"ק תוך כתר דחכמה דע"ב ופרצוף כתר דכתר דא"ק הוא הגולגלתא דיליה מגולה למעלה. והנה כמו שתנבאר לעיל שע"י התפלות שעושים ישראל בימי החול נבררים בירורי אורות וכלים דנשמה דזו"ן ועולים להתתקן ע"י ישסו"ת וע"י כן נגדלים פרצו' זו"ן עד שיעור קומת ישסו"ת. כמו כן בעת ההיא ממש שנבררים ונתקנים בירורי זו"ן ע"י ישראל כנז"ל נבררים גם כן בירורי אורות וכלים דנשמה דישסו"ת ע"י זו"ן ועולים להתתקן ע"י או"א וע"י פרצוף בינה דבינה דס"ג דאדם קדמון המלובש בתוכם ע"ד הנז"ל בז"א ועי"כ נגדלים ישסו"ת כשיעור קומת או"א. וכן בעת ההיא ממש שנבררים בירורי אורות וכלים דנשמה דישסו"ת נבררי' ג"כ בירורי אורות וכלים דנשמה דאו"א עילאין ע"י ישסו"ת ועולים להתתקן ע"י א"א וע"י בינה דחכמה דע"ב דאדם קדמון המלובש בתוכו כנז"ל ועי"כ נגדלים או"א עד שיעור קומת א"א. וכן בעת ההיא שנבררים בירורי אורות וכלים דנשמה דאו"א נבררים ג"כ אורות וכלים דנשמה דא"א ע"י או"א עילאין ועולים להתתקן ע"י אח"פ וע"י בינה דכתר דאדם קדמון המלובש בתוכם כנז"ל ועי"כ נגדל פרצוף א"א עד שיעור קומת אח"פ. וכן עד"ז ממש נתקנים ונגדלי' פרצופי א"ק וכן פרצופי יעקב ורחל ופרצופי בי"ע שתחת הזו"ן נתקנים ונגדלין ע"ד הנז' בזו"ן כי

נהר שלום - לרש"ש

כפי שיעור תיקון ועליית הזו"ן כך הוא שיעור תיקון ועליית כל הפרצופים עליונים ותחתונים כמבואר בע"ח וכמ"ש בכמה מקומות ובפרט בשער הכוונות בדרוש סעודת שחרית דשבת והובא לשונו לקמן באורך וע"ש וזה פשוט. וכן בשבת שמתבררים בירורי אורות וכלים דחיה דזו"ן ע"י התפילות שחרית ומוסף ועולים להתתקן ע"י או"א וע"י חכמה דזו"ן דא"ק המלובש בתוכם כנז"ל ועי"כ נגדלים כשיעור קומת או"א הנה עד"ז נבררים בירורי חיה דכל פרצופי כל העולמות ועולים להתתקן על ידי מדריגה יותר עליונה כי ע"י זו"ן נבררים בירורי חיה דישסו"ת ועולים להתתקן ע"י א"א וחכמה דבינה דס"ג דאדם קדמון ועי"כ נגדלים כשיעור א"א ובירורי חיה דאו"א על ידי ישסו"ת ונתקני' על ידי אח"פ וחכמה דחכמה דע"ב דאדם קדמון ונדלים כשיעור אח"פ ובירורי חיה דא"א ע"י או"א ונתקני' ע"י חכמה דכתר ונגדל כשיעור חכמה דכתר דאדם קדמון. וכן בתפילת מנחה דשבת שמתבררים בירורי אורות וכלים דיחידה דזו"ן ועולים להתתקן ע"י כתר דא"א וכתר דזו"ן דאדם קדמון ונגדלים כשיעור א"א כן ע"י זו"ן מתבררים בירורי יחידה דישסו"ת ועולים להתתקן ע"י אח"פ ונגדלים כשיעור אח"פ ובירורי יחידה דאו"א על ידי ישסו"ת ועולים להתתקן ע"י כתר דע"ב דא"ק ונגדלים כשיעור כתר דע"ב דא"ק ובירורי יחידה דא"א על ידי או"א ועולי' להתתקן ע"י כתר דכתר דאדם קדמון ונגדל כשיעור כתר דכתר דאדם קדמון. וכן עד"ז נתקנים ועולים כל פרצופי [ד"ה ע"א] א"ק וכן פרצו' בי"ע שתחת הזו"ן כפי שיעור עליי הזו"ן כנז"ל. באופן כי תיקון כל העולמות העליונים והתחתונים תלוים בתיקון זו"ן דאצילות ותיקון זו"ן דאצי' תלוי ביד ישראל. ור"ל כי כפי שיעור מה שמתברר ונתקן ועולה מכלים ואורות דנפש ורוח הנקרא זו"ן דחיה הנקרא אצילות דכל פרטי פרצו' א"ק ואבי"ע כך כפי אותו השיעור מתברר ונתקן ועולה מכלי' ואורות דנרנח"י דיחידה הנק' א"ק ומכלי' ואורות דנח"י דחיה הנק' א"א ואו"א דאצילות דכל פרטי פרצו' א"ק ואבי"ע ומכלים ואורות דנרנח"י דנר"ן הנק' בי"ע דכל פרטי פרצופי א"ק ואבי"ע וכבר נתבאר לעיל כי כל פרצופי כל העולמות נקראים זו"ן:

ובמה שכתבנו נבארו והובנו השני עניינים הנז"ל שכתב הרב ז"ל הא' מ"ש במ"ש ש"ב ח"ג פ"ח כי הבירורים דכל פרצוף תחתון עולים להתברר ולהתתקן ע"י הפרצוף עליון שעל גבי הסמוך לו בלבד כגון מנפש לרוח או מרוח לנשמה וכיוצא ואי אפשר לשום בירור לעלות להתתק ע"י פרצוף

נהר שלום – לרש"ש

יותר עליון כגון מנפש לנשמה או
מרוח לחיה וכיוצא רק ע"י הפרצוף
שעליו וכנז"ל. והשני מ"ש בש"ב
ח"ג פ"א ובכמה מקומות כי כל
הבירורים צריכים לעלות להתברר
ולהתתקן ע"י שורשם העליון
שהם הטעמים העליונים דע"ב
וס"ג דפנימיות דא"ק וכנ"ל.
ובמ"ש יובנו כי שניהם דברי
אלהים חיים אמת ושניהם כאחת
טובים ואי אפשר לזה בלא זה
(וכל זה בחול ואחר כך בשבת ע"י
התפלות חוזרים אותם הברורים
שנבררו ונתקנו בחול חוזרים עתה
לעלות ולהתברר ולהתתקן ע"י
פרצופים עליוני' יותר פנימי חול
כפי ערך עליית אותה תפילה עד
שבתפי' המנחה שאז עולה ז"א
למקום אריך ואז עולין כל
הבירורים להתברר ולהתתקן ע"י
ע"ב דע"ב וע"ב דס"ג עצמן דא"ק
ומזדווגים ע"ב וס"ג דא"ק זיווג
עליון במקומם העליון ואז יוצא שם
מ"ה החדש העליון ממצח הרצון
העליון):

באופן כי העיקר הוא להעלות
ולהחזיר הבירורים והאורות
דרפ"ח והכלים דשני פרצופים
אמצעי וחיצון דנ"ר דחיה הנקרא
זו"ן דאצי' אשר נפלו לשלשה
פרצופים פנימי ואמצעי וחיצון
דנר"ן הנק' בי"ע דכל פרט
להעלותם אל מקומם ושורשם
העליון שהוא האצי' דכל פרט
שהוא מחשבה העליונה דבריר
אוכל וזריק פסולת והוא החיה

הנקרא אצילות דכל פרט שהוא
אלהות גמור המלביש ליחידה
הנק' א"ק דכל פרט שבו מלובש
אור הא"ס ותכלית בירורם
ותיקונם הוא עד עלותם לטעמים
העליונים שהם ע"ב דע"ב וע"ב
דס"ג דא"ק שהם חכמות דחו"ב
דא"ק שהם נקראים או"א עילאין
הנק' בכללות אבא לבד שהוא
אצילות דא"ק והוא א"ק דאבי"ע
דאצילות כמבואר לקמן איך מאצי'
דא"ק נעשה א"ק לאבי"ע דאצי'
והוא הוא הנזכר בשער סדר
אבי"ע ובשער סדר האצי' בקיצור
כי הא"ס נתלבש בחכמה דא"ק
ומאיר ומשפיע ומתפשט בעולם
האצי' ואיהו וחיוהי וגרמוי חד בהון
ולהאיר ולהשפיע בבריאה
מתלבש גם בבינה דא"ק והוא הוא
בריאה דא"ק שנעשה אדם קדמון
לאבי"ע דבריאה וכן הוא ביצירה
ועשיה שבו שנעשו א"ק לאבי"ע
דיצירה ועשיה כמ"ש לקמן ועל ידי
הארת א"ס בהם נגמר בירורם
ותיקונם לגמרי:

ואף על פי שנתבאר לעיל כי
הבירורים דזו"ן דאצי' נתקנו ע"י
חו"ב דזו"ן דאדם קדמון ולא עלו
לע"ב וס"ג דא"ק הנה כבר נתבאר
לעיל בקיצור ולקמן יתבאר באורך
כי החו"ב דזו"ן דאדם קדמון נתקנו
ונעשו מזו"ן דחו"ב שהם ע"ב וס"ג
דאדם קדמון וכן החו"ב דבינה
דא"ק שע"י נתקנו בירורי ישסו"ת
נעשו מבינות דע"ב וס"ג דא"ק וכן
חו"ב דחכמה דא"ק שע"י נתקנו

כ

בירורי או"א עילאין נעשו מחכמות דע"ב וס"ג דאדם קדמון וכן חו"ב דכתר דאדם [ד"ד ע"ב] קדמון שע"י נתקנו בירורי א"א נעשו מכתרים דע"ב וס"ג דאדם קדמון נמצא שכל הבירורים דכל פרצופי האצי' נבררו ונתקנו ע"י ע"ב וס"ג דאדם קדמון אלא שבירורי כל פרצוף נבררו ונתקנו ע"י ספירות המתייחסות אליו מע"ב וס"ג דא"ק וד"ל:

נחזור לענין הנז"ל כי במעשה בראשית בהגיע זמן התיקון ועדיין אדם אי לעלות מ"ן כנז"ל ואז עלה ברצון המאציל ר"ל כי המשיך והעלה מהאורות והכלים הנז' דב"ן שנפלו לבי"ע דכל פרט כנז"ל המובחר שבהם מה שהיה מוכרח וצורך לתקן ממנו ג"ר חב"ד שהם השלשה פרצופים הפנימים שהם המוחין הנק' רעותא דעתיק דאצילות דכל פרטי פרצופי אבי"ע דאצי' כנז' בפ"ה משער התיקון לפי ערך העת והזמן ההוא של קודם בריאת אדה"ר והכלים והאורות הנז' שעלו היו המובחר והמעולה שבכל מלך ומלך ר"ל חלק מכל א' וא' וכפי חלק הנברר מאחד מהם כך נברר מכל אחד מהם חלקים המתייחסים לאותו חלק כי כן הטביע בהם המאציל כי גוף א' הם וזמ"ש בזוהר מנהון אתבסמו ומנהון לא אתסמו פי' מנהון ר"ל מכולם ועלו האורות והכלים מבי"ע לאצי' דכל פרט ונתחברו עם האורות שלהם שנשארו באצי' בכלים דא"א ואו"א דכל פרט שנתפשטו עד מקום זו"ן דכל פרט כנז"ל אותם חלקי האורות המתייחסים להם וחזר ההתפשטות ההוא המתייחס לאותם הבירורים עם האורות שבתוכם ועם הבירורים שעלו להאסף ולעלות למקום הג"ר ועלו עוד כולם למעלה כי כל י' נקודות צריכים תיקון כי כולם יצא חסרים ובלתי מתוקנים וכולם צריכים לעלות לשורשם העליון שבא"ק וכמ שנתבאר לעיל ואז מתעוררים חלקי טנת"א דמ"ה וב"ן דעתיק דאבי"ע דאצילות דפנימיות דא"ק ועולים עם נת"א דע"ב ס"ג דעתיק דאבי"ע דאצי' דפנימיות למ"ן לטעמים דע"ב וס"ג דעתי' דאבי"ע דאצי' דפנימיות כמ"ש בפ"א מ"ב מש' טנת"א ואז נזדווגו ע"ב וס"ג דעתי' דאבי"ע דאצי' דא"ק זיווג דרעותא שהוא זיווג דמוחין שהם הג' פרצופי הפנימיים דחב"ד דעתיק דאבי"ע דאצי' דא"ק ומוצאין מן המצח חלקי חיצוניות טנת"א דמ"ה הראויים לאותם הבירורים שעלו ומהעינים חוזרים לצאת חלקי חיצוניות טנת"א דב"ן עם תשלום חלקיו שהם הט"ס העליונות דכל פרט וגם נקודות דס"נ ואז הכחב"ד דפרצוף הכתר דמ"ה בירורו היותר מובחר מכל חלקי אורות הנז' דב"ן אורות הראויים והמתייסים לשלשה פרצופים הפנימיים שהם חב"ד דעתיק דאבי"ע דאצי' דכל פרט

ונתחבר עמהם כלים עם כלים ואורות עם אורות חיבור נפלא כל ספי' וכל ניצוץ כלול ממ"ה וב"ן וירדו דרך אח"פ ונתגלו מהטיבור דא"ק ולמטה והלבישו לתנה"י דא"ק כל ספי' וכל ניצוץ כלול ממ"ה וב"ן מחוברים חיבור גמור אמנם כל צד המ"ר נק' דכורא יען הוא משפיע ומתקן לצד הב"ן הנק' נוק' וכל חסדים הם ממ"ה וגבורות הם מב"ן:

וזה שביארנו כי אפי' פרצוף עתיק וא"א ואו"א וישסו"ת נתקנו ונעשו מבירורי הז' מלכים מפורש בהדיא במ"ש ש"ה ח"ב פ"א כי עתיק וא"א ואו"א וזו"ן דאצי' וכן דבי"ע נבררו ונתקנו בעת התיקון מביררי הז"מ. וז"ל והענין דע כי באלו השבעה מלכים יש בהם כל בחי' אבי"ע כנ"ל ויש בהם חלקים הראויים לעשות מהם אצילו' וחלקים שאינם ראויים להעשות מהם אצי' רק בריאה וכעד"ז יצירה ועשיה וכל זה בדרך כלל כי גם הוא עד"ז בפרטות כי יש חלקי' ראויים לאריך ויש לאבא ויש לאמא ויש לז"א ויש לנוק' ובתחלה נתבררו החלקים שיש לאריך בשבעה מלכים וכל השאר נקראו סיגים אצלו כי אינם מערכו. אמנם כל מה שהיה לאריך בהם הכל נתברר בעת האצי' לתיקון א"א ולקחו ומהסיגים [ד"ה ע"ג] הנשארים חזרו להתברר ואז מהחלקים שיש לאו"א בהם נעשו בחי' או"א והשאר שלא היה עוד בהם חלקי או"א נשארו בסוד סיגים ומהם חזרו להתברר במעי אמאא ומהחלקים אשר לזו"ן בהם נעשו זו"ן של אצי' ואז כל הנשאר נק' סגים בערך עולם האצי' וכל בחי' אלו יוצאות בסוד דם הלידה ואמנם עדיין יש בהם קדושה שהם בחי' העולמות של בי"ע ולכן חוזרים ומתבררים בסוד עיבור בתוך הנקבה של ז"א ומהמובחר שבו נעשה א"א דעולם הבריאה וכל השאר יוצא מנוק' דז"א בסוד דם לידה ונק' סיגים בערך אריך דבריאה וכן כיוצא בזה עד תשלום עולם העשיה הרי מבואר מ"ש. וכן נתבאר ג"כ בתחילת פ"ד משער מ"ד ומ"ן וז"ל ונחזור לענין ראשון כי הנה בדוגמא מה שביארנו בענין ד' עולמות אבי"ע בכללותם כן הדבר בכל עולם ועולם מהם ונתחיל בעולם האצי' ונאמר כי הנה היותר משובח מכל בירורי האצילות שהוברר מהשבעה מלכים כנז' הנה אז עלה והוברר בעתיק והגרוע ממנו באריך אנפין והגרוע ממנו הוברר באו"א והגרוע ממנו בזו"ן וכעד"ז בבי"ע וכעד"ז בי"ס עצמם שהם בכל פרצוף ופרצוף וכעד"ז בפרטי פרטים והדברים מובנים. והנה א"א עדיין לא נתקן כי אדם אין שהם או"א המעלים תמיד הבירורים דא"א לעתיק למ"ן ואי אפשר לבירורים להעלות למ"ן אם לא על ידי הבנים שכבר יצאו ונתקנו שהוא הפרצוף שלמטה

ממנו שנק' בן אליו ועדיין לא נתקן ואז סליק ברעותא דעתיק למברי עלמא הוא הא"א ר"ל כי השלשה פרצופי דחב"ד הנז' דמ"ה וב"ן הנק' רעותא דעתיק מאליהם בלי מה שיעלה להם מ"ן בירורו היותר מובחר מכל שארית חלקי אורות הנז' דב"ן אורות הראוים לשלשה פרצופי הפנימיים שהם חב"ד דא"א דאצילות דכל פרט והעלו אותם למ"ן להם ונזדווגו החב"ד הנז' דעתיק ותיקנו את אורות הנז' דחב"ד דא"א וחיברו עמהם את הכחב"ד דפרצוף חכמה דמ"ה ונתקנו החב"ד דא"א שהם הג' פרצופי' הפנימיים הנק' רעותא דא"א ואחר שנתקנו הג"ר הנז' דא"א הנק' בנים לעתיק אז הם העלו מ"ן מהבירורים דו"ק דעתיק לג"ר דעתיק ונזדווגו הג"ר דעתיק ותיקנום וחברו עמהם הראוי להם מחלקי אורות וכלים דו"ק דפרצוף כתר דמ"ה. וכן עד"ז היה בתיקון או"א בהיות שעדיין לא נתקנו או"א ואדם אין שהם ישסו"ת להעלות הבירורים שלהם למ"ן לא"א ולכן סליק ברעותא דא"א למברי עלמא הם או"א והוא כי עלו בירורים דג"ר דאו"א מאליהם לרעותא דא"א שהם הג"ר הנז' דא"א ונזדווגו הג"ר הנז' דא"א ותיקנום וחברו עמהם הראוי להם מחלקי אורות וכלים דכחב"ד דכחב"ד דפרצוף בינה דמ"ה וכמ"ש לקמן ואז הג"ר הנז' דאו"א אחר שנתקנו הם העלו מ"ן מהבירורים דו"ק דא"א לג"ר שלו ונזדווגו ותיקנום וחברו עמהם הראוי להם מחלקי אורות וכלים דו"ק דפרצוף חכמה דמ"ה. וכן היה בתיקון ישסו"ת בהיות שעדיין לא נתקנו ישסו"ת ואדם אין שהם הזו"ן להעלות הבירורים שלהם למ"ן לאו"א ואז סליק ברעותא דאו"א למברי עלמא הוא ישסו"ת והוא כי עלו הביריים דג"ר של ישסו"ת מאליהם לרעותא דאו"א שהם הג"ר הנז' דאו"א ונזדווגו הג"ר הנז' דאו"א ותיקנום וחרו עמהם הראוי להם מחלקי אורות וכלים דג"ר דו"ק דפרצוף בינה דמ"ה ואז הג"ר הנז' דישסו"ת אחר שנתקנו הם העלו מ"ן מהבירורים דו"ק דא"א לג"ר שלהם ונזדווגו הג"ר הנז' דאו"א ותיקנום וחברו עמהם הראוי להם מחלקי אורות וכלים דו"ק דג"ר דפרצוף בינה דמ"ה. וכן היה בתיקון זו"ן והוא בהיות שעדיין לא נתקנו הזו"ן כי אדם אין שהוא אדה"ר להעלות את הבירורים שלהם למ"ן לישסו"ת להתתקן ולכן סליק ברעותא [ד"ה ע"ד] דישסו"ת למברי עלמא דזו"ן ואז עלו הבירורים דג"ר דזו"ן מאליהם לרעותא דישסו"ת שהם הג"ר הנז' שלהם ואז נזדווגו ישסו"ת זיווג דרעותא ותיקנום וחברו עמהם הראוי להם מחלקי אורות וכלי' דג"ר דפרצוף ו"ק דמ"ה ואחר שכבר נתקנו הג"ר הנז' דזו"ן אז העלו הם מ"ן מהבירורים

דו"ק דישסו"ת ונזדווגו הג"ר הנז' דישסו"ת ותיקנום וחברו עמהם הראוי להם מחלקי אורות וכלים דו"ק דו"ק דפרצוף בינה דמ"ה וידוע כי בהתתקן זו"ן נתקנו בי"ע כי אינם עולמות גמורים בפני עצמם כמו עולם האצי' כי אינם אלא התפשטות כחות הנוק' וחייליה וצבאיה כמ"ש במ"ש ש"ב ח"ג פ"ח. ומ"ש במ"א נגד זה הוא בבי"ע הכוללים ועיין היטב. הרי נתקנו הג"ר דו"ק דמ"ה וב"ן דזו"ן ועדיין הו"ק דו"ק דמ"ה ודב"ן דזו"ן לא נבררו ולא נתקנו:

ואחר שנתברר ונתקן כל מה שהיה צורך להעשות מהם כל חלקי פרצופי ד' עולמות אבי"ע כנז"ל וכמ"ש לקמן בע"ה אז נברא אדה"ר ממחצב הנשמות להעלות מ"ן מבירורי ו"ק דזו"ן וכל שארית הבירורים ע"י מעשיו ומצותיו ותפלותיו ואדרבא נתחבר בעץ הדעת טו"ר בסיגי המלכים ונפל וגרם להפיל כל המ"ן דכל הפרצופים העליונים שהם כל הבירורים הנז"ל שנבררו ועלו מנוק' דעתיק ולמטה כמ"ש בס' עולת תמיד בדרוש ר"ה וע"ש ואפי' שלא נבררו ועלו על ידו וכ"ש שארית הבירורים התחתונים וכל הנשמות ומלבושיהם ואז נגזר עליו מיתה דוגמת המלכים ונתגרש מג"ע לחזור לברר מה שגרם להפיל עד שישלים לברר ולתקן מה שפגם ע"י החטא בספירות ובנשמות ואז יחזור למקומו לג"ע לעשות חיובו הראשון וד"ל. ומבואר מזה כי ע"י התפלות והמצות שבכל יום ויום מתבררים מבירורי חלקי ד' עולמו' אבי"ע ומבירורי הנשמות אף גם עתה וכמבואר כ"ז במ"ש ש"ב ח"ג פ"ח ע"ש ומ"ש בקצת מקומות שלא נשאר רק חלקי הנשמות זה היה קודם חטא אדה"ר ע"ה. והנה כתב הרב בשער התיקון פ"ה ובספר מ"ש ש"ב ח"ג פ"ז דקודם התיקון היו הי"ס הכוללים כל העולם האצי' עצמות וכלים אלאא שהיו הכלים קטנים כי עתיק וא"א היו מספי' הכתר לבד ובו נכללים כל הי"ס שבהם וכעד"ז שאר הפרצופים אבא מספי' החכמה ואימא מספי' הבינה וז"א מו"ק דו"ק ר"ל חסד מחסד גבורה מגבורה כו' ונוק' ממל'. ועוד שינוי אחר היה בהם קודם התיקון כי כל אחד היה זו למעלה מזו ואין זו מתלבשת בזו כלל ואז נמצא שכולם נקראו פרצוף אד לבדו וגם בלתי התלבשות שום ספי' בחברתה והיתה שיעור קומתו כמו שהוא עתה ממש כל אורך האצי' ואחר כל התיקון נתפשטו כל הפרצופים מחמת שניתוסף בהם שלימות י"ס ונתארך כל אחד מהם אורך כל האצי' ונכללו אלו באלו ונתלבשו אלו בתוך אלו שוים בקומתם בהשואה גמורה עד שהנוק' מלבשת לכל הפרצופים בשוה לכל קומתם. ולא זו בלבד היה אלא אפי' פרטי הי"ס דכל

פרצוף נתארך כל אחד אורך כל האצי' ונכללו אלו באלו ונתלבשו אלו בתוך אלו שוים בקומתם המשל בזה עתיק נשלם לי"ס וכל אחד מהם כלולה מי"ס ונתארכה כל א' אורך כל האצי' ונכללו אלו באלו ונתלבשו אלו באלו עד שנמצאו עשר פרצופים זה בתוך זה שוים בקומתם בהשואה גמורה וכולם הם פרצוף עתיק ועד"ז מלבישים עליו עשר פרצופי א"א וכולם א"א ועליו עשר פרצופי אבא וכולם אבא ועליו עשר פרצופי אימא ועליו עשר פרצופי ז"א ועליו עשר פרצופי נוק'. וכל זה ההתכללות וההתלבשות וההתפשטות הוא בנקודה אחת וכן בשאר הנקודות:

וענין ההתכללות וההתפשטות הנז' היה באופן זה כי הנה [ד"ו ע"א] נתבאר בשער דרושי אבי"ע ובשערי קדושה ובכמה מקומות כי ה' עולות הם א"ק ואבי"ע וכל א' מהם כלול מא"ק ואבי"ע שהם ה' הויות עם קוצי היודי"ן והם כ"ה בחי' ואלו הכ"ה בחי' היו מלבישים זה את זה באורך מעילא לתתא מראש א"ק עד סוף העשיה וכל הספי' דכל עולם מהם היו מבחי' עצמות אותו העולם לבד ולא היו כלולים וקשורים זה בזה ואח"כ נכללו ונתקנו באופן זה. ותחילה נתקן א"ק ואבי"ע דא"ק שהוא ההוי"ה הראשונה הפנימית כי הא"ק שבו שהוא הא"ק עצמו שהיה בו שהוא קוץ היו"ד שבזו ההוי"ה הפנימית שבו והאצי' שבו נעשה מא"ק דא"ק ואבי"ע דאצי' שהוא הקוץ דיו"ד דהוי"ה הב'. דהוי"ה הג'. והיציר' שבו נעשה מא"ק דאאבי"ע דיצירה שהוא קוץ היו"ד דהוי"ה הד'. והעשיה שבו נעשה מא"ק דא"ק ואבי"ע דעשיה שהוא קוץ היו"ד דההוי"ה הה'. הרי נתקנו א"ק ואבי"ע דא"ק ונעשו מקוצי היודי"ן דה' הויות ושיעור קומתו הוא מראשית הקו ע"ס העשיה. אח"כ נתקנו א"ק ואבי"ע דאצי' והא"ק שבו הוא אצי' דאבי"ע דא"ק שהוא אות היו"ד דהוי"ה הראשונה הפנימי' הנז"ל. ואצי' שבו הוא האצי' של עצמו. ובריאה שבו הוא אצילות דאבי"ע דבריאה. ויצירה שבו הוא אצי' אבי"ע דיצירה. ועשיה שבו הוא אצי' דאבי"ע דעשיה הרי נתקנו א"ק ואבי"ע דאי' ונעשו מהיודי"ן דה' הויות והלבישו לא"ק ואבי"ע דא"ק הנז"ל בהשואה גמורה. אחר כך נתקנו א"ק ואבי"ע דבריאה ונעשה מבריא' דכל החמשה עולמו' שהוא מההי"ן ראשונו' דה' הויות ע"ד הנז' בא"ק ואבי"ע דאצילות והלביש לא"ק ואבי"ע דאצילות בשוה. אחר כך נתקן א"ק ואבי"ע דיצירה ע"ד הנז"ל ונעשה מיצירה דכל העולמות והלביש לא"ק ואבי"ע דבריאה בשוה. אחר כך נתקן א"ק ואבי"ע דעשיה ע"ד הנז' ונעשה מעשיה דכל העולמות והלביש לא"ק ואבי"ע דיצירה בשוה הרי

נכללו ונתקנו חמשה עולמות א"ק ואבי"ע שהם חמשה הויות והם כ"ה עולמות כנז"ל. ונתבאר שם כי כל הכ"ה בחי' הנז' הם בא"ק ואבי"ע דא"ק ועד"ז כ"ה בחינות בא"ק ואבי"ע דאצי' וכ"ה בחי' בבריאה וכ"ה בחינות ביצירה וכ"ה בחי' בעשיה וכולם נכללו ונתקנו כנז"ל בכללות ובפרטות. נמצא כי כללות ענין התיקון הנז' הוא כי מה שהיו העולמות קודם התיקון מתפשטים באורך נעשה עתה בעובי כנז' כי הנה חמשה בחינות א"ק ואבי"ע דא"ק שהם ההוי"ה הפנימית עם קוץ היו"ד שבה היו מתפשטים באורך מעילא לתתא ועתה נכללו ונתקנו ועלו לעילא ונעשו א"ק בראש כל עולם ועולם מחמשה עולמות הנז' כי הא"ק שבו שהוא קוץ היו"ד שבהוי"ה הפנימית נשאר במקומו. והאצילות שהיה בו שהוא היו"ד של זו הוי"ה נעשה א"ק לעולם השני שהוא א"ק ואבי"ע דאצילות שהוא ההוי"ה הב' ונעשה קוץ ליו"ד דההוי"ה זו השנית אמנם בערכו הוא יו"ד דהוי"ה והוא מלביש בשוה לקוץ היו"ד דהוי"ה הפנימית שהוא הא"ק דא"ק כנז"ל. והבריאה שהיה בו נעשה א"ק לעולם הג' שהוא א"ק ואבי"ע דבריאה שהוא ההוי"ה הג' ונעשה קוץ ליו"ד דהויה זו הג' אמנם בערכו הוא ה' ראשונה והוא מלביש בשוה ליו"ד דהוי"ה הפנימית שהוא אצילות דאדם קדמון. והיצירה שהיה בו נעשה א"ק לעולם הד' שהוא א"ק ואבי"ע דיצירה שהוא ההוי"ה הד' ונעשה קוץ ליו"ד דהוי"ה זו' הד' אמנם בערכו הוא ו' דהוי"ה והוא מלביש בשוה לה' ראשונה דהוי"ה הפנימית שהוא בריאה דאדם קדמון. והעשיה שהיה בו נעשה א"ק [ד"ו ע"ב] לעולם הה' שהוא א"ק ואבי"ע דעשיה שהוא ההוי"ה הה' ונעשה קוץ ליו"ד דהויה זו הה' אמנם בערכו הוא ה' אחרונה דהוי"ה והוא מלביש בשוה לוא"ו דהוי"ה הפנימית שהוא יצירה דאדם קדמון ונמצא כי ארבע אותיות ההוי"ה זו הפנימית דאדם קדמון עם קוץ היו"ד שבה הם מלבישים זה את זה בעובי כנז' ובהם מתלבש קו הא"ס וכעד"ז ה' בחינות דעולם הב' שהוא א"ק ואבי"ע דאצילות שהוא ההוי"ה הב' שהיו מתפשטים באורך עלו ונעשו אצי' לכל עולם מה' עולמות הנז' ונעשו יודי"ן לה' ההויות מלבישים זה את זה בשוה והם מלבישים לקוצי היודי"ן שהם ה' בחי' דא"ק הנז"ל כל יו"ד לקוץ א' מטיבורא דיליה ולתתא אמנם בערך עצמם הם ד' אותיות הוי"ה עם קוץ היו"ד מלבישים זה את זה בעובי. וכן עד"ז ה' בחינות דעולם הג' א"ק ואבי"ע דבריאה הוי"ה הג' נעשו בריאה לכל החמשה עולמות הנז' ונעשה ההי"ן ראשונות לה' הויו"ת אמנם בערך עצמם הם ד' אותיות הוי"ה עם

קוץ היו"ד מלבישים זה את זה בעובי. וכן עד"ז ה' בחי' דעולם הד' דא"ק ואבי"ע דיצירה שהוא הוי"ה הד' נעשו יצירה לה' העולמות הנזכרים ונעשו וו"ן לה' ההוי"ת אמנם בערך עצמם הם ד' אותיות הוי"ה עם קוץ היו"ד מלבישים זה את זה בעובי. וכן עד"ז ה' בחינות דעולם הה' א"ק ואבי"ע דעשיה שהוא הוי"ה הה' נעשו עשיה לכל החמשה העולמות הנזכר ונעשו ההי"ן אחרונות לחמשה הויו"ת. אמנם בערך עצמם הם ד' אותיות הוי"ה עם קוץ היו"ד מלבישים זה את זה בעובי הרי כי מה שהיו העולמות באורך נתקנו ונכללו ונתאחזו זה בזה ונעשו ה' הויו"ת בעובי כנז' אמנם הם קשורים באורך ונקראים ג"כ ה' הויו"ת באורך וזה שכתבנו הוא בכללות אמנם הענין היה בפרטי פרטות אמנם היה כסדר הנזכר:

גם נודע כי כשנתקן איזה פרצוף באדם קדמון היו נתקנים כל הפרצופים שכנגדו באבי"ע קודם שיתוקן הפרצוף השני דאדם קדמון:

המשל בזה כי כנתקן כתר דא"ק נתקנו כל הכתרים שיש בכל העולמות מראש א"ק עד סוף עולם העשיה קודם שיתוקן חכמה דא"ק כנז' בפ"ב משער אבי"ע ונדבר בתיקוני פרצופי א"ק ואבי"ע דאצילות דא"ק איך נכללו ונתקנו בעובי ואורך כנז"ל ואיך אין מוקדם ומאוחר ומהם נבין איך היה הענין בכללות כל העולמות וגם בפרטי פרטות וכבר נתבאר לעיל איך פרצוף כלול מי"ס אשר כל ספי' מהם כלולה מאבי"ע והם י' פרצופים מלבישים זה את זה בשוה כנז"ל:

גם נודע כי כל פרצוף כלול מכ"ה פרצופים שהם כלים דנרנח"י כל א' כלול מנרנח"י והם כ"ה בחינות מלבישים זה את זה בשוה וכמ"ש לקמן. והנה תחילה נתקן פרצוף כתר דכתר דא"א דא"ק שהוא יחידה דיחידה שבו ונתקן ונעשה מהכתרים דה' פרצופי הכתרים דכתרים דא"א ודאו"א וישסו"ת וזו"ן דא"ק באופן זה. הנה הכתר שבזה הפרצוף דכתר דכתר דא"א דא"ק הוא הכתר של עצמו ובו מלובש אור הא"ס. וחכמה שבזה הפרצוף דכתר דכתר שהוא חיה דיחידה הוא כתר דפרצוף כתר דכתר דאו"א דא"ק והוא עומד ומלביש לכתר דכתר הנז' מהגרון עד החזה. והבינה שבו שהיא נשמה דיחידה הוא הכתר דפרצוף הכתר דכתר דישסו"ת דא"ק והוא עומד מכנגד החזה ועד הטיבור. והו"ק דז"א שבו שהוא רוח דיחידה הוא כתר דפרצוף כתר דכתר דז"א דא"ק והוא עומד מכנגד הטיבור ולמטה. והמל' נוק' דז"א שבו שהיא נפש דיחידה היא כתר דפרצוף כתר דכתר דנוק' דז"א דא"ק והוא מלביש לפרצוף הכתר [ד"ו ע"ג] הנז' דזעיר אנפין

מהטיבור ולמטה והרי אלו חמשה פרצופי כתר דכתר דא"א דאדם קדמון נרנח"י דיחידה שבו. וקודם שיתוקן פרצוף חכמה דכתר דא"א הנז' דא"ק נתקן פרצוף כתר דכתר דאו"א דאדם קדמון ונתקן ונעשה מחכמות דה' פרצופי הכתרים דכתרים דא"א ואו"א וישסו"ת וזו"ן דא"ק ע"ד הנז' בפרצוף הכתר דכתר דא"א הנז' דא"ק והוא מלביש בשוה לפרצוף הכתר דכתר דא"א הנז' ועליו מלביש פרצוף כתר דכתר דישסו"ת הנתקן ונעשה מבינות דה' פרצופי הכתרים דכתרים דפרצופים הנז"ל דאדם קדמון ועליו מלביש פרצוף כתר דכתר דז"א הנתקן ונעשה מו"ק דחמשה פרצופי הכתרים דכתרים דפרצופים הנז"ל דא"ק ועליו מלביש פרצוף כתר דכתר דמלכות נוק' דז"א הנתקן ונעשה ממלכיות נוק' דז"א דחמשה פרצופי הכתרים דכתרים דפרצופים הנז"ל דא"ק הרי נתקנו פרצופי הכתרים דכתרים דפרצופי א"ק שהם פרצוף א' מכ"ה פרצופים דא"א דכל פרצוף דפרצופי א"ק שוים בקומתם כקומת א"ק מלבישים זה את זה בשוה. אמנם פרטי הי"ס דכל פרצוף אינם שוים בקומתם אלא עומדים זה תחת זה כסדר הנז' בפרצוף כתר דכתר דא"א דאדם קדמון על סדר ההוא היה תיקון כל פרטי פרצופי א"ק ואבי"ע דאדם קדמון ודאבי"ע וקודם שיתוקנו פרצופי החכמות דפרצופי הכתרים דפרצופי א"ק נתקנו פרצופי הכתרים דכתרים דפרצופי האצילות ע"ד הנז"ל בפרצופי הכתרים דכתרים דא"ק:

תחלה נתקן פרצוף כתר דכתר דא"א דאאצילות שהוא יחידה דיחידה שבו ונתקן ונעשה מהכתרים דחמשה פרצופי הכתרים דכתרים דא"א ואו"א וישסו"ת וזו"ן דאצילות ע"ד הנז"ל בפרצוף הכתר דכתר [דא"א] דא"ק ממש והוא מלביש לפרצוף הכתר דכתר דזו"ן דפרצופים הנז"חל דאדם קדמון שהוא מהטיבור דכללות דא"ק ולמטה ועליו מלביש בשוה פרצוף כתר דכתר דאו"א דאצילות הנתקן ונעשה מחכמות דה' פרצופי הכתרים דכתרים דפרצופי האצילות ועליו מלביש בשוה פרצוף כתר דכתר דישסו"ת הנתקן ונעשה מהבינות דה' פרצופי הכתרים דכתרים דה' פרצופי האצי' ועליו מלביש בשוה פרצוף כתר דכתר דז"א הנתקן מו"ק דה' פרצופי הכתרים דכתרים דפרצופי אצי' ועליו מלביש בשוה פרצוף כתר דכתר דמל' נוק' דז"א דאצילות הנתקן ממלכיות נוק' דז"א דה' פרצופי הכתרים דכתרים דפרצופי האצי':

הרי נתבאר תיקון פרצופי הכתרים דכתרים שהם פרצוף א' מכ"ה פרצופים דא"א ודכל פרצוף

דפרצופי האצילות דאדם קדמון
שוים בקומתם כקומת אריך אנפין
דאצילות מלבישים זה את זה
בשוה. אמנם פרטי הי"ס דכל
פרצוף מהם אינם שוים בקומתם
אלא עומדים זה תחת זה כסדר
הנז"ל בפרצופי הכתר דכתר
דא"א דא"ק ואחריהם כמו כן ע"ד
הנז"ל נתקנו ונעשו פרצופי
הכתרים דכתרים דפרצופי בי"ע
הפרטים והכוללים ואח"כ התחילו
להתתקן פרצופי הכתרים
דחכמות שהם פרצוף א' מכ"ה
פרצופים דאו"א דכל פרצוף
דפרצופי א"ק. ותחלה נתקן
פרצוף כתר דחכמה דא"א דאדם
קדמון שהוא יחידה דחיה שבו
ונתקן ונעשה מכתרים דה' פרצופי
הכתרים דפרצופי החכמות
דפרצופי אדם קדמון ע"ד פרצופי
הכתר דכתר כנז"ל והלביש בשוה
לפרצוף כתר דכתר דמלכות נוק'
דז"א דאדם קדמון. ועליו הלביש
בשוה פרצוף כתר דחכמה דאו"א
דאדם קדמון הנתקן ונעשה
מחכמות דכתרים דחכמות
דפרצופי א"ק. ועליו הלביש בשוה
פרצוף כתר דחכמה דישסו"ת
הנתקן מבינות דכתרים דחכמות
דפרצופי א"ק. ועליו הלביש בשוה
פרצוף כתר דחכמה דז"א הנתקן
מו"ק דז"א דכתרים דחכמות
דפרצופי א"ק. ועליו הלביש בשוה
פרצוף כתר דחכמה דמלכות נוק'
דז"א דאדם קדמון הנתקן
ממלכיות דכתרים דחכמות

דפרצופי אדם קדמון. הרי נתקנו
פרצופי הכתרים [ד"ו ע"ד] דחכמות
דפרצופי אדם קדמון שוים
בקומתם כקומת אדם קדמון
מלבישין זה את זה בשוה. אמנם
פרטי הי"ס דכל פרצוף אינם שוים
בקומתם אלא עומדים כסדרם
ע"ד הנז"ל בפרצוף כתר דכתר
דא"א דא"ק:

ואחר כך כמו כן נתקנו פרצופי
הכתרים דחכמות דפרצופי אבי"ע
ע"ד הנזכר בפרצופי הכתרים
דחכמות דפרצופי א"ק כנז"ל.
ואחר כך נתקנו פרצופי הכתרים
דבינות שהם ישסו"ת דפרצופי
א"ק ואבי"ע ע"ד הנז"ל. ואחר כך
נתקנו פרצופי הכתרים דו"ק שהם
ז"א דפרצופי אדם קדמון ואבי"ע
ע"ד הנז"ל. ואחר כך נתקנו
פרצופי הכתרים דמלכיות שהם
נוק' דז"א דפרצופי אדם קדמון
ואבי"ע על דרך הנז"ל. הרי נתקנו
פרצופי הכתרים דכל פרטי
פרצופי אדם קדמון ואבי"ע דא"ק.
ועד"ז היה תיקון פרצופי הכתרים
דפרצופי אדם קדמון ואבי"ע
דאבי"ע:

ואחר כך התחילו להתתקן
פרצופי החכמות דכתרים דפרטי
פרצופי אדם קדמון ואבי"ע דא"ק
ע"ד הנז"ל. וכן עד"ז היה תיקון
פרצופי החכמות דכתרים
דפרצופי אדם קדמון ואבי"ע
דאבי"ע. ואחריהם נתקנו פרצופי
החכמות דחכמות דפרטי פרצופי
אדם קדמון ואבי"ע דאדם קדמון

ודאבי"ע הכוללים ע"ד הנז"ל.
ואחריהם החכמות דבינות
דכללות כל העולמות ע"ד הנז"ל.
ואחריהם החכמות דו"ק דז"א
דכללות כל העולמות ע"ד הנז"ל.
ואחריהם החכמות דמלכיות
נוקבות דז"א דכללות כל העולמות
ע"ד הנז"ל:

ואחר כך התחילו פרצופי הבינות
דכתרים דכללות כל העולמות ע"ד
הנז"ל. ואחריהם נתקנו פרצופי
הבינות דחכמות דכללות כל
העולמות ע"ד הנז"ל. ואחריהם
הבינות דבינות דכללות כל
העולמות ע"ד הנז"ל. ואחריהם
הבינות דו"ק דז"א דכללות כל
העולמות ע"ד הנז"ל. ואחריהם
הבינות דמלכיות נוקבות דז"א
דכללות כל העלמות ע"ד הנז"ל:

ואחר כך התחילו להתתקן
פרצופי הז"א דכתרים ודחכמות
ודבינות ודז"א ודמל' נוק' דז"א
דכללות כל העולמות ע"ד הנז"ל.
ואח"ך התחילו להתתקן פרצופי
המל' נוקבות דז"א דכתרים
ודחכמות ודבינות ודז"אא ודמל'
נוק' דז"א דכללות כל העולמות
ע"ד הנז"ל:

הרי נתבאר סדר תיקון כללות
הכ"ה פרצופים דכל פרצוף דפרטי
פרצופי א"ק ואבי"ע דא"ק ודא"ק
ואבי"ע דאבי"ע ואיך כל פרצופי כל
עולם ועולם שוים בקומתם
ומלבישים זה את זה בשוה
כשיעור אותו העולם. אמנם פרטי
ספירות כל פרצוף ופרצוף אינם

שוים בקומתם אלא זה תחת זה
ע"ד הנז"ל בפרצוף כתר דכתר
[דא"א] דא"ק כן היה סדר תיקון
כל הפרצופים דכל העולמות וגם
נתבאר איך אין בכל פרצוף מחלקי
בחי' עצמותו רק ספירה אחת
ושאר הספירות שבו הם מקובצות
מפרצופי אותו העולם אמנם הם
מבחינות המתייחסות לאותו
הפרצוף בדקדוק גמור וזה היה
תיקון העולמות להיות כלולים זה
בזה ומקושרים זה בזה כי קודם
התיקון היו כל הפרצופים דכל
עולם מלבושים זה את זה בשוה
ומתפשטים באורך מעילא לתתא
והיו כל הי"ס דכל פרצוף מבחי'
עצמו לבד ולא היו כלולים זה בזה
אבל עתה בתיקון נכללו זה בזה
כנז"ל ואותם הי"ס דכל פרצוף
שהיו מתפשטים באורך נתקנו
ונעשו עתה בעובי כנז"ל. ולכן כל
פרטי ספירות דא"א נתקנו עתה
ונעשו כתרים שהוא א"א בראש
כל פרטי פרצופי האצילות ובתוכם
מלובשים כל פרטי פרצופי זו"ן
דאאדם קדמון כל פרצוף בתוך
פרצו' שכנגדו באריך והם
מלבישים זה את זה בעובי
מטיבורא דא"ק ולמטה. וכל פרטי
ספירות דאו"א נעשו חכמות שהם
או"א לכל פרטי פרצופי האצילות
והם מלבישים זה את זה בעובי
מכנגד הגרון דא"א ועד החזה וכל
פרטי ספירות דישראל סבא
ותבונה נעשו בינות שהם ישסו"ת
לכל פרטי [ד"ז ע"א] פרצופי האצילות

והם מלבישים זה את זה בעובי מכנגד החזה דא"א ועד הטיבור. וכל פרטי ספירות דז"א נעשו ו"ק שהוא ז"א לכל פרטי פרצופי האצילות והם מלבישים זה את זה בעובי מכנגד הטיבור דא"א עד סוף האצילות. וכל פרטי ספירות המלכיות נוק' דז"א נעשו מלכיות שהם נוק' דז"א לכל פרטי פרצופי האצילות והם מלבישים זה את זה בעובי מכנגד הטיבור דז"א עד סוף האצילות. ועיין בענין זה היטב להבינו בפרטות ואיך אין לך כתר בכל פרטי פרצופי האצילות שאינו מבחי' א"א ובתוכו מלובש הבחינה המתייחס אליו מבחי' זו"ן דא"ק ולכן אפי' בנפש דנפש דעיבור שנמשכים לזו"ן הנה הכתר ויחידה שבה היא מבחי' עצמות א"א עצמו ובתוכו מלובש הבחי' המתייחס אליו מבחי' זו"ן דא"ק. וכן אין לך חכמה שאינו מבחי' או"א עילאה ואין לך בינה שאינו מבחי' ישסו"ת ואין לך ו"ק שאינו מבחינת ז"א ואין לך מלכות שאינו מבחינת מלכות נוק' דז"א. והבן זה היטב כי בו יובנו כמה עניינים ואיך אין הבירורים דכל פרצוף עולים אלא לפרצוף שעליו וגם איך אין תיקון כל הבירורים אלא על ידי פרצופי א"ק המלובשים תוך אותו הפרצוף העליון שעלו הבירורים אליו ואז מזדווגים אותם הפרצופים דא"ק המלובשים בו המתייחסים לאותם הבירורים ומתקנים אותם וממשיכים להם הט"ס העליונות דב"ן וי"ס דמ"ה הראוים להם וחוזרים וממשיכים אותם בבחינ' מוחין לפרצו' התחתון והבן זה היטב מאד וכמ"ש לקמן בעזרת האל:

ונמצא כי מה שנתבאר בדברי הרב ז"ל סדר תיקון והלבשת הפרצופים הוא בפרטות פרצופי דכל פרצוף ופרצוף וכנז"ל ופשוט הוא וגם זה שכתבנו הוא בכללות אמנם הענין היה בפרטי פרטות בפרט האחרון שאפשר לפרט אמנם היה כסדר הנז' וכן היה הענין בכל י"ס דכל פרצוף וכל ספירה ועד"ז היה בכללות כל העולמות דא"ק ואבי"ע. נמצא כי א"ק ואבי"ע דא"ק הנתקן באורך נתקן ונעשה מא"ק דפרטי כל העולמות ואין נמצא בו שום ספי' ושום ניצוץ שאינו מספירות דא"ק דכל הפרטים וכן עד"ז היה (שם) בכל הפרצופים והספירות דא"ק ואבי"ע הכוללים והפרטים:

והנה התפשטות א"ק ר"ל יושר א"ק דא"ק הנה הוא מתפשט תוך עיגוליו מתחילת התפשטות הקו דא"ס עד כנגד ראש יושר דמלכות דעולם העשיה התחתון עומד ע"ג קרקעית עיגול הפנימי דעתיק דאצילות שבו אשר האצי' הנז' שבו מתחיל להלבישו מטיבורא דיליה ולתתא ועליו מלבישים שלשה עולמות בי"ע דא"ק. באופן שארבע עולמות אבי"ע דא"ק מלבישים לתנהי"ם דיושר דא"ק

דא"ק והוא מתלבש ונגנז תוך פרצוף היושר דעתיק הנז' הנק' רישא עילאה דלאא אתיידע אשר היושר דעתיק הנז' מלבישו עד למעלה מעט מסיום רגלי א"ק הנז' ועליו מלבישים תרין רישין גולגולתא ומוחא סתימאה דיושר דא"א והם מקבלים הארת א"ס ע"י רדל"א כנודע והעיגולים דעתיק הנזכר מתעגלים סביבות בי"ע וע"ג קרקעית עיגול הפנימי שבהם עומד יושר דא"ק הנזכר וכל זה הוא אחר ההתכללות וההתלבשות הנז"ל ואחר הפרטות האחרון שאפשר לפרט כי כל עוד שלא באו לידי פרט האחרון הנה כל ספי' היא כלולה מא"ק ואבי"ע והיא מלבשת בשוה לא"ק ואבי"ע ויש בה כל הפרטים כנודע כי כל ספי' פרצוף החיצון דכל פרטי פרצופי א"ק ואבי"ע נפרטים לאלף ריבוא וכל ספי' פרצו' אמצעי נפרטים לששת אלפים רבבות וכל ספי' פרצו' פנימי נפרטים לעשרת אלפים רבבות. ועל א"ק ואבי"ע דא"ק מלבישים בשוה באורך א"ק ואבי"ע דאצילות הנתקן ונעשה באורך מאצי' דפרטי כל העולמות ואין נמצא בו שום [ד"ז ע"ב] ספירה אחרת שאינו מפרטי ספי' דאצילות דכל הפרטים. וגם התפשטות יושר דא"ק הזה דאצילות הוא ע"ד התפשטות יושר דא"ק דא"ק הנז"ל ממש כי הוא מתפשט תוך עיגוליו מתחילת התפשטות הקו דא"ס עד כנגד ראש יושר דמלכות דעולם העשיה התחתונה עומד ע"ג קרקעות עיגול הפנימי דעתיק גנוז ומלובש תוך פרצוף יושר דרדל"א שהוא עתיק דאצילות שבו המלבישו מטיבורא דיליה ולתתא עד למעלה מעט מסיום רגלי יושר דאדם קדמון הנז' הכל ע"ד הנז' באדם קדמון ואבי"ע ד"ק. ועל אורך א"ק ואבי"ע דאצילות הנז' מלביש באורך בשוה א"ק ואבי"ע דבריאה וגם הורא ע"ד הנז' בא"ק ואבי"ע דא"ק ועליו מלביש באורך אדם קדמון ואבי"ע דיצירה ע"ד הנז"ל ועליו מלביש באורך א"ק ואבי"ע דעשיה ע"ד הנז"ל. באופן שאין לך שום ספי' ושום נשמה ושום ניצוץ שאינו כלול מכל העולמות מראש א"ק ועד סוף כל העולמות ואין בו מחלק עצמו אלא חלק אחד ושיעור מדת הלבשת כל פרצוף לפרצוף שלמעלה ממנו וכן מדת שיעור כל ספי' בכל פרצוף וכן מדת שיעור כל עולם מאבי"ע הנזכר בכמה מקומות היינו בפרט האחרון דכל ספי' כוללת וד"ל:

וסדר התחלקות והתחברות י"ס דמ"ה עם י"ס דב"ן דפרצופי אבי"ע היה באופן זה והנה אם היו מתבררים ועולים ונתקנים כל האורות של המלכים שהם המלכיות דב"ן הנז"ל אזי היו יוצאים ג"כ הט"ס העליונות דב"ן דכל פרט שלמים בכל בחי' עם

שם מ"ה ע"י הזיווג הנז"ל דע"ב וס"ג דא"ק והיה שם ב"ן שלם בי"ס שלימות ואז היו מתחברים י"ס דמ"ה עם י"ס דב"ן כתר עם כתר וחכמה עם חכמה כו' וכנז' בפ"ו משער שבירת הכלים ובכמה מקומות. אמנם לא נתבררו כל האורות דמלכיות דמלכים דב"ן הנז' אלא מקצת מהם אותם חלקי האורות המוכרחים לתקן מהם פרצופי אבי"ע המתייחסים לאותו העת והזמן אשר הם מוכרחים להמצא קודם בריאת אדה"ר ושארית הבירורים נשארו להתברר ע"י התפילות והמצות שיעשה אדה"ר ע"ה וכיון שגרם החטא ולא נעשה על ידו כי אם מה שהיה ראוי ומתייחס אליו בלבד כידוע כי לו יתברך נתכנו עלילות נשאר להתברר בכל דור ודור ע"י התפילות והמצות שיקיימו ישראל בכל דור ודור שהם הנשמות הנמשכות ממחצב הנשמות ובאות בכל דור ודור להשלים להעלות הבירורים דמחצב הספירות והנשמות המתייחסים לאותו הדור כפולים ומכופלים מהנשמות ישנות להשלים הבירורים של הדורות ההם שעברו עד שיושלמו להתברר כל הבירורים דב"ן ואז ישתוו חיבור י"ס דמ"ה עם י"ס דב"ן כתר עם כתר כו' וזה יהיה בעת ביאת משיח צדקנו במהרה בימינו כי"ר. והנה המ"ה כלול ממ"ה וב"ן וכן הב"ן כלול ממ"ה וב" כי הם הזו"ן דא"ק כל א' כלול מחג"ת נהי"ם כי הו"ק דכל אחד הם המ"ה שבו והמלכות ב"ן שבו אמנם בערך עצמם כל אחד כלול מע"ב ס"ג מ"ה ב"ן שהם טנת"א שבו:

והנה עתיק נתקן ונעשה מי"ס דכתר דמ"ה ומבירור חצי עליון דכתר דב"ן וניתוספו לו מחדש חצי תחתון דכתר וט"ס אחרות להשלים י"ס לכתר דב"ן. וגם לקח ג"ר דחכמה דב"ן וד' ראשונות דבינה דב"ן וז' כתרים דז"ת דב"ן וכל אלו שלקח הם מאותן הט"ס דב"ן דכל פרצוף שיצאו מחדש אשר לא היתה בהם שבירה ומכל אלו נעשו דכר ונוקביה דעתיק הדכורא ממ"ה וב"ן דמ"ה ועומד בצד הפנים והנוקבא ממ"ה וב"ן דב"ן ועומד בצד האחור ופני שניהם לחוץ וכל אחוריהם ביתה מחוברים חיבור נפלא ונכללו אלו באלו ונתלבשו אלו באלו והלבישו לת"ת נצח הוד יסוד [ד"ז ע"ג] דיושר דאדם קדמון עד קרוב לסיום רגלי אדם קדמון כנז"ל:

וא"א ונוק' נתקנו ונעשו מי"ס דחכמה דמ"ה ומחצי התחתון דכתר דב"ן ונתוספו לו עוד חצי עליון דכתר וט"ס אחרות להשלים י"ס דכתר דב"ן הדכורא ממ"ה וב"ן דמ"ה ועומד בצד ימין והנוק' ממ"ה וב"ן דב"ן ועומד בצד שמאל ונכללו אלו באלו ונתלבשו אלו באלו והלבישו לחג"ת ונהי"ם דיושר דעתיק עד סוף האצילות וכל אלו הד' פרצופים נק' חב"ד

שבכתר שהם שורשי המוחין חו"ב הם עתיק ונוקביה ודעת הכולל חו"ג הם אריך אנפין ונוקביה והם נר"ן דנשמה:

ואו"א שהם חו"ב דב"ן נתוספו ט"ס אחרות דב"ן דכל אחד להשלים י"ס לכל אחד ומאלו הי"ס לקח עתיק איזה חלקים מג"ר דחכמה ומד' ראשונות דבינה אלא שהם בספר אם אורות עם כלים דאחור או דפנים באופן שנשאר לאבא מהחכמה דב"ן הז"ק שבה שהם הזו"ן שבה שלמים וכן מבינה דב"ן לאימא ובין שניהם חלקו י"ס שהם או"א וזו"ן דמ"ה וב"ן דבינה דמ"ה חצי לאבא והם אבא וז"א דבינה דמ"ה וחצי לאימא והם אימא ונוקבא דזעיר אנפין דבינה דמ"ה:

ונמצא כי אבא נתקן ונעשה מז"ת שהם זו"ן דחכמה דב"ן והם מ"ה דב"ן ומאבא וז"א דבינה דמ"ה והם מ"ה דמ"ה ונתחברו אבא דבינה דמ"ה עם ז"א דחכמה דב"ן ונכללו אלו באלו והלבישו לצד ימין דא"א מהגרון עד החזה מכל צדדיו כנגד ב' חסדי' וחצי הסתומים דיסוד דעתיק ושתי בחי' אלו נק' או"א עילאין ובכללות נק' אבא עילאה:

וכן נתחברו ז"א דבינה דמ"ה עם מלכות דחכמה דב"ן ונכללו אלו באלו והלבישו לצד ימין דא"א מהחזה עד הטיבור מכל צדדיו כנגד ב' חסדים וחצי המגולים דיסוד דעתיק ושתי בחי' אלו נק' או"א תתאין ובכללות נק' ישס"ס וגם נק' ישראל סבא ותבונה ואימא נתקנה ונעשית מו"ח שהם זו"ן דבינה דב"ן והם ב"ן דב"ן ומאימא ונוק' דז"א דבינה דמ"ה והם ב"ן דמ"ה ונתחברו אימא דבינה דמ"ה עם ז"א דבינה דב"ן ונכללו אלו באלו והלבישו לצד שמאל דא"א מהגרון עד החזה מכל צדדיו כנגד ב' גבורות וחצי המגולים שכנגד הסתום דיסוד דעתיק וב' בחי' אלו נק' ישסו"ת עילאין ובכללות נק' אימא עילאה כי בערך או"א עילאין הנז"ל נק' אלו ישסו"ת עילאין ובערך מה שאותם או"א נק' אבא עילאה גם אלו נקרא אימא עילאה, וכן נתחברו נוק' דז"א דבינה דמ"ה עם נוק' דז"א דבינה דב"ן ונכללו אלו באלו והלבישו לצד שמאל דא"א מהחזה עד הטיבור מכל צדדיו כנגד ב' גבורות וחצי המגולים דיסוד דעתיק ושתי בחי' אלו נק' ישסו"ת תתאין ובכללות נק' תבונה הרי הם שמנה פרצופים דמ"ה וב"ן והם ד' זוגות. ולפעמים והוא כשנמשכים מוחין דגדלות לזו"ן נבקע היסוד דעתיק ומתגלין כל החו"ג ואז נכללים כל הח' פרצופים הנז' ונעשי' ב' פרצופים מהגרון עד הטיבור וכל זה הוא אחר הפרט האחרון ואחר שנכללו אלו באלו ונתלבשו אלו באלו כנז' בהקדמה. ואז היה חילוקם ועמידתם באופן הנז' והנה גם הם נחלקים באופן אחר

והוא כי פנימיות כל השמנה פרצופים הנז' בצביונם ודמיונם נק' או"א עילאין ונק' חכמה דאצילות ונק' אצי' דאצילות ונק' ג"ר ונק' פנים ונק' נרנח"י דחיה דאצי' ונק' עה"ב וזיווגם נק' זיווג שלים אלא שהוא כלול משלים ודלא שלים וכללות שניהם נק' שלים ומזיווגם נמשכים מוחין לזו"ן ע"י התפילות והתורה וברכותיהם שהם מצות התלויות בפה וכנגדם באדם הם הקנה והריאה:

[ד"ז ע"ד] **והנה** לפעמים גם הד' פרצופים העליונים הנז"ל המלבישים מגרון דאריך אנפין עד החזה כנ"ל בחיצוניותם ופנימיותם מתכנים בכינויים אלו וכמ"ש בע"ה. וחיצוניות כל הח' פרצופים הנז' בצביונם ודמיונם נק' ישסו"ת ונקרא בינה דאצי' ונק' בריאה דאצי' ונק' ו"ק ונק' אחור ונקרא נרנח"י דנשמה דאצי' ונק' עה"ז וזיווגם נקרא זווג דלא שלים אלא שהוא כלול משלים ודלא שלים וכללות שניהם נק' דלא שלים. ומזיווגם נמשכים מוחין דחיות ומזון לזו"ן ולפעמים גם הד' פרצופים התחתונים הנז"ל המלבישים מחזה דא"א עד הטיבור כנז"ל בחיצוניותם ופנימיותם מתכנים בכינויים אלו. וכללות ד' זוגות אלו נק' חב"ד התחתונים והם התרין עיטרין חו"ב ודעת הכולל חו"ג המתפשט והחו"ב והם התרין עיטרין נק' או"א ודעת הכולל חו"ג הוא ישסו"ת ונק' נר"ן דרוח. גם נק' חג"ת וזו"ן נתקנו ונעשו מז"ל דמ"ה ומז"ת דב"ן כי יצאו ונתוספו להם ט"ס עליונות להשלים י"ס לכל מלכות מז' מלכיות דז"ת דב"ן ומאלו הט"ס העליונות שניתוספו לכל מל' הוא שלקח העתיק אותם השבעה כתרים דז"ת דב"ן כנ"ל אלא שהוא ספק אם לקחם אם לאו ונתחברו ו"ק שהם ז"א דמ"ה עם ו"ק שהם ז"א דב"ן ונכללו אלו באלו ונתלבשו אלו באלו והלבישו לתנה"י דא"א מהטיבור ולמטה מכל צדדיו פנים ואחור ונק' זו"ן הדולים כי ו"ק דב"ן נק' רחל הגדולה מלכות שבגופו ולפעמים נק' בשם לאה ובכללותם נק' ז"א וו"ק דמ"ה נק' אותיות עצמם ממש וו"ק דב"ן נק' בחינת חשבון דאותיות דז"א. וכן נתחברו מלכות נוק' דזעיר אנפין דמ"ה עם מלכות נוק' דז"א דב"ן ונכללו אלו באלו ונתלבשו אלו באלו והלבישו לתנה"י דזו"ן הגדולים ואלו נק' יעקב ורחל ובכללותם נק' נוקבא דז"א:

וכשנמשכים צלמי המוחין מאו"א לזו"ן הנה הצלם דמוחין דאבא נמשך ומת]פשט בו"ק דמ"ה הנק' ז"א דכורא והם בחי' אותיות עצמם וצלם דמוחין דאימא נמשך ומתפשט בו"ק דב"ן הנק' נוק' דז"א והם בחי' מספר וחשבון דאותיות דז"א וזה בערך ו"ק דמ"ה אמנם בערך מלכות דב"ן

נק' גם הם בחי' אותיות ממש. ואח"כ יוצא הארת הבינות והגבו' הוחין שנתפשטו בזו"ן ובונים ומתקנים את יעקב ורחל כמ"ש בכוונת ברכת אבות בע"ה ואלו יעקב ורחל הם המלכיות הנק' עטרת דיסוד דו"ק דמ"ה וב"ן דזו"ן הגדולים עצמם לא המלכיות דמ"ה וב"ן הנז"ל שהם המלך השביעי כי אותם יש להם בחי' אותיות ומספר וכמ"ש בפ"ז משער י"ד שער או"א ע"ש והם דוגמת בינות דאו"א וכל אלו הזו"ן הגדולים עם הנוק' שהם יעקב ורחל הגדולים עם הקטנים כולם תיקונ' וזיווגם נתקן ונעשה ע"י האנשי' לבד וכולם נק' בחי' דכורא בערך הנוק' הכוללת הנתקנת ע"י הנשים אשר יש בה כל הפרטות הנז"ל ועיין מאד להבין ענין זה היטב. וכל אלו הפרצופים דזו"ן ויעקב ורחל שהם הז"ת דמ"ה וב"ן נק' נה"י גופא דזעיר ונוקביה ונק' נר"ן דנפש:

זה הכלל כל י"ס דכל פרצוף נחלקים לשלשה חלוקות אחת הוא הגולגולתא שהוא הכתר שהוא גדול מהמוחין לאין קץ והוא שורש הד' מוחין חב"ד שנית הוא המוחין שהם חב"ד שלישית הוא גופא שהם הו"ק והנה שורש הארבע מוחין דחב"ד שבכתר הנז' החו"ב שבהם נק' עתיק ונוק' והדעת העליון המחברם הם הנק' א"א ונוק' אלו הם החב"ד שבכתר שהם שורשי המוחין וכללותם נק' נר"ן דנשמה והמוחין שהם החב"ד שתחת הכתר הם הנק' או"א וישסו"ת החו"ב שבהם הם נק' או"א עילאין והחו"ג דדעת נק' ישסו"ת [ד"ח ע"א] ובערך החב"ד העליונים שבכתר נק' אלו חג"ת וחו"ג נק' או"א ת"ת ישסו"ת גם נק' דעת התחתון הכולל תרין עיטרין ודעת כי הב' עטרין נק' חו"ב או"א ודעת התחתון שבהם נק' ישסו"ת וכללותם נק' נרן דרוח והו"ק שהם גופא הם הנק' זו"ן ובערך שנק' או"א וישסו"ת חג"ת כנז"ל נק' אלו נה"י נו"ה נק' זו"ן הגדולים שהם ו"ק דמ"ה וו"ק דב"ן ויסוד נק' יעקב ורחל ואלו יעקב ורחל הם דגופא דז"א עצמו כי היסוד הוא מכלל הו"ק וגם המל' דמ"ה וב"ן נקרא יעקב ורחל וכללותם נק' נר"ן דנפש. וזה הכלל הוא בכל י"ס דכל פרצו' שמתחלקים לי"ד פרצופים כנז"ל ע"ד סדר המתחלקות י"ד פרצופי' בי"ס דכללות כל עולם האצילות כי עתיק ונוק' וא"א ונוק' הם חב"ד דכתר דכללות עולם האצי' ותחתיהם או"א וישסו"ת מלבישים לחג"ת דא"א ונק' חג"ת בערך חב"ד העליונים וחב"ד בערך זו"ן ותחתיהם זו"ן ויעקב ורחל הז' קצוות דכללות עולם האצילות ונק' נהי"ם בערך החב"ד העליונים. גם כללות כל העולמות נחלקים בשלשה חלוקות הנז' באופן זה כי כחב"ד דא"ק הם עתיק ונוק' וא"א ונוק' נר"ן דנשמה ואורות אח"פ

המלבישים לחג"ת שלו הם או"א וישסו"ת נר"ן דרוח ואבי"ע המלבישים לנה"י שלו הם זו"ן ויעקב ורחל נר"ן דנפש וכמבואר כל זה היטב בשער ההקדמות דרושי א"ק ע"ש ובע"ח שער אנ"ך ובכמה מקומות ובפרט בדרוש הדעת ששם הרחיב והעמיק מהרח"ו ז"ל בענין זה וכתב כי מבלעדי הקדמה זו אין ידיעה שורשית בענין הי"ס ע"ש היטב מאד כי ההקדמה זו צריכה היא מאד כי עליה מיוסדים הכונות. באופן כי כל הי"ס דכל פרצוף אבי"ע נחלקים לג' קוים קו ימין חח"ן חכמה נק' פרצוף דעתיק דכורא וחסד פרצוף אבא ונצח פרצוף ז"א וקו שמאל בג"ה בינה נק' פרצוף נוק' דעתיק וגבורה פרצוף אימא והוד פרצוף נוק' דז"א וקו האמצעי דת"י דעת כלול מחו"ג נק' א"א ונוק' ות"ת פרצופי ישסו"ת יסוד פרצופי יעקב ורחל וכל פרצוף כלול ממ"ה וב"ן וגם מל' דמ"ה ומלכות דב"ן נק' נוק' רחל אלא שמלכות דמ"ה נק' יעקב בערך מלכות דב"ן שנק' רחל וכנז"ל:

נחזור לבאר בע"ה אאופן הגדלת הזו"ן וכל הפרצופים ע"י קבלתם המוחין עם שהוא פשוט וכבר נתבאר לעיל כי כפי סדר מדריגת עליית זו"ן דאצילות בכל עת וזמן לקבל מוחין או דנשמה או דחיה או דיחידה מהפרצופים של מעלה מהם כנז"ל כך כפי אותו הסדר והשיעור ממש עולים כל הפרצופים של כל העולמות העליונים שעליהם ושל כל העולמות התחתונים דבי"ע לקבל מוחין או דנשמה או דחיה או דיחידה כל פרצוף מהפרצופים שעליו וכנז"ל וכמ"ש בספר הכונת בדרוש ענין סעודת שחרית דשבת וז"ל ודע כי אלו העליות שאנו אומרים למעלה שהם עולים זו"ן מוכרח הוא כי בעלותם למעלה גם שאר העולמות דבי"ע אשר תחתיהם עולים אחריהם כפי סדר עליית זו"ן וכעד"ז כל העולמות אשר למעלה מן זו"ן דאצי' מוכרח הוא לעלות גם הם ממקומם כפי סדר עליית זו"ן לתת להם מקום לעלות במקומם ואין כח בקולמוס לפרט הכל אבל נדבר דרך קצרה כי הנה כל הפרצופים וכל העולמות יחד כולם עולים זה אחר זה עד שנמצא כי עתיקא קדישא דאצילות עולה עד מקום א"ק לכל קדומים כמבואר אצלינו באורך בדרוש אדה"ר איך היה בג"ע קודם שחטא ומה פגם גרם בכל העולמות וע"ש היטב:

גם תעיין דרוש ראשון שביארנו בענין שבעה מלכי' שיצאו מבחי' אזן עליונה דא"ק ואירע בהם פגם קרוב לענין המיתה והביטול ואין הכוונה ח"ו לומר כי הם המלכים דארץ אדום דפ' וישלח כי אותם המלכים יחצאו מן העין דא"ק אבל הם בחי' אחרות שלמעלה מהם שיצאו מן האזן ושם בדרוש [ד"ח

ע"ב] ההוא הנקרא מטי ולא מטי ביארנו בענין הכתר והחכמה והבינה ההם שהם בחינת שם י"ה במלוי ההי"ן ושם נתבאר איך נעשי' בחי' ד"ו או ו"ד וכיוצא בזה וע"ש. והנה עתה בסעודת שחרית דשבת עולה עתיקא קדישא דעולם האצי' עד אותם ההי"ן אשר שם ולכן סעודה זו נק' סעודתא דעתיקא קדישא עכ"ל הרי מבואר כל מה שכתבנו ונמצא שכל דברי הרב בזו"ן הוא בכל פרצופי כל העולמות שכולם נקראים זעיר ונוקבי' וכולם נתקנים כאחת תיקון שוה כנז"ל:

והענין ידוע כי הזו"ן דאצילות דכל פרט כבר הם שלמים מצד עצמם מבחי' ו"ק דכללות האצילות שהם השני פרצופים חיצון ואמצעי נה"י וחג"ת הכוללים כל אחד כלול מה' פרצופים עם נרנח"י דנפש ורוח הכוללים מלובשים בהם וזה מצד המאציל העליון ואינם חסרים מהז"א לעולם וכל אותם המוחין והצלמים שמקבלים הזו"ן מישסו"ת שהם עיבור יניקה ומוחין דגדלות ראשון הוא בירור ותיקון ה' פרצופים דפרצוף השלישי הנקרא בינה דזו"ן הנתקן על ידי ישסו"ת הנקרא בינה נשמה דאצי' וכנז' בתחילת פ"ח משער המוחין ע"ש. ונמשכים להם ה' בחי' נרנח"י דנשמה בה' צלמי המוחין מלובשים בה' פרצופי ישסו"ת לה' פרצופי בינה הנז' דזו"ן ועי"כ נגדל קומת ז"א עד שיעור כל קומת ישסו"ת שהוא עד חזה דא"א כי הלביש לה' פרצופי ישסו"ת כי ע"י התלבשות הה' צלמי המוחין הנז' בה' פרצופי ישסו"ת ואח"כ כל פרצוף עם הצלם דמוחין שבו מתפשט בו"ק דכל פרצוף מה' פרצופי בינה דזו"ן נגדל כל פרצוף ונעשה בן י"ס גמורות כשיעור אותו הפרצוף שנתפשט בו. באופן כי כשלקח ז"א כל גדלות ראשון שהם נרנח"י דנשמה אז כבר הוא גדול כשיעור ישסו"ת ונק' בשם ישסו"ת שהם נרנח"י דנשמה דאצי' וישסו"ת נק' עתה בשם או"א עילאין כי כפי עליית הז"א בישסו"ת ולקיחתו המוחין דנשמה מהם כך עליית ישסו"ת באו"א עילאין ולקיחתם המוחין דחיה מהם וזה בערך האצילות. אמנם בערכם גם אלו נק' מוחין דנשמה וגם או"א עלו וקבלו מוחין מא"א ונקרא בשם א"א עד"ז וא"א בשם אח"פ שהם אורות דס"ג דא"ק ואח"פ בשם אורות דע"ב דחכמה דא"ק ואורות דע"ב בשם אורות שערות גולגלתא כתר דא"ק:

וכן נוק' הכוללת דאצילות הנקרא נוק' דז"א עלתה לקבל מוחין מהז"א הכולל ונגדלה כוהו ונק' עתה בשם ז"א דאצי' והבריאה עלה למקום הנוק' הנז' דאצילות ונק' בשם נוקבא דאצי' והיצירה עלה למקום הבריאה ונקרא בשם בריאה ועשיה עלה למקום היצירה ונקרא בשם יצירה הרי

בעלות הזו"ן דאצילות לקבל מוחין
דנשמה ונתקן ונגדל פרצוף
השלישי הנקרא בינה שלהם
כנזכר עלו ג"כ פרטי פרצופי כל
העולמות עליונים ותחתונים וקבלו
גם הם מוחין דנשמה כל פרצוף
מפרצוף שעליו כפי סדר עליית
הזו"ן כנז"ל:

וכן בעלות הזו"ן דאצילות עוד
לקבל מוחין דחיה הנקרא קטנות
וגדלות שני מאו"א עילאין כגון
בשחרית ומוסף דשבת ויו"ט או
בליל פסח והוא מישסו"ת שעלו
כבר ונקראין בשם או"א עילאין
כנז"ל מהם מקבלים מוחין דחיה
לפרצוף הד' דזו"ן הנק' חכמה ע"ד
סדר קבלתם המוחין דנשמה
כנז"ל ועי"כ נגדל הז"א עד שיעור
קומת או"א עילאין שהוא עד הגרון
דא"א ונק' עתה בשם או"א עילאין
(וישסו"ת שכבר נק' בשם או"א
עילאין עולים עתה ומקבלים מוחין
דחיה מא"א והוא מאו"א עילאין
סכ"י) שעלו כבר ונק' א"א מהם
מקבלין מוחין דחיה ונק' עתה
בשם א"א ואו"א עילאין עולים
עתה ומקבלים מוחין דחיה מא"א
עלה כבר ונקרא בשם אח"פ ונק'
עתה בשם ע"ב דא"ק ואורות
אח"פ עולים [ד"ח ע"ג] לגולגלתא
דא"ק ונקרא בשם הגולגלתא וכן
נוקבא דז"א עולה עתה למקום
ישסו"ת והבריאה למקום ז"א
ויצירה למקום נוקבא והעשיה
למקום הבריאה:

וכן עד"ז בעלות הזו"ן דאצילות

עוד לקבל מוחין דיחידה מא"א
כגון במנחה דשבת והוא מישסו"ת
שעלו כבר ונקרא בשם א"א מהם
מקבלים עתה מוחין דיחידה
לפרצוף החמישי דזו"ן הנק' כתר
ע"ד סדר קבלת המוחין דנשמה
ועי"כ נגדל הז"א עד שיעור קומת
א"א שהוא עד טבורא דא"ק אשר
שם שורשו ונק' בשם א"א
וישסו"ת עולים לאח"פ שהם
אורות דס"ג דבינה דא"ק שורשי
ישסו"ת ואו"א לע"ב דחכמה דא"ק
שהוא שורשם וא"א לגולגלתא
כתר דא"ק שהוא שורשו וכן נוק'
דז"א עולה עתה למקום או"א
עילאין והבריאה למקום ישסו"ת
שהוא שורשו והיצירה למקום ז"א
שהוא שורשו והעשיה למקום נוק'
דז"א דאצילות שהוא שורש
העשיה:

וכתב בסוף פי"ב משער המוחין
שזהו תכלית עליית הז"א כי אז
נשלם הז"א לגמרי והסוד במה
שידעת כי העולמות נפלו ממקומם
ומקום ז"א בראשונה הוא במקום
שהוא עתה א"א והבן זה עכ"ל
אמנם יש חילוק והפרש גדול בין
עלייתו בא"א ביום שבועות
לעלייתו בא"א בשבת וכמ"ש
בע"ה לקמן ובכן יובן היתר
מלאכת אוכל נפש בשבועות
משא"כ בשבת שנאסרה מלאכה
מתחילת ליל שבת ועדיין לא עלה
אלא בישסו"ת ואל העליות
שכתבנו כתבם הרב בשער
המוחין פ"ה וכתב בתחילת הפרק

כי ה' בחי' נרנח"י הם כל א' כלולה מכ"ה בחי' והז"א יש בו כללות כ"ה בחי' דנפש וכ"ה דרוח ואח"כ כ"ה בחי' דנשמה וכ"ה דחיה וכ"ה דיחידה מקבל ע"י א"א ואו"א וישסו"ת כי אי אפשר לז"א לקבל נשמתו אם לא עד שתתלבש תחלה תוך חיצוניות ישסו"ת ולפעמים ע"י או"א ולפעמים ע"י א"א עכ"ל. ואח"כ כתב באותו הפרק וז"ל והנה נתבאר ה' בחי' הנז' של ז"א ואמנם לפעמים לוקח כולם ע"י הבינה הכללית שהם בחי' ישסו"ת ולפעמים עולה יותר ולוקח כולם ממקום החכמה הכללית שהם או"א עילאין ולפעמים עולה יותר ולוקח כולם ממקום הכתר הכללי שהוא א"א ונוק' אמנם דע כי לעולם אי אפשר שיקחם אלא ע"י ישסו"ת כי הרי הם עליונים ממנו אך הענין הוא כי אי אפשר לעלות למעלה ממדריגתו כי הרי אין מקום פנוי וחלל אמנם צריך שתחילה יתעלו ישסו"ת למקום או"א ואז זו"ן יעלו למקום ישסו"ת ויעלו או"א במקום א"א ונוקבי' ויעלו א"א ונוק' למדריגה שעליו וכעד"ז עליה למעלה מעליה עד שיתנועעו ויתחלפו כולם ממקומם. ונמצא כי בעלות ישסו"ת למעלה במקום או"א הנה נמצא ז"א ונוקביה במדריגת ישסו"ת ובעלות ישסו"ת יותר למעלה בא"א ונוק' יעלו זו"ן במקום או"א עצמן ונמצא כי הרי הם נק' או"א עצמן אמנם אינם

מקבלים הארה והמוחין שלהם אלא ע"י ישסו"ת שגם הם עלו ודי בזה עכ"ל הרי בפירוש כל מה שכתבנו:

אמנם צריך להבין ענין עליות אלו לפי משמעות פשט הדברים אעפ"י שאינם כפשוטם שיש בהם סודות נעלמים הנה מתוך פשטם אפשר להבין מעט מסודם אעפ"י שאין לסודם דוגמא עם הפשט כי הם סודות נעלמים עמוק עמוק לית מחשבה תופסת בהם כ"ש דיבור אלא שדברה לתורה כלשון בני אדם וכנזכר בסוף ההקדמה ראשונה משער ההקדמות וז"ל ואמנם דבר גלוי הוא כי אין למעלה גוף ולא כח בגוף חלילה וכל הדמיונות והציורים אלו לא מפני שהם כך ח"ו אמנם לשכך את האזן לכשיוכל האדם להבין הדברים העליונים הרוחניים בלתי נתפסים ונרשמים בשכל האנושי לכן ניתן רשות לדבר בבחי' ציורים ודמיונים כאשר הוא פשוט בכל ספרי הזוהר וגם בפסוקי התורה עצמם כלם כאחד עונים ואומרים בדבר הזה כמש"ה עיני ה' המה [ד"ח ע"ד] משוטטים בכל הארץ עיני ה' אל צדיקים וישמע ה' וירח ה' וידבר ה' וכאלה רבות. וגדולה מכולם מש"ה ויברא אלהים את האדם בצלמו בצלם אלהים ברא אותו זכר ונקבה וגו' ואם התורה עצמה דברה כך גם אנחנו נוכל לדבר כלשון הזה עם היות שפשוט הוא שאין שם למעלה

אלא אורות דקים בתכלית הרוחניות בלתי נתפסים שם כלל וכמש"ה כי לא ראיתם כל תמונה וכאלה רבות. ואמנם יש עוד דרך אחרת כדי להמשיל ולצייר בה הדברים העליונים והם בחינת כתיבת צורת האותיות כי כל אות ואות מורה על אור פרטי עליון וגם תמונה זו דבר פשוט הוא כי אין למעלה לא אות ולא נקודה וגם זה דרך משל וציור כדי לשכך את האזן כנז' וב' בחי' ציורים אלו אם ציור האדם ואם ציור אותיות שתיהם מוכרחות להבין ענין האורות העליונים כאשר תראה ספרי הזוהר בנויים ע"פ ב' בחי' הציורים האלה עכ"ל. והענין הוא שצריך להבין אם עליות אלו הוא כעין דילוג שמדלגים ונעקרים ממקומם עולים הפרצופים למעלה זה מפני זה אם כן מה מעלה וגדולה זו היא להם אחר שכל הפרצופים של כל העולמות עליונים ותחתונים בצביונם ודמיונם עולים כפי שיעור עליית הזו"ן ולמה ישתנה שמם ויקראו בשם הפרצופים שעלו למקומם אחר שגם אותם הפרצופים עלו כנזכר וכמה שאלות כיוצא בזה:

אף על פי שיש לישב אין הישוב ההוא אמיתי לפי סוד של דברים ועוד שלא כל העתים שוות לעליות האלו וכמ"ש בע"ה ואם עליות אלו הם מכח קבלתם המוחין שכן הוא האמת כי ע"י התלבשות צלמי המוחין בפרצופים העליונים ואח"כ מתפשטי בו"ק דז"א ועי"כ נגדלים הו"ק ההם דז"א ונעשים י"ס וע"י התפשטות בתוכו צלמי ל"מ דחג"ת וחב"ד נגדל כשיעור קומת הפרצוף העליון ההוא. המשל בזה בעת שמקבל הז"א מוחין דנרנח"י דנשמה ע"י ישסו"ת הנק' מוחין דעיבור ויניקה ומוחין דגדלות ראשון לה' פרצופים דפרצוף השלישי דז"א הנקרא בינה הנה בירידת הנרנח"י דנשמה עם צלמי המוחין ההם מלמעלה מתלבשים בה' פרצופי ישסו"ת ואח"כ כל פרצוף מה' פרצופים ההם עם הצלם שבו מתלבש ומתפשט בו"ק דפרצוף א' מה' פרצופי בינה דז"א ואז הו"ק ההם מתחלקים לח"י פרקים ובהם מתלבשי' ט' פרקי' דצ' דצלם המלובש בט' פרקי נה"י דכל פרצוף מה' פרצופי ישסו"ת כל פרק בתרין פרקין דו"ק ונעשים ט"ס כל ספי' מתלת פרקין שהם חב"ד חג"ת נה"י שבספי' ההיא ואחר כך מתפשטים ומתלבשים בתוכו צלמי ל"מ דחב"ד וחג"ת דכל פרצוף מה' פרצופי ישסו"ת ואז נגדלים ה' פרצופי בינה דז"א כשיעור קומת ישסו"ת והז"א לא עלה ונסתלק ממקומו וגם ישסו"ת לא עלו ונסתלקו ממקומם ואם היו יוצאים מתוכו ועולים ומסתלקים ממקומם היה חוזר הז"א לבחי' ו"ק ואיך כתב הרב שתחלה יעלו ישסו"ת למקום או"א ואז זו"ן יעלו למקום ישסו"ת כו' איך יגדלו ויעלו

למקום ישסו"ת כי אי אפשר להם
לקבל המוחין שלהם מבלתי
התלבשותם בישסו"ת כנז"ל:

האמנם לפי מ"ש לעיל שכל
פרצופי כל העולמות נקראים זו"ן
שהם ו"ק בערך הפרצופים
העליונים שעליהם וצריכים עיבור
יניקה ומוחין ע"ד מ"ש בזו"ן דאצי'
וגם נתבאר שכל פרצוף צריך
שיהיה כלול מה' פרצופים כוללים
כל פרצוף מהה' כלול מכ"ה בחי'
נרנח"י שהם ה' בחי' נרנח"י כל
אחד כלול מה' וכבר כל פרצוף
כלול מו"ק שהם שני פרצופי נה"י
וחג"ת הכוללים עם נרנח"י דנ"ר
הכוללים וחסר להם ג"ר שהם ג'
פרצופי כח"ב עם נרנח"י דנח"י
הכוללים וכבר נת"ל שאע"פ שכל
פרצוף מהג' פרצופים העליונים
דכח"ב הנק' א"א ואו"א וישסו"ת
דכל פרט כל א' כלול מי"ס ולא כמו
הו"ק הנה אותו הכללות הוא
בערך [ד"ט ע"א] הפרצופים
התחתונים שתחתיהם אבל בערך
הפרצופים שעליהם כל אותו
הכללות אינו רק הי"ס דו"ק. והנה
ז"א דאצי' נתקן ונתוסף ובא לו
פרצוף השלישי שהוא בינה עם
מוחין דנרנח"י דנשמה ע"י
ישסו"ת כנז"ל וע"י תוספת פרצוף
זה נגדל כשיעור קומת ישסו"ת
וכמו כן נתוסף ובא פרצוף
השלישי שהוא בינה עם מוחין
דנרנח"י דנשמה לישסו"ת ע"י
או"א וע"י תוספת פרצוף זה נדלים
כשיעור קומת או"א עילאין וכן היה

לכל פרצופי כל העולמות וע"י
תוספת פרצוף זה נגדל כל פרצוף
כשיעור קומת הפרצוף שעליו. הרי
איך בבוא הנשמה לז"א ונגדל
כשיעור ישסו"ת נגדלו ועלו
ישסו"ת למקום או"א עילאין ולא
זזו ולא נסתלקו ממקומם כי זה
הגידולג והעליה שהיה להם
לישסו"ת היה לפרצוף השלישי
הזה הניתוסף להם מחדש אבל
הפרצוף שהיה להם מקודם בו
מלובשים המוחין דנשמה דז"א
והוא מתפשט תוך פרצוף השלישי
דז"א וכן הוא בכל הפרצופים כי כן
ניתוסף פרצוף שלישי לאבא
ואימא עילאין ע"י א"א ונגדלים
כמוהו וכן ניתוסף לא"א פרצוף
שלישי ונגדל כשיעור אח"פ:

וכן אח"כ ניתוסף ובא לז"א פרצוף
הרביעי שהוא חכמה עם מוחין
דנרנח"י דחיה ע"י או"א עילאין
אמנם אינו מקבלם אלא ע"י
ישסו"ת כי הם עליונים ממנו והוא
ע"י הפרצוף ההוא השלישי
שניתוסף להם לישסו"ת מחדש
בקבלת ז"א מוחין דנשמה על ידו
מתברר ונתקן עתה פרצוף
הרביעי שהוא חכמה דז"א עם
מוחין דנרנח"י דחיה ונגדל הז"א
כשיעור פרצוף זה שהוא כשיעור
או"א עילאין וכן ניתוסף פרצוף
רביעי שהוא חכמה לישסו"ת
מא"א אמנם אינם מקבלים אותו
אלא ע"י או"א עילאין שעלו כבר
והלבישו לא"א וע"י תוספת פרצוף
זה לישסו"ת נגדלים כשיעור

קומת א"א וכן ניתוסף פרצוף רביעי לאאו"א ונגדלים כשיעור אח"פ וכן ניתוסף לא"א פרצוף רביעי ונגדל עד כנגד שיעור אאורות ע"ב דחכמה דא"ק:

וכן אח"כ ניתוסף ובא לז"א פרצוף חמישי שהוא הכתר עם המוחין דנרנח"י דיחידה ע"י א"א אמנם אינו מקבלו אלא ע"י ישסו"ת כי הם עליונים ממנו והוא ע"י הפרצוף ההוא הרביעי שניתוסף להם לישסו"ת בקבלת ז"א מוחין דחיה על ידו מקבל עתה הז"א מוחין דיחידה ונגדל ז"א כמוהו שהוא כשיעור א"א וכעד"ז ניתוסף פרצוף חמישי לישסו"ת שהוא הכתר מאח"פ ואינם מקבלים אותו אלא ע"י או"א עילאין שעלו כבר והלבישו לאורות אח"פ בהמשכת מוחין דחיה על ידו מקבלים עתה ישסו"ת מוחין דיחידה ונגדלים כשיעור אח"פ וכן ניתוסף פרצוף חמישי לאו"א מאורות ע"ב דחכמה דא"ק ומקבלים אותו ע"י א"א שעלה כבר בהמשכת מוחין דחיה וכן ניתוסף פרצוף חמישי לא"א מאורות גולגולתא דא"ק ונגדל כמוהו ומקבל אותו ע"י פרצוף עליון הקודם אליו כי אפי' א"ק עצמו נקרא זו"ן לערך הקודם אליו כמ"ש הרב בשער הקדמות בדרושי א"ק והובאא לשונו לעיל. נמצא שתיקון פרטי פרצופי כל העולמות שוה וכולם נתקנים בבת אחת ובערך אד כיון שכולם נק' זו"ן כנז"ל וכל פרצוף עליון מתקן הבירורים של פרצוף התחתון ממנו הנק' בן אליו ע"י שמזדווג שני זיווגים. זיווג א' הוא זווג דרעותא שהם המוחין שהם השלשה פרצופים הפנימיים של ואח"כ מזדווג עם נוק' זיווג ב' דגופא שהם הו"ק שהם שני פרצופים החיצוניים חג"ת ונה"י ומתקנים אותם הבירורים דפרצוף התחתון וממשיכין אותם עם הנרנח"י שהם ההויו"ת והאהי"ה המנוקדות הנמשכים מהא"ס הראויים לאותם הבירורים וממשיכים אותם הבירורים עם הנרנח"י הנז' לפרצוף ההוא התחתון בבחי' מוחין מלובשים בצלם הנמשך מהמוחין של הפרצוף ההוא העליון המזדווג והמתקן את הבירורים הנז' וכן [ד"ט ע"ב] המוחין עצמן של הפרצוף ההוא העליון נעשו מהבירורים שלו עצמו שנתקנו ע"י הפרצוף העליון ממנו ונמשכו לו בבחי' מוחין מלובשים בצלם הנמשך מהמוחין של הפרצוף ההוא העליון שעל גביו. המשל בזה כי הבירורים דז"א שנברר ועלו ע"י ישראל לישסו"ת לתקנם נמשכים לז"א בבחי' מוחין מלובשים בצלם הנמשך מהמוחין דישסו"ת והמוחין ההם דישסו"ת נעשו מהבירורים שלהם עצמם דישסו"ת שנבררו ועלו ע"י ז"א לאו"א עילאין לתקנם ואחר שתיקנום או"א עילאין המשיכו

אותם בבחי' מוחין מלובשים בצלם הנמשך מהמוחין דאו"א עילאין והמוחין עצמם דאו"א עילאין נעשו מהבירורין שלהם עצמם דאו"א עילאין שנבררו ועלו ע"י ישסו"ת לא"א לתקנם ואחר שנתקנו המשיכם א"א לאו"א עילאין בבחי' מוחין מלובשים בצלם הנמשך מהמוחין דא"א והמוחין עצמם דא"א הם מהבירורים שלו שנבררו ע"י או"א עילאין ועלו לעתיק לתקנם והעתיק המשיכם לא"א בבחינת מוחין מלובשים בצלם הנמשך מהמוחין שלו והמוחין שלו הם מהבירורים שלו שנבררו ועלו ע"י א"א לא"ק לתקנם והוא לעתיק דא"ק וכנז"ל כי עיקר תיקון בירורי ששה פרצופי האצי' הוא ע"י ששה פרצופי א"ק והעתיק דא"ק המשיכם לעתיק דאצי' בבחי' מוחין מלובשים בצלם הנמשך מהמוחין שלו נמצא כי נרנח"י דכל פרצוף באים לו מלובשים תוך המוחין דכל הפרצופים העליונים ממנו. באופן כי נרנח"י דז"א דאצילות נמשכים לו מלובשים במוחין המלובשים בצלם הנמשך ממוחין דישסו"ת אשר המוחין ההם דישסו"ת מלובשים בצלם הנמשך ממוחין דאו"א עילאין אשר המוחין ההם דאו"א מלובשים בצלם הנמשך ממוחין דאריך אנפין אשר המוחין ההם דאריך אנפין מלובשים בצלם הנמשך ממוחין דעתיק אשר המוחין ההם דעתיק דאצילות מלובשים בצלם הנמשך ממוחין דעתיק דא"ק שבתוכו מלובש קו אור הא"ס וד"ל והבן זה היטב מאד:

ונמצא כפי כל הנז"ל כי הנרנח"י דז"א אינם נמשכים ובאים לו אלא מלובשים תוך כל צלמי המוחין דכל הפרצופים שלמעלה ממנו וזה בפרטי פרטות וכן נתבאר בפי"ב מער המוחין כי אפי' בחי' נפש דעיבור דז"א אינה נמשכת ובאה לז"א אלא מלובשת תוך מוחין דא"א מלובשים תוך מוחין דאו"א מלובשים תוך מוחין דישסו"ת ואז תתלבש בז"א ואע"פ ששם לא נזכר כי אם עד בחי' א"א כבר נודע כי בחי' א"א המוזכר בדברי הרב ז"ל הוא בחי' א"ק שהוא א"א הכולל ודוק. ועוד שכבר נת"ל איך המוחין דפרצופי האצי' נתקנים ונמשכים להם ע"י פרצופי א"ק והמוחין דא"א ועתיק דאצי' הם מלובשים בצלמי המוחין דא"א ועתיק דא"ק וכנז"ל ונמצא כי הנרנח"י דז"א באים לו מלובשים תוך צלם דוחין דעתיק דאצי' הנמשך ממוחין דעתיק דא"ק שבו מלובש קו אור הא"ס וכנז"ל. ובזה אפשר להבין מה שכתב הרב ז"ל בפ"א משער דרושי אבי"ע בבואו לבאר ענין מאציל ונאצל כתב וז"ל והענין כי בין הבורא יתברך אל הנברא שהוא בחי' הכוללת הרוחנות יש בחי' באמצע אשר עליה נאמר

בנים אתם לה' אלהיכם אני אמרתי אלהים אתם ונאמר ויעל אלהים מעל אברהם ואמרו רז"ל האבות הם המרכבה. הכונה בזה כי יש ניצוץ קטן מאד שהוא בחי' אלהות נמשך ממדריגה אחרונה שבבורא וזה הניצוץ מתלבש בכח ניצוץ א' נברא שהוא נמה דקה במאד מאד הנק' יחידה ובניצוץ זה הנקרא יחידה יש בה שרשי ד' בחי' רוחניות שהם נרנ"ח עכ"ל ע"ש וכבר נתבאר לעיל כי ישראל נק' בנים לזו"ן דאצילות וגם נתבאר לעיל כי התרין פירקין עילאין שהם חג"ת וחב"ד דפרצוף חג"ת הנק' אבות עלו ונעשו כלים דחג"ת ונה"י [ד"ט ע"ג] לפרצוף חב"ד ובתוכם מתלבשין המוחין דז"א והם נעשים מרכבה למוחין ודי בזה לחכם ומבין מדעתו כי על זה ארז"ל במופלא ממך כו' כנז' בפרק הנז' והיא היא נשמתא דחיי שהזכיר רשב"י ע"ה באדרא רבא כד"א ויפח באפיו נשמת חיים טברקא דגושפנקא גו בגו וכל דא למה בגין לאשתלפא ולעיילא ביה סתים דסתימא עילאה עד סופא דכל סתימין הה"ד ויפח באפיו נשמת חיים נשמתא דכל חיי דעילא ותתא תליין מההיא נשמתא ומתקיימי בה ויהי האדם לנפש חיה לאתרקא ולעיילא בתקונין בגוונא דא ולאשלפא להיא נשמתא מדרגא לדרגא עד סופא דכל דרגין בגין דיהוי ההיא נשמתא משתכחא בכולא ולמהוי כלא ביחודא חד ומאן דפסיק האי יחודא מן עלמא כאן דפסיק נשמתא דא ומחזי דאית נשמתא אחרא בר מהאי ובגין כך ישתצי הוא ודוכרניה מן עלמא לדרי דרין בהאי דיוקנ' דאדם ארי ותקין כללא דכר ונוק' כו' ע"ש ואם ירצה האדם להעמיק ולעיין ולעמוד על בירור דברים אלו אם יזכה אפשר שיוכל להבין קצת מענין זה אם יהיה אלהים עמו:

וכדי שיתפשט שפע אור הא"ס כנז' צריך לכוין בכל המשכת מוחין להמשיך בתוכם העשר הויות המנוקדות שהיה הנרנח"י דאותם המוחין והם חיותם וקיומם והם עיקר הבירור והתיקון כנז' בשער המוחין ובכל המקומות וכמ"ש כי נקודות בחכמה שהוא האצי' והוא המחשבה העליונה כנז"ל דבמחשבה אתבריר כולא והוא קיום והעמדת הכלים והאורות דרפ"ח שעלו מבי"ע לאצילות שהוא המחשבה הנז'. ואח"ך יכוין להמשיך הצלם דמוחין עם י' הויו"ת המנוקדות שבו לתוך י' כלים דגופא דזו"ן המבוארים בשער השמות ולכוין בשמות הכלים הנז' שם ולהלביש בהם את פרקי הצלם עם ההויו"ת המנוקדות כסדר הנז' שם וזהו תכלית בירורם ותיקונם ומבלעדי ההויות המנוקדות שהם הנרנח"י שלהם אין להם קיום והעמדה באצילות כי הם גוף בלא נשמה כמו שהיו מתחילה וגם שם מ"ה

החדש שהוא עיקר התיקון עם שהוא כלול מטנת"א נק' בכללות נקודות בערך שם ב"ן וכנז' בפ"ה משער טנת"א ובפ"ד משער חיצוניות ופנימיות ובכמה מקומות ודי בזה לבקי ומבין בדברי הרב ז"ל. באופן כי העשר הויות המנוקדות הם עיקר המשכת המוחין ועי"כ יוכל להמשך בתוכם המוחין דכתר שהם הטעמים ובתוכם אור הא"ס וכנודע דכל עוד שאין אור החכמה מתפשט למטה במוחין אי אפשר לאור הכתר להתפשט כי כולם בחכמה עשית וכנזכר בכמה מקומות ובשער סדר האצי' ע"ש:

ובזה אפשר לאדם להמלט מעונש האמור במאמר רשב"י ע"ה הנז' וכן מוח החכמה הנק' אבא דכל פרצוף הוא הנתקן תחילה ואליו נמשכים כל צלמי המוחין דחו"ב וחו"ג ואחר שנתקנים דכר ונוק' שבו אח"כ מתפשטים הארת כל המוחין לדכר ונוק' דמוח הבינה הנקרא אימא ונתקנים ואחר כך ממוח הבינה מתפשט הארת כל המוחין לדכר ונוק' דמוח החסדים הנק' ז"א ונתקנים ואח"ך ממוח החסדים מתפשט הארת כל המוחין לדכר ונוק' דמוח הגבורות הנקרא נוק' דז"א ונתקנים וכל אלו הד' מוחין הם הד' מוחין שבכתר והם שורשי הד' מוחין הנז"ל והם נק' בערך הכתר או"א וזו"ן אמנם בערך כללות הפרצוף נק' עתיק ונוקביה וא"כ ונוק'. באופן כי עיקר כל הטורח הוא לתקן מוח החכמה לאט לאט בפרטות ואחר שנתקנו הדכר ונוק' שבו אז אח"כ ממנו מתפשטים הארת כל המוחין בכללות לדכר ונוק' דמוח בינה ודחו"ג ונתקנים גם הם כפי שיעור מה שנתקן בדכר [ד"ט ע"ד] ונוק' דחכמה והוא כמו סדר תיקון ד' עולמות אבי"ע איך נתקנו ונחתמו זה מזה כך סדר תיקון אלו הד' מוחין ואח"כ נשאר בהם חלקי המוחין הראוים להם ושארית המוחין מתפשטים בחב"ד עצמם של הפרצוף ההוא ונתקנים גם הם ע"ד הנז"ל ואח"כ נשאר בהם חלקי בחי' המוחין הראי להם ושארית המוחין מתפשטים בז"ת הנק' זו"ן ונתקנים גם הם ע"ד הנז"ל וכמבואר כ"ז בס' הכונות בכונות ד' כריעות וד' זקיפות בסוף דרוש כונת שים שלום ע"ש ובסוף פ"אא משער מוחין דצלם ע"ש וזה (קל) הסדר הוא בין בעיבור בין ביניקה בין בגדלות בכל פרט צריך לתקן תחילה השורש ואח"ך ממילא הענפים נתקנים וכמבואר לעיל עיין עליו היטב בכללות ובפרטות כנז' שם ועם זה יובן היטב ענין הנז"ל:

הקדמה הלזו היא בסדר תיקון מחצב הנשמות כפי סדר תיקונם בשורשם העליון:

ידוע כי התורה עצמה היא הגוף הקדוש והתרי"ג מצות הם

התרי"ג איברי גוף התורה והענין
הוא כי התורה היא שורש ומקור
עצמות אור הנרנח"י המתפשטים
בכל פרצוף והוא אור הא"ס
המתפשט תוך הנרח"י דיחידה
דחמשה פרצופי הכתר דא"ק ותוך
נרנח"י דחיה דה' פרצופי חכמה
דא"ק ותוך נרנח"י דנשמה דה'
פרצופי בינה דא"ק ותוך נרנח"י
דרוח דה' פרצופי ז"א דא"ק ותוך
נרנח"י דה' פרצופי המלכות
דא"ק:

עוד מתפשט עצמות אור הא"ס
הנז"ל תוך הנרנח"י דנרנח"י דחיה
דכ"ה פרצופי האצילות דאדם
קדמון ע"ד הנז"ל וכן הוא מתפשט
ומאיר תוך הנרנח"י דנרנח"י דכל
פרצוף מכ"ה פרצופי דכל עולם
מעולמות בי"ע דא"ק הכולל:

וכן על דרך הנז"ל הוא מתפשט
ומאיר תוך הנרנח"י דכל פרצוף
מפרטי פרצופי א"ק ואבי"ע דאצי'
הכולל המלביש לא"ק ואבי"ע
דא"ק הנז"ל הכולל:

וכן ע"ד הנז"ל הוא מתפשט ומאיר
תוך הנרנח"י דכל פרצוף מפרטי
פרצוף א"ק ואבי"ע דכל עולם
מעולמות בי"ע הכוללים
המלבישים זה לזה בשוה והם
מלבישים בשוה לא"ק ואבי"ע
דאצי' הכולל הנז"ל המלביש בשה
לאדם קדון ואבי"ע דא"ק הכולל
הנז"ל וכ"ז נק' מחצב הספי':

ועל א"ק ואבי"ע דכל פרט דמחצב
הספירות הנז' מלביש עליו בשוה
מכל צדדיו וסביבותיו אדם קדמון

ואבי"ע דמחצב הנשמות
המתייחס אליו ונקרא בשמו
דוגמתו ממש בכל פרטיו ונכלל
ונפרט בכל פרטי ספירותיו
ופרצופיו בעובי ובאורך ע"ד הנז'
במחצב הספי' הנז' במ"א
בהקדמה:

וכשנברא אדה"ר נכלל בו כל
מחצב הנשמות הנז' והנה גופו
שהם הכלים די"ס שבו כלול
מרמ"ח איברים ושס"ג גידים
שהם תרי"ג ויש בו חמשה
פרצופים כוללים דחמשה פעמים
א"ק ואבי"ע דפרטות א"ק ואבי"ע
ע"ד הנז' במחצב הספירות וכל
פרצוף מפרטי פרצופי א"ק ואבי"ע
הנז' כלול מחמשה פרצופים
הנקראים בשם עור ובשר גידים
ועצמות ומוח שבעצמות כלול
מתרי"ג איברים שבתוכם
מתלבשים תרי"ג איברי הצלם
שבתוך הצלם מתלבשים תרי"ג
איברי הנרנח"י דכל פרט ובתוכם
מתלבשים תרי"ג איברים די"ס
דכל פרצוף דפרטי א"ק ואבי"ע
דמחצב הספי' עם צלמי המוחין
ונרנח"י שבו המתייחסים אליו
שבתוכם מתלבש גוף הקדוש של
התורה הנז"ל:

ונתבאר כי באדה"ר נכלל כל
מחצב הנשמות והיו כלולים [ד"י ע"א]
בו כל הנשמות מכתר דאדם
קדמון עד סוף העשיה ונתבאר כי
כל פרצופי מכל פרטי פרצופי א"ק
ואבי"ע דפרטות דא"ק ואבי"ע
כלול מתרי"ג אברים וכל אבר

מתרי"ג אברים ההם כלול מכל
התרי"ג איברים לפי שנכללו
התרי"ג איברים זה בזה ונתלבשו
זה בזה ונעשו תרי"ג פרצופים
מלבישים זה לזה בשוה ע"ד
הנז"ל בי"ס דכל פרצוף והכל א' כי
הנה גוף אדה"ר שהם הכלים שבו
היה מלביש מכתר דא"ק עד סוף
העשיה והיה כלול מתרי"ג איברים
וגידים אמנם כ"ז היה בפרט א'
מכל פרצוף דפרטי פרצופי א"ק
ואבי"ע כגון נרנח"י דיחידה שבו
המתפשטים ומתלבשים בה'
פרצופי הכתר דא"ק מתלבשים
ומתפשטים בכל אורך שיעור
קומת דאדה"ר מראשו ועד רגליו
המלביש מכתר דא"ק עד סוף
העשיה כלול מתרי"ג איברים
וגידים וכל אבר וגיד כלול מכל
התרי"ג כי כל אבר וגיד נעשה
פרצוף א' שלם כלול מתרי"ג והיו
תרי"ג פרצופים מלבישים זה לזה
בשוה. והנה אלו התרי"ג איברים
שהם התרי"ג פרצופים הנז'
דפרצוף הכתר הנז' דא"ק כל
פרצוף מהם נק' שורש אחד גדול
שהוא נשמה אחת שלימה ובאלו
התרי"ג איברים שהם התרי"ג
שרשים הגדולים שהם התרי"ג
נשמות השלימות נמשכו מגוף
התורה אור התרי"ג מצות
ונתפשטו בתרי"ג איברים האלו
הגדולים הנז' כל מצוה בפרצוף
אחד שלם הכולל מתרי"ג שהוא
שורש נשמה א' שלימה והיו כל
מצוה כלולה מכל התרי"ג מצות

מתפשטים בתרי"ג פרצופים
דפרצוף אחד מתרי"ג פרצופים
הכוללים הגדולים הנז"ל. נמצא כי
כל מצוה הכלולה מתרי"ג היא
שורש נשמה א' שלימה גדולה
אמנם אלו התרי"ג מצות הכלולות
בכל מצוה אינם התרי"ג מצות
השלימות השרשיות הכוללות
הגדולות הנז"ל כי אם כן במה
תשתנה מצוה ממצוה אחרת
בשמה ובמעשיה ובמה ישתנה
אבר זה מאבר זה ותיקון נשמה זו
מנשמה אחרת:

והנה מגוף התורה מתפשט
ומאיר תרי"ג מיני הארות
להתלבש בכל התרי"ג איברים
הנזכרים לכל אבר כפי סדר הראוי
לו התרי"ג מיני אורות אלו נק'
תרי"ג מצות התורה וכפי ערך
האור וריבוי או מעוט וריחוק
וקירוב האורות הנז' המתפשטים
בתרי"ג האיברים כך נשתנית כל
שם מצוה ממצוה אחרת בשמה
ובמעשיה וכפי מה שצריך בהכרח
אל הבירור ובמעשה המצוה ההיא
להמשיך אור גוף התורה אל
האבר ההוא כך נקרא ששמה על
שם האור המתפשט באבר ההוא
המתייחס אליו והכל אחד אבל
עיקר שורש האור אינו משתנה
כלל אלא כלא חדא ותיקון האבר
ההוא ולהמשיך אליו המוחין
והשפע מגוף התורה כך נצטוינו
במעשה אותה המצוה המתייחס
ונק' ע"ש האבר ההוא וגם אם היא
במעשה אם בדיבור אם במחשבה

כי ע"י פרטי המעשה או הדיבור או המחשבה הנעשה בשלימות גמור במצוה ההיא נגמר להתתקן האבר ההוא לגמרי ופחות מזה א"א לו להתקן וא"א לו להתקן בארופן אחר וגם לא במעשה מצוה אחרת כי בזה נשתנה מעשה מצוה א' ממעשה מצוה אחרת כפי התיקון הצריך אל האבר ההוא המייחס אל המצוה ההיא כנז"ל ולפי שאינו דומה האור המתפשט מגוף התורה באבר זה לאור המתפשט באבר אחר על כן נשתנה שם כל מצוה ממצוה אחרת על שם התפשטות האור באבר ההוא אבל עיקר ושורש כל האור המתפשט בכולם **אינו** משתנה כלל אלא כולא חד:

והנה נת"ל בהקדמה כי בתיקון העולמות ניתוספו לכל י"ס דכל פרצוף כלים ואורות רבים ונכללו זה בזה ונתלבשו זה בזה ונעשו הי"ס ההם עשרה פרצופים מלבישים זה לזה בשוה המשל בזה כי לי"ס דפרצוף הכתר דא"א דאצי' ניתוספו ט' ספירות לכל ספירה באופן זה כי לספירת הכתר ניתוספו ט"ס חוץ מהכתר שכבר היה בו וט"ס [ד"י ע"ב] לחכמה חוץ מהחכמ' שכבר היה בו וט"ס לבינה חוץ מהבינה שכבר היה בו וכעד"ז כולם ונעשו עשרה פרצופים ונכללו זה בזה ונתלבשו זה בזה כי פרצוף הכתר נעשה מי' כתרים דכל עשרה פרצופי' הנז' והי"ס שבו נעשו כתרים לכולם וכן פרצוף החכמה נעשה מחכמות דכולם והי"ס שבו נעשו חכמות לכולם וכעד"ז כולם הרי פרצוף הכתר כלול מערה פרצופים וכעד"ז היה בפרצוף חכמה דא"א וכן לפרצוף הבינה דאריך אנפין וכעד"ז היה לכל פרצוף ופרצוף דכל פרטי פרצופי אדם קדמון ואבי"ע וכמבואר בהקדמה ע"ש כי זהו סדר ההתכללות וההתלבשות. אמנם זה היה בפרטי פרטות כי נפרטו כל י"ס לאין קץ ע"ש וזה היה במחצב הספירות וכן היה בא"ק ואבי"ע דמחצב הנשמות המלביש לאדם קדמון ואבי"ע דמחצב הספירות:

דע כי אין כל מצוה כלולה אלא מתרי"ג מצות המתייחסות אליה בשמה והוא באופן זה כי כמו שביארנו סדר ההתכללות וההתלבשות בכל עשר ספירות דכל פרצוף ואמרנו כי בי"ס דפרצוף הכתר דא"א נתוספו תשעים ספירות ט"ס לכל ספירה ונכללו זה בזה ונתלבשו זה בזה ונעשו עשרה פרצופים מלבישים זה לזה בשוה ונמצא כי הי"ס דפרצוף הכתר שהוא הפרצוף הפנימי דעשרה פרצופים הנז' נעשו מעשרה כתרים דכל הי' הפרצופים ואין נמצא בו שום ספי' אשר לא תקרא כתר ובתוכו נתפשטו נרנח"י דיחידות דנרנח"י דעשרה הפרצופי' הנז'. אמנם בערכו אלו העשרה כתרים שבו נקרא י"ס חב"ד חג"ת נהי"ם ממש

כי ספירת החכמה שבו אע"פ שהיא כתר דחכמה ובה נתפשט יחידה דחיה הנה בערך הכתר שבו נק' חכמה כיון שעיקרה משורש חכמה וכן ספי' הבינה שבו אע"פ שהיא כתר דבינה ובתוכה נתפשטו יחידה דנשמה הנה בערכו נקרא בינה ממש כיון שעיקרה משורש בינה וכעד"ז בכל הי"ס שבו:

וכן הוא בי"ס דפרצוף החכמה שנעשה מחכמות דעשרה הפרצופים אמנם בערכו נקרא י"ס כחב"ד חג"ת נהי"ם ממש כי ספירת הכתר שבו אע"פ שהיא חכמה דכתר ובה נתפשט חיה דיחידה הנה בערך החכמה שבו נקרא כתר כיון עיקרה משורש פרצוף הכתר וכן על דרך זה תקיש לכל השאר ולכל העשרה פרצופים:

אמנם ידוע כי זהו סדר של י"ס דפרצוף א' שנתוספו בהם מאה ספירות ונעשו עשרה פרצופים כנז' אבל ידוע שעוד נתוספו בהם אלף ספירות ונעשו מאה פרצופים ונכללו זה בזה ונתלבשו זה בזה ע"ד הנז' ונעשה כל פרצוף כלול מעשרה פרצופים:

עוד ניתוספו בהם כלים ואורות רבים ונכללו זה בזה ונתלבשו זה בזה ע"ד הנז' עד שנעשה כל פרצוף כלול מתרי"ג פרצופים עוד נכללו ונתלבשו זה בזה ע"ד הנזכר עד שנעשה כל פרצוף כלול מס' רבוא פרצופים והכל ע"ד הנז' שאין כל פרצוף נכלל אלא מספירות המתייחסות אליו ונקראים על שמו אמנם בערכו הם י"ס ממש כיון שמשורש הי"ס חוצבו וד"ל וכנזכר בהקדמה באורך ע"ש וכנז' בע"ח ברוב המקומות ובפרט בשער כ"ד שער פרקי הצלם ובפרק ז' שבו ע"ש וד"ל כי זהו שורש ויחוד התקון כנודע:

ונחזור לענין כי כמו כן היה בתקון מחצב הנשמות ממש הנכלל באדה"ר כנזכר לעיל ונמצא כי פרצוף הפנימי שבו שהא פרצוף כתר דא"ק הנה הוא מתפשט בכל שיעור קומת אדה"ר עד סוף העשיה והוא כלול מתרי"ג איברים שהם תרי"ג פרצופים וכל אבר כלול מתרי"ג פרצופים כי נכללו כל התרי"ג איברים הכלולים זה בזה ונתלבשו זה בזה ע"ד הנז"ל והיה כל אבר כלול מתרי"ג איברים המתייחסים אליו ונקראים בשמו לבד כי קודם לכן היה כל [ד"י ע"ג] אבר מתרי"ג איברים הכוללים שיעור כל קומת אדדה"ר כלול מתרי"ג איברים שורשיים ועתה שנכללו ונתלבשו זה בזה נעשה כל אאבר כלול מתרי"ג פרטי איברים דתרי"ג האיברים הכוללים הנקראים בשמו כגון זרוע הימין שנעשה מתרי"ג זרועות הימין דכולם וכן עד"ז כולם ונעשה כל אאבר כלול מתרי"ג פרצופים ונמצא שנעשו תרי"ג פעמים תרי"ג פרצופים מלבישים

זה לזה בשוה ובאלו התרי"ג איברים הכוללים נמשכו ונתפשטו התרי"ג מצות:

והענין כי כל מצוה נחצבה ונמשכה מאור כל גוף התורה והיתה כל מצוה כלולה מכל התרי"ג מצות הכוללות השורשיות וזהו הצדד השוה ואח"כ נכללו זו בזו ע"ד הנז"ל בתרי"ג האיברים ונעשית כל מצוה כלולה מתרי"ג מצות המתייחסים לה ונקראים בשמם ובמעשיה כגון מצות תפילין שנכללו בה כל התרי"ג מצות של התפילין דכל מצוה ומצוה מתרי"ג הכוללות והתרי"ג מצות שהיו בה נעשו מצות תפילין לכל מצוה ומצוה מתרי"ג מצות הכוללות:

וזהו הצד השוה שבהם שכל מצוה כלולה מכל התרי"ג מצות הכוללות השרשיות אמנם ודי כי בערך אורותיהם אינם דומים זו לזו כי ודאי כי בערך אור המצוה המתפשטת בתרי"ג פרצופי אברי פרצוף הכתר של הפרצוף ההוא שהוא אור נרנח"י דיחידה של כל התרי"ג מצות הכוללות ודאי שהוא היותר מעולה מכולם כי הוא יותר פנימי וקרוב אל המקור והשורש יותר מכולם אמנם לפי שהוא כלול מנרנח"י שלימים והוא מתפשט בתרי"ג איברים שלמים שהם תרי"ג פרצופים דפרצוף הכתר של פרצוף ההוא בערך זה נקראים התרי"ג אורות שבו תרי"ג מצות שלימות כוללות (אמנם בערך אורות דשאר המצות המתפשט בפרצופי אבר חב"ד וחג"ת ונהי"ם של הפרצוף ההוא והיא שורש נשמה אחת שלימה גדולה הנקראת יחידה). אמנם בערך כי כל התרי"ג אורות של היחידה הנז' אינם מתפשטים אלא בתרי"ג פרצוף דאבר אחד כולל נקראים כל אורותיו אור מצוה אחת שלימה בערך אורות דשאר התרי"ג מצות הכוללות. וכעד"ז בכל התרי"ג מצות [כי בערך] שכל מצוה כלולה מכל התרי"ג מצות הכוללות ומתפשטת בתרי"ג אברים שהם תרי"ג פרצופי' בערך זה נקראו תרי"ג מצות שלימות ובערך שכל התרי"ג איברים שהם התרי"ג פרצופים הנזכר אינם אלא דאבר אחד כולל דתרי"ג איברים הכוללים נקרא מצוה אחת שלימה ומכל מצוה ומצוה מהתרי"ג מצות הכוללות נחצבה ונמשכה שורש נשמה אחת גדולה שלימה:

ואחר כך נכללו זו בזו ע"ד הנז"ל בתרי"ג האיברים ונעשית כל מצוה כלולה מתרי"ג מצות המתייחסים לה ונקראים בשמה כגון התרי"ג מצות הכוללות במצות התפילין שהיא אחת מהתרי"ג מצות הכוללות כי עתה אחר ההתכללות הנזכר נשאר בה מצות התפילין הפרטית שבה כי היא שורש' ושאר התרי"ב מצות שהיו כלולות בה נעשו מצות תפילין לכל מצוה ומצוה מהתרי"ב

מצות הכוללות כי משורש מצות התפילין השורשית הכוללת באו ומצות התפילין דכל מצוה ומצוה מהתרי"ב מצות הכוללות ניתנו בה ונעשו בה תרי"ב מצות שלימות חוץ ממצות תפילין שכבר היתה בה כי משורש התרי"ב מצות הכוללות באו לה וכעד"ז בכולן וכעד"ז בתרי"ג הנשמות שנמשכו ונשרשו מהם ונכללו באדה"ר וכ"ז היה בכל פרצוף ופרצוף מה' פרצופי הכתר דא"ק וכעד"ז בפרטי פרצופי החכמה וכן בפרטי פרצופי הבינה והזו"ן דא"ק וכן היה בכל פרט מכל פרטי פרצופי אבי"ע דא"ק דמחצב הנשמות המלביש למחצב הספירות כנז"ל וכע"ד הנז' היה בפרטי פרצופי א"ק ואבי"ע דאצילות המלביש לא"ק ואבי"ע דא"ק וכעד"ז בפרטי פרצופי א"ק ואבי"ע דבריאה המלביש [ד"י ע"ד] עליו וכן בא"ק ואבי"ע דיצירה המלביש עליו וכן היה בא"ק ואבי"ע דעשיה המלביש עליו כל זה במחצב הנשמות המלבישים למחצב הספירות שכולם נכללו באדה"ר כנז"ל:

נמצינו למדין מהנז"ל כי כל פרצוף מה' פרצופי הכתר דא"ק מלבישים זה את זה בשוה ושיעור התפשטות כל פרצוף מהם הוא כל שיעור קומת א"ק ואבי"ע עד סוף מלכות דעשיה והוא שיעור כל קומת אדה"ר וכל פרצו' מהם כלול מתרי"ג איברים גדולים שורשיים והם תרי"ג פרצופים מלבישים זה לזה בשוה (וכל) [דכל] אבר מהתרי"ג הנז' כלול גם הוא מהתרי"ג איברים [נומצא] שהם תרי"ג פרצופים מלבישים זה לזה בשוה כנז"ל ובאלו התרי"ג איברים הגדלים השורשיים נתפשטו התרי"ג מצות הכוללות ומהם נחצבו תרי"ג נשמות כוללות שורשיים שלימות כל נשמה מהם ממצוה א' שורשיית המתפשט באבר אחד מהתרי"ג הגדולים המתייחסים אליה ומתפשטים עד סוף העשיה כנז"ל אלו הם התרי"ג מצות השורשיות שנתפשטו בתרי"ג האיברים השורשיים ומהם נחצבו תרי"ג נשמות גדולות שורשיות ואין עוד פרטות יותר מתרי"ג אלו ואעפ"י שנפרטו יותר עד ס' רבוא הוא פרט קטן ולא כולל כמו שנבאר בע"ה. ועליו מלבישים בשה כל פרטי פרצופי כל פרצוף מה' פרצופי חכמה דא"ק הנפרט לכל הפרטים הנז"ל ועליהם פרטי פרצופי הבינה ועליהם פרצופי זו"ן ועליהם מלבישים בשוה כל פרטי פרצופי האצילות הנפרט לכל הפרטים הנ"ל מכתר דא"ק עד סוף העשיה ועליהם מלבישים בשוה כל פרטי פרצופי בי"ע הנפרטים לכל הפרטים הנז"ל כל זה בא"ק ואבי"ע דא"ק ועד"ז מלבישים עליהם א"ק ואבי"ע דאבי"ע וכנז"ל בכל הפרטים. באופן שאי אפשר לשום פרצוף

פרטי שיהיה פחות מתרי"ג איברים כוללים שבהם נתפשטו תרי"ג מצות הכוללות ותרי"ג נשמות שורשיות וכל אבר מתרי"ג איברים הכוללים הנז"ל וכל נשמה מתרי"ג השורשיות שבכל אבר ואבר נקרא שורש גדול וכל אבר נפרט לתרי"ג איברים ותרי"ג מצות ותרי"ג נשמות אמנם אלו התרי"ג נקראים תרי"ג שרשים קטנים כי כולם שורש נשמה אחת כל זה פרצוף א' מה' פרצופי נרנח"י דנפש דעשיה המלביש מבחוץ מכתר דא"ק עד סוף מלכות דעשיה כנז"ל לפנים ממנו נרנח"י דרוח ע"ד הנז' ולפנים נרנח"י דנשמה דנפש כו' עד שלפנים מן הכל הוא נרנח"י דיחידה דא"ק. וסדר התפשטות הנרנח"י דכל נשמה מתרי"ג הנשמות הגדולות השורשיות המתפשטות בתרי"ג הפרצופים הפרטיים דכל אבר הכולל. כל נשמה באבר המתייחס לה. סדר התפשטותם בו הוא באופן זה בתחילה כל כללות בכתר של אותו האבר כנגד אדה"ר ואח"כ מתפשטות לג' קוי חח"ן ובג"ה דת"י דחב"ד כנגד ג' האבות אברהם יצחק ויעקב ואח"כ מתפשטות ונפרטת לי"ב כנגד י"ב שבטים ואח"כ מתפשטת ונפרטת עוד לע' כנגד ע' נפש ואח"כ מתפשטת ונפרטת עוד עד ששים ריבוא פרצופים כל פרצוף כלול מתרי"ג איברים ובאלו הס' ריבוא פרצופים דכל אבר הכולל מתפשטים פרטי הנרנח"י דכל נשמה השורשית הנפרטת לס' ריבוא נרנח"י ואלו הס' ריבוא אינם נקראים שרשים אלא ניצוצות דפרטי שור אחד דנשמה אחת שלימה ובאלו הס' רבוא פרצופים דכל אבר כולל אשר כל פרצוף מהם כלול מה' פרצופים כל פרצוף מהם כלול מתרי"ג מתפשטת בהם מצוה אחת שלימה מתרי"ג מצות הכוללות ונפרטת לס' רבוא פעמים תרי"ג:

ומאור גוף התורה מאירים ומתפשטים ששים ריבוא מיני פירושים עפ"י הפשט לס' רבוא פרצופי העשיה שהם פרצופי הנרנח"י דנפש דכל פרצוף מששים ריבוא פרצופים הנז"ל: [די"א ע"א] **וששים** רבוא מיני פירושים עפ"י הרמז לס' ריבוא פרצופי היצירה שהם פרצופי הנרנח"י דרוח דכל פרצוף מס' רבוא פרצופים הנז"ל. וס' רבוא מיני פירושים עפ"י הדרש לס' רבוא פרצופי הבריאה שהם פרצופי הנרנח"י דנשמה דכל פרצוף מס' רבוא פרצופי הנז"ל וס' רבוא פירושים ע"פ הסוד לס' ריבוא פרצופי האצי' שהם פרצופי הנרנח"י דחיה דכל פרצוף מס' ריבוא פרצופי הנז"ל:
וסוד שורשי הארבעה פירושי פרד"ס הנז"ל לס' ריבוא פרצופי הא"ק שהם פרצופי הנרנח"י

דיחידה דכתר דכל פרצופי מס'
ריבוא פרצופים הנז"ל:

ובכל שישים ריבוא פרצופים
דאבר א' כולל דשורש נשמה אחת
שלימה אי אפשר להיות פה פחות
מתרי"ג נשמות דתלמידי חכמים
שהם העיקרים כנגד התרי"ג
איברים של השורש ההוא
שהתפשטותם עד ס' רבוא ומהם
מתפשטים סביבותיהם כמה בעלי
בתים ועמי הארץ וכיוצא אין
מספרם שוה בכל השרשים. ולפי
שכל נשמה מהתרי"ג נשמות
השורשיות כלולה מכל התרי"ג
נשמות השורשיות כנז"ל אחר
שנכללו זה בזה ע"ד התרי"ג
מצות כנז"ל שאין בכל נשמה
מבחי' רק שורש א' מהתרי"ג
שרשים הקטנים שבה ושאר
התרי"ג השרשים שבה הם
שנכללו בה מהתרי"ב הנשמות
השורשיות שורש אחד מנשמה
אחת ומפני עירוב זה הם ערבים
זה לזה בנגלות בעולם הזה ולפי
שגם התרי"ג שרשים הקטנים
דשרש נשמה אחת נכללו עוד זה
בזה עד התרי"ג שרשים הגדולים
כנז"ל ע"כ נתחייבו זה לזה גם על
הנסתרות אפילו בעה"ב:

והנה מחצב הנשמות הזה
שנכללו באדה"ר עדיין היה מבחי'
אחור באחור כי יצא מזווג אב"א
דבחי' העליונה כדסליק ברעותא
כנודע כי כן הוא הסדר דכי אדם
אין שהוא הפרצוף התחתון
הנקרא בן לפרצוף העליון שעליו

שהוא המעלה הבירורים למ"ן
לפרצוף העליון ההוא אז בפעם
הראשונה סליק ברעותא דהיינו
הבירורים של פרצוף התחתון עלו
למ"ן לפרצוף העליון ההוא ואז
מזדווגים הדכר והנוקבא דפרצוף
ההוא זווג דאב"א כי גם הם עדיין
עומדים אב"א ומתקנים ומוציאין
הפרצוף ההוא התחתון שיעלה
הבירורים דפב"פ דפרצוף העליון
ואז חוזרים פב"פ ועלות הבירורים
דפב"פ דפרצוף התחתון אליהם
אז מזדווגים פב"פ ומתקנים
לפרצוף ההוא התחתון פב"פ וכך
היא המדה ממדריגה למדריגה
וכנז"ל בהקדמה כן הוא במחצב
הנשמות כשנכללו באדה"ר כדי
שעל ידי המצות שיעשה [די"א ע"ב]
יכוין להעלות הבירורים דפב"פ
ואז יתוקן גם הוא פב"פ שימשכו
לו מוחין נשמות דפב"פ:

והנה נודע כי אור מחצב הנשות
הזה נתהוה ויצא מבחינת זווג
דאב"א דבחינה העליונה שהוא
זווג דסליק ברעותא כנודע כי עדיין
אדם אין לעלות מ"ן שהם
הבירורים דפב"פ דבחי'
הפרצופים העליונים כי גם הם
עדיין עומדים אב"א כנודע כי כך
היא המידה וכנז"ל בהקדמה ע"ש
כי שם נתבאר ענין זיווג זה דכד
סליק ברעותא באורך ובפרטות כל
הפרצופים ע"ש. ואז נברא גוף
אדה"ר מבחי' הכלים די"ס כנודע
ויפח באפיו נשמת חיים שהוא אור
דמחצב הנשמות הנז' ועליו נאמר

בנים אתם לה' אלהיכם כדי שע"י
התורה והתפלות והמצות שיעשה
יעלה מ"ן שהם הבירורי' דפב"פ
לפרצופים העליונים ואז ננסרים
וחוזרים פב"פ כי נמשכים להם
האורות והמוחין לפרצוף הפנים
כנודע ואז מזווגים פב"ב ואז יתוקן
גם אדה"ר שהוא הכלים ואורות
דפרצופים דמחצב הנשמות לנסור
אותן ולהחזירן פב"פ ולהמשיך
להם האורות והמוחין והנרנח"י
דפב"פ:

והנה נודע ונזכר לעיל ונתבאר
בהקדמה באורך ובפרטות כי אי
אפשר לשום פרצוף פרטי מכל
פרטי פרצופי א"ק ואבי"ע
דספירות והנשמות בכל העולמות
שיהיה פחות מה' פרצופים דכלים
ששורשם ארמ"ע והשורש והם
כחבת"ם והם מד' אותיות הוי"ה
והקוץ והם כנגד א"ק ואבי"ע והם
שורשי עור בשר וגידים ועצמות
ומוח שבעצמות ולפיכך נקרא
שורשי עור בשר וגידים ועצמות
ומוח שבעצמות ולפיכך נקרא כך
עב"ג ע"מ על שם סוף
התפשטותם והם מבירורי הכלים
דמלכים דע"ב מ"ה ב"ן דפרצוף
התחתון העולים להתברר
ולהתתקן ע"י הפרצוף העליון
ומבירורי הכלים דמלכים דב"ן
נתקן הפרצו' החיצון הנקרא
נהי"ם והוא הנקרא עור מכלים
דמלכים דב"ן [דב"ן] ומכלים דב"ן
דמ"ה ומבירור הכלים דמלכים
דמ"ה נתקן הפרצוף התיכון הנק'

חג"ת והוא הנק' בשר מכלים
דמלכים דמ"ה [דב"ן] ומכלים
דמ"ה דמ"ה ומבירור הכלים
דמלכים דס"ג נתקן הפרצוף
הפנימי הג' דבינה והוא הנק'
גידים מכלים דמלכי' דס"ג [דב"ן]
ומכלים דס"ג דבינה דמ"ה
ומבירור הכלים דמלכים דע"ב
נתקן פרצוף היותר פנימי הרביעי
הנק' חכמה והואא הנק' עצמות
מכלים דמלכים דע"ב דחכמה
[דב"ן] ומכלים דע"ב דחכמה
דמ"ה ומבירור הכלים דמלכים
דקוץ היו"ד נתקן פרצוף היותר
פנימי החמישי הנק' כתר והוא
הנק' מוח שבעצמות מכלים
דמלכים דכתר דב"ן ומכלים דכתר
דמ"ה (ע"כ נמצא):

* * *

ספר נהר שלום
למוהר"ר שלום מזרחי זלה"ה
זיע"א ע"ח שער מ"ב דרושי
אבי"ע פ"א ופ"ב

כתב כי מן האין סוף נמשך
ונתפשט ניצוץ א' שהוא בחי'
אלהות וזה הניצוץ נתלבש בכח
ניצוץ אחד נברא מכח עוצם
הארתו והוא נשמה דקה מאד
מאד והיא נקרא יחידה וזו יחידה
יש [די"א ע"ב] בה שורשי כל הי"ס
בהעלם ודקות גדול שאאי אפשר
להיות לנאצלים יותר דקות ממנו
ועל הניצוץ הנז' נאמר בנים אתם
לה' אלהיכם ואני אמרתי אלהים

אתם. ויעל אלהים מעל אברהם. האבות הם הם המרכבה והיא נשמתא דחיי נשמתא דכולא דבעי לאשלפא לה מדרגא לדרגא כמבואר אצלינו במ"א בהקדמה ע"ש וב' בחינות האלו הם הנק' תהו ובוהו אשר למעלה מהתוהו אין עוד זולתי האפס המוחלט שהוא הא"ס שאין בו תפיסת המחשבה וב' נצוצות אלו נק' בחי' כתר הכולל והם הנק' בחי' עתיק ואריך שבכתר והם קוץ היו"ד דהוי"ה הכולל ובו שורש כל הארבע אותיות דהוי"ה וממנו נאצלו ד' אותיות הוי"ה שהם חבת"ם והם טנת"א והם [די"א ע"ג] הם אבי"ע והם הם ד' יסודות אש רוח מים עפר והם נחלקים באופן זה כי אות יו"ד דהוי"ה היא כללות הרוחניות שהם הנרנ"ח ואות ה' דהוי"ה היא כללות הגוף שהם הי"ס שיש בהם מדה וגבול כמ"ש בהיכלות ר"י בשיעור קומה שהוא רל"ו אלפים רבבות פרסאות כו' וגוף זה מלובש תוך אות הו' דהוי"ה שהם הלבושים כמ"ש ז"ל בעשרה לבושים נתלבש הקב"ה כו' ולבושים אלו הם תוך בחינת הבתים שהיא אות **ה'** אחרונה דהוי"ה והם ז' היכלות שהם בחי' העולם ההוא בעצמו שהם השמים והארץ והאויר שביניהם שבהם יושב האדם העליון שהם נשמה וגוף ולבושי מלכות נתונים בהיכל מלך עליון שהוא כללות העולם ההוא. באופן כי אות **י'** שהיא החכמה היא הנשמה ואות **ה'** ראשונה שהיא הבינה הוא הגוף ואות **ו'** שהוא ז"א הוא הלבוש ואות **ה'** אחרונה שהיא המלכות הוא ההויכל וכל אות כלולה מכל הד' בחינות נשמה גוף לבוש והיכל וקוץ היו"ד שהוא הכתר הוא שורש לכל הד' אותיות ויש בו ד' שרשים לד' בחי' הנז' דכל אות מד' אותיות ההוי"ה:

והנה הא"ק הוא הקוץ דהוי"ה הכולל שהוא הכתר לאבי"ע ויש בו ארבע בחי' הנז' כי הא"ק שבו הוא השורש ותחתיו הוא הנשמה שהוא האצי' שבו ותחתיו הוא הגוף שהוא הבריאה שבו ותחתיו הוא הלבוש שהוא היצירה שבו ותחתיו הוא ההיכל שהוא העשיה שבו וכל זה הוא בערך עצמו אבל בערך הכולל כל בחי' הא"ק ואבי"ע הנז' שבו הם שרשים שהם א"ק לא"ק ואבי"ע הכוללים:

ועליו מלביש א"ק ואבי"ע דאצילות ונחלק ע"ד הנז"ל ובערך הכול כל בחינותיו הם נשמה לא"ק ואבי"ע הכוללים:

ועליו א"ק ואבי"ע דבריאה ונחלק ע"ד הנז"ל ובערך הכולל כל בינותיו הם גוף לא"ק ואבי"ע הכוללים:

ועליו א"ק ואבי"ע דיצירה ונחלק ע"ד הנז"ל ובכללות כל בחינותיו הם לבוש לא"ק ואבי"ע הכוללים:

ועליו א"ק ואבי"ע דעשיה ונחלק ע"ד הנז"ל ובערך הכולל כל

בחינותיו הם היכל לא"ק ואבי"ע הכוללים:

והנה בתיקון העולמות נכללו ונתקשרו כל העולמות זה בזה באופן כי א"ק ואבי"ע דא"ק נעשו א"ק לכל העולמות כי א"ק שבו נשאר בבחי' א"ק לאבי"ע הפנימי שבו והאצילות שבו נעשו א"ק לאבי"ע דאצילות ובריאה שבו נעשה א"ק לאבי"ע דבריאה ויצירה שבו נעשה א"ק לאבי"ע דיצירה ועשי' שבו נעשה א"ק לאבי"ע דעשיה. באופן כי מה שהיה אבי"ע דא"ק מתפשט באורך נעשה בעובי. וכן עד"ז א"ק ואבי"ע דאצילות נעשה אצי' לאבי"ע דא"ק ואבי"ע. וכן א"ק ואבי"ע דבריאה נעשה בריאה לכולם בעובי וכן "ק ואבי"ע דיצירה נעשה יצירה לכולם בעובי וכן א"ק ואבי"ע דעשיה נעשה עשיה לכולם בעובי כמבואר כל זה באורך בהקדמה ע"ש. באופן כי א"ק ואבי"ע דא"ק המתפשט עתה באורך שהוא הא"ק ואבי"ע הפנימי המלביש לקו האור של הא"ס כל פרטי בחינותיו נעשו מא"ק דכל הה' עולמות כי הא"ק שבו הוא הא"ק שהיה בו תחלה ותחתיו האצילות שבו שנעשה מא"ק דאבי"ע דאצי' ותחתיו בריאה שבו שנעשה מא"ק דאבי"ע דבריאה ותחתיו יצירה שבו שנעשה מא"ק דאבי"ע דיצירה ותחתיו עשיה שבו שנעשה מא"ק דאבי"ע דעשיה.

ועל הא"ק ואבי"ע הזה דא"ק מלבישים א"ק ואבי"ע דאצילות שוה בשוה אשר כל בחינותיו נעשו מאצילות דכל החמשה עולמות כי א"ק שבו נעשה מהאילות דאבי"ע דא"ק ותחתיו אצילות שבו שנעשה מאצילות דאבי"ע שבו ותחתיו בריאה שבו הנעשה מאצילות דאבי"ע דבריאה ותחתיו יצירה שבו ותחתיו עשיה שבו שנעשו מאצילות דאבי"ע דיצירה ועשיה [די"א ע"ד] ועליהם מלבישים א"ק ואבי"ע דבריאה הנעשה מבריאה דכל החמשה עולמות ועליהם מלבישים א"ק ואבי"ע דיצירה ועליהם מלבישי' א"ק ואבי"ע דעשיה הנעשים מיצירה ועשיה דכל החמשה עולמות ע"ד הנז"ל וכן הוא בפרטי פרטות כי הה' בחי' הנז' שהם שורש ונשמה וגוף ולבוש והיכל הוא בכל י"ס דכל פרטי פרצופי א"ק וכן הוא בפרטי פרצופי האצילות (המלבישים לא"ק מטיבורא דיליה ולתתא):

ואחר כך כל פרטי פרצופי האצילות המשיכו אור מכל פרטי בחינותיהם הנמצאות באצילות ודרך המסך שהוא קרקע היכל האצילות המשיכו אורם ע"י המל' דמלכות דאצי' שהיא עתיק דבריאה והחתימו חותמם דאצי' בבריאה שורש משורש ונשמה מנשמה וגוף מגוף ולבוש מלבוש והיכל מהיכל וכיון שהוא חותם דאצי' צריך שיהיו בו כל הבחי'

שיש באצי' כולם וכן עד"ז מבריאה ליצירה שנמשכו ונחתמו בו כל פרטי פרצופי הבריאה שנמשכו בו מן האצילות וכן עד"ז מיצירה לעשיה שנמשכו ונחתמו בו כל פרטי פרצופי היצירה שנמשכו בו מן הבריאה הנמשכים בו מן האצי'. באופן שכל העולמות דא"ק ואבי"ע שוים במציאותם וכל מה שיש בזה יש בזה ואין חילוק ביניהם אלא במהות האור לבד:

וכן כתב בשער השמות פ"א כי מכח הי"ס דאצילות הנחלקי' לה' פרצופים א"א ואו"א וזו"ן והם נחלקים לי"ב פרצופים כנודע הנה מכחם והארתם החזקה יצאו תחתיהם הי"ס דבריאה הנחלקים לה' פרצופים כוללים ולי"ב פרצופים פרטיים כי הם חותם הי"ס דאצילות דוגמתם ממש בכל פרטיהם ע"ד הנז' באצי' ממש רק שאלו הם חותם אותם דאצילות:

וכן אח"כ מכח הי"ס דבריאה יצאו תחתיהם הי"ס דיצירה דוגמת הי"ס דבריאה ממש בכל פרטיהם:

ואחר כך מכח הי"ס דיצירה יצאו תחתיהם הי"ס דעשיה ע"ד הנז"ל בי"ס דיצירה בכל פרטיהם:

וכתב שם כי כל אלו הספירות מתחילת הי"ס דאצילות עד סוף הי"ס דעשיה כולם אלהות ואחדות גמור:

הרי מבואר גם מזה כי כל העולמות דא"ק ואבי"ע שוים במציאותם ואי חילוק והפרש ביניהם כלל וכל פרטי אורות וכלים דכל פרטי פרצופי האצילות כולם נמצאים בבריאה וכן ביצירה וכן בעשיה ואין חילוק ביניהם רק במהות האור אמנם כולם אלהות ואחדות גמור כנז"ל:

ובודאי כי שמות הכלים דפרצופי בי"ע האלו הם ממש כמו השמות דכלים דפרצופי האצילות ממש המבוארים בשער השמות בעולם האצילות שהרי הם חותם כלים דאצי' דוגמתם ממש. תדע שהרי כתב בשער מ"ז פ"א סדר אבי"ע ובשער ההקדמות בדרושי אבי"ע ובכמה מקומות כי חותם האצי' הנחתם בבריראה וכן מבריאה ליצירה ומיצירה לעשיה היו אורות מאורות וכלים מכלים כי כל שם דכל כלי מכלים דאצי' החתים שמו וחותמו ממש דוגמתו למטה בפרצוף שכנגדו למטה בבי"ע אות מאות וכן באורות:

נמצא כי שמות הכלים והאורות שנתבארו בשער השמות בפרצופי האצילות הנה דוגמתם ממש הם בפרצופי בי"ע וא"כ כפי זה צריך להבין שהרי שמות הכלים דבי"ע שכתב בפ"ה משער השמות אינם דוגמת כלים דאצילות שנתבארו שם בפ"ג וד'. גם מ"ש שם ובכמה מקומות כי כל הכלים דבי"ע וגם הנפש והרוח כולם נקרא עולם הפירוד ומן הנשמה ולמעלה נקרא אלהות. וכאן כתב כי כל אלו הספירות מתחילת הי"ס דאצילות עד סוף

הי"ס דעשיה כולם אלהות ואחדות גמור:

אמנם דע כי זה האבי"ע הנז"ל שכל כליהם ואורותיהם שוים כנז"ל הם הם מ"ש בשער השמות שכל אלו הספי' מצחילת הי"ס דאצילות עד סוף הי"ס דעשיה שכולם [די"ב ע"א] אלהות ואחדות גור כנז"ל אלו הם פנימיות העולמות הנקרא בחי' הנשמות שכולם שוים ואין בהם שום חסרון ושינוי כלל ואלו בערך הכולל נקרא אבי"ע דאצילות:

אמנם שמות הכלים דפרצופי בי"ע שנתבארו בשער השמות פ"ה הם דחיצוניות העולמות ועליהם הוא מה שכתב בשער השמות כי כל הכלים דבי"ע וגם הנפש והרוח נקראו עולם הפירוד ומן הנשמה ולמעלה נקרא אלהות שהרי כתב שם כי בכלים האמצעיים דז"א דבריאה מתלבש הרוח שלהם והם בחינת אותם הרוחין הנזכר בהיכלות פרשה פקודי שהם שם **סטטרי"א אריריה"ה סניני"ה** והנפש שלהם המתלבש בכלים החיצוניים הם בחינת החיות הנזכרים בהיכלות ההם דפרשת פקודי ואתקרי בזק כו' וכתב שאותם דפרשת פקודי הם דבריאה:

והנה בשער פנימיות וחיצוניות דרוש ב' כתב כי באצילות יש אבי"ע דחיצוניות ואבי"ע דפנימיות ושמות ג' הכלים דבי"ע התחתונים שנתבארו בער השמות פ"ה הם ע"ד שמות הכלים דבי"ע דחיצוניות דאצילות וג' הכלים דאצילות שנתבאר בשער השמות פ"א הם דבי"ע דפנימיות דאצילות. ובפי"א כתב כי בכל עולם מא"ק ואבי"ע יש חיצוניות ופנימיות ופנימיות דעשיה הנק' נמות הוא כלול מה' פרצופים א"א ואו"א וזו"ן וכל פרצוף מהם הוא כלול גם הוא מכל החמשה פרצופים א"א ואו"א וזו"ן והם ה' בחינות נרנח"י וכולם נקראו נרנח"י דנפש דכללות העולמות ונקראו מלכות דכללות:

וכן עד"ז בחיצוניות העשיה הנקרא אופנים ויש בו ה' פרצופים כל פרצוף כלול מכל הה' פרצופים ע"ד הנז"ל בפנימיות:

וכן עד"ז בפנימיות וחיצוניות דיצירה והפנימיות שבו הוא הרוחין והחיצוניות הם המלאכים וכולם נפרטים ע"ד הנז"ל בפנימיות וחיצוניות דעשיה וכולם נק' רוח דכללות ונק' ז"א בער כללות העולמות:

וכן עד"ז בפנימיות וחיצוניות דבריאה הנפרטים ע"ד הנז"ל בעשיה והפנימיות הוא הנשמות והחיצוניות הוא השרפים והם הכסא אשר בו הרוחין קדישין הנזכר בהיכלות דפקודי וכולם נקראו נשמה ובינה בערך כללות העולמות:

וכן עד"ז בפנימיות וחיצוניות דאצילות וכולם נקראו חיה וחכמה בערך כללות העולמות:

וכן עד"ז בפנימות וחיצוניות דא"ק וכולם נקראו יחידה וכתר בערך כללות העולמות:

הרי בפירוש כתב כאן כי מה שכתב בשער השמות פ"ה כי בכלים ההם דז"א דבריאה מתלבשים הרוחין והחיות הנזכר בהיכלות דפקודי הם דחיצוניות עולם הבריאה הנקרא שרפים וכסא ולא דפנימיות הבריאה הנקרא נמות וכן הוא ודאי בכלים ואורות ההם דיצירה ועשיה הנזכר שם בשער השמות שכולם דחיצוניות ולא דפנימיות:

וכן גם כל אלו הכלים והאורות דחיצוניות דבי"ע הנזכר בשער השמות גם הם נעשו מחותם אורות וכלים דחיצוניות דאצי' כי שמות הכלים דבי"ע דחיצוניות דז"א דאצילות הם כמו השמות דבי"ע התחתונים וכמו שכתב בדרוש ב' דשער חיצוניות ופנימיות כי שמות הכלי' דבי"ע התחתונים שביארנו בשער השמות הם ע"ד שמות הכלים דבי"ע דחיצוניות דז"א דאצילות ע"כ. וזה פשוט כי כל פרטי בי"ע יצאו מחותם האצילות כי שם נגמר (ונעלם) [ונשלם] אור המאציל העליון. ובאלו הכלים הנזכר בשער השמות שהם הכלים דחיצוניות דבי"ע כנז"ל הוא מה שיורדים הכלים דחיצוניות דאצילות להתלבש בכלים הפנימיים דבי"ע להיות נשמה להם וזה הוא בעת המיעוט וכל זה הוא בחיצוניות הזה דבי"ע כמבואר שם בשער השמות שבכלים הפנימיים [די"ב ע"ב] דז"א דבריאה שהם עשרה צירופי הוי"ה מתלבשים הכלים הפנימים דז"א דאצי' והוא דחיצוניות דז"א דאצילות כנז"ל ובודאי שהם דוגמתם והם עשרה צירופי הויה כנז"ל כי שמות הכלים דבי"ע התחתונים הם ע"ד שמות הכלים דחיצוניות דז"א דאצילות וכלים האמצעיים דז"א דאצילות שהם עשרה צירופי אדנ"י הם מתלבשים בכלים הפנימיים דז"א דיצירה וכלי החיצון דז"א דאצילות שהם עשרה צירופי אלהי"ם הם המתלבשים בכלים הפנימיים דז"א דעשיה ועד"ז כל הפרצופים כל זה בחיצוניות דאבי"ע וכל זה האבי"ע דחיצוניות נק' בערך הכולל בי"ע:

אמנם מה שכתב בשער הכסא וההיכלות כי בכל עולם ועולם מאבי"ע הי"ס הכוללים דאותו עולם הם נחלקים לז' היכלות וכסא באופן זה כי כחב"ד שהם עתיק ונוק' ואריך ונוק' ואו"א וישסו"ת הם היכל השביעי העליון הנק' קדש קדשים ר"ל קדש כתר קדשים חו"ב ואלו הכחב"ד הם הנק' כסא והז"ת שהם הזו"ן ויעקב ורחל הם השש היכלות התחתונים כי היכל לבנת הספיר כולל יסוד ומלכות והוא ההיכל התחתון:

למעלה ממנו הוא עצם השמים שהוא ההוד. למעלה ממנו הוא היכל נגה שהוא הנצח. למעלה ממנו הוא היכל הזכות שהוא הגבורה. למעלה ממנו הוא היכל אהבה שהוא החסד למעלה ממנו הוא היכל הרצון שהוא הת"ת. ואלו הו' היכלות הם השש מעלות לכסא שהוא הכחב"ד הנז"ל שהוא ההיכל השביעי ק"ק:

וכן על דרך זה נחלקים הי"ס דכל פרצוף ופרצוף דכל פרצופי עולמות אבי"ע וכן הוא בפרטי פרטות. וכ"ז הוא בין בפנימיות בין בחיצוניות אמנם מה שכתב בשער מ"ז שער סדר אבי"ע הוא באבי"ע דחיצוניות והוא זה. והענין כי היושב על הכסא הנז"ל שהם הכחב"ד הוא באופן זה כי אור הא"ס הגנוז בכתר דא"ק נתלבש בחכמה דא"ק וירדה החכמה הנזכר ועברה דרך בינה (דז"א) [וז"א] דא"ק וירדה ונתלבשה במלכות דא"ק וירדה המלכות הנזכר עם החכמה ואור הא"ס מלובש בה ושברה המסך שעל גבי האצילות בכח אור החכמה וירדה ונתלבשה בכסא דאצילות שהם הכחב"ד והאיר בכל פרצופי האצילות וכולם מקבלים אור הא"ס דרך מסך החכמה דא"ק לבד ומקבלים הארה שלימה מאור הא"ס המלובש בחכמה ומזדככים עד שאפילו הכלים שלהם נעשים אלהות גמור ועליהם אמרו איהו וגרמוי חד בהון וכולם נקרא יו"ד דשמא קדישא הכולל כי כולם בחכמה עשית:

ואחר כך אור הא"ס הנז' הגנוז בכתר דא"ק ומלובש בחכמתו נתלבש גם בבינה דא"ק ודרך מסך הבינה הנז' עבר אור הא"ס דרך זו"ן דא"ק ודרך כתר וחכמה דאצילות ונתלבש לבוש גמור גם בבינה דאצילות שהיא התבונה ודרך מסך התבונה הנזכר עבר האור דרך ז"א דאצילות ונתלבש במלכות דאצי' וירדה ובקעה המסך שע"ג הבריאה ונתלבשו כחב"ד דתבונה הנזכר בכחב"ד דבריאה והם הנק' כסא דרחמי ושש קצוות שלה בו"ק דבריאה והם שש מעלות של הכסא ומלכותה במלכות דבריאה והיא כסא דדינא תכלת סנדלפו"ן ודרך חסך דתבונה האיר הא"ס בכל פרצופי הבריאה:

ואחר כך עוד החכמה הנשבר דא"ק עם אור הא"ס המלובש בה עברה דרך הבינה דא"ק ונתלבש בז"א המלכות דא"ק ודרך כחב"ד דאצי' ונתלבשה בז"א דאצי' ועברה דרך המל' דאצי' ודרך כחב"ד דבריאה ונתלבשה בזעיר אנפין דבריאה ודרך המלכות דבריאה ירד והאיר בכל פרצופי היצירה:

ואחר כך עוד החכמה הנזכר דא"ק עם אור הא"ס המלובש [ד"ב ע"ג] בה עברה דרך הבינה וז"א דאדם קדמון ונתלבשה במלכות דא"ק ועברה דרך כחב"ד וז"א

דאצי' ונתלבשה במלכות דאצי' ועברה דרך כחב"ד וז"א דבריאה ונתלבשה במל' דבריאה ועברה דרך כחב"ד וז"א דיצירה ונתלבשה במל' דיצירה וירד והאיר בכל פרצופי העשיה וכל זה היה בעת המיעוט וזה היה לתועלת העולמות לקשרם זה בזה אמנם ודאי כי יש הפרש וחילוק ביניהם כפי ריבוי ומיעוט המסכים הנז"ל:

בריאה כתב עוד בשער סדר אבי"ע פ"ו הכלים דבריאה הם אלו **אכתריא"ל** הוא אריך **י"ה**. **יהו"ה** הוא אבא. **צבאו"ת** הוא אימא:

ואלו הג"ר הם הכסא וגופא דז"א נק' **מטטרו"ן** וגופא דנו' נק' **סנדלפו"ן** ונפש דכל הכלים דבריאה נמשך מאור התנוצצות עשר כלים דאצילות המכים במסך דבריאה ורוחם נמשך מהכאות י"ס דחיצוניות דבינה דאצילות במסך הנז' ונשמתם מהכאת י"ס דפנימיות דבינה דאצי' במסך הנז' ונקודת מל' דאצי' כלי ועצמות שלה בקעה ושברה המסך דבריאה וירדה ונתלבשה ברישא המגולה דא"א דבריאה:

יצירה מהתנוצצות אור כלים ועצמות דפנימיות דז"א דאצילות שבקע המסך שבין אצילות לבריאה וירד והכה במסך שבין בריאה ליצירה ומהתנוצצות אור ההוא נעשה רישא דא"א דיצירה ומהתנוצצות אור הכאת י"ס דחיצוניות דז"א דאצילות במסך הנזכר נעשו כלים לכל פרטי היצירה:

ונשמת או"א דיצירה נמשך מאור אכתריאל דבריאה שירד ובקע המסך דיצירה ונעשה נשמה לאו"א ורוחם מאור מטטרו"ן דבריאה ע"ד הנז"ל ונפשם מאור סנדלפו"ן דבריאה ע"ד הנז"ל נשמת ז"א דיצירה הוא מטטרו"ן. ורוחו הוא סנדלפון. ונפשו הוא מיטטרון ביו"ד:

נשמת נוק' דז"א דיצירה הוא סנדלפו"ן. ורוחה הוא מיטטרו"ן ביו"ד ונפשה הוא סנדלפו"ן שני תחתון נמשך מכח העליון וזה התחתון נק' אופן אחד בארץ:

עשיה רישא דא"א דעשיה הוא עצמו סנדלפו"ן דנפש דנוק' דיצירה והוא הנק' שר היער והוא בגימטריא יער ובגימטריא פ"ר. נשמת או"א דעשיה הוא **הדריניא"ל** ורוחם קמוא"ל. ונפשם מלכיאל. נשמת ז"א הוא **קמוא"ל** ורוחו מלכיא"ל ונפשו הוא צדקיאל נשמת נוק' דז"א הוא מלכיא"ל ורוחה **צדקיא"ל** ונפשה עטוריא"ל מטטרו"ן מלך ביצירה. וז' השרים דיצירה הנהגתם בחול. שמועא"ל למעלה בבריאה והוא הוא ענפיא"ל יהוא"ל ז' השרים דבריאה נק' ז' הסריסים והנהגתם בשבת:

ונראה שאלו הכלים ואורות דבי"ע שכתב כאן הוא בחיצוניות דחיצוניות ושמות הכלים והאורות דבי"ע שכתב בפ"ה משער

נהר שלום - לרש"ש

השמות הוא בפנימיות דחיצוניות וכן הוא מפורש ממש בפ"ו משער מ"ב שער דרושי אבי"ע כי הכסא והשרפים והחיות והאופנים הם בחיצוניות דאבי"ע דחיצוניות והענין הוא בקיצור עם מה שכתב במ"א כי בכל עת שנמשך צלם דמוחין לז"א הוא נמשך כלול מה' בחינת נרנח"י דנפש ורוח ודנשמה ודחיה ודיחידה והוא נמשך מלובש בה' בחי' כלים דאו"א שהם עור בשר וגידים ועצמות ומוח שבעצמות והם כתר וחכמה ובינה וו"ק ומל' דפרצוף ההוא דאו"א המתייחס אל הצלם דמוחין ההם כפי המצוה והעת ההיא. והנה הנרנח"י דיחידה המלובש במוח שבעצמות דאו"א נמשך ומתלבש תוך פרצוף הכתר שהוא המוח שבעצמות דפרצוף ההוא דז"א הראוי והמתייחס למוחין ההם. והנרנח"י דחיה המלובש בעצמות דאו"א נמשך ומתלבש בפרצוף החכמה שהוא העצמות דפרצוף ההוא דז"א. והנרנח"י דנשמה המלובש בגידים דאו"א נמשך ומתלבש תוך פרצוף הבינה שהוא הגידים דפרצוף ההוא דז"א. והנרנח"י דרוח המלובש בבשר דאו"א נמשך ומתלבש תוך פרצוף הו"ק שהוא הבשר דפרצוף ההוא [די"ב ע"ד] דז"א והנרנח"י דנפש המלובש בעור דאו"א מהראוי היה שימשך ויתלבש בפרצוף המלכות שהוא העור דפרצוף ההוא דז"א אבל לא כן הוא אלא שהוא נמשך מחוץ לפרצוף המלכות הוא העור דפרצוף ההוא דז"א סובב ומקיף עליו כולו מכל צדדיו ומתחת רגליו והוא בחי' הצפרניים ונעשה עור ע"ג עור והוא להפסיק בין עור דז"א לקלי' נוגה שלא תתאחז בו ולכן הושם העור ההוא דבינה ביניהם כנשר יעיר קינו ונק' חשמל אבל אינו חשמל ממש אלא כעין החשמל ואינו מכלל המלבושים שהם המקיפים עליו מבחוץ והם חוץ מגופו אבל זה העור הוא נחשב מכלל גופא דז"א אבל המלבושים הם אורות מקיפים הנמשכים ג"כ עם הצלם דמוחין הנז"ל (הנמשך לז"א בכל עת שנמשכים לו מוחין והם דוגמת הצלם הנזכר) שנמשך ונתלבש תוך ה' בחינת עב"ג ע"מ הנז"ל דגופא דז"א כך דוגמתו ממש נמשך צלם דמוחין מקיפים כלול מה' בחי' נרנח"י מקיפים עליו מבחוץ ה' מקיפים כל מקיף כלול מנרנח"י וכולם הם נק' בחינת אור מקיף דיושר דז"א ועליהם יסובבו העיגולים דז"א וגם הצלם דמוחין המיפים ההם הם וגם הם נמשכים מלובשים תוך ה' בחי' כלים דמקיפים שהם המלבושים דאו"א ונמשכים ומתלבשים תוך חמשה בחי' כלים דמקיפים דלבושים דז"א ע"ד הנז"ל בצלם דמוחין הפנימיים וכן עד"ז בכל צלם דמוחין הנמשך לזו"ן בכל עת וכן בפרטי פרטות דפרצופי אבי"ע:

וכתב בשער הקלי' שער מ"ט פ"ו כי ההיכלות והשרפים והחיות והאופנים דבי"ע הם בחשמל דבי"ע עם הג' כלים שלהם והרוחין והנפשין הנז' בפקודי ועליהם מלבוש חשמל ועליו הנוגה ועליו הג' קליפין וכל זה הוא במחצב המלאכים ולפנים מהם הוא מחצב הנשות המלביש למחצב הספירות והוא בכל אבי"ע דכל פרט:

והנה בתוך העור הנז"ל שהם הכלים דנפש שם הוא מקום השרפים והחיות והאופנים הרי מפורש כי בכלים החיצוניים דאבי"ע שם הוא מקום השרפים והחיות והאופנים וכבר ביארנו לעיל ממה שכתב בפי"א משער חיצוניות ופנימיות כי הוא בחיצוניות דאבי"ע דחיצוניות ודפנימיות ושמות הכלים דבי"ע שכתב בשער השמות הם בפנימיות דזה החיצוניות וכמבואר לעיל ממ"ש בפי"א משער חיצוניות ופנימיות אבל פנימיות דאבי"ע דחיצוניות ופנימיות דאבי"ע דפנימיות דבי"ע כולם שוים בכלים דאצילות כי כולם אלהות ואחדות גמור מתחילת הי"ס דאצילות עד סוף הי"ס דעשיה כנז"ל:

כלל העולה כי אבי"ע דחיצוניות ואבי"ע דפנימיות שוים במציאותם כי פנימיות דפנימיות ופנימיות דחיצוניות שהוא האצילות דשניהם שוים בכליהם והם כלים דאצילות והם אלהות ואחדות גמור מתחילת הי"ס דאצי' עד סוף מלכות דעשיה שלהם והחיצוניות דחיצוניות וחיצוניות דפנימיות דשניהם שהוא בי"ע דשניהם שוים בכליהם והם כלים דבי"ע ובכלים החיצוניים דבי"ע דשניהם שם הוא מקום השרפים והחיות והאופנים. גם ענין פנימיות וחיצוניות:

והענין בקיצור נמרץ ידוע כי כל העולמות מראש א"ק עד סוף העשיה כלולים מחיצוניות ופנימיות וכל אחד משניהם נחלק לחיצוניות ופנימיות ואין לך שום בריה שאינה כלול' מחיצוניות ופנימיות אמנם החיצוניות דכללות כל העולמות הם העיגולים דכל העולמות והפנימיות הוא היושר דכל העולמות וכל אחד נחלק לחיצוניות ופנימיות שהם הכלים והאורות גוף ונשמה כי הכלים שהם הי"ס דכל פרצוף נק' חיצוניות בערך הפנימיות שהם האורות והנרנח"י המלובשים בהם וכן בפרטות הי"ס הנחלקים לשלשה פרצופים נה"י חג"ל וחב"ד מתלבשים זה בתוך זה כי פרצוף דנה"י המלביש לפרצוף חג"ת נק' חיצוניות בערך פרצוף החג"ת [די"ג ע"א] המתלבש בתוכו ופרצוף החג"ת נק' פנימיות אליו ופרצוף החג"ת נק' חיצוניות בערך פרצוף החב"ד המתלבש בו והחב"ד הוא פנימיות אליו וכל זה הפרצוף הכלול מחב"ד וחג"ת

ונה"י נק' חיצוניות בערך הפרצוף העליון המתלבש בו וכן עד"ז מפרצוף לפרצוף עד א"ס וכן עד"ז בכללות כי כללות עולמות בי"ע נק' חיצוניות לאצי' המתלבש בתוכם והוא פנימיות אליהם וכן האצי' נק' חיצונות לא"ק המתלבש בתוכו והא"ק פנימיות אליו והא"ק נק' חיצוניות לאור הא"ס המתלבש בתוכו שהוא שורש וחיות הכל וזה שאמרנו שהפרצוף התחתון נק' חיצוניות לפרצוף העליון המתלבש בו הוא הכלים לכלים והאורות לאורות אבל לא שהאורות של התחתון יקראו חיצוניות בערך הכלים של העליון אלא הכלים לכלים והאורות לאורות. וזה באצילות ובא"ק אבל בבי"ע אפי' הכלים דאצילות יקרא נשמות ופנימיות לבי"ע וזה בעוד שעדיין לא נגמר בירור ותיקון הכלים דבי"ע ולא נזדככו לגמרי ועדיין נקראים חיצוניות שהוא אבי"ע דחיצוניות. אמנם אחר זמן תיקונם וזיכוכם לגמרי אז הם מתעלים יותר ונכנסים לפנים ומלבישים לאבי"ע דפנימיות ונעשה אלהות גם הוא כמוהו כנודע כי אבי"ע דפנימיות כולו אלהות ואחדות גמור מראש עשר ספירות דאצי' עד סוף י"ס דעשיה כמבואר בפ"א דשער השמות וכנז"ל כי באצי' אפי' הכלים שבו הם אלהות גמור כי על האצילות אמרו בתיקונים איהו וגרמי חד בהון וכ"ש בא"ק:

אמנם בערך העצמות ואור הא"ס המלובש בהם נק' כלים אמנם הם אור זך ובהיר בתכלית הבהירות אמנם ודאי כי יש הפרש וחילוק גדול בין ערך אורות הכלים דא"ק לאורות הכלים דאצי' וכן באצי' עצמו יש חילוק בין אורות דכלים דפרצוף העליון לאורות דכלים דפרצוף התחתון המלבישו עד שיקראו הכלים דפרצוף העליון פנימית לכלים דפרצוף התחתון המלבישו וכן הוא בפרטי פרטות כי כל פרצוף היותר גבוה ופנימי מחבירו הנה הוא קרוב אל אור הא"ס מדריגה אחת יותר מהפרצוף התחתון החיצון המלבישו והוא מקבל אור הא"ס בקירוב ובהרחבה יותר מהפרצוף החיצון מדריגה אחת ולפיכך יקרא פנימיות לפרצוף החיצון המלבישו כי כפי קרבתם אל המאציל כך הוא זיכוכם ובירורם. והמשכיל יבין כי כל אלו המאורות מן המאציל העליון יצאו ונתפשטו ונשתלשלו כל א' כפי שיעור הבירור והתיקון הצריך לו כפי שיעור מיעוט או ריבוי הבירור והתיקון הצריך להם כך הוא קירובם וריחוקם מן המאציל כי האור שאינו צריך זמן רב לבירורו ותיקונו הוא יותר זך מחבירו והוא עליון וקרוב אל המאציל יותר מהאור הצריך זמן יותר לבירורו ותיקונו וכולם מאור המאציל העליון יצאו ונתפשטו מדריגה למטה ממדריגה ומדריגה לפנים

ממדריגה מראש א"ק עד העשיה ונפרטו לכמה אלפי רבבות עולמות דא"ק ואבי"ע זה לפנים מזה מלבישים זה את זה בשוה ומספר כללות פרטותם הוא כפי מספר ימי שני זמן בירורם ותיקונם שהם שתא אלפי שני דהוי עלמא וזה בבחינת ששת ימי בראשית שהם תא אלפי שני דהוי עלמא שהם בבחינת פרטי פרצופי ו"ק חג"ת ונה"י דחג"ת אשר הם נפרטים לשנים ולחדשים ולשבועות ולימים לבד ובכל יום נתקן פרט אחד דכללות א"ק ואבי"ע כפי סדר מטבע מה שנעשה בו' ימי בראשית וכעד"ז הוא בירור ותיקון סדר הזמנים שהם בבחינת פרטי פרצופי ו"ק נה"י וחג"ת דנה"י שמשם התחילו לשמש המאורות אמנם הם נפרטים ליובלות ולשמטות ולשנים ולחדשים ולשבועות ולימים ובכל תפלה ובכל מצוה הנעשים באותו יום מתבררים ועולים בירורים חדשים אשר לא נבררו ולא עלו מיום שנברא העולם עד היום הזה ואלו הבירורים שנבררו ונתקנו היום עולים ומלבישים לבירורי' שנבררו ונתקנו אתמול ונעשים חיצוניות להם והבירורים של אתמול הם בערך פנימיות [ד"ג ע"ב] להם כי הם לפנים מהם וקרובים אל המאציל מדריגה אחת יותר מהם ואלו הבירורים של אתמול הם בערך חיצוניות לבירורים שנברר ונתקנו ביום תמול שלשום ובירורים דתמול שלשום הם פנימיות להם כי הם לפנים מהם וקרובים אל המאציל מדריגה א' יותר מהם וכעד"ז הוא בבירורים המתבררים ונתקנים למחר שעולים ומלבישים לבירורים שנבררו ונתקנו היום ונעשים חיצוניות להם והבירורים של היום הם פנימיות להם כי כבר נתקנו ועלו למדרגה יותר עליונה ממה שהיו בה היום והם לפנים מהם קרובים אל המאציל מדריגה אחת יותר מהם כי הבירורים שנבררו ועלו ונתקנו היום הנה הבירור והתיקון ההוא נקרא בירור ותיקון בערך המדריגה ההוא אבל בערך מדריגה יותר פנימית עליונה עדיין צריכים בירור ותיקון יותר. ולפיכך למחר בעת עלות הבירורים החדשים ותיקונם גם בעת ההיא נבררים ונתקנים הבירורים שנבררו ונתקנו היום בירור ותיקון יותר מעולה ועולים ונכנסים ומלבישים למדרגה יותר עליונה ממה שהיו בה היום למקום שהיו בה הבירורים של אתמול ומתקרבים אל המאציל מדריגה אחת יותר ומזדככים יותר והבירורים של מחר עולים למקום שהיו בה אלו הבירורים וכן עד"ז גם הבירורים של אתמול נבררים בעת ההיא בירור יותר מעולה ועולים ונכנסים למדרגה יותר עליונה ממה שהיו בה ומתקרבים אל המאציל מדריגה אחת יותר ומזדככים יותר. וכן עד"ז נעשה

בכל העולמות כי עולים מיום ליום לשבוע ומשבוע לחדש ומחדש לשנה ומשנה לשמטה ומשמטה ליובל ומיובל ליובל עד המאציל העליון עד שבכל יום נשלמה מדריגה אחת הסמוכה אל המאציל להתתקן ולהזדכך תיקון וזיכוך שלם ונדבק במאציל. וכן עד"ז הוא בירור ותיקון וזיכוך ו' ימי בראשית אלא שהם מיום ליום לשבוע ומשבוע לשבוע לחדש ומחדש לחדש לשנה ומשנה לשנה לעשר שנים ומעשר לעשר למאה שנים וממאה למאה לאלף שנים ומאלף לאלף עד שתא אלפי שני ע"ד הנז"ל עד שבשתא אלפי שני דהוי עלמא חד נשלמו כל העולמות להתברר ולהתתקן ולעלות ממדריגתם מדריגה אחת שלימה כל פרט למדרגה שעליו כי שתא אלפי שני הוא זמן בירור ותיקון ועליית עלמא חד שהוא מדריגה אחת לכל העולמות ודי בזה למבין כי לא נוכל להרחיב עוד הדיבור הצריך כי הדברים עתיקים עמוק עמוק והמשכיל יבין ועיין תיקוני זוהר חדש דקמ"ג ע"א דפוס קושטא:

באופן כי הענין חיצוניות ופנימיות הוא בערכין כי האור היותר זך ופנימי נק' פנימיות לאור היותר גרע וחיצון ממנו אמנם הכלים דכל הפרצופים יקראו חיצוניות אמיתי לאורות והנרנח"י המלובשים בהם:

גם הו"ק דכל פרט נק' חיצוניות בערך הג"ר והכל ענין אחד כי הו"ק נק' כלים כי הכלים דכל הי"ס הם מן הו"ק שנחלקין לתרין תרין פרקין להית כלים לכל הי"ס כנודע וכל אורות הם מן הג"ר שמתפשטים ומתלבשים בכל הי"ס שהם אותם התרין תרין פרקין וגם אחר ההתחלקות וההתפשטות הנז' לא נשתנו האורות והכלים מכמו שהיו כי התרין פרקין דכל כלי מן הו"ק שנעשו כלי לכל פרט אינם אלא בחי' ו"ק לאותו הפרט והאור שהוא פרק א' מן הג"ר הוא הג"ר דאותו הפרט וכעד"ז הולכים ומתלקים ונפרטים הכלים והאורות הנז' לאין קץ ואינם משתנים כלל מכמו שהיו אלא שבזה עולים ומתבררים יותר ומזככים יותר:

גם כללות פרצופי האחור נק' חיצון בערך פרצופי הפנים והוא ההדבר אשר דברנו פרצופי האחור דזו"ן נק' ו"ק בערך פרצופי הפנים הנק' בערכם ג"ר ובירור ותיקון פרצופי האחור דזו"ן הוא בירור ותיקון דכלים ואורות דנשמה והוא ע"י ישסו"ת הנק' נשמה בערך זו"ן והם הו"ק דאו"א והם חיצו' לאו"א עילאין הנק' חיה שהוא הפנים ונק' אצי' [די"ג ע"ג] בערך ישסו"ת הנק' בערכם בי"ע ובירור ותיקון פרצו' הפנים דזו"ן הנק' ג"ר הוא ע"י או"א עילאין הנק' ג"ר בערך ישסו"ת:

והנה כל הבירורים והתיקונים

הנבררים ונתקנים בו' ימי החול ע"י התפילות והמצות אע"פ שיש בהם נסירה ופנים בפנים וזיווג הכל הוא בירור ותיקון פרצוף האחור הנק' ו"ק ונק' חיצו' ונקראים כלים ונק' בי"ע והוא ע"י ישסו"ת הנקרא גם הם ו"ק ונק' חיצו' ונק' כלים ונק' בי"ע בערך או"א עילאה ואותו הזיווג הנז' בימי החול אינו זיווג שלים דזו"ן אלא דיעקב ורחל:

ואחר כך בערב שבת לעת ערב יוצאים אבי"ע דקדושה מתוך ימי החול עם הבירורים שביררו ומתעלים ועולים למקום שהיו בששת ימי בראשית עד שנשאר י"ד מדרגות פנויות בין הקדושה לימי החול וגם מתעלים בי"ע דאצי' למקומם ושורשם העליון דאצי' וכל הבירורים והתיקונים הנבררים ונתקנים ביום שבת מתוך בי"ע דקדושה ע"י התפילות והמצות אע"פ שיש בנין אב"א ונסירה ופנים בפנים הוא בערך היום עצמו אבל בערך הכולל הכל הוא בירור ותיקון פרצופי הפנים הנקרא ג"ר ונק' פנימיות ונק' אורות ונק' אצי' (והוא ע"י או"א עילאין הנק' גם הם ג"ר ונק' פנימיות ונק' אורות ונק' אצילות) והוא פרצופי פנים לכל מה שנתקן בששת ימי החול ונעשה הכל ביום אחד כי ג"ר חשובות כאחד ואז יש זווג שלים לזו"ן כי כבר יש להם בחי' חיה דכללות האצילות:

והנה עד"ז ממש נעשה בשמטה כי כל הבירורים והתיקונים הנבררים ונתקנים בו' שנים של השמיטה ע"י התפלות והמצות אע"פ שיש בנין אב"א ונסירה ופנים בפנים וזיווג הכל נק' חיצוניות ונק' אחור בערך מה שנברר ונתקן בשנת השמיטה ע"י התפילות והמצות כי כל מה שנברר ונתקן בשנת השמיטה הוא בחי' פרצופי פנים לכל ששת השנים של השמטה אע"פ שיש בנין אב"א ונסירה ופב"פ הכל הוא בחי' פנים כל יום משס"ה ימי השמטה מתקן ששה ימים כנגדו מימי ששה שנים של השמטה:

וכן עד"ז ממש נעשה בשנת היובל כי כל הבירורים והתיקונים הנתקנים בשבעה השמטות ע"י התפלות והמצות הכל נק' חיצוניות ונקרא אחור בערך מה שנברר ונתקן בשנת היובל ע"י התפלות והמצות שהכל הוא בחינות פרצופי פנים לכל מה שנתקן בשבעה השמטות ע"ד הנז"ל:

והנה ידוע כי בכל העולמות יש חיצוניות ופנימיות כוללים כי באצי' יש אבי"ע דחצוניות מלביש לאבי"ע דפנימיות וכל אחד נחלק לחיצוניות ופנימיות כי בי"ע דאבי"ע דחיצוניות דאצילות נקרא חיצוניות דחיצוניות דאצילות והם מלבישים לאצילות דאבי"ע הזה דחיצוניות וזה האצילות נקרא פנימיות דחיצוניות וכולו בכללותו נקרא חיצוניות לאבי"ע דפנימיות

דאצילות העומד לפנים ממנו וכן בי"ע דאבי"ע דפנימיות דאצילות נקרא חיצוניות דפנימיות דאצילות (והם מלבישים לאצילות דאבי"ע דפנימות וזה אצילות נקרא פנימיות דפנימיות דאצי'):

גם נודע כי כל ספירה כלולה משלשה כלים חיצון ואמצעי ופנימי ונמצא כי כל פרצוף כלול משלשים כלים עשרה תוך עשרה ועשרה תוך עשרה וכללות כולם הם י"ס והם ג' פרצופים מלבישים זה את זה בשוה ונקרא נה"י וחג"ת וחב"ד ופרצוף החיצון שהוא הנה"י מלביש לכל פרצוף החג"ת ופרצוף החג"ת מלביש לכל פרצוף החב"ד והם עבור יניקה ומוחין וזה בכללות אמנם כל פרצוף משלשה פרצופים כלול מג' פרצופים ע"ד הנזכר וכן עד"ז הולכים ונפרטים מג' לשלש עד כמה אלפי רבבות כנז"ל בהקדמה:

[די"ג ע"ד] גם נודע כי אין הפרצוף נקרא פרצוף עד שיהיה כלול מי"ס אשר כל ספירה מהם כלולה מכל אבי"ע וזה בכל פרטי פרצופי אבי"ע וכל זה בין בחיצוניות בין בפנימיות ונמצא כי כל עולם מאבי"ע יש בו חיצון ואמצעי ופנימי והם אבי"ע החיצון מלביש לאבי"ע האמצעי ואבי"ע האמצעי מלביש לאבי"ע הפנימי וכן בא"ק:

והנה החילוק וההפרש שבין ג' תפלות שחרית מנחה וערבית הוא זה כי תפלת שחרית היא באבי"ע הפנימי ותפלת מנחה היא באבי"ע האמצעי ותפלת ערבית היא באבי"ע החיצון:

וכבר נת"ל בהקדמה ד' ז' ע"ב ד"ה זה הכלל כי כמו שמתחלקים ונפרטים הי"ס דכל עולם לי"ב פרצופים כן הוא בכל פרטי י"ס דכל פרצוף דכל פרט פרצופי אבי"ע דחיצון ואמצעי ופנימי דפנימיות ודחיצוניות שנחלקים לי"ב פרצופים דוגמת י"ב פרצופי האצילות כי חב"ד של הפרצוף ההוא נקרא עתיק ונוקבא וא"א ונוקבא כי החו"ב נק' עתיק ונוקבא וחו"ג דדעת נקרא א"א ונוקבא ואלו הד' פרצופים נקרא חב"ד שבכתר דוגמת מה שמתגלה מעתיק וא"א הנקרא כתר דכללות האצי' ובהם מתלבשין שורשי המוחין של הפרצוף ההוא וחג"ת של הפרצוף ההוא נקרא או"א וישסו"ת כי החסד והגבורה נקרא או"א והחו"ג דת"ת נקרא ישסו"ת ואלו הד' נקרא חב"ד של הפרצוף ההוא דוגמת או"א וישסו"ת הנקרא חב"ד דכללות האצילות ולפי שאינם מלבישים אלא את חג"ת דא"א כי משם שורשם נקרא חג"ת אמנם בערך הפרצוף ההוא נקרא חב"ד ובהם מתלבשים ומתפשטים המוחין דחב"ד של הפרצוף ההוא:

ונה"י של הפרצוף ההוא נקרא זו"ן ויעקב ורחל כי נו"ה נקרא זו"ן וחו"ג דיסוד נקרא יעקב ורחל ואלו הד' נקרא ו"ק דוגמת זו"ן ויעקב

ורחל ו"ק דכללות האצילות אלא שלפי שאינם מלבישים רק את נה"י דא"א כי משם שרשם נקרא נה"י אמנם בערך הפרצוף ההוא הם בחי' ו"ק ובהם מתלבשים ומתפשטים המוחין דו"ק של הפרצוף ההוא:

גם נודע כי בירור ותיקון חיצוניות ופנימיות דחיצוניות הוא ע"י קיום מצות עשה מעשיות ושמירת מצות ל"ת מעשיות וברכותיהם ובירור ותיקון חיצוניות ופנימיות דפנימיות הוא ע"י קיום ושמירת מצות התלויות בדיבור ומחשבה וברכותיהם:

המצות ל"ת הם בג' פרצופי כח"ב דזו"ן ודאו"א דאבי"ע דאצי'. והמ"ע הם בב' פרצופי חג"ת נה"י דזו"ן ודאו"א דאבי"ע דאצילות דהיינו כי במצות ל"ת יכוין להמשיך מוחין דגדלות מג' פרצופי כח"ב דאו"א וישסו"ת ע"י שיכוין לחבר אותיות שמ"י שהם ריבוע ע"ב וס"ג שהם ב' אחוריים דאו"א שהם ישסו"ת עם הפנים שלהם שהם ב' אותיות י"ה שהם או"א עלאין ועי"ז מתחברים ישסו"ת עם או"א עלאין ונעשים כולם פרצוף א' ונמשכין המוחין הנז' לג' פרצופי כח"ב דפרצופי חו"ב הכוללים דזו"ן דאבי"ע דאצילות כי אותיות מצוה הם אותיות הוי"ה כי מ"צ דמצוה מתחלפים בא"ת ב"ש באותיות י"ה וו"ה דמצוה הם ד' אותיות הוי"ה ואלו הם או"א וזו"ן והם באופן זה לאוין שיש בהן כריתות ומיתות ב"ד הם בה' גבורות דדעת העליון דכח"ב שהם ג"ר דאריך ונוקבא דאו"א וישסו"ת ודחו"ב הכוללים דזו"ן והלאוין שיש בהן מלקות הם בדעת התחתון דכח"ב שהם ו"ק דאריך ונוק' דאו"א וישסו"ת ודחו"ב הכוללים דזו"ן ולאו שאין בו מעשה הם בחג"ת דכח"ב שהם או"א וישסו"ת דאו"א וישסו"ת ודחו"ב הכוללים דזו"ן ולאו הניתק לעשה הם בנ"ה דכח"ב שהם זו"ן הגדולים דאו"א וישסו"ת ודחו"ב הכוללים דזו"ן. והלאוין [די"ד ע"א] דרבנן הם ביסוד דכח"ב שהם זו"ן הקטנים דאו"א וישסו"ת ודחו"ב הכוללים דזו"ן ובמ"ע יכוין להמשיך מוחין מב' פרצופי נה"י וחג"ת דאו"א וישסו"ת שהם י"ה דהויה ונרמזים באותיות מ"צ דמצוה לב' פרצופי נה"י וחג"ת דחו"ב הכוללים דזו"ן שהם אותיות ו"ה דמצוה. ומ"ע שהזמן גרמא הם בב' פרצופי חג"ת שהם או"א וישסו"ת דנה"י וחג"ת דאו"א וישסו"ת ודחו"ב הכוללים דזו"ן ומ"ע שלא הז"ג הם בב' פרצופי (נה"י) [נ"ה] שהם זו"ן הגדולים דנה"י וחג"ת דאו"א וישסו"ת ודחו"ב הכוללים דזו"ן. ומ"ע דרבנן הם ביסוד דב' פרצופי נה"י דחג"ת ונה"י שהם יעקב ורחל דאו"א וישסו"ת ודחו"ב הכוללים דזו"ן וסדר הכוונות הוא להמשיך מוחין מאותו פרצוף של פרצופי או"א

וישסו"ת לפרצוף שכנגדו דפרצופי
חו"ב הכוללים דזו"ן:

הנה מ"ע הם בחי' החסדים ושם
א"ל בחסד וב"פ א"ל מלאים עם
כללות ד' אותיותיהם הכולל
גימטריא עשה. ומל"ת הם בבחי'
הגבורות באופן זה כי כל הלאוין
שיש בהם מיתות ב"ד וכרת
ומיתה בידי שמים הם בשורש ה"ג
שבדעת דז"א:

וכל לאו שאין בו מעשה הוא
בגבורות המתפשטות עד החזה
וכל לאו הניתק לעשה הוא
בגבורות המתפשטות מהחזה
ולמטה הנימתקות בחסדים וכל
גזירות ותקנות וחומרות רז"ל הם
בכללות ה"ג הנכללות ונקבצות
ביסוד דז"א (צ"ל היכן רומזים
הלאוין שיש בהם מעשה
ומלקות):

וכן כנגד בחי' הנז"ל בז"א הם ג"כ
בנוק' אלא שמתפשטות בו"ק
ונקבצות ביסודה מחולפות מהז"א
כי החמש מיתות הם בגבורות
שבדעתה והגזירות והתקנות
והחומרות הם במתפשטות בו"ק
והלאוין שאין בהם מעשה
והניתקים לעשה הם בנקבצות
ביסודה:

ולפיכך נשים חייבות בכל מל"ת
חוץ מבל תשחית ומבל תקיף. **עוד**
יש כונה כי שמי עם י"ה שס"ה
שהם מוחין דחו"ב דז"א
המתלבשים בנה"י דאימא
ומתפשטים בסוד הדם בשס"ה
גידים דז"א נמצא כי ע"י קיום

מל"ת גורם התפשטות פנים
ואחור דמוחין דאימא בפרצופי
חב"ד דז"א שהם שס"ה גידין ואז
מתחברים האחוריים דחו"ב הנז'
שהם שמי עם הפנים שהם י"ה
ומזדווגים וע"י קיום מצות עשה
שהזמן גרמא גורם התפשטות
הדעת התחתון הפנימי דפרצוף
חג"ת דכל אחד מחב"ד הנז"ל סוד
חסדים המכוסים ומ"ע שאין הזמן
גרמא גורם התפשטות דעת
התחתון החיצו' דפרצוף נה"י סוד
חסדים המגולים ברמ"ח איברים
ב' פרצו' עיבור ויניקה ומזדווגים:

ונשים חייבות במ"ע שאין הזמן
גרמא כי הנוק' נוטלת הארת
החסדים המגולים משא"כ
במכוסים ע"י ל"ת להפריד הרע
מהטוב שבגידים גם לתקן
היצה"ר להפריד הרע שבו ולזככו
להחזירו טוב ע"י מ"ע לתקן הטוב
תכלית התיקון גם לתקן היצה"ט:

אפשר כי המ"ע ומל"ת כל
כונותיהם דהיינו זוג או"א
והמשכת המוחין במל"ת וזיווג זו"ן
והתפשטות החסדים במ"ע הם
בפרטי פרצופי חו"ג דדעת אלא
שצריך עיון לידע באיזה דעת
דאיזה פרצוף דכח"ב הכללים או
באיזה דעת דאיזה פרצוף דפרטי
ה' פרצופים דכל א' מכח"ב
הכוללים או באיזה דעת כו'
מדעות דכל א' מכח"ב הכוללים
וכן הפרטים כנז"ל. או אפשר
שהם בחו"ג דדעת דכל אבר ואבר
שבו תלויה המצוה ההיא אלא

נהר שלום - לרש"ש

שצ"ל באיזה אבר מאיברי איזה פרצוף דאיזה כח"ב דכל אחד מכח"ב הכוללים והפרטים או אפשר כי כל מצוה אינה אלא פרט אבר א' מאיברי חו"ג דדעת אלא שצ"ל וכנז"ל (דאיזה פרצוף דפרטי ה"פ [ד"ד ע"ב] דכל אחד מכתר חכמה בינה הכוללים או באיזה דעת וכו'). לאו שאין בו מעשה:

על ידי שמירת לאו זה להעלות ולחבר ולכפ ריבוע דע"ב וריבוע דס"ג העולים שמי שהם ישסו"ת דעתיק ונוק' וא"א ונוק' ואו"א עם י"ה שהם או"א שלהם דכל פרצוף וספירה דפרט א"ק ואבי"ע בבחי' ו"ק דמ"ה וב"ן דכל פרצוף וספירה שבהם ולייחדם ולזווגם בבחי' פרצוף חג"ת דכח"ב דנה"י וחג"ת וכח"ב שלהם ומן הזווג ההוא יומשכו אורות וכלים דמ"ה וב"ן לכונן ולתקן פרצוף אחור ופנים דא"ק ואבי"ע דזו"ן דכל פרצוף וספי' דפרטי אבי"ע ומזווג דמוחין דעו"נ וא"א ונוק' ואו"א דמ"ה וב"ן דכל פרצוף וספירה דפרטי א"ק ואבי"ע יומשכו מוחין דקטנות וגדלות עם נרנ"ח דאחור ופנים דרוח דנ"ח דנרנח"י (בחול דנשמה) (בשבת דחיה) דמ"ה וב"ן מלובשים בתוכם שהם ג' י"ה וג' א"ה דאהיה בניקוד סגו"ל שב"א חול"ם לחג"ת דכח"ב דה' י"ה פרצוף (בחול בינה) (בשבת חכמה) דחיצו' דז"א בלאו דשייך בו מעשה (ודפנימיות בלאו דלא שייך בו מעשה כגון לא תתורו וכיוצא) והמלכות דג' קוי חג"ת הנז' עם חלקי המלכיות דג' קוי דצלמי המוחין שלהם ובתוכם נפשות דנרנח"י הנז' דמ"ה וב"ן לכח"ב דה' פרצופי דבינה (בחול דחיצוניות דיעקב ורחל):

וענין מ"ע ומצות ל"ת נתבאר עניינם וכונותיהם בשער המצות ד' א' ע"ב בכמה פנים וזה עניינם בקיצור והוא כי נודע כי בחסדים וגבורות יש ג' בחי' א' התקבצותם בדעת ב' התפשטותם בו"ק שלישי התקבצות כללותם ביסוד. והנה הרמ"ח מ"ע הם בשלש בחינות שבחסדים ושס"ה לא תעשה הם בשלשה בחי' של הגבורות באופן זה כי יש לאוין שחייבים עליהם מיתה מד' מיתות ב"ד ויש שחייבים בכרת ויש שחייבים מיתה בידי שמים. ואלו הב' שהם כרת ומיתה בידי שמים הם בחי' א' כי הם בידי שמים והרי הם ה' מיני מיתות והם בהתקבצות הה' גבורות שבדעת והלאוין שיש בהם מלקות הם בגבורות שבדעת התחתון דתרין עטרין הנז"ל והלאוין שאין בהם מעשה הם בגבורות המתפשטות בחג"ת והלאוין הניתקין לעשה הם בגבורות המתפשטות בנה"י המתמתקים ונתקנים בעשה שבחסדים המגולים שבנה"י וכל המצות דרבנן כולם הם ענפי מ"ע דועשית עפ"י הדבר אשר יגידו לך וגו' ואזהרתם ענפי מ"ע דועשית

עפ"י הדבר אשר יגידו לך וגו' ואזהרתם ענפי מצות ל"ת דלא תסור וכל אלו הענפים שהם המצות דרבנן ותקנות וחומרות כולם הם בהתקבצות כללות החו"ג שביסוד דז"א כולם נקראים גזירות שהם פרצופי יעקב ורחל הנקראים יסוד אבל עיקר מ"ע ומל"ת הנזכר דועשית ולא תסור הם על זק ממרא והם בגופא דזו"ן ודוגמת כל בחי' האלו הוא בנוק' דז"א הכוללת כי הה' מיתות הם בה' גבורות שבדעת והמלקיות הם בדעת התחתון שלה אמנם הלאוין שאין בהם מעשה שהם בחג"ת דז"א והניתקין לעשה שהם בנה"י שלו הנה בנוק' הם מוחלפות כי הלאוין שאין בהם מעשה הם בנה"י שלה והניתקין לעשה הם בחג"ת שלה המצות דרבנן הם בכללות הה' גבורות שביסודה דוגמת הז"א כנז"ל:

עוד כתב שם על מ"ש בזוהר ובתיקונים שמי עם י"ה שס"ה זכרי עם ו"ה רמ"ח כי זה הענין הוא בהוי"ה הפרטית דז"א כי י"ה שהם המוחין שלו מתלבשים בנה"י דאימא והוא בחינת הדם שהוא דין ומתפשטים תוך שס"ה גידים דז"א והרמ"ח מ"ע הם בחסדים המתפשטים בגופא דז"א מת"ת ולמטה שהם שני אותיות ו"ה:

עוד כתב הרב ז"ל שם על ענין הנזכר דשמי עם י"ה שס"ה וזכרי עם ו"ה רמ"ח כי גם ענין זה הוא בהוי"ה הכולל כי שמי עם י"ה הם באו"א הכוללים וזכרי עם ו"ה [די"ד ע"ג] הם בזו"ן הכוללים והוא כי כשאדם מקיים מצוה ממצות ל"ת גורם זווג באו"א שהם י"ה דהוי"ה הרמוזים בחילוף מ"צ דמצוה שהם י"ה וכשמקיים מצוה ממצות עשה גורם זווג בזו"ן שהם ו"ה דהוי"ה ודמצוה. והענין הוא כי כללות אב"א ויש"ס הוא הוי"ה דע"ב פנים ואחור וכללות אימא ותבונה הוא הוי"ה דס"ג פנים ואחור והנה מן הפנים של שניהם שהם השלש ראשונות שלהם שהם י"ה נעשו או"א עילאין ומן האחוריים שלהם שהם הו"ק שלהם והם אחוריים דע"ב וס"ג שהם קפ"ד קס"ו העולים כמספר שמי נעשו ישסו"ת וכשמקיים האדם מצוה ממצות ל"ת גורם להעלות ולחבר האחוריים הנז' דע"ב וס"ג שהם שמי שהם ישסו"ת עם מקורם ושורשם העליון שהם או"א עילאין שהם י"ה שהם הפנים שלהם ומייחדם ומזווגם וזהו שמי עם י"ה שס"ה וע"י קיום מצוה ממ"ע גורם יחוד וזווג בזו"ן:

נמצא לפי פי' הא' כי שמי עם י"ה הם במוחין המתפשטים בכחב"ד דז"א שהם י"ה הרמוזים בחילוף מ"צ דמצוה כי ע"י קיום ושמירת כל מצוה ממצות ל"ת גורם להמשיך מוחין ונרנח"י דנח"י לכחב"ד דז"א שהם הג' פרצופים הפנימיים דז"א ומייחדם ומזווגם

וע"י קיום מצוה ממ"ע גורם להמשיך מוחין ונרנח"י דנ"ר לגופא דז"א שהם הו"ק הרמוזים בו"ה ממצוה והם השני פרצופים החיצונים חג"ת ונה"י ומייחדם ומזווגם:

וכפי פי' הב' כי שמי עם י"ה הם בג' ראשונות בחב"ד דכללות האצילות שהם י"ה דהוי"ה הכולל כל האצילות והוא הרמוז בחילוף מ"צ דמצוה וזכרי עם ו"ה הם בזו"ן שהם הו"ק גופא דכללות האצי' שהם ו"ה דהוי"ה הכולל כל האצילות והם הנרמזים בו"ה דמצוה והוא כי ע"י קיום ושמירת כל מצוה ממצות ל"ת גורם להעלות את אחוריים דאו"א והם בחי' הו"ק שלהם שהם ישסו"ת אל מקורם ושורשם י"ה שהם הפנים שלהם שהם בחינת או"א עילאין ולהמשיך מוחין ונרנח"י לג"ר ולו"ק שלהם וליחדם ולזווגם. וע"י קיום כל מצוה ממצות עשה גורם להמשיך מוחין ונרנח"י לג"ר ולו"ק דזו"ן וליחדם ולזווגם. וא"כ צ"ל כי כפי פירוש הא' השס"ה מל"ת הם בכחב"ד דז"א שהם י"ה דהוי"ה הרמוזים במ"צ דמצוה והרמ"ח מ"ע הם בו"ק דז"א שהם ו"ה דהוי"ה ודמצוה. וכפי פי' השני השס"ה מל"ת הם באו"א שהם י"ה והם הם הרמוזי' במ"צ דמצוה והרמ"ח מ"ע הם בזו"ן שהם ו"ה והם הם הרמוזי' בו"ה דמצוה:

והענין כי שם מצוה הרומז לד' אותיות הוי"ה שהם הג"ר והו"ק דכל בחינות הוא שם כולל בין למצות עשה בין למצות ל"ת ולכן בכל מצוה גורם יחוד וזווג לג"ר ולו"ק אמנם הו"ק דאו"א שהם ו"ה דהוי"ה הפרטית דאו"א הרמוזים בו"ה דמצות הם בערך י"ה לגבי ו"ה דזו"ן כי כל כללות או"א בכל פרטיהם נק' י"ה דכללות בערך הזו"ן הנקרא ו"ה דכללות בערך או"א וכן הג"ר דזו"ן שהם י"ה דהוי"ה הפרטים דזו"ן הם בערך ו"ה לגבי כחב"ד דאו"א כי כל כללות הזו"ן בכל פרטיהם נק' ו"ה דכללות האצילות בערך או"א הנק' י"ה דכללות האצילות:

ובזה יובנו הב' פירושים כי שניהם כאחד טובים והענין כי ע"י קיום ושמירת מל"ת גורם יחוד וזווג באו"א שהם י"ה דכללות והם מ"צ דמצוה כפי' הב'. אמנם היחוד והזווג הנז' אינו כי אם בכחב"ד שלהם שם י"ה דהוי"ה הפרטית שלהם והם מ"צ דמצוה ומהם נמשכים מוחין לכחב"ד דז"א שהם י"ה דהוי"ה הפרטית [די"ד ע"ד] שלו והם מ"צ דמצוה כפירוש הא' אמנם הם בערך ו"ה לגבי י"ה דאו"א ומיחדם ומזווגם. וע"י קיום מ"ע גורם יחוד וזווג בו"ק דאו"א שהם ו"ה דהוי"ה הפרטית שלהם אמנם הם נק' י"ה בערך הזו"ן כי או"א בכל פרטיהם נק' י"ה דכלות והם רמוזים במ"צ דמצוה ומהו"ק הנז' דאו"א נמשכים מוחין לו"ק דזו"ן שהם ו"ה דהוי"ה הפרטית שלו והם ו"ה דמצוה כפי' הא' וגם

הם נקרא בערך ו"ק דאו"א הנקרא בערכם י"ה והזו"ן בכל פרטיהם נקרא ו"ה כפי' הב' ובזה יבא הכל על נכון:

גם כתב הרב בע"ח פ"ד משער קליפת נוגה על מ"ש רז"ל כי הרמ"ח מ"ע הם כנגד רמ"ח איברים ושס"ה מל"ת כנגד שס"ה גידים כי רמ"ח מ"ע אינם כנגד רמ"ח איברים ממש אלא כנגד החסדים המתפשטים ברמ"ח איברים ואין סדר התפשטותם באיברים כסדר חילוק האיברים הנז' בפ' ראשון דמס' אהלות אלא כסדר התפשטות החסדים ברמ"ח תיבות דק"ש שהם מ"ב ברישא ע"ב בגופא נ' בבטן מטבורא ולתתא ע"ב בירכין ושס"ה מל"ת הם כנגד הדם המתפשט בשס"ה גידים:

כתב עוד כי אותם המ"ע שהזמן גרמא הם כנגד החסדים המתפשטים בחג"ת ונשים פטורות כי אין חלק ללאה ורחל באותם החסדים אבל המ"ע שאין הזמן גרמא הם כנגד החסדים המתפשטים בנה"י ונשים חייבות כי יש לרחל חלק בהם:

נמצא כי ע"י שמירת מצות ל"ת שחייבים עליהם מיתה מד' מיתות ב"ד או כרת או מיתה בידי שמים יכוין להעלות מ"ן מחקי כלים ואורות דרפ"ח דכתר דחב"ד דב"ן דז"אא לכתר דחב"ד דישסו"ת ומאחוריים דכתר דחב"ד דב"ן דישסו"ת לכתר דחב"ד דאו"א ומאחוריים דכתר דחב"ד דב"ן דאו"א לכתר דחב"ד דא"א ועתיק ואז מזדווגים המ"ה וב"ן דכתר דעתיק וגם המה וב"ן דכתר דא"א וממשיכים מוחין ונרנח"י דיחידה דמ"ה וב"ן עם תשלום י"ס דב"ן וגם י"ס דמ"ה לכתר דחב"ד דאו"א וגם הם מזדוגים וממשיכים מוחין ונרנח"י דיחידה דמ"ה וב"ן לכתר דחב"ד דישראל סבא ותבונה וגם הם מזדווגים וממשיכים מוחין ונרנח"י דיחידה דמ"ה וב"ן לכתר דחב"ד דמ"ה וב"ן דז"א ואז מתייחדים ומזדווגים וע"י שמירת מצות ל"ת שאין חיובם במיתה יכוין לעלות מ"ן מחלקי אורות וכלים דחב"ד דב"ן דז"א לחב"ד דישסו"ת ולהעלות מ"ן מאחוריי' דחב"ד דב"ן הנז' דישסו"ת לחב"ד דאו"א ולעלות מ"ן מאחוריים דחב"ד דב"ן הנז' דאו"א לחב"ד דא"א ועתיק ואז מזדווגים חב"ד דעתיק וא"א וממשיכים מוחין ונרנח"י דנח"י דמ"ה וב"ן לחב"ד דאו"א והם מזדווגים וממשיכים מוחין ונרנח"י דנח"י דמ"ה וב"ן לחב"ד דישסו"ת והם מזדווגים וממשיכים מוחין ונרנח"י דנח"י דמ"ה וב"ן לחב"ד דז"א ומתייחדים ומזדווגים:

ועל ידי קיום מ"ע יכוין להעלות מ"ן מחלקי אורות וכלים דב"ן דו"ק דז"א לו"ק דב"ן דישסו"ת ולהעלות מ"ן מאחוריים דו"ק הנז' דישסו"ת לו"ק דב"ן דאו"א

ולהעלות מ"ן מאחוריים דו"ק הנז' דאו"א לו"ק דא"א ועתיק ואז מזדווגים הו"ק דעתיק וא"א וממשיכים מוחין ונרנח"י דג"ר דמ"ה וב"ן לו"ק דמ"ה וב"ן דאו"א והם מזדווגים וממשיכים מוחין ונרנח"י דג"ר דמ"ה וב"ן לו"ק דמ"ה וב"ן דישסו"ת והם מזדווגים וממשיכים מוחין ונרנח"י דג"ר דמ"ה וב"ן לו"ק דמ"ה וב"ן דז"א ומתייחדים ומזדווגים:

וכן על די זה במ"ע ובמל"ת שהנשים מקיימות אלא שהם במל' הכוללת דאצי' שהיא כלולה מכל פרצופי האצי'. וכן עד"ז במצות דרבנן אלא שהם ביעקב ורחל דכל פרצופי האצי'. וכמ"ש כל מצוה ומצוה במקומה בע"ה והרי נתבאר קצת מכללות כוונת מ"ע ומל"ת ובע"ה כ"א במקומו יתבאר בפרטות בס"ד:

והנה נודע כי שני מיני זווגים יש באו"א וכן בכל הפרצופים והם זיווג דחיצוניותם וזווג דפנימיותם וזיווג דחיצוניותם להמשיך שפע ומזון וחיות לכל העולמות וממנו נמשכים מוחין דעיבור ויניקה לזו"ן בערך הכולל וזווג דפנימיותם הוא להוציא נשמות חדשות ולחדש הנשמות הישנות וכללת שניהם נקרא זיווגא שלים וזיווגא דלא שלים כי זווג דפנים נקרא [דט"ו ע"א] שלים והוא זווג דג"ר שהוא פרצוף הפנימי והוא נק' זווג דאו"א כי או"א נקרא ג"ר בערך ישסו"ת וזווג דחצוניות נק' דלא שלים והוא זווג דו"ק שהוא פרצוף החיצון והוא זווג דישסו"ת כי ישסו"ת נק' ו"ק בערך או"א הנקראים ג"ר וכל זווג כלול משניהם שלים ולא שלים כי או"א עילאין הנקראים בכללות שלים כלולים משניהם כי זווג דג"ר שלהם נקרא שלים וזווג דו"ק שלהם נקרא דלא שלים ושניהם נקרא שלים דפנימיות. וכן הוא בישסו"ת הנק' בכללות דלא שלים כלולים משניהם זווג דג"ר שלהם נקרא שלים וזווג דו"ק שלהם נקרא דלא שלים ושניהם נקראים בכללות דלא שלי'. והנה מזווג שלים דג"ר דאו"א נמשכי' מוחין דגדלות לג"ר דזו"ן ומזדווגים זווג שלים להוציא נשמות חדשות דצדיקים ומזווג דלא שלים דו"ק דאו"א נמשכים מוחין דגדלות לו"ק דזו"ן ומזדווגים לחדש הנשמות הישנות. והנה זווג שלים דאו"א נפסק מהחרבן ומזווג דלא שלים דאו"א נמשכים מוחין דגדלות לזו"ן ומשני מיני הזווגים דישסו"ת נמשכים מוחין דעיבור ויניקה לזו"ן וכל אלו הזיווגים הם באבי"ע דחיצוניות ובאבי"ע דפנימיות. גם כל זווג מארבעה זווגים הנז"ל נחלק לב' זווגים זווג דג"ר וזווג דו"ק שלים ודלא שלים והרי הם ח' זווגים:

והנה הזווג העליון דג"ר דג"ר דאו"א הוא שנפסק מהחרבן ומזווג דו"ק דג"ר נמשך מוחין דגדלות לו"ק דג"ר דדזו"ן

להוציאא נשמות חדשות אותם אשר כבר נבראו ועדיין לא יצאו לעולם ומזווג דג"ר דו"ק דאו"א נמשך מוחין דגדלות לג"ר דו"ק דג"ר (דנ"ר) דזו"ן לחדש הנשמות הישנות ומזווג דו"ק דו"ק דאו"א נמשך מוחין דגדלו' לו"ק דו"ק דג"ר (דנ"ר) דזו"ן ומזווגם נמשך הארה ושפע וחיות ומזון והם בחי' אר וכסות לאו"א דיצירה להזדוג לתת מוחין דיניקה לזו"ן דיצירה והם מוחין שלימים אלא שנק' דיניקה יען מוחין דיצירה נקראים כן. ומשני זווגים דג"ר דישסו"ת נמשך מוחין דעיבור ויניקה לג"ר וו"ק דג"ר דו"ק דזו"ן ומזווג זה דו"ק דזו"ן נמשך הארה ושפע וחיות והוא בחי' כסות לאו"א דעשיה להזדווג להמשיך מוחין דעיבור לזו"ן דעשיה והם מוחין שלמים אלא שמוחין דעשיה נק' כן ומשני זווגים דו"ק דישסו"ת והוא בהתלבשם בזו"ן נמשך מוחין לג"ר וו"ק דו"ק דזו"ן והוא נק' זווג דמקרה ומהם עצמם ולא ע"י זו"ן נמשכים מוחין והם שאר כסות ועונה לאו"א דבריאה לזדווג לתת מוחין לזו"ן דבריאה להזדווג להוליד נשמות מלאכים ליצירה כי עד מקום שמגיע התפשטות עצמות אור המוחין דג"ר דאצילות שהם או"א וישסו"ת עד שם יש יכולת להוציא נשמות ולפיכך היה יכולת בזו"ן דבריאה להוציא נשמות אלא שהם דמלאכים לבד לפי שהמוחין שקבלו הם מישסו"ת עצמם הנק' ו"ק דג"ר ולא ע"י או"א הנקרא ו"ק גמורים דאצילות:

אבל מזווג היצירה ועשיה אינו יוצא נשמות לפי שכל קבלתם הוא מהזו"ן שהם הו"ק גמורים דאצילות ועד היצירה יש זווג דפב"פ אבל בעשיה אין זווגם אלא אב"א כי העשיה נשאר כך. וידוע משער היחודים ומכמה מקומות מדברי הרב ז"ל כי הזווג העליון דג"ר דג"ר דאו"א שנפסק מהחרבן כנז"ל שנשבע הקב"ה ולא אבא בעיר שהוא זווג דנקודות חכמה עם חכמה היינו באצילות דאבי"ע דאצילות דפנימיות אבל בבי"ע שבו ובכל אבי"ע דחיצוניות ובבי"ע התחתון מותר כי לא עליהם היתה השבועה כנודע וכל אלו הזווגים הם באבי"ע דחיצוניות ובאבי"ע דפנימיות:

וכתב בשער כ"ח שער העיבורים כי הנשמות יוצאת מזווג החיצוניות ופנימיות דאבי"ע דפנימיות ולא מחיצוניות ופנימיות דאבי"ע דחיצוניות:

דרוש זה סובב והולך בפרטי ד' תיקוני התפלה אחת לאחת בסדר המדריגות:

בכללות מאה ברכות יכוין להמשיך מוחין מהבריכה העליונה אימא עילאה לז"א דהיינו שיכוין להמשיך המוחין המתלבשים בנה"י דאימא ומתפשטים בו' ספירות דז"א כחב"ד ח"ג ועוד

מתפשט עטרת היסוד דאימא [דט"ו ע"ב] בשליש עליון דת"ת דז"א וכל ספירה כלולה מי' שעולה גימ' ס"ג ועד כאן הם האורות סתמים ועוד יכוין להמשיך המוחין בילוי ומתפשטים בב' שלישי ת"ת ובנה"י דז"א שמספרם ל"ז כמספר מילוי ס"ג וס"ג ול"ז גימ' מה. אח"ך יכוין להמשיך כללות המאה ברכות מז"א לנוק' שבה שם אדנ"י והאל"ף בציור יו"י וי' שעל הנו"ן הרי ל"ו וס"ד מספרם מאה כמספר אדני וד"ל אותיות דמילוי מילואו ע"ה כמספר מאה אדנים:

בכללות ד' מעשים שהם יפנה יטול וב' טליתות ותפילין של יד ותש"ר יכוין לתקן כלים פנימיים ומקיפים דחיצוניות ופנימיות דחיצוניות דד' עולמות אבי"ע ויכוין להפריד מהם הקלי' ע"י שיכוין להמשיך להם מוחין פנימים ומקיפים עם נרנח"י דעולמות ונשמות ע"ס שנבאר ונתקנים במקומם. ואח"ך ע"י ד' חלקי הדיבור של התפלה כידוע יכוין לתקן כלים פנימיים ומקיפים דחיצוניות ופנימיות דפנימיות דד' עולמות אבי"ע ולהמשיך להם מוחין פנימים ומקיפים עם נרנח"י פנימי' ומקיפים ולכלול ולהעלות עולם בעולם וגם לכלול ולהעלות עמהם חיצוניות ופנימיות דחיצוניות דד' עולמות אבי"ע הנז' כאשר נבאר בסדר התפלה:

עשיה לחבר ה' אחרונה דהוי"ה עם י' דאדנ"י ע"י ה' אחרונה דאהי"ה באופן זה הי"ה ויכוין ה' אחרונה דהוי"ה ושם ב"ן יו"ד ה"ה ו"ו ה"ה וא"ל אדנ"י להמשיך הארה גדולה לעשיה כדי לזכך חיצוניות חב"ד דעשיה ויחזרו למדריגת פנימיות:

על ידי יפנה ויטול וברכותיהם יכוין לתקן בכללות עולם העשי' כנז' וגם יכוין בפרטות לתקן כלים פנימים ומקיפים בי דפנימיות בין דחיצוניות דחיצוניות נה"י דעשיה ולהפריד מהם הקליפות וזה ע"י שיכוין להמשיך להם מוחין פנימים ומקיפים עם נרנח"י דנפש דעולמות ודנשמות לכלים פנימים ומקיפים דפנימיות וחיצוניות דנה"י דעשיה ויפנה לתקן הפנימיות ויטול לתקן החיצוניות והנרנח"י פנימי' הם ג' הויו"ת בניקוד נה"י שהוא חיריק קבוץ שורק בין ביפנה בין ביטול והוא לתקן או"פ והנרנח"י המקיפים הם אהי"ה ג' אהי"ה בנקוד הנזכר והוא לקתן או"מ בברכה בנטילת ידים או"מ דחיצוניות ובברכת אשר יצר או"מ דפנימיות:

בכללות ג' ברכות ראשונות יכוין לתקן אריך ואו"א וישסו"ת דעשיה בי"ג תיבות דנט"י הם כנגד י"ג ת"ד דאריך דעשיה, ויכוין לתקן אריך דעשיה ולהמשיך ממנו הארה גדולה לתקן את א"מ דחיצוניות נה"י דעשיה ובמ"ה תיבות דאשר יצר הם כנגד שם מ"ה יו"ד ה"א וא"ו ה"א שהוא

בחכמה דעשיה שהם או"א עילאין דעשיה ויכוין לתקן או"א עילאין ולהמשיך מהם הארה לתקן א"מ דפנימיות נה"י דעשיה ויסמוך אליו מיד ברכת אלהי נשמה שהיא באימא שהיא ישסו"ת לחבר או"א ויכוין בשילוב הוי"ה ואהי"ה שהם או"א דלא מתפרשן לעלמין מספרם מ"ז כמספר תיבות שבברכת אלהי נשמה. וע"י הח"י ברכות שמתחילין מברכת הנותן לשכוי יכוין לתקן זו"ן דעשיה והם כנגד ח"י אותיות דששה צירופי אל"י שהם אל"י אי"ל לי"א לא"י יא"ל יל"א שבכלים אמצעי' דז"א דעשיה ט"ס דאור ישר וט"ס דאור חוזר אות אחת בכל ספירה, וכנגד ג' כלים, נה"י כלי חיצון חג"ת כלי אמצעי, חב"ד כלי פנימי, ג' מוחי', מוחין דעיבור, מוחין דיניקה, מוחין דגדלות, ג' נשמות, שהם נר"ן דנפש, נר"ן דרוח, נר"ן דנשמה, וכנגדם ט' בחינת מקיפים שהם ג' כלים כנז', מקיפים ג' מוחין כנז', ג' נשמות מקיפים כנזכר, והח"י בחינות הנזכר שבזו"ן דעשיה הם נתקנים ע"י ח"י ברכות הנזכר, ובתחילה יכוין לתקן כלי החיצון ואחר כך המוח שלו ואח"ך נר"ן שלו ואח"ך כלי אמצעי כנזכר ואחר כך כלי הפנימי ואחך ט' בחינות מקיפים ע"ס הנזכר. וגם יכוין לתקן בח"י ברכות ט' ספירות דאור ישר ט' ספירות דאור חוזר דזו"ן הנזכר דעשיה שהם כח"ב חג"ת נה"י באורך והם כנגד ב'

ט"ט דשם מט"ט וכנגד ח"י בחי' אלו אשר ביארנו הכלולים ביסוד דעשיה: [דט"ו ע"ג] יצירה יכוין לחבר ו' דהוי"ה עם נ' דאדנ"י ע"י י' דאהי"ה באופן זה ונ"י ויכוין בו' דהוי"ה ושם מ"ה יו"ד ה"א וא" ה"א וא"ל יהו"ה שביצירה וע"י ב' הטליתות וברכותיהם יכוין לתקן כללות עולם היצירה כנזכר. וגם יכוי בפרטות לתקן כלים פנימים ומקיפים בין דחיצוניות בין דפנימיות דחיצוניות נה"י דיצירה ולהפריד מהם הקליפות וגם להפריד הקליפות מכלים פנימים ומקיפים דחיצוניות דז' עליונות דכחב"ד חג"ת דיציר' וזה ע"י שיכוין להמשיך המוחין פנימים ומקי' עם נרנח"י פנימים ומקי' דנפש דעולמות ודנשמות לכלים פנימים ומקי' דחיצו' ופנימיות דחיצוניות דנה"י דיצירה והם ג' היו"ת בניקוד נה"י בין בטלית גדול בי בטלית קט והם במעשה לתקן אור פנימי וג' אהי"ה בניקוד הנזכר בין בטלית גדול בי בטלית קטן והם בברכה לתקן א"מ וטלית קטן וברכתו הוא בא"פ וא"מ דפנימיות נה"י דיצירה וטלית גדול וברכתו הוא לתקן א"פ וא"מ דחיצוניות נה"י דיצירה ויכוין להמשיך אור מנפש הנזכר דיצירה רוח לעשיה גם יכוין להמשיך מהיצירה מוחין פנימים ומקיפים על נרנח"י פנימי ומקיף דרוח ונשמה וחיה ויחידה דעולמות שהם ז' הויו"ת וז' אהיה בניקוד כחב"ד חג"ת לפנימי

ומקיף דחיצוניות דז' עליונות כחב"ד חג"ת דעשיה ההויות במעשה ואהי"ה בברכה כנז' וע"י תש"י וברכתה יכוין לתקן עולם הבריאה:

בריאה גם יכוין לחבר ה' ראשונה דהוי"ה עם ד' דאדנ"י ע"י ה' דאהי"ה ראשונה באופן זה הד"ה יכוין לתקן כללות עולם הבריאה ה' ראשנה דהוי"ה ושם ס"ג יו"ד ה"י וא"ו ה"י וא"ל שד"י וגם יכוין לתקן בפרטות כלים פנימים ומקיפים דחיצונות נה"י דבריאה ולהפריד מהם הקליפות וגם יכוין לתקן כלים פנימים ומקיפים דחיצוניות דז' עליונות כחב"ד חג"ת דיצירה ולהפריד מהם הקליפות וגם יכוין לתקן כלים פנימים ומקיפים דפנימיות דז' עליונות כחב"ד חג"ת דעשיה ולהפריד מהם הקלי' וזה ע"י שיכוין להמשיך מוחין פנימים ומקיפים עם נרנח"י פנימים ומקיפים דנפש דעולמות לכלי' פנימים ומקיפים דחיצוניות נה"י דבריאה שהם ג' הויות וג' אהי"ה בניקוד נה"י הויות במעשה שהוא בא"פ ואהי"ה בברכות שהוא במקיף. ויכוין להמשיך מנפש הנז' דבריאה רוח ליצירה ונשמה לעשיה. גם יכוין בפרטות להמשיך מוחין פנימים ומקיפים עם נרנח"י פנימים ומקיפים דנרנח"י דעולמות שהם ז' הויו"ת וז' אהי"ה בניקוד כחב"ד חג"ת [דט"ו ע"ג] לכלים פנימים ומקיפים דחיצוניות דז' עליוניות כחב"ד חג"ת דיצירה.

גם יכוין להמשיך מוחין פנימים ומקיפי' עם נרנח"י פנימים ומקיפים דנרנח"י דנשמות שהם ז' הויו"ת וז' אהי"ה בניקוד הנז' לכלים פנימים ומקיפים דפנימיות דז' עליונות כחב"ד חג"ת דעשיה:

ועל ידי התפילין של ראש יכוין לתקן כללות עולם דאצילות:

אצילות יכוין לחבר י' דהוי"ה עם א' דאדנ"י ע"י א' דאהי"ה באופן זה יא"א ויכוין באות י' דהוי"ה ושם ע"ב יו"ד ה"י וי"ו ה"י ע"י תש"ר יכוין לתקן כללות עולם האצי' כנז' גם יכוין בפרטות לתקן כלים פנימים ומקיפים דחיצוניות נה"י דאצי' ולהפריד מהם הקליפות וגם לתקן כלים פנימים ומקיפים דחיצוניות דז' עליונות כחב"ד חג"ת דבריאה ולהפריד מהם הקליפות:

וגם לתקן כלים פנימים ומקיפים דפנימיות דז' עליונות כחב"ד חג"ת דיצירה ולהפריד מהם הקלי' וזה ע"י שיכוין להמשיך מוחין פנימים ומקיפים עם נרנח"י פנימיים ומקיפים דנפש דעולמות שהם ג' הויות וג' אהי"ה בניקוד נה"י לכלים פנימים ומקיפים דחיצוניות נה"י דאצי' ויכוין בכללות להמשיך אור מנפש הנז' דאצי' רוח לבריאה ונשמה ליצירה וחיה לעשיה גם יכוין בפרטות להמשיך מוחין פנימי' ומקיפים עם נרנח"י פנימים ומקיפים דנרנח"י דעולמות שהם ז' הויו"ת וז' אהי"ה

בניקוד כחב"ד חג"ת לכלים פנימים ומקיפים דחיצוניות דז' עליונות כחב"ד חג"ת דבריאה. גם יכוין בפרטות לתקן ולהמשיך מוחין פנימים ומקיפים עם נרנח"י פנימים ומקיפים דנרנח"י דנשות שהם ז' הויות וז' אהי"ה בנקוד כחב"ד חג"ת לכלים פנימים ומקיפים דפנימיות דז' עליונות כחב"ד חג"ת דיצירה:

כונות הב' טליתות טלית קטן וטלית גדול:

יכוין בתחלת הכל ביחוד של הציצית יהוו"ה שמספרו ל"ב כמספר ל"ב נתיבות חכמה ורמוזים בר"ת להתעטף בציצית דהיינו שיכוין לזווג או"א שהם י"ה ולהמשיך אור המקיף שהוא בחינת הטלית לז"א שהוא אות ו' והז"א שהוא אות ו' ממשיך המקיף לנוק' שהיא ה' אחרונה והם בחינת הציצית. ונקוד הוי"ה דברכת ציצית יכוין הזכרים שהם י"ו בקמץ והנקבות שהם ה"ה בחולם והכונה להמשיך אור מקיף מאריך לז"א ובשבת יכוין כל ההויות בניקוד קמץ:

על ידי טלית קטן יכוין להמשיך מוחין פנימים ומקיפים דעיבור ויניקה וגדלות דפרצוף ו"ק שהם חח"ן בג"ה דת"י דחו"ג דנה"י וחג"ת וכח"ב דנה"י וחג"ת דחג"ת דישסו"ת ובתוכם מלובשים הג' צלמים דנרנח"י דנפש ודנרנח"י דרוח ודנרנח"י דנח"י דנ"ר רוח דנשמה דמ"ה ודב"ן ובתוכם מלובשים המוחין דעיבור יניקה ומוחין והם ד' שמות אלהים דיודי"ן ודההי"ן ודאלפין בציור ויו"ד באמא וכנגדם באבא ובתוכם הנרנח"י שהם י' הויו"ת בניקוד הידוע בנרנח"י דנפש ובנרנח"י דרוח ובנרנח"י דנח"י ומתפשטים הנר"ן דצלמים הנז' בחח"ן בג"ה דת"י דכלי היצון הנק' נה"י ודכלי אמצעי הנק' חג"ת ודכלי הפנימי הנק' כח"ב דפרצוף נה"י וחג"ת דחג"ת דמ"ה ודב"ן דבינה דז"א והחיה דצלמים הנזכר דעיבור יניק' ומוחין נמשכת ומתפשטת בכל עשר ספירות דפרצופים הנז' דז"א וחוזרת לצאת בדרך אור חוזר דרך השערות ומתפשטת מעילא לתתא בכל עשר ספירות דפרצופים הנז' דז"א והנפש דחיה דמוחין דעיבור שהם השערות הנק' בשם קוצים המתפשטים עד החזה והם הציצית דטלית הנז'. ויכוין להמשיכם לאור מקיף לרחל והנפש דחיה דמוחין דיניקה והם השערות הנק' בשם נימין המתפשטים עד הגרון דז"א יכוין להמשיכם לאור מקיף לנוק' העליונה הנק' לאה והנפש דחיה דמוחין דגדלות הנק' בשם שערות המתפשטים עד רישא דקרקפתא דז"א יכוין להמשיכם לאור מקיף לז"א וכולם הם בחינת אור מקיף הקטן הב' הנק' מקיף החוזר המקיף לאותו פרצוף בלבד

והיחידה דצלמים הנזכרים שהם בחינת עשר שמות מ"ה שהם מספר טלית יכוין להמשיכם לאור מקיף לכל העשר ספירות דפרצוף הנזכר דז"א והם בחינת אור מקיף הגדול הישר והם בחינת הטלית:

ועל ידי הטלית גדול יכוין להמשיך מוחין פנימיים ומקיפים דעיבור יניקה ומוחין דגדלות דקטנות שהם ג' קוי חח"ן בג"ה דת"י דנה"י וחג"ת וכח"ב דפרצוף כחב"ד דחג"ת דישסו"ת ובתוכם מלובשי' הג' צלמים כנז' אלא שהם נרנח"י דנח"י דרוח דנשמה ובתוכם מלובשים המוחין דעיבור יניקה ומוחין דגדלות דקטנות. מוחין דאבא הם ד' שמות ע"ב ס"ג מ"ה ב"ן חו"ב חו"ג דחכמה מלובשים בנצח דאבא והד' שמות קס"א קס"א קמ"ג קנ"א שהם חו"ב חו"ג דבינה מלובשים בהוד דאבא. ומוחין דאימא הם ד' שמות יה"ו דע"ב ס"ג מ"ה ב"ן והם חו"ב חו"ג דחכמה מלובשים בנצח דאימא. והד' שמות אה"י דקס"א דקס"א קמ"ג קנ"א והם חו"ב חו"ג דבינה מלובשים בהוד דאימא. והד' שמות אהו"ה מלאים ע"ד ע"ב ס"ג מ"ה ב"ן אלא שהרביעי מלא ביודי"ן והו' חסרה והם חו"ב חו"ג דחסדים והד' שמות אה"ו מלאים ע"ד הנז' בחסדים והם חו"ב חו"ג דגבורות מלובשים בחו"ג דיסוד דאבא. [דט"ז ע"א] והד' שמות אהו"ה מלאים ביודי"ן בהה"ן באלפין אלא שהג' הווי" חסרות והרביעי

הו"ו מלאה באלף והם חו"ב חו"ג דחסדים. והד' שמות אה"ו דוגמתן והם חו"ב חו"ג דגבורות מלובשים בחו"ג דיסוד דאימא ובתוכם הנרנח"י שהם ההויו"ת המנוקדות בנרנח"י דנפש ובנרנח"י דרוח ובנרנח"י דנח"י ומתפשטים הנר"ן דצלמים הנז' הנשמה בחב"ד והרוח בחג"ת והנפש בנה"י אלא שהנר"ן דנפש מתפשט בחח"ן בג"ה דת"י דפרצוף החיצון הנק' נה"י והנר"ן דרוח מתפשט בחח"ן בג"ה דת"י דפרצוף אמצעי הנק' חג"ת והנר"ן דנשמה מתפשט בחח"ן בג"ה דת"י דפרצוף הפנימי הנק' חב"ד דפרצו' כחב"ד דחג"ת דמ"ה וב"ן דחיצוניות בינה דז"א והחיה דצלמים הנז' דעיבור יניקה ומוחין נמשכת ומתפשטת בדרך אור ישר בפנימיות דכל הי"ס דפרצוף הנז' דז"א וחוזרת בדרך או"ח מתתא לעילא ויוצאת דרך השערות ומתפשטת מלעילא לתתא ומקפת לכל י"ס דפרצוף הנז' דז"א. והנפש דחיה דעיבור יניקה מוחין שהם השערות הנק' קוצין ונימין ושערות יכוין להמשיכם לאור מקיף לרחל וללאאה ולז"א ע"ד הנז"ל בט"ק והם בחי' המקיף הקטן הנק' חיה שהם בחי' הציציות והיחידה דצלמים שהם עשר שמות מ"ה כו' כנז"ל בט"ק. ויכוין להמשיך הארת הציצית שבזמן שבהמ"ק שהוא התכלת והם ד' שמות יה"ו שהם מוח חכמה דאימא כפולים

ושזורים עם מוח חסדים דאימאא שהם ארבע שמות אהו"ה וע"י נשלמים המוחין הנזכר דחכמה דאמא שאין בהם אלאא ל"א אותיות נשלמים לל"ב. ויכוין לחבר ולשלב אות פשוטה דיה"ו עם אות א' דשם אהו"ה ואע"פ שיש בו אותיות יתרות בשמות אהו"ה דחסדים אין קפידא רק שלא יחסר יוצאים האורות הנז' מעורבים עם הציציות שבזמן הזה והוא ד' שמות אה"י שהם חו"ב חו"ג דמוח דבינה דאימא שבהם ל"ב אותות כמספר ל"ב חוטין דציצית הלבן כפולים ושזורים עם ד' שמות אה"ו דמוח דגבורות דאימא. ויכוין לחבר ולשלב אות באות אות דאה"י עם אות דאה"ו כנז' ועקריות המוחין שהם ד' מוחין דחכמה וד' מוחין דבינה שהם ד' שמות יה"ו וד' שמות אה"י שהם הציציות דתכלת ולבן יכוין אותם משולבים כנז' אות דיה"ו עם אות דאה"י ומספרם שנות חיים והם חיי המלך ז"א שהם בחי' המוחין דז"א ויורדין כל המוחין הנז' ביסוד העליון דז"א שהוא בחי' שליש עליון דתפארת דז"א ונשארים שם קנ"ו אורות מספר יוסף ונמשכים ללאה ושאר האורות שהם ת"ר אורות שמספרם ציצית יכוין המשיכם ליסוד דז"א דהיינו שיכוין להמשיך ד' שמות יה"ו וד' שמות אה"י לג' כלי היסוד דז"א כידוע ויכוין להמשיך מיסוד דז"א לרחל. גם יכוין שדרך עוברם המוחין הנז' ביסוד דאימא שהוא שם קנ"א לוקח כל א' מד' מוחין הנז' לבוש מיסוד דאמא והם ארבע שמות קנ"א מספר ציצית. גם יכוין שהמוחין עצמם הם ארבע שמות קס"א קס"א קמ"ג קנ"א שמספרם יתר"ו ויכוין להמשיך שני שמות קס"א שהם המוחין דחו"ב שמספרם שכ"ב עם י"ו אותיות דד' אהי"ה פשוטים דרך הפנים לרישא דיעקב ואלו הם הב' ציציות הנשארים תלויים לפניו. ובהחזיר הב' ציציות שבצד ימינו מלפניו לאחוריו לצד שמאלו יכוין להמשיך השני מוחין דחו"ג שה שני שמות קמ"ג קנ"א חוץ מאותיות השורש שכבר נמשכו ליעקב שמספרם פר"ו כמספר ה"ג מנצפ"ך עם ה' אותיות השורש והכולל דרך האחור לרישא דרחל. וגם יחזיר כל הד' ציציות לאחוריו ויכוין להמשיך קוצא דשערי דא"א באחורי רישא דז"א ומכה בעורפו ומגלה הארת הוחין דז"א. וכן יכוין להמשיך קוצא דשערי דז"א לאחורי רישא דנוקבא ומכה בעורפה ומוצא הארת המוחין דילה:

ובהסתכלותו בציצית יכוין להמשיך הארה והסתכלות מבפנים דאריך לפנים ז"א גם להמשיך הארה והסתכלות מפני ז"א לנוק' ומספר פתיל יכוין להמשיך עשרה שמות ב"ן שהם אור מקיף ישר הנמשך מהז"א לעשר [דט"ז ע"ב] ספירות דנוק'

ומספר תכל יכוין לז' מרגלאן להמשיך הארת הז' שמות הנז' לנוק':

גם יכוין בהסתכלות היציות להמשיך הארת העיינין דז"א שהם מספר ב' ריבוע מ"ה שמספר כל אחד מהם ק"ל והם מספר עשרה הויו"ת דה' חסדים וחמשה גבורות להמשיכם מתרי עיינין דז"א לתרי עיינין דרחל נוקבא קדישא דז"א:

ליקוטים מפוזרים שמצאתי מכתיבת יד הקדושה מרן מלכא אבא מארי זצוק"ל ע"כ כ"י הח"י בשמ"ש:

בתחילת דרושי הציצית כתב הרב ז"ל כי טלית קטן הוא כנגד המוחין דעיבור בהיות ז"א בו"ק בסוד תלת כלילן בג'. והטלית גדול הוא כנגד הוחין דגדלות בהיות הז"א בי"ס ולכן טלית גימטריא י"פ מ"ה די"ס דז"א דגדלות. ובדרוש ה' כתב כי הטלית קטן הוא כנגד המוחין דעיבור והגדול כנגד המוחין דיניקה ולכן צריך ללבוש הציצית קודם התפילין שהם המוחין דו"ק דגדלות:

ובסוף הדרוש כתב כי הטלית קטן הוא בחיצוניות היצירה ובמקום אחר כתב שהוא בעשיה. והענין הוא כי הוא בחינת המוחין דעיבור שהוא הוא העשיה אלא שהוא עשיה דיצירה אבל הגדול הוא ביצירה דגדלות ממש. ובמקום אחר כתב כי ע"י טלית קטן נתקנים פנימיות נה"י דיצירה ונמשכים להם מוחין דנשות וכתב כי ציצית קטן נראה שגם הוא בחיצוניות וע"י טלית גדול נתקנים חיצוניות נה"י דיצירה ונמשכים להם מוחין דעולמות:

ארבעה ציציות הם בחינת חמש גבורות מנצפ"ך שהם בחינת אור מקיף לנוק' והם בחי' הרוחא שנותן לה הז"א בזווג דחצות שהם ב"ן דמ"ה והם נקראים ה' חסדים בערך ב"ן דב"ן והם בחינת חמשה אותיות המילוי דב"ן דנוקבא. גם ה' קשרים דכל כנף רומזים לחמשה אותיות מילוי עדב"ן וד' אוירים לד' אותיות הפשוטות דב"ן גם ח' חוטים דכל כנף רומזים לשמנה אותיות דב"ן כי ו"ד דמילוי היו"ד נחשבים לאות אחת כי הם מספר י':

טלית קטן הוא להמשיך מוחין דקטנות עם נרנח"י דנפש לפרצוף החיצון דז"א דיצירה דאבי"ע דחיצוניות דאצי' ולפרצוף החיצון דז"א דיצירה תחתונה והכלים דפרצוף זה הם העשרה צרופים ששיים דק"ך צרופי אלהים והטלית גדול הוא להמשיך מוחין דגדלות עם נרנח"י דנח"י לפרצוף הפנימי דז"א הנז"ל שהוא ששה צירופי שמות יה"ו. ולהגדיל גם פרצוף האמצעי דז"א הנז"ל שהוא ששה צרופי שמות שדי ולהמשיך לו מוחין עם מוחין דנרנח"י דרוח

ומן החזה יוצאים ד' ציציות שהם ד' מוחין דחו"ב וחו"ג מקיפים לפרצוף הנז' דנוק':

יכוין לקיים מ"ע ללבוש טלי מצוייצת כהלכתו והיא מ"ע שהזמן גרמא שהיא בחג"ת דפרצופי נה"י וחג"ת דז"א ויקיים מ"ע שנאמר ועשו להם ציצית על כנפי בגדיהם וע"י כונת הכנה זו אז יהיה כח בכוונתו בברכה להעלות מ"ן ולהמשיך המוחין לזו"ן:

ועל ידי לבישת טלית קטן יכוין להפריד הקליפות מכלים דפרצופי נה"י שהם זו"ן ויעקב ורחל דפנימיות דחיצוניות דיצירה דז"א דאצילות דאבי"ע דחיצוניות דאצילות ומכלים דפרצופי נה"י שהם זו"ן ויעקב ורחל דפנימיות דחיצוניות דעולם היצירה התחתון:

ועל ידי לבישת טלית גדול יכוין להפריד הקליפות מכלים דפרצופי נה"י שהם זו"ן ויעקב ורחל דחיצונית דחיצו' דיצירה דז"א דאצילות דאבי"ע דחיצוניות דאצילות ומכלים דפרצופי נה"י שהם זו"ן ויעקב ורחל דחיצוניות דחיצונית דעולם דיצירה התחתון:

גם יכוין להפריד הקליפות מכלים דפרצופי כחב"ד חג"ת שהם עתיק ונוקבא וא"א ונוקבא ואו"א וישסו"ת דחיצוניות דעשיה דזעיר אנפין דאצילות דאבי"ע דחיצוניות דאצילות:

[דט"ז ע"ג] כל טלית מקיף. הקטן מקיף דקטנות הגדול מקיף דגדלות. ד' ציציות הם מקיף לנוק' גם הם ד' אותיות מילוי ב"ן ה' קשרים חמשה אותיות מילוי ב"ן שנתן לה הז"א ה"ח וד' אוירים ד' אותיות הפשוט דנוקבא וד' אותיות המילוי הם שמונה חוטים דכל כנף ד' אותיות המילוי שנתן לה הז"א הם נשמות הצדיקים שהם נר"ן סדרם נשמות רוחות נפשות נפש ב"ן רוח מ"ה נשמה ס"ג וכולם דב"ן. טלית גימטריא י"פ מ"ה שבי"ס דז"א כי הוא המקיף העליון המקיף לכללות הי"ס דז"א וכיון שאין לגופו לנו בו השגה אין לחוש על שיעורו שיקיף כל גופו רק שלא יהיה פחות משיעור שיקיף ראשו ורובו פנים ואחור וצדדיו:

טלית הוא אור המקיף הגדול החיצון המקיף לכל כללות ז"א והוא נמשך מקיף התחתון דא"א קוצא דשערי דא"א המגיע עד רישא דז"א ציצית דא"א ונקרא ציץ:

ציצית הם ממקיף התחתון דוחין דעיבור דז"א אחר ביאת מוחין דו"ק דגדלות והגדילו מוחין דעיבור קוצא דשערי דז"א המגיע עד רישא דנוקבא וזה המקיף התחתון דז"א והוא נתון תוך המקיף העליון ומובלע בו ומרוב גודל הארת אור מקיף העליון אין היכר לאור מקיף התחתון רק מהחזה ולמטה ששם סיום יסוד דאמא ושם נגלים אורות הפנימים והחסדים ושם נגלה יסוד דאבא

ומלבינים שערות שחורות דז"א ונעשים ציציות לבנים מקיפים רישא דנוקבא והם ד' ציציות נגד ארבע שמות אה"י מלאים דמוח בינה דו"ק דגדלות דאימא כל אחד כלול מח' חוטים נגד שמונה אותיות שבכל שם אה"י מלא והם כפולים ושזורים להורות על ד' שמות דמוח הגבורות שכלולים במוח הבינה כי עתה אחר החרבן אין בנו כח להשיג במעשה מצות הציצית רק עד מוח בינה דאימא אבל בזמן הבית היו משיגים בקיום מצות ציצית עד מוח חכמה דאמא שהיא בינה דאבא והם ד' שמות יה"ו מלאים. ואע"פ שאין לנו עתה בהם השגה ואינם נעשים על ידינו עם כל זה אין אורם נמנע מלצאת תוך מוח בינה דאימא. והנה ד' יה"ו וד' אה"י מלאים עולים כמספר שנו"ת ובעוברם דרך יסוד העליון דז"א שהוא עתה נק' ת"ת שנעשה מהיסוד בהגדלת הז"א כנודע אז היסוד ההוא מעכב לעצמו ממספר שנו"ת מספר קנ"ו אורות לצורך זווג לאה והשאר כמספר ציצית נמשכים למטה מהחזה לצורך רחל ובעוברם דרך יסוד דאימא שהיא אהיה דההי"ן כל אחד מהד' מוחין הנז' ולוקח הארת אהי"ה דההי"ן הנזכר שהוא בגימטריא כנ"ל ולפיכך נקראו כולם כנפות ועכ"ז בחינת עצמם לא נתבטל שהם ד' אהי"ה ב' דיודין וא' דאלפי"ן וא' דההי"ן שבמוחין דאימא. והנה אם תסיר י"ו אותיות הפשטות שבהם ישאר כמנין ציצית והנה קמ"ג וקנ"א חסר שמונה אותיות שורשם מתפשטים דרך אחור לרישא דרחל והם בגימטריא פר"ו כמספר מנצפ"ך וכללות חמשה אותיותיהם והכולל וני קס"א עם שמונה אותיות והשורש השני שמות קמ"ג וקנ"א דרחל וכללות ח' אותיות דשני קס"א [דט"ז ע"ד] מתפשטים דרך הפנים לרישא דיעקב והם בגימטריא וישכ"ב לורך זווג דרחל ובבואה לפני' לוקחת גם הב' קס"א:

על ידי לבישת הטלית נשלך ונתלה קוצא דשערי דא"א דרך אחורי ז"א וקוצא דערי דז"א דרך אחורי נוקבא על העורף ועי"כ מסתכלין ומאירים א"א בפני ז"א וז"א בפני נוקבא:

ארבעה ציציות עצמן הם מהקוצין שהם מוחין דעיבור והם ד' מחו"ב וח"ג דעבור:

ויטיל הציציות ברחוק רחב שלש אצבעות מסיום הכנף כנגד ג' גבורות שבתחתית היסוד שנמתקן בירידת החסדים ולא למעלה משיעור זה כי עדיין נמתקן הגבורות

העליונות ולא יפחות משיעור חצי גודל שהוא החסד שבגבורות כי בחזרת החסדים לעלות אבדו הגבורת המיתוק חוץ מהחסד שבהם שנשאר חציו ממותק:

בעטיפה יכרוך ב' הציציות הימנית סביב צוארו וישליכם לאחוריו דרך כתף שמאלי על ראש הנוק' העומדת באחור ושני האחרים ישארו בפנים להורות על ב' המוחין שלוקחת הנוקבא באחור והם חו"ג ובחזרתה בפנים נוטלת גם השנים האחרים והם חו"ב שורשי קמ"ג קנ"א שנחסרו מרחל:

על ידי טלית קטן יכוין לזווג זיווג התחתון משני זווגים דג"ר דישסו"ת והוא זווג דו"ק דג"ר דישסו"ת הנקרא חיצוניות דאו"א דיצירה דאבי"ע דחיצוניות דאצילות ולהמשיך צלם דמוחין דעיבור עם נרנח"י דנפש דרוח לפרצוף החיצון דזו"ן הנקרא עשיה דזו"ן שהם נה"י דיצירה דאבי"ע דחיצוניות דאצילות ודעשיה דיצירה התחתונה והם הצירופים הששיים והשבעיים ולהפריד אחיזת הקליפות מהם:

ומזיווג דפרצופים אלו דזו"ן יכוין להמשיך הארה ושפע וחיות ומוחין והוא בחי' כסות לפרצופים חיצוניים דעתיק ונוק' וא"א ונוקבא ואו"א וישסו"ת שהם השבעה עליונות כחב"ד חג"ת דעשיה דאבי"ע דחיצוניות דאצילות ודעשיה התחתונה והם הצירופים השמיניים והתשיעיים ועשיריים ולהפריד מהם אחיזת הקליפות (ולזווגם להמשיך מהם מוחין דעיבור עם נרנח"י דנפש דנרנח"י דרוח ונפש דנפש לחיצוניות נה"י שהוא לפרצופים חיצוניים דזו"ן ויעקב ורחל דעשיה דאבי"ע דחיצוניות דאצילות ודעשיה התחתונה שהם הצירופים די"א ודי"ב) ואפשר שזה הזיווג כבר היה ביפנה ויטול:

ועל ידי טלית גדול יכוין לזווג זווג דג"ר (דג"ר כ"י) דישסו"ת שהם חיצוניות דאו"א דיצירה דאבי"ע דחיצוניות דאצי' ולהמשיך צלם דמוחין דיניקה עם הנרנח"י דרוח דרוח לפרצוף אמצעי דזו"ן דיצירה דאבי"ע דחיצוניות דאצי' והם ח"י אותיות דששה צירופי שם שד"י ט' ישר וט' חוזר פרצוף האמצעי דז"א וי' אותיות דשם אלוה מלא דההי"ן פרצוף האמצעי דנוקבא ולזווג פרצופים אלו דזו"ן ולהמשיך מהם מוחין דיניקה לזו"ן דיצירה התחתונה והם כמו הצירופים הנ"ל דזו"ן דיצירה דאצי':

גם יכוין לזיווג שני זיווגים דג"ר וו"ק דו"ק דאו"א הנק' פנימיות דאו"א דיצירה דאבי"ע דחיצוניות דאצי' ולהמשיך צלם דמוחין דגדלות עם נרנח"י דנח"י דרוח דרוח לפרצוף הפנימי דזו"ן דיצירה דאבי"ע דחיצוניות דאצי'

וגם להמשיך מוחין דפנימי ומקיף למטטרו"ן נשמת ז"א דיצירה דחיצוניות דיצירה שבו אותיות נגד ו"ק דז"א שבו ו' צירופי שד"י שבהם ח"י אותיות ט' ישר וט' חוזר נגד שתי אותיות ט"ט דמטטרו"ן זה דאצי' והם ח"י אותיות דששה צירופי שם יה"ו פשוט הם פרצוף הפנימי דז"א ופרצוף הפנימי דנוק' הם י' צירופים מי"ב צירופי שם אלוה המתחילים מצרוף הג' עד צירופי הי"ב. ויכוין לזווג פרצופים אל דזו"ן ולהמשיך מהם שפע וחיות ומזון שהם בחי' שאר וכסות לאו"א דיצירה שהם הצירופים הרביעיים והחמשיים דשם אלהים שהם בחינת שאר כסות. ויכוין לזווג הפרצופים אלו דאו"א ולהמשיך מהם מוחין לפרצופים הפנימיים דזו"ן דיצירה התחתונה והם כמו הצירופים הנז"ל דזו"ן דיצירה דאצילות. ויכוין להמשיך הקוצא דשערי דא"א שהם הד' נימין הנמשכים מאחורי רישא דיליה לאחורי רישא דז"א והם מבחינת המקיף התחתון דבחינת חיה דא"א הנקרא ציץ להכות בעורף ז"א להאיר במוחין דז"א להוציא הארתם לחוץ ולהמשיך הארתם סביבות דז"א עד החזה עד רישא דרחל ולהמשיך הקוצא דשערי דז"א הנמשך ממקיף התחתון דחיה דז"א להאיר ברישא דנוק' ד' מוחין חו"ב וחו"ג שהם ד' ציצית ואחר העטיפה יכוין לדחות והשליך השערות דקוצא דשערי שהיו מכסין עיני הא"א ועיני הז"א לאחוריהם וע"י כן להמשיך הסתכלות עיני הא"א בז"א ועיני דז"א בנוק':

ממה שכתב שע"י תפילין דיד נמשכין מוחין לחיצוניות נה"י דבריאה ונראה כי הוא לפרצופים החיצוניים [די"ז ע"א] והאמצעיים דזו"ן דבריאה אבל ממה שאנו רואים שע"י התפילין דיד וכן דראש נמשכין מוחין דעיבור ויניקה וגדלות מוכרח כי הוא לשלשה הפרופים חיצון ואמצעי ופנימי דזו"ן דבריאה ודזו"ן דאצילות ע"י תפילין דראש וכולם נק' חיצוניות דחיצוניות וכנגדם ג' כלים בפנימיות דזה החיצוניות נמצא כי ע"י מצות טלית קטן נמשכים מוחין דעיבור יניקה וגדלות לג' פרצופים חיצון ואמצעי ופנימי דפנימיות דחיצוניות דזו"ן דיצירה וע"י מצות טלית גדול נמשכים מוחין דעיבור ויניקה וגדלות לשלשה פרצופים חיצון ואמצעי ופנימי דחיצונית דחיצוניות דזו"ן דיצירה וכן עד"ז ביפנה ויטול בחיצוניות ופנימיות דחיצוניות דזו"ן דעשיה:

ועל ידי הקרבנות נתקנים ונמשכים מוחין פנימיים ומקיפים לשלשה כלים דחיצוניות דפנימיות דעשיה וכן בזמירות ליצירה ביוצר לבריאה. וע"י הק"ש נתקנים ונמשכים מוחין פנימיים ומקיפים לשלשה כלים דפנימיות דפנימיות

דעשיה ויצירה ושלשה כלים דפנימיות דפנימיות ודפנימיו' דחיצוניות דבריאה ומוחין דו"ק דגדלות דאמא לזו"ן דפנימיות דפנימיות דאצי' ומוחין שלמים פנימיים מזיווג דכלים החיצוניות דאו"א לחב"ד דזו"ן דחיצוניות דפנימיות דאצי' ומוחין שלמים פנימיים מזיווג דכלים פנימיים לכל הפרצוף דזו"ן דפנימיות דחיצוניות דאצילות:

כוונת התפילין דיד דרש"י ור"ת:

בהנחת תפילין של יד יכוין להעלות נקודת הכתר דרחל מהבריאה ולקשרה בזרוע שמאלי גבורה דז"א דאצי' ולהמשיך לה רשימו של המוחין שלה העומדים בלבו דז"א והם שמות אהי"ה הוי"ה ואדנות מלא שמספרם פשוטים יב"ק כמספר הוי"ה אלהים והם אהי"ה כנגד כ"א אזכרות והם מוחין דעיבור א' והוי"ת כנגד ד' פרשיות והם מוחין דיניקה ואדנות כנגד הבית והם מוחין דגדלות ודר"ת יכוין השמות הנזכר אלא שההוי"ת יכוין אותם בסדר יהה"ו. אלא שתפילין דרש"י הם מוחין דבינות דישסו"ת מלובשים בנה"י דבינה דז"א ונמשכים לנוקבא. ודר"ת הם מוחין דחו"א עילאין מלובשים בנה"י דחכמה דז"א ונמשכים לנוקבא וכל אלו המוחין דעיבור ויניקה וגדלות הם כולם דגדלות אלא שהתפילין דרש"י שהם מוחין דאימא נמשכים בנקודת הכתר דפרצוף בינה דנוק' ודר"ת שהם מוחין דאבא נמשכים בניקוד' הכתר דפרצוף חכמה דנוק' ויכוין להמשיך פרקין תתאין של המוחין דחו"ב של או"א מלובשים בפרקין תתאין דנ"ה שלהם וכנגדם הם ד' פרשיות כי החו"ב דאימא הם משמשין לחו"ג לערך החו"ב דאבא ואלו הד' מוחין מלובשים בכלים דנצח והוד דז"א שהם תרי פלגי גופא והם נקראים כלי א' והם סוד הבית תפילין של יד והם עצמם משמשין לרישא דנוק' שהיא שם אדנות ולכן נקרא הבית אדנו"ת ולא הוי"ה:

גם יכוין להמשיך ה"ג שהם סוד דעת ק"ל שהם חמשה הויו"ת סוד חמשה אותיות מנצפ"ך מלובשים בכלים דיסוד דז"א העומד בין ב' כתפין דנוקבא ובקושרו היו"ד של התפילין עם הבית יכוין להעלות הדעת ק"ל הנז' דנוקבא עם הלבוש דיסוד דז"א ולחברו עם המוחין דו"ב שהם הבית של תש"י העומד ברישא דנוקבא. וגם יכוין לקשרא שכינתא עם בעלה שהם סוד שילוב הוי"ה ואדנות ולהמשיך להם ש"ע נהורין שהם מספר ב' א"ל מלאים כמספר רצוע"ה. גם יכוין להמשיך רוחא דחיי שהוא ו"ד דמילוי יו"ד דס"ג דחוטם דא"א שבפנימיות החוטם יש שם ס"ג כמספר חוטם והב'

נהר שלום - לרש"ש

הה"ן הם שני נקבי החוטם והואו הוא הכותל המפסיק ביניהם ויוד פשוטה הוא בנקב ימין ונמשך דרך זרוע ימין לז"א והוא"ו דל"ת דמילוי היו"ד שמספרם י' וצורתה ה' הוא רוחא [ד"ז ע"ב] דחיי בנקב שמאל דחוטם דאריך ונמשך דרך שמאל דא"א לנוק' דז"א רוחא דחיי ועי"כ יש כח לכתר רחל להעלות ולהתקשר בזרוע שמאלי דז"א ולקבל המוחין מנקב חוטם שמאלי דאריך אנפין דרך גבורה דאריך וגבורה דז"א לכתר הנז' דנוקבא העומדת בזרוע שמאלי גבורה דז"א:

גם יכוין במספר תפלן חסר ביו"ד שהוא במספר ארבע אה"י מלאים ב' ביודי"ן וא' דאלפי"ן וא' דההי"ן ומספר תפילין מלא ביודי"ן כמספר פסת"ם. גם יכוין ביחוד של התפילין י"ה ה"ו ה"ו והוא ליחד או"א שהם י"ה ולחבר המלכות שהיא ה' אחרונה דהוי"ה עם הו' דהוי"ה שהוא ז"א ועולים כולם למ"ן לאו"א וחוזרת אימא שהיא ה' ראשונה להכניס הנה"י דילה למוחין לרישא דז"א שהוא אות ו' ומספר האותיות דיחוד הנז' הם ל"ז כמספר מלוי ס"ג שהוא סוד אמא על ברא שהם מוחין דאמא לז"א. גם יכוין היחוד באופן אחר י"ה הו"ה הו"ה ליחד או"א שהם י"ה כנזכר ולהעלות ה"ו שהם זו"ן למ"ן לאימא שהיא ה' ראשונה ואח"כ אמא שהיא ה' ראשונה ממשכת המוחין לזו"ן שהם ו"ה ומספר האותיות דיחוד הנז' מספרם מ"ז כמספר שילוב הוי"ה ואהי"ה ואפשר כי הב' היחודים הנזכרים א' הוא כנגד תפילין דרש"י ואחד כנגד תפילין דר"ת ובהנחת תפילין של ראש יכוין להחזיר רשימו של המוחין דז"א שעלו בלילה למעלה מרישא דז"א עתה יכוין להחזירם בתוך רישא דז"א וע"י הכאת הקוצא דשערי דאריך המכה באחורי עורף דז"א ונכנס בפנימיות דמוחין ונבקע היסוד דאמא לב' ומתגלים ארבע מוחין יוצאים הארת הד' מוחין עם הד' לבושין ובוקעים מצח דז"א ויוצאים הארת הד' מוחין עם ארבע לבושין ובוקעים מצח דז"א ויוצאין הארתם לחוץ בסוד תפילין מחוץ למצח דז"א גם יכוין בכ"א אזכרות שהם כנגד שם אהי"ה אלא שיכוין אותו במילוי יודי"ן והם מוחין דעיבור והם כנגד מקיף דל' שהיא בחינת ד' שבמוחין וארבע פרשיות הם כנגד שם הוי"ה שהם כנגד מוחין דיניקה אלאא שיכוין אותם ד' שמות יה"ו וד' שות אה"י מלאים הד' שמות יה"ו והם כנגד הד' מוחין עצמם וארבע שמות אה"י הם כנגד הד' לבושין דנה"י דאבא או דאמא כל מוח עם לבושו והם כנגד ארבע אותיות הוי"ה כל אות רומז למוח א' עם לבושו והם כנגד הוחין פנימיים עצמם הנכנסים בתלת חללי דגולגלתא שהם בחינת ה' שבמוחין וארבעה

בתים הם כנגד שם אהי"ה ויכוין אותו במילוי יודין כנזכר והם כנגד מוחין דגדלות הנקרא עיבור ב' של המוחין והם כנגד הארת המוחין היוצאים ומקיפים מחוץ למצח דז"א והיא בחינה ו' של המוחין. וכל אלו השלשה בחינות רביעית חמישית ששית שהם בחי' מקיף דל' שע"ג ריא דז"א והמוחין פנימים שבתוך רישא דז"א והמוחין מקיפים שמחוץ מצח דז"א כל אלו השלשה הארות מתקבצים ויוצאים ונעשים בחינת תפילין מחוץ למצח דז"א וכנגדם הם השלשה שמות אהי"ה הוי"ה אהי"ה שכולם הם מחוץ במצח דז"א וכל אלו הם מוחין דישסו"ת והם מוחין דעיבור ויניקה ומוחין דמוחין שהם דגדלות הנכנסים בחב"ד דחכמה דז"א זהו בתפילין דרש"י אבל תפילין דר"ת יכוין אהי"ה שהוא עיבור א' כנזכר ברש"י והיניקה שהוא הוי"ה יכוין ארבע שמות שלימים מע"ב ס"ג מ"ה ב"ן שהם המוחין מלובשים בארבע שמות אהי"ה קס"א קס"א קמ"ג קנ"א אלא שיכוין בין במוחין בין בלבושין ההי"ן באמצע והו' דהוי"ה והיו"ד דאהי"ה לבסוף ויקדים שם ב"ן וקנ"א שהם מוח הגבורות עם לבושו למ"ה וקמ"ג שהם מוח החסדים עם לבושו והעיבור השני הוא כנזכר ברש"י ואלו הם מוחין דאו"א עילאי הנכנסים בחב"ד בחכמה דז"א וכללות שלשה שמות הנז' שהם אהי"ה הוי"ה אהי"ה הם גימטריא חיים שהם חיי המלך ז"א ויחברנו למספר יב"ק [די"ז ע"ג] דתש"י שניהם גימטריא ק"פ כמספר ג' שמות ע"ב ס"ג מ"ה:

ואחר כך ע"י הנחת תפילין דיד יכוין להפריד הקלי' מכלים דנה"י שהם פרצופי זו"ן ויעקב ורחל דחיצוניות דבריאה וגם כלים דכחב"ד חג"ת שהם פרצופי עתיק ונוקבא וא"א ונוק' ואו"א וישסו"ת דחיצוניות דחיצוניות דיצירה וגם מכלים דכחב"ד חג"ת שהם פרצופי עתיק ונוק' וא"א ונוק' ואו"א וישסו"ת דפנימיות דחיצוניות דעשיה. ועל ידי הברכה יכוין להמשיך מוחין מזווג דחיות העולמות עם נרנח"י דנפש לנה"י דחיצוניות דחיצוניות דבריאה:

גם יכוין להמשיך מוחין מזיווג דחיות העולמות עם נרנח"י דרוח נשמה חיה יחידה לפרצופי כחב"ד חג"ת דחיצוניות דחיצוניות דיצירה. גם יכוין להמשיך מוחין מזיווג הדנשמות דפנימיות העולמות עם נרנח"י דרוח נשמה חיה יחידה לפרצופי כחב"ד חג"ת דפנימיות דחיצוניות דחיצוניות דעשיה:

ואחר כך ע"י הנחת תפילין דראש יכוין להפריד הקליפות מכלים דנה"י שהם פרצופי זו"ן ויעקב ורחל דחיצוניות דחיצוניות דאצי' וגם מכלים דכחב"ד חג"ת שהם פרצופי עתיק ונוק' וא"א ונוק' ואו"א וישסו"ת דחיצוניות

דחיצוניות דבריאה. וגם מכלים דכחב"ד חג"ת שהם פרצופי עתיק ונוק' וא"א ונוק' ואו"א וישסו"ת דפנימיות דחיצוניות דיצירה ויכוין להמשיך מוחין מזיווג דחיות העולמות עם כל הנרנח"י דנרנח"י לפרצופי כחב"ד חג"ת נה"י דחיצוניות דאבי"ע דחיצוניות דאצילות. גם יכוין להמשיך מוחין מזיווג דחיות העולמות עם נרנח"י דרוח נשמה חיה יחידה לפרצופי כחב"ד חג"ת דחיצוניות דבריאה:

גם יכוין להמשיך מוחין מזיווג הנשמות דפנימיות העולמות עם נרנח"י דרוח נשמה חיה יחידה לפרצופי כחב"ד חג"ת דפנימיות דחיצוניות דיצירה:

הרי בזה נתקנו חיצוניות ופנימיות דחיצוניות דעשיה ויצירה וחיצוניות דחיצוניות דבריאה וחיצוניות שהם בי"ע דאבי"ע דחיצוניות דאצי' ע"י אלו המצות מעשיות ואח"כ ע"י הדיבור שהוא מ"ע של התפלה נתקן פנימיות וחיצוניות דפנימיות דאבי"ע באופן זה. והענין הוא כי ע"י אמירת סדר הקרבנות שהם בעשיה שהיא בחי' נפש והיא שם ב"ן ואות ה' אחרונה דהוי"ה הכולל יכוין לברר מחלקי (בשחרית) הכלים הפנימיים דכלים החיצוניים המלכים שנפלו לחיצוניות דפנימיות דעשיה ומבחינת אורות דנפש דרפ"ח ניצוצין שנפלו עמהם וזה ע"י זיוג הכלים הפנימיים דכלים החיצוניים דפרצופי האצילות המלובשים בפרטי פרצופי חיצוניות דפנימיות דעשיה וגם ע"י הכלים הפנימיים דכלים החיצוניים דמוחין דזו"ן דאצי' שירדו גם הם לברר כנז"ל והוא כי עתה לתיקון העשיה יכוין להמשיך אור מלכות דחכמה דא"ק:

והנה ידוע ממ"ש הרב ז"ל בדרוש ששי מדרושי הק"ש בביאור מלת שמע וכן בביאור מלת ישראל שצריך לכוין במלת שמע להמשיך לנוק' אור מז' תחתונות דאימא ובמלת ישראל להמשיך לז"א אור משי"ר א"ל שהם חג"ת דאבא דוגמת הארת שהמשכנו לנוקבא במלת שמע. וכן כתב ג"כ בע"ח בער הנסירה פ"ב שצריך להמשיך לנוקבא מוחין דאאלהים דיניקה עם נה"י דתבונה מן ע' רבתי שהם ז' תחתונות דאימא שהיא התבונה עצמה הנק' ז"ת דאימא ע"ש וכן בכמה מקומות כתב כן נראה שצריך להמשיך לה צלם דמוחין דיניקה דוגמא מה שצריך להמשיך לז"א במלת ישראל כפי אותה הק"ש אלא שהוא מכלי החיצון דיניקה נרנח"י דנפש דרוח. ונראה כי ה' ידות הם נפש והשלשה וו"ו עם הב"ן הם הרוח והס"ג עם הששה אותיות ו"ד ה' ו"ו ה' הם הנשמה דנפש וארבע אותיות יא"י דס"ג הנמשכים במילת אחד הם החיה כנז' בדרושי הציצית:

[די"ז ע"ד] וצריך להבין מי היא זאת

הנוק' אם היא המלך השביעי שהוא שם ב"ן או אם היא המלכיות דכל הז' מלכים כי שם בפ"ב משער הנסירה כתב כי בירורי מלך השביעי שהוא שם ב"ן עולים בנוק' ובירורי הששה מלכים שהם ע"ב ס"ג מ"ה עולים בז"א לעורר המ"ד ונראה שהיא המלכיות דכל הז' מלכים:

גם מ"ש הרב ז"ל בדרוש ד' דק"ש כי כפי ערך המוחין שלוקח הז"א כך הוא ערך הזיווג ההוא של אותה התפלה או יעקב עם רחל או ישראל עם לאה או יעקב עם לאה ע"ש. נראה מה שמועיל הק"ש דשחרית לתפילת המנחה הא שמלבד שנמשכת טיפת המוחין מכלי פנימי דחיצוניות דעתיק אלא שגם נמשכת טיפה בעת יחוד הק"ש דשחרית מכלי אמצעי דחיצוניות דעתיק ודא"א ודאו"א לתת מוחין דו"ק לכלי האמצעי דכלי הפנימי דזו"ן ולכן בשחרית הוא זיווג דיעקב ורחל דכלי הפנימי אבל במנחה אינם אלא דכלי האמצעי. ואפשר שזיווג דישראל ולאאה במנחה הם דכלי הפנימי מלבד יעקב ורחל דכלי האמצעי כי שיעור מוחין דו"ק דגדלות דכלי הפנימי כשיעור מוחין שלמים בכלי האמצעי ו"ק דג"ר כג"ר דו"ק. ורחל הנגדלת בכל אחור דז"א במנחה היא הנוק' הכוללת הנתקנת בהמשך כל הכ"ד שעות שנסירתה בלילה ואפשר שלכך אין ברכת כהנים במנחה כי כל עצמה של המנחה היא בכלי האמצעי דצ' דצלם דנה"י דכללות דכל הכ"ד ואע"פ שהיא בעצמה כוללת צלם שלם כיון שברכת כהנים היא בשני צלמים הפנימיים דחג"ת וחב"ד דכללות אינם נמשכים כי אם אחר המשכת הכי הפנימי דצ' דצלם דנה"י הנמשך בתפילה שחרית. והכי משמע בפי"א משער המוחין בד"ה תחילה היה הז"א ו' מלכיות או ו' כתרים של הו"ק כ' ואח"ך במוחין דג"ר באו לו כל הג"ר שבו כל א' כלולה מעשר ואז בא לו המקיף דל"מ דצלם כו' ע"ש:

מה שכתב בשער המוחין פ"ט כי אחר הנסירה עולים זו"ן לאו"א ומזדווגים ונותן לה רוחא היא נוק' הכוללם דכל הכ"ד שעות שנסירתה בחצות הלילה אבל נוק' דפרטות דכל תפלה צריך לעשות לה כלי ורוחא אחר הנסירה בעמידה:

בעמידה שקיבל ז"א מוחין דנשמה מבינה דישסו"ת בנסירה נותן לנוק' כלי החיצון שלו דבחי' היניקה והוא לה בחי' נשמה א"כ ההיות דבחי' אותיות שקיבל הוא מאו"א ונתן בחי' מספרם לנוק' הוא כי בעת הנסירה יוצא זה המספר דבחי' הפרצוף הפנימי שלו ומתלבשים בפרצוף החיצון דיניקה וניתני לה וכמ"ש בשער החשמל פ"א יע"ש:

היחודים והזיווגים שבתפלות הם דחב"ד דכל פרט ע"י הדעת וכן

דכל המצות אבל זיווג דו"ק ע"י יסוד התחתון אפשר שאינו נעשה רק ע"י מצות פריה ורביה ואפשר שהזיווגים הנז' שבתפילות הם הזיווג דסליק ברעותא שיש בכל פרצוף כנודע דוגמת ו' ימי בראשית כי הרי אלו המ"ן העולים עתה צריך להם כל סדר ימי בראשית וכן מה שהוא כנגדם בבחינת הפרצופים העליונים עד עתה לא נתק ועתה עולים אלו עד ע"ב ס"ג דא"ק ומזדווגים חב"ד דא"ק להוציא ששם מ"ה החדש שכנגד בירורים אלו שעלו וזה הזיווג נקרא סליק ברעותא כנודע וכן הוא בכל פרצוף ומשתהים שם עד למחר ואז יוצאים מתוקנים נמצא כי השפע הנמשך לאבי"ע בכל יום באשרי ובתפילה לדוד ובקוה אל ה' אינו מהבירורים שעלו באותו יום אלא מהבירורים של יום הקודם וצ"ל מחול לשבתות י"ט ומהם לחול ומכללות לפרטות:

קריאת שמע דיוצר דחול בישראל להמשיך נ"ר דנרנח"י דנשמה [ד"ח ע"א] דהיינו אדם קדמון ואבי"ע דעשיה ויצירה דפנימיות דבריאה דבריאה ודחיצוניות ודפנימיות דבריאה דאצי' ובאחד להמשיך נרנ"ח דנח"י דנשמה דהיינו אבי"ע דא"ק ואבי"ע דפנימיות דבריאה דבריאה ונשמות דנח"י דנשמה דהיינו בריאה דא"ק ואבי"ע דחיצוניות דבריאה דאצי' ונ"ר דנח"י דנשמה דהיינו עשיה ויצירה דא"ק ואבי"ע דפנימיות דבריאה דאצילות ובעמידה דלחש להמשיך נ"ר דנח"י דנשמה דהינו עשיה ויצירה דא"ק לאבי"ע דחיצוניות דבריאה דאצילות ונשמות דנח"י דנשמה דהינו בריאה דא"ק ואבי"ע דפנימיות דבריאה דאאצי' ובחזרה להמשיך חיות דנח"י דנשמה דהיינו אצילות דא"ק ואבי"ע דפנימיות דבריאה דאצי' ובק"ש דיוצר דשבת בישראל להמשיך נ"ר דנפש דנרנח"י דחיה דהיינו א"ק ואבי"ע דעשיה ויצירה דעשיה דאצי':

ובאחד נ"ר דנח"י דנפש דנרנח"י דחיה דהיינו עשיה ויצירה דא"ק ואבי"ע דעשיה דאצילות ובעמידה דלחש נח"י דנפש דנרנח"י דחיה דהיינו א"ק אבי"ע דא"ק ואבי"ע דעשיה דאצילות וא"ק ואבי"ע דא"ק ואבי"ע דעשיה דאצילות דאבא:

עיקר הק"ש היא לגרום זיווג דפנימיות דאו"א לפיכך היא מ"ע דאורייתא שהיא בחב"ד וחג"ת. משא"כ בתפילה שהיא מ"ע דרבנן שהיא בנה"י והיא לצורך זיווג זו"ן והזיווג ההוא דאו"א הנעשה בעת הק"ש נמשך מוחין לזו"ן ויש להם הארה יותר ממה שנעשה בתפלה וצריכים הזו"ן להעלות מ"ד ומ"ן לאו"א לצורך הזיווג ההוא וצריך לתקן את הזו"ן שיהיו ראויים להעלות המ"ד והמ"ן לצורך הזיווג העליון ההוא ולהיותו זיווג נעלם ועליון מאד אין בנו כח לעוררו

בהיותנו באצילות כי אם בהיותינו עדיין בעולם הבריאה ובהיותינו בהיכל אהבה סוד החיבוק ושם עומדין הט' מלכיות דנוק' רחל עם כלים פנימיים אמצעיים וחיצוניים של המוחין של היום שעבר דעתיק ואריך ואו"א וזו"ן דבי"ע דאצילות שירדו בלילה לבי"ע לברר מהכלים ומרפ"ח אורות של המלכים עלו עם כל הבירורים מעולם לעולם בקרבנות וזמירות ויוצר ובכל עולם הם מתתקנים קצת ועולים ונתקנים יור ועתה בשמע עולים מהם מקצת הנגעים לבחי' הו"ק דגדלות ולמוחין דאחור והשאר המתייחסים למוחין דפנים עולים במלת באהבה בעמידה ובעלותם אל זו"ן דאצילות נתקנים יותר ואז הזו"ן מתעוררים ומבררים ממה שנשאר מכלים דאחוריי' דאו"א וישסו"ת שעדיין לא הובררו שנפלו במיתת המלכים במקום זו"ן אחורי או"א עד חזה דז"א ואחורי ישסו"ת במקום הנוק' מחזה דז"א עד סוף האצי' ובתוכם נתונים שארית האורות של המלכים אותם המדריגות העליונות של האורות שלא ירדו עם הכלים לבי"ע וכפי שיעור הבירורים העולים מבי"ע כך נבררים ועולים מאחוריים דאו"א שהם אותם החלקים שבהם מלובשים חלקי האורות העליונות של אלו הבירורים של הכלים והרפ"ח דאורות שנבררו היום ועלו מבי"ע כפי זכות הזמן וכח המכוין וזכותו ועוצם כונתו כך ריבוי או מיעוט הבירורים שעולים מבי"ע ובערכם מתבררים ג"כ מהאחוריים ההם דאו"א וישסו"ת ועולים עם חלקי האורות שבתוכם הראויים לבירורים אלו דמלכים שעלו ואז בתוכם נכללים ועולים גם הברורים דחח"ן בג"ה דמלכים אלו שעלו ומתחברים עם אורותיהם ועולים אחוריים הנזכר למקומם ואז מתעוררים או"א ומבררים ממה שנשאר מאחורי נה"י דאריך שעדיין לא הובררו שנפלו במיתת המלכים עד מקום סיום כל הת"ת דאצילות ובתוכם נתונים אאורות דתי"ם דמלכים ואז בתוכם עולים ונכללים הבירורים דדתי"ם דמלכים אלו שעלו ומתחברים עם אורותיהם ועולים אחורי הנה"י הנזכר למקומם וכעד"ז מא"א לעתיק כי כל הי' נקודות צריכים תיקון כי כולם יצאו חסרים ובלתי [די"ח ע"ב] מתוקנים ואז עולים לעשר שרשים שלהם שבמלכות דעקודים ומשם לנה"י דעקודים ומשם לחג"ת ומשם לחב"ד ומשם לשרשי הנקודות שבפנימיות החזה דא"ק ע"ג הפרסא ואז מתעוררים חלקי טנת"א דמ"ה וב"ן דפנימיות דא"ק ועולים עם חלקי נת"א דע"ב וס"ג דפנימיות למ"ן לטעמים דע"ב וס"ג דפנימיות ואז מזדווגים ע"ב וס"ג ומוצאים מהמצח חלקי חיצוניות טנת"א דמ"ה ומהעינים

חוזרים לצאת חלקי חיצוניות טנת"א דב"ן עם תשלום חלקיו וגם נקודות דס"ג ומתחברים אורות דמ"ה עם אורות דב"ן ונקודות דס"ג ויורדים דרך אח"פ ומתגלים מטיבור דא"ק ולמטה ומזדווגים מ"ה וב"ן והמובחר שבהם ניתנים מוחין לעתיק ונוק' ומזדווגים המ"ה וב"ן דעתיק ומבררים המובחר שבנשאר וניתנים מוחין לא"א ונוק' ומזדווגים מ"ה וב"ן דא"א ומבררים המובחר שבנשאר וניתנים מוחין לאו"א ומזדווגים מ"ה וב"ן דאו"א ומבררים המובחר שבנשאר וניתנים מוחין לישסו"ת:

קריאת שמע דשחרית דשבת:

יכוין להמשיך לז"א מוחין אלו דיניקה מבחי' ג' פרצופים פנימיים דו"ק דאו"א הנק' אבא דכורא ומבחי' הו"ק דו"ק דאו"א הנק' אימא נוק' ימשיך מוחין דיניקה ליעקב ורחל. במלת **שמע ישראל** יכוין לעורר זיווג ג"ר דו"ק דאו"א **יאההויהה** ולהמשיך כתרים וג' קוים דחח"ן בג"ה דת"י דפרצופי נה"י וחג"ת דה' פרצופים דנה"י ודחג"ת ודחב"ד ודחב"ד דכתר דאו"א עילאין ודשני פרצופי נה"י וחג"ת דחכמה מוחא סתימאה דא"א עם כתרים וג' קוין חח"ן בג"ה דת"י דצ' ול"מ דצלמי הוחין דג"ר שבהם ובתוך כלי נה"י וחג"ת שבהם מלובשים י"ג ההי"ן וי"ג ווי"ן די"ג הויות מנוקדות בניקוד הידוע די"ס שהם נפשות ורוחות דחיות ונשמות ורוחות דנרנח"י דנרנח"י דמ"ה וב"ן דמ"ה ומ"ה וב"ן דב"ן דחיה ודנ"ר דיחידה ועליהם מקיפים י"ג ההי"ן אחרונות וי"ג יודי"ן די"ג אהי"ה מנוקדות בניקוד ההויו"ת עם כל חלקי כלים ואורות ומוחין ונרנח"י דמ"ה וב"ן דחלקי אריך ועתיק וא"ק דאבי"ע המלובשים בהם דפנימיות וחיצוניות דפנימיות דבריאה דאצילות וחיצוניות ופנימיות דפנימיות וחיצוניות דאצי' דאצילות לכתרים ולחח"ן בג"ה דת"י דפרצופי נה"י וחג"ת דה' פרצופים דכל פרצוף מה' פרצופי מ"ה וב"ן דמ"ה ומ"ה וב"ן דב"ן דחכמה דפנימיות וחיצוניות דפנימיות דבריאה דאצילות ודחכמה דחיצוניות ופנימיות דחיצוניות ופנימיות דאצי' דאצילות דז"א ולכתרים וחח"ן בג"ה דת"י דפרצופי נה"י וחג"ת דה' פרצופי נה"י וחג"ת דחכמה מוחא סתימאה דכתר דאצי' דז"א:

יכוין להמשיך מוחין דע"ב קס"א ע"ב דחב"ד דחכמה סתימאה עילאה שהם או"א עילאין דא"א ע"ב לאבא וקס"א לאמא וע"ב לדעות דאו"א עצמם ה' אלהינו ה' אחד א"ח ד' כו' העומדת בהיכל אהבה דאבא שם או"א עילאין דבריאה דאצילות להמשיך לנוק' מחכמה דאימא עילאה להעלות הנוק' כו' להעלות המוחין ונ"ר

דנרנח"י דחיה דמ"ה וב"ן דחכמה ודנ"ר דיחידה דכתר דזו"ן עם נשמות יסוד דפרצוף חכמה דא"א שבבינה דפרצוף חכמה דז"א עם שורשי נ"ר דנשמה וחיה דחיה שלו לעורר ולהעלות מחלקי בירורי פרצו' חכמה דאו"א מ"ד לאבא ומ"ן לאמא ואו"א מעוררים ומעלים מ"ד ומ"ל לחכמה דא"א:

וראיתי מ"ש מעכ"ת על ניקוד שם אדנו"ת וקריאתו אם הוא בחטף פתח או בשבא לבד ושמעתי שכן מנהג האשכנזים וכן כתב הרב מג"א ז"ל בסימן ה' אמנם ראיתי בספר יסוד הניקוד בסימן ל"ב ובסימן ל"ג שעמד על הענין הזה והביא דברי כל המדברים בענין זה ופלפל בהם והעלה כי האמת והנכון [די"ח ע"ג] לקרותו בחטף פתח ולא בשבא לבד ואין לשנות יע"ש:

ועל מ"ש מעכ"ת לגלות להם דעתי בענין הנחת תפילין ביום ר"ח אחר תפילת מוסף דעתי הוא שלא להניח תפילין מפני הרשימו דמוחין דמוסף שנשאר כל היום בזו"ן ואף בתפילת המנחה לא היה ראוי להניח כמו שנוהגים קצת מקובלים אמנם אני מניח תפילין בתפילת המנחה מטעם אחר והוא כי הנה נודע כי תפילת שחרית הוא בכלים הפנימיים דכל פרצופי כל העולמות בבירורם ותיקונם ותפילת מנחה בכלים האמצעיים ותפילת ערבית בכלים החיצוניים ונודע מ"ש הרב ז"ל כי ק"ש דשחרית הועיל לתפילת שחרית וגם לתפילת המנחה כי ע"י הק"ש ההיא נמשכו הו"ק דצלם דמוחין דגדלות דכלים הפנימים דאימא לכלים הפנימיים דזו"ן וגם הו"ק דצלם דמוחין דגדלות דכלים האמצעיים דאימא לכלים האמצעיים דזו"ן ולבאר זה צריך לבאר מעט ממה שכתוב אצלי מענין סדר תקון תפלת שחרית בעשה ודיבור בכללות אע"פ שיש בו פרטות רב וכמו שאח"ך בע"ה אכתוב ואשלח להם אע"פ שכבר הוא פשוט להם אלא להשוות הדעות והענין הוא כי נטילת ידים ועשיית צרכיו הוא לברר מכלים ואורות דרפ"ח דנה"י שהם פרצופי זו"ן ויעקב ורחל דפנימיות וחיצוניות דחיצו' דעשיה ולהמשיך להם מזיווג דחיות ונשמות מוחין פנימיים ומקיפים דמ"ה וב"ן עם נרנח"י דנפש דנפש לפנימיות וחיצוניות דפרצופי זו"ן ויעקב ורחל דחיצוניות דעשיה כו':

וכן לבישת שני טליתות קטן וגדול הוא לתקן נה"י שהם פרצופי זו"ן ויעקב ורחל דפנימיות וחיצוניות דחיצוניות דיצירה ולהמשיך להם מזיווג דחיות ודנשמות מוחין פנימיים ומקיפים דמ"ה וב"ן עם נרנח"י דנפש דרוח לפנימיות וחיצוניות דפרצופי זו"ן ויעקב ורחל דחיצוניות דיצירה וגם לתקן כחב"ד וחג"ת שהם פרצופי עתיק ונוקביה וא"א ונוק' ואו"א וישסו"ת דחיצוניות דחיצוניות דעשיה ולהמשיך להם מזיווג דחיות מוחין

פנימיים ומקיפים עם נרנח"י דרוח ונשמה וחיה ויחידה דנפש דמ"ה וב"ן לחיצוניות דחיצוניות דפרצופי עתיק ונוקבא וא"א ונוקבא ואו"א וישסו"ת דחיצוניות דעשיה:

וכן הנחת תפילין דיד הוא לתקן חיצוניות נה"י שהם פרצופי זו"ן ויעקב ורחל דחיצוניות דחיצוניות דבריאה וגם חיצוניות הכחב"ד וחג"ת שהם פרצופי עתיק ונוק' וא"א ונוק' ואו"א וישסו"ת דחיצוניות (דחיצוניות) דיצירה וגם לתקן פנימיות דכחב"ד וחג"ת שהם פרצופי עתיק ונוק' וא"א ונוק' ואו"א וישסו"ת דפנימיות דחיצוניות דעשיה ולהמשיך מזיווג דחיות מוחין פנימים ומקיפים עם נרנח"י דנפש דנשמה דמ"ה וב"ן לחיצוניות דפרצופי זו"ן ויעקב ורחל דחיצוניות דבריאה ולהמשיך מזיווג דחיות מוחין פנימיים ומקיפים עם נרנח"י דנרנח"י דרוח דמ"ה וב"ן לחיצוניות דפרצופי עתיק ונוקבא וא"א ונוקבא ואו"א וישסו"ת דחיצוניות דיצירה ולהמשיך מזיווג דנשמות מוחין פנימיים ומקיפים עם נרנח"י דנרנח"י דנפש דמ"ה וב"ן לפנימיות דפרצופי עתיק ונוקבא וא"א ונוקבא ואו"א וישסו"ת דפנימיות דחיצוניות דעשיה:

וכן ע"י הנחת תפילין דראש להפריד הקליפות מחיצוניות נה"י שהם פרצופי זו"ן ויעקב ורחל דחיצוניות דחיצוניות דאבי"ע דחיצוניות דאצילות ולברר מכלים ואורותדרפ"ח דכחב"ד חג"ת נהי"ם דחיצוניות דחיצוניות דאבי"ע הנזכר דחיצוניות דאצילות שהם כל הפרצופים דעתיק ונוקבא וא"א ונוקבא ואו"א וישסו"ת וזו"ן ויעקב ורחל דבי"ע דאבי"ע הנז' דחיצוניות דאצילות.

וגם לתקן חיצוניות כחב"ד חג"ת שהם פרצופי עתיק ונוקבא וא"א ונוקבא ואו"א וישסו"ת דחיצוניות דחיצוניות דבריאה וגם לתקן פנימיות כחב"ד חג"ת שהם פרצופי עתיק ונוקבא וא"א ונוקבא ואו"א וישסו"ת דפנימיות דחיצוניות דיצירה ולהמשיך מזווג דחיות מוחין פנימים ומקיפים עם נרנח"י דנרנח"י דחיה דמ"ה וב"ן לפרצופי עתיק ונוקבא וא"א ונוקבא ואו"א וישסו"ת וזו"ן ויעקב ורחל דחיצוניות דאבי"ע דחיצוניות דאצי' ולהמשיך מזווג דחיות מוחין פנימיים ומקיפים עם נרנח"י דנרנח"י דנשמה דמ"ה וב"ן לפרצופי עתיק ונוקבא [די"ח ע"ד] וא"א ונוקבא ואו"א וישסו"ת דחיצוניות דחיצוניות דבריאה. ולהמשיך מזוג דנשמות מוחין פנימיים ומקיפים עם נרנח"י דנרנח"י דרוח דמ"ה וב"ן לפרצופי עתיק ונוק' וא"א ונוקבא ואו"א וישסו"ת דפנימיות דחיצו' דיצירה:

נמצא כי כבר נתקן חיצוניות שהוא בי"ע דאבי"ע דחיצו' דאצי' וחיצוניות שהוא בי"ע דאבי"ע דחיצוניות דבריאה וחיצוניות

ופנימיות שהוא אבי"ע דחיצוניות דיצירה ועשיה כל זה בקיצור גדול ובכללות. אמנם הענין הוא בפרטות רב הן בענין עליית המ"ן הן בענין פרטי זווגי הפרצופים דחיות ודנשמות הפנימיים ומקיפים הן בענין כונת תיקון שמות הכלים דבי"ע התחתונים והעליונים ושמות הכלים דאאצילות דבי"ע ודאצילות העליון הן כונת תיקון שמות כלים והאורות של הכסא והשרפים והחיות והאופנים ובע"ה יתבארו בתשלום ההקדמה וגם כל ענין במקום הראוי לו בס"ד:

נמצא כי מה שנשאר לתקן ע"י הדיבור הוא פנימיות וחיצוניות שהוא אבי"ע דפנימיות דעשיה ויצירה ופנימיות שהוא אצילות דאבי"ע דחיצוניות דבריאה וגם פנימיות וחיצוניות דאבי"ע דפנימיות דבריאה וכן פנימיות שהוא אצילות דאבי"ע דחיצוניות דאצי' ופנימיות וחיצוניות שהוא אבי"ע דפנימיות דאצילות:

והענין בקיצור ובכללות גדול והוא כי בקרבנות נתקן חיצוניות שהוא בי"ע דאבי"ע דפנימיות דעשיה ולהמשיך להם מזווג דחיות ודנשמות מוחין פנימיים ומקיפים עם נרנח"י דנרנח"י דנפש:

וכן בזמירות נתקן חיצוניות שהוא בי"ע דאבי"ע דפנימיות דיצירה ונמשך להם מזווג דחיות ודנשמות מוחין פנימיים ומקיפים עם נרנח"י דנרנח"י דמ"ה וב"ן דרוח כו':

וכן ביוצר נתקן חיצוניות שהוא בי"ע דאבי"ע דפנימיות דבריאה ונמשך להם מזווג דחיות ודנשמות מוחין פנימיים ומקיפים עם נרנח"י דנרנח"י דמ"ה וב"ן דנשמה אמנם כאן ביוצר שהוא בבריאה נתקן ג"כ ע"י אמירת הק"ש שהוא מ"ע שהיא דיבור חמור יותר מן היוצר כי ע"י הק"ש נתקן כל מה שנשאר לתקן בעולמות בי"ע וגם באצילות להמשיך הו"ק דמוחין דגדלות דכל התפילות העתידים לאמר באותו היום כי המ"ן שעלו בק"ש משמשים לכל התפלות של אותו היום עד הלילה ולפיכך לא נצטווינו לומר ק"ש כי אם פעם אחת ביום שמן הראוי היה לומר ק"ש קודם כל תפילה ולא כן הוא כי די בק"ש דשחרית כי כחה גדול:

והנה נודע כי תפלת שחרית דחול היא בכלים הפנימיים דכל העולמות ובה נמשכים ב' צלמי המוחין דבינות דכלים הפנימיים דישסו"ת בלחש ושני צלמי המוחין דחכמות דכלים הפנימיים דישסו"ת בחזרה לפרצופי בינות וחכמות דכלים הפנימיים דזו"ן:

וכן תפלת מנחה של אותו היום היא בכלים האמצעיים דכל העולמות ובה נמשכים ב' צלמי המוחין דבינות דכלים האמצעיים דישסו"ת בלחש ושני צלמי המוחין דחכמות דכלים האמצעיים דישסו"ת בחזרה לפרצופי בינות וחכמות דכלים האמצעיים דזו"ן וזה מלבד הו"ק דמוחין דגדלות

נהר שלום - לרש"ש

דכלים הפנימיים דבינה ודחכמה דתבונה שחוזרים להכנס בלחש ובחזרה דמנחה לפרצופי בינות וחכמות דכלים הפנימיים דזו"ן. ואם הוא יום ראש חודש בו נמשכים עוד ב' צלמי המוחין דכתרים דישסו"ת בלחש וחזרה דמוסף לפרצופי הכתרים דזו"ן:

וביום שבת קודש נמשכים ב' צלמי המוחין דנה"י דאו"א עילאין בלחש דשחרית לפרצופי נה"י דחכמות הכוללים דזו"ן וב' צלמי המוחין דחג"ת דאו"א [די"ט ע"א] עילאין בחזרה לפרצופי חג"ת דחכמות דזו"ן וב' צלמי המוחין דחב"ד דאו"א עילאין בלחש דוסף לפרצוף חב"ד דחכמות דזו"ן וב' צלמי המוחין דכתרים דאו"א עילאין בחזרה דמוסף לפרצופי הכתרים דחכמות דזו"ן. ושני צלמי המוחין דנה"י דמוחא סתימאה דא"א (בלחש דמנחה וב' צלמי המוחין דחג"ת דמ"ס דא"א סכ"י) ובהם כלולים נה"י דגולגלתא דא"א בחזרה דמנחה לפרצופי נה"י וחג"ת דכתר דזו"ן:

וידוע כי מ"ש הרב ז"ל בדרוש הב' דסדר תפלת שחרית כי בק"ש נמשך מזווג כלים הפנימיים דאו"א מוחין פנימים דשני צלמים שלמים דאבא ודאימא ומתפשטים בכל גופא דזו"ן ואח"כ בעמידה נמשכים לזו"ן מוחין מקיפים הנק' תפילין מזווג כלי המקיף דאו"א והם המקיפים הכתובים בדרושי ראש השנה כל זה מדבר בפנימיות דחיצניות שהוא אצילות דאבי"ע דחיצוניות דאצילות. ומה שכתב בדרוש הרביעי מדרושי העמידה כי בק"ש נמשך מזוג כלים החיצוניים ונה"י דאו"א מוחין פנימיים דשני צלמי או"א לחב"ד דזו"ן ובמידה נמשך מזווג כלים האמצעיים דאו"א מוחין מקיפים לחב"ד דזו"ן והמוחין הפנימיים מתפשטים בכל גופא כל זה מדבר בחיצוניות דפנימיות שהוא בי"ע דאבי"ע דפנימיות דאצילות. ודרוש הששי דרושי הק"ש הוא בפנימיות דפנימיות שהוא אצילות דאבי"ע דפנימיות דאצילות. נמצא כי תיקון המצות מעשיות הנז"ל הגיע תיקונם עד האצילות שהוא התפילין דראש כנז"ל ואח"כ ע"י הדבור התחיל התיקון מלמעלה יותר. והענין בקיצור גדול כי ע"י הקרבנות נמשך נרנח"י דנפש למל' דא"ק ונרנח"י דנפש ורוח לאצי' ונרנח"י דנר"ן לבריאה ונרנח"י דנרנ"ח ליצירה ונרנח"י דנרנח"י לעשיה. וכעד"ז בזמירות להמשיך נרנח"י דרוח לז"א דא"ק ונר"ן לאצילות ונרנ"ח לבריאה ונרנח"י ליצירה. וכן ביוצר נשמה לישסו"ת דא"ק ונרנ"ח לאצילות ונרנח"י לבריאה. וכן בעמידה חיה לאו"א דא"ק ונרנח"י לאצילות וזה בכללות וכן הוא בפרטי פרטית וכן במקיפים כסדר מה שהיה בעקודים:

נחזור לענין הק"ש לפרט הנוגע לענייננו אע"פ שיש בו פרטים

רבים שהיה ראוי לבארם ויתבארו במקום אחר בע"ה הנה בק"ש דתפלת שחרית דחול צריך לכוין לזווג או"א דפנימיות דפנימיות דאצילות בכלים דאחור דבינה דכלים הפנימים דמ"ה וב"ן שלהם ולהוציא השני צלמים הנז' דמוחין דלחש דשחרית להלבישם במקום הראוי להם כנז' במ"א ולהמשיך מצלם דאימא הו"ק שלהם לחב"ד וחג"ל דאחור דפרצוף בינה דכלים הפנימיים דבינה הכולל דזו"ן וגם לזווגם בכלים דאחור דחכמה דכלים הפנימיים דמ"ה וב"ן ולהוציא השני הצלמים הנזכר דמוחין דחזרה דשחרית להלבישם במקום הראוי להם ולהמשיך מצלם דאימא הו"ק שבו לחב"ד וחג"ת דאחור דפרצוף חכמה דכלים הפנימיים דבינה הכולל דזו"ן. גם יכוין לזווג או"א דחיצוניות דאבי"ע דפנימיות דאצילות בכלים החיצוניים דכלים הפנימים שלהם ולהוציא השני צלמים להלבישם במקום הראוי להם ולהמשיך כולם לחב"ד דאחור דפרצוף בינה דזו"ן דחיצוניות דאבי"ע דפנימיות דאצי' דכלים הפנימיים דזו"ן:

גם יכוין לזווג או"א דפנימיות דאבי"ע דחיצוניות דאצילות בכלים הפנימיים דפנימיות שלהם ולהוציא שני צלמים ולהלבישם במקום הראוי להם ולהמשיך כולם לחב"ד וחג"ת ונה"י דאחור דפרצופי בינה דזו"ן דפנימיות דחיצוניות דאצילות וכלים הפנימיים דזו"ן:

גם יכוין לזווג או"א דפנימיות דפנימיות דאצי' בכלים דאחור דבינה דכלים האמצעים דמ"ה וב"ן שלהם ולהוציא השני צלמים הנז' דמוחין דלחש דמנחה ולהלבישם במקום הראוי להם ולהמשיך מצלם דאמא הו"ק לחב"ד וחג"ת דאחור דפרצוף בינה דכלים האמצעיים דבינה הכולל דמ"ה וב"ן דזו"ן דפנימיות דאבי"ע דפנימיות דאצילות:

גם יכוין לזווג או"א הנז"ל כנז"ל בכלים דאחור דחכמה שלהם דכלים האמצעיים להוציא המוחין דחזרה דמנחה כנז"ל ולהמשיך הו"ק שלהם לחב"ד וחג"ת דחכמה דכלים האמצעיים דזו"ן כנז"ל וכן עד"ז בפנימיות דאבי"ע דחיצוניות דאצילות ע"ד הנז' בשחרית אלא שהוא בכלים האמצעים שלהם: (ואחר בשכמל"ו אחר שהמשיך ע"ב קס"א ע"ב בה' אלהינו ה' לאו"א דפנימיות דפנימיות ודפנימיות דחיצוניות דאבי"ע דבריאה עתה וכון להעלות פנימיות דאבי"ע דפנימיות דיצירה ועשיה עם זו"ן דפנימיות דאבי"ע דפנימיות דבריאה למ"ן לאו"א דפנימיות דפנימיות דבריאה ולזווגם ולהמשיך צלמי מוחין דגדלות פו"מ עם נרנח"י דנרנחי דמ"ה וב"ן לזו"ן דפנימיות דפנימיות דבריאה וגם צלמי המוחין דגדלות

פו"מ עם נרנח"י דנרנח"י דמ"ה וב"ן לכל פרצו' דפנימיות דפנימיות דיצירה ועשיה. גם יכוין להעלות זו"ן דפנימיות דאבי"ע דחיצוניות דריאה למ"ן לאו"א דפנימיות דחיצוניות ולזווגם ולהמשיך צלמי המוחין דגדלות פו"מ עם נרנח"י דנרנח"י דמ"ה וב"ן לזו"ן דפנימיות דחיצוניות דבריאה. וביום ר"ח וכו'. עכ"מ ממה ששלח מורינו הרב שר שלום זללה"ה בעי"ת תונס יע"א):

וביום ראש חדש יכוין כל הנז"ל ועוד יכוין לזוו"ג ישסו"ת דפנימיות דאבי"ע דפנימיות דאצילות בכלים דאחור דחב"ד דכתר דמ"ה וב"ן שלהם ולהמשיך השני צלמים הנז' דמוחין דלחש דמוסף ולהלבישם כו' כנז"ל ולהמשיך הו"ק מצלם דאימא לחב"ד וחג"ת דחב"ד דכתר דאחור דכתר דבינה בכלים הפנימיים דבינה הכולל דזו"ן. גם יכוין לזווג ישסו"ת הנז"ל בכלים דאחור דכתר להמשיך המוחין דחזרה דמוסף כו' כנז"ל ולהמשיך מצלם דאימא הו"ק לחב"ד וחג"ת דכתר דכתר דבינה דכלים הפנימיים דבינה הכולל דזו"ן. וכן עד"ז יכוין בק"ש דשחרית דשבת לזווג או"א עילאין בנה"י וחג"ת וחב"ד וכתר שלהם ולהמשיך הו"ק דצלם דמוחין דאימא דלחש וחזרה דשחרית מנה"י וחג"ת ודלחש וחזרה דמוסף מחב"ד וכתר ודלחש וחזרה דמנחה מנה"י וחג"ת דדיקנא דמוחא סתימאה ומנה"י דגולגלתא דא"א ע"ד הנז"ל:

והנה נודע הוא כי הכלים האמצעיים הנתקנים במנחה דכל יום אע"פ שהם כלולים מהכל הם בערך החג"ת שהם הו"ק שהם נרנח"י דרוח בערך הכ"ד שעות ולפיכך אין מוסף במנחה שהוא הכתר נרנח"י דיחידה אלא בשחרית שהוא בכלים הפנימיים שהם בחי' חב"ד נרנח"י דחיה ונשמה ועליהם יבואו מוחין דכתר נרנח"י דיחידה במוסף ואין צריך לכוין בק"ש דשחרית דראש חדש להמשיך הו"ק דמוחין דחב"ד דכתר ודכתר דכתר בכלים האמצעיים רק הו"ק דמוחין דבינה ודחכמה כסדר שאר הימים כנז"ל ולפיכך ראוי להניח תפילין במנחה דיום ראש חדש כשאר כל הימים כי אין חילוק ביניהם שאין המוחין דכתר מתפשטים בכלים האמצעיים כי כל עצמם הם בבחינת ו"ק דכללות היום כנז"ל אבל קודם מנחה נראה שאין להניח לפי שעדיין הרשימו דמוחין דכתר קיים זהו מקצת הטעם הפשוט שאיני מניח באמצע היום דר"ח ומניח במנחה:

וידוע כי בירור ותיקון חיצוניות ופנימיות דחיצוניות הוא ע"י מצות מעשות וברכותיהם ובירור ותיקון חיצוניות ופנימיות דפנימיות הוא על ידי מצות התלויות בדיבור וברכותיהם:

והנה בבקר קודם התפלה צריך

להפריד הקליפות מחיצוניות ופנימיות דחיצוניות דאבי"ע שנתאחזו בהם בהסתלקות המוחין מהם בלילה והוא באופן זה כי ע"י נטילת ידים יכוין להפריד הקליפות מכלים דנה"י דחיצוניות דחיצוניות דעשיה ואח"כ ע"י הברכה יכוין להמשיך בהם מוחין מזווג דחיות [די"ט ע"ג] העולמות עם נפש רוח נשמה חיה יחידה דנפש:

ואחר כך יפנה ויעשה צרכיו ויכוין להפריד הקליפות מכלים דנה"י דפנימיות דחיצוניות דעשיה. ואח"כ יכוין ע"י הברכה להמשיך בהם מוחין מזווג הנשמות עם נרנח"י דנפש:

סוד הנטילה הנה או"א הם סוד הידים העליונים כי הם מלבישים ידי א"א וזו"ן סוד הרגלים כנודע וכשאנו נושאים הידים למעלה אנו מכונים שקוץ היו"ד משפעת בי"ה שהם או"א וזהו נטל י"ה למעלה ומה שמקבלים נותנים לרגלים למטה לזו"ן שיקבלו התמצית שיורד מן הידים העליונים כי עיקר המים הם לאו"א ונקראים מים עליונים ומים התחתונים שהם זו"ן מקבלים תמציתם ואם עשה כן יתקשר ויתנשא שיזכה לחבר היוד סוד ו"ד עם ה'. ודע שכל אות מהם כוללת כל השם נמצא שד' אותיות השם הם ד' הויות שכך עולה נטילה לכך צריך רביעית מים שרמז לאות א' הכוללת כל השם ואם חסר מרביעית פסולה כיון שאין אות א' שלימה אינה כוללת כל השם ולזה תמצא בר"ת ענ"י שאין עשר אלא משם שהוא מציאות כל האצי' והמזלזל בה נעקרוהולך למיתה ועני גימטריא ק"ל על שהקל בה ואם כיון כמ"ש ירמוז לה' הויות גימטריא ק"ל כנגד חמשה אותיות נטילה וכשתחבר י"ה עם ו"ה מים עליונים עם תחתונים יעלה הוי"ה במילואו וגובר הק"ל על עני וממתיקו וזהו רוכב על עב ק"ל. ודע שו"ה מלביש ליה כנודע דא גופא ודא נשמתא דאו"א מתלבשים בזו"ן ובנטילה עולה הגוף שהוא ו"ה לנשמה שהוא י"ה ואם לא תחבר ו"ה עם י"ה ישאר גופו לבד וכשם שסילק נשמתם כן תסתלק נשמתו וזהו אם בגפו יבא לבד בגפו יצא בגופו יצא שלא יעלה נשמתו ואין לו עמו קשר כלל ואם בעל אשה הוא פי' אשה שהוא ר"ת הוי"ה שד"י אדנ"י והם יעקב יוסף דוד והם רמוזים בר"ת ידיכם קדש יד"י יעקב יוסף דוד כ"ם ר"ת כבוד מלכותו. ובזה תבין ואם בעל אשה הוא ויצאה אשתו עמו שמתחברת הנשמה עם הגוף ומקבלין שכרן והאשה וילדיה שהיא השכינה מתחברת עם הנשמה ותכוין שנקרא הכלי אנט"ל שעולה הוי"ה אדנ"י ושניהם עולים לאימא שהיא אהי"ה. יעננו ביום קראינו ר"ת יב"ק שהם הג' שמות כנודע ועוד רמז נטילה אותיות ט"ל נה"י שירד הטל מלמעלה לחקל תפוחין

כדאיתא בזוהר שתפוחין הם נה"י ואם לאו ח"ו נאחזי' הדינים מלמטה ואמר הפסוק וינטלם וינשאם תרגום של וינשאם הוא וינטלם התרגום רמז למים התחתונים שיש להם פחד וינשאם רמז למים עליונים שינשאם ויחברם לכתר כדפריש וזהו ה' מלך סוד מים דא"א ה' מלך או"א שקבלו משם מים ומלכו ה' ימלוך רמז לז"א שאינו מולך במקומו אלא מתפשט למטה בסוד מטטרו"ן ושם מולך בכל העולמות הוא ונוק' ועל אלו המים אמרו אל תאמרו מים אלא תחברו מים עליונים עם התחתונים י"ה עם ו"ה. ודע שמ"ש וישא אהרן את ידיו אע"פ שאו"א שניהם הלבישו ידי א"א עכ"ז בא"א הכל ה' וכדפי' בר"מ פ' קדושים בפ"' א' בדרגין דילך דאינון או"א ואנא ברא דילהון וניחדך תרוויהו אחד וזהו פי' ב' דאינון חד ולזה יד"ו שרומז ליד תשים ו' בד' יהיה י"ה:

וזהו סוד הנטילה הנזכר לעיל בקיצור:

יכוין כי הוא דוגמת כללות האצי'. ובנטילה יכוין להמשך שפע מא"א שהוא הכתר קוץ היו"ד דכללות האצי' לאו"א חו"ב י"ה וכללות האצי' ונק' מים עליונים שהם מלבישים ידי א"א שהוא כולל כל האצילות ומהם ימשיך השפע לזו"ן ו"ה דכללות האצילות ונקרא מים תחתונים. אח"כ יגביה ידיו וינטלם ויכוין להעלות ולרומם לזו"ן ו"ה הנק' גופא דכללות האצילות להלביש לאו"א י"ה נשמה חיה הנק' נשמתא דכללות האצילות וינשאם לאו"א [די"ט ע"ד] להלביש לא"א קוץ היו"ד יחידה דכללות ויכוין לחבר מכים תחתונים לעליונים ולחברם ולקשרם וליחדם עם האריך ביחודא שלים ויכוין להמשיך מהם שפע על נשמתו וגופו לקשר נשמתו עם גופו נטילה גי' ד' הויו"ת יהו"ה יהו"ה יהו"ה יהו"ה שהם או"א וזו"ן שהם דאותיות יהו"ה הכולל ולכן צריך נטילה ברביעית נגד אות אחת מארבע אותיות הכוללים אשר כל אות כולל כל השם:

גם נטילה אותיות ט"ל נה"י יכוין להמשיך השפע משלשה אותיות העליונות יה"ו העולים במילויים ט"ל לאות ה' אחרונה שהיא הנוק' העומדת בנה"י:

על נטילת ידים ר"ת ענ"י בגי' ק"ל ה' הויות יכוין להגביר הק"ל על העני ולמתקו בחמשה הויות:

סדר הנטילה תחילה נוטל הכלי כו' הוא סוד נשיקין הראשונים של קודם הזיווג ואז אבא מקדים ואח"כ שופך נטילה א' מידו השמאלי על ידו הימנית הוא סוד הזיווג התחתון ואז תחי' אימא מעלה מ"ן ה"ג לאבא וחוזר ושופך נטילה ב' מידו הימנית אל ידו השמאלית ואז אבא משפיע מ"ד ה"ח לאי' והרי עתה כולם נתונים

ביסוד ושופך נטילה שלישית מידו השמאלית לימנית ואז אימא משפעת השפע לחסד דז"א וחוזר ושופך מידו הימנית לשמאלית נטילה רביעית ואז החסד הנזכר משפיע לגבורה דז"א וחוזר ושופך מידו השמאלי' לימנית נטילה חמישית ואז הגבורות משפעת דרך הת"ת לנצח וחוזר ושופך נטילה ששית מידו הימנית לשמאלית ואז הנצח משפיע להוד דז"א וע"י השפשוף נמשך השפע לקו האמצעי:

הכלי שהמים באים בתוכם נק' נטל"א גי' ע"ה שלוב הוי"ה ואדנו"ת והם סוד זו"ן הנקרא גופא דכללות האצילות והמים שבתוכם הם מ"י דאלהים שהם חמשים יודין דאחוריים דד' שמות ע"ס מ"ב ודאחורי ד' שמות אהי"ה הידועים ואחורי השלשה שמות אלהים דיודי"ן דאלפין והם סוד המוחין שבתוך הזו"ן וכונת הנטילה היא להמשיך מרישא דאריך המגולה לאו"א וזו"ן המלבישים לחג"ת נה"י שבו ולכן הנטילה ברביעית סוד ד' אותיות הוי"ה שהם או"א וזו"ן המלבישים לקוץ היו"ד שהם עתיק ואריך ואלו הם שמות דא"א ועתי' ולכן נטילה גי' ד' הויות סוד ד' פרצופי הנזכר גם אותיות נטילה הם ט"ל נה"י והכונה להמשיך מהמוחין ב"ד יה"ו דאלפין ליעקב ורחל העומדין בנה"י ובשלשה נטילות דיד ימין יכוין במ"ב דע"ב והוא להמשיך שלשה מוחין כח"ב נח"י לאבא וז"א המלבישים לחסד ונצח דא"א ובג' נטילות דיד שמאל יכוין במ"ב דס"ג והוא להמשיך שלשה מוחין כח"ב נח"י לאימא ונוק' דז"א המלבישים לגבור' והוד דאריך ובשפשוף הידים יכוין במ"ב דמ"ה והוא להמשיך ג' מוחין כח"ב נח"י לישסו"ת ויעקב ורחל המלבישי' לת"ת ויסוד דאריך ובהגבהת הידים יכוין להעלות ולחבר זו"ן ויעקב ורחל סוד ו"ה דהי"ה זו"ן גופא דכללות האצילות מים תחתונים נר"ן דנפש להלביש לאו"א עילאין וישסו"ת י"ה דהי"ה חב"ד דכללות האצילות מים עליונים נר"ן דרוח ולחבר גופו עם נשמתו ויכוין להעלות כולם ולחבר כולם עם קוץ היו"ד סוד עתיק ונוק' ואריך ונוק' נשמתא לנשמתא נר"ן דנשמה כתר דכללות האצילות:

הקדמת חצות ומיד אחר ו' שעות מי"ב שעות של הלילה שהוא אחר י"ב שעות מחצות היום כשהחמה בראש כל אדם שאז הוא חצות היום ודאי בכל מקום בג"ע ובכל האיקלימים כנודע כי בג"ע היום והלילה שוים בקיץ ובחורף:

(**א"ה** ובנקודת המרכז דגן עדן עומד עץ החיים כמש"ה ועץ החיים בתוך הגן ובתוכו מלובש קו היושר דכל העולמות יורד ונוקב ומתפשט עד קרקעית עיגולי הפנימי דעגולי עתיק מצד חמציתם התחתון המתעגלים תחת כל מעשה בראשית

וסביבות עץ החיים הוא העדם וסביביו הוא [ד"כ ע"א] הגן וכל זה הוא שעור נקודת המרכז דכל העולם בכללו ושם היום והלילה שווים בקיץ ובחורף כמ"ש הכתוב ויהי ערב ויהי בוקר ואין היום לוה מן הלילה ולא הלילה מן היום ואין היום נכנס בגבול גהלילה ולא הלילה בגבול היום מה שאין כן בשבעה האיקלימים אשר כולם עומדים בקרן מזרחית צפונית דכל העולם בכללו כנודע ושם היום והלילה לוים זה מזה בכל איקלים כפי שיעור רחוקו מנקודת המרכז דכל העולם כך הוא שעור איחור אאו קרוב זריחת השמש ושקיעתו וכפי אותו השעור כך הוא שיעור שנוי היום והלילה דאותו האיקלי' מאיקלים אחר אמנם בחצי היום כשהחמה בראש כל אדם אז הוא ודאי חצות היום בכל חמקום ובכל איקלים כפי אותו השיעור. כ"י מהרב ש"ש זלה"ה כך קבלתי מהרב היר"א הי"ו) ומשיתחילו לנטות צללי ערב עד תשלום י"ב שעות אז הוא ודאי חצות הלילה ממש כי בחורף הלילה לוה שעות מתחילת היום ומסופו כמו שתי שלישי התוספות בקירוב מתחילת היום ושליש התוספת בקירוב בסוף היום וכמו כן בקיץ היום לוה מן הלילה שעות שליש התוס' בקירוב מתחילת הלילה ושני שלישים בקירוב מסוף הלילה וכנזכר בזוהר ויקהל דקצ"ה ע"ב כי אינון שעתי דמתוספאן בחורף דלילה דיממא אינון ולא אתחשיבו מליליא בר תריסר דאינון דילה וכמו כן אינון שעתי דמתוספן בקיץ ביממא דלילה אינון ולא אתחשיבו מיממא בר תריסר דאינון דיליה וכן היה זמן קרבן תמיד של בין הערביים מכי ינטו צללי ערב בין בחורף בין בקיץ הרי לנו מעשה גדול דזמן קרבן התמיד כנזכר ואע"פ שבקיץ משינטו צללי ערב עד שקיעת החמה יש יותר מו' שעות אותו הזמן העודף על הו' שעות הוא מתחילת הלילה הבאה וכן בחורף להיפך. באופן שאחר ו' שעות מי"ב שעות של הלילה כנ"ל אז הוא חצות הלילה ממש ותכף ומיד יתגבר כארי לקום משנתו ויזהר מאד שלא יעבור חצות והוא ישן כי אם יעבור חצות והוא ישן אז הוא טעים טעמא דמותא ומתדבק ומתקשר ברזא דמותא ושליט עליה סטרא דרוח מסאבא כי הוא יורד בחצי הרע דקלי' נוגה כי השינה בחצות הא' של הלילה הוא בבחי' חצי העליון דטוב דקלי' נוגה והוא כי בחי' השש שעות הראשונות של הלילה נקראים שתין נשמי כמבואר בדברי הרב ז"ל וכמ"ש בע"ה בכונת השיננה והישן באותם השש שעות הראשונות אותה השינה הן מעט הן הרבה נק' שתין נשמי חסר חד ולא טעים טעמא דמותא והוא חי כנז' בזוהר פ' ויגש דר"ז ע"א ואפי' ישן אחר חצות אחר שיאמר

הברכות ותיקון חצות אין בכך כלום ולא שליט עליה עוד רוח מסאבא ולא טעים עוד טעמא דמותר אחר שנתעורר בחצות והמשיך המוחין לז"א ע"י הברכות כי סכנת האחיזה והשליטה הנזכר של הקליפות הוא על מי שהיה ישן מקודם חצות ועבר עליו חצות ולא נתעורר אז שולטים עליו הקליפות כנז' אבל הישן אחר חצות אין להם שליטה עוד עליו ודלא כס' מקדש מלך שכתב משם הרמ"ז ע"ה על מאמר הזוהר הנזכר יע"ש כי גירסת הזוהר שלהם היה בלא הגהת דרך אמת וז"ל הזוהר דכד אתפליג ליליא וקדושה עילאה אתער ובר נש נאים בערסיה ולא אתער כו' ע"ש והאר"י ז"ל הגיה ובר נש דנאים בערסיה במקום מלת נאים כתב דנאים ר"ל שכבר היה ישן ולא אתער וגם ממה שאמר ולא אתער משמע שכבר היה ישן ולא אתער ושינת אחר חצות כבר כתבה הרב ז"ל בפי' אם אינו יכול לעמוד כל חצות עד הבוקר שיכול לישן אח"כ באופן שצריך זריזות וזהירות מאד לשמור נפשו שברגע חצות ימצא ניעור בפרט אם שורש נשמתו הוא מזיווג יעקב ולאה הנעשה אחר חצות לילה. ויברך ברכות השחר וצריך לאמרם אפילו שלא נתחייב בהם כגון שלא ישן או שלא פשט בגדיו או לא חלץ מנעליו וכיוצא אע"פ כן צריך לאמרם לפי שעל מנהגו [ד"כ ע"ב] של עולם נתקנו והם להמשיך מוחין לפרצופי העולמות העליונים חוץ מברכת על נטילת ידים ואשר יצר שאם לא נתחייב בהם לא יברך וחוץ מברכת שעשה לי כל צרכי בט"ב וביה"ך שאז כל העולם יחפים:

וזמנם מחצות הלילה ואילך וצריך להזהר לאומרם כולם בקומו בחצות הלילה כדי להחזיר המוחין שנסתלקו קודם חצות מהז"א הכולל דמדת היום ונתפשטו בנוק' הכוללת דמדת הלילה ועל ידם נגדלה כנגד כל אחורי הז"א ובחצות ממש ננסרת ובאה לפנים ומסתלקים המוחין ממנה ועולים למ"ן לאו"א ומזדווגים או"א וממשיכין מוחין חדשים דפנים ומתחדשים גם המוחין הראשונים וכנזכר כל זה באורך לקמן בברכת המעביר ע"ש. ועתה ע"י הברכות של השחר חוזרים המוחין ההם דאחור ופנים להתפשט בז"א הכולל דמדת היום וכדי להמשיך השפע המוחין לפרצופים העליונים ולבטל מהם אחיזת הקליפות שנתאחזו בהם קודם חצות כנודע וכדי לברר הבירורים המתייחסים לכל ברכה וברכה ואם לא יאמר אותם כולם בקומו בחצות מונע המשכת השפע והמוחין לפרצופים העליונים וגורם להשאיר אחיזת הקליפות במקומות עליונים ובנרנח"י שלו ובחושים שלו נשאר התפשטות הקליפות והוא משתמש בהם עם

אחיזת הקליפות שבהם וילכו בלא כח בעת ובזמן שהיה לו כח להפרידם ולבטלם והיא סיבה לכמה רעות ח"ו לכן ראוי להזהר לאומרם כולם בקומו בחצות ואפי' שהוא רוצה לישן אח"כ אין בכך כלום והוה ליה כישן ביום וכמ"ש הרב ז"ל על הקם בחצות אחר שיסדר ברכותיו ויאמר תיקון חצות ויעסוק בתורה כמו שעה אחת שאם אינו יכול לעמוד על עצמו שכול לחזור לישן רק שיקום קודם עמוד השחר כמו חצי שעה ויחזור ללמודו ולא חמיבעיא מי שישן וקם בחצות שצריך לעשות כן כנזכר אלא אפי' מי שלא ישן כלל והוא לומד מתחילת הלילה הנה בהגיע חצות צריך לאמרם חוץ מברכות התורה שאם לא ישן שאין צריך לאומרם עד שיעלה עמוד השחר אבל שאר הברכות צריך לאומרם וכנזכר בס"ה פ' ויקהל דקצ"ה ע"ב במעשה דר"א ור"י שהיו לומדים מתחילת הלילה וכשהגיע חצות ושמעו קול התרנגול ברכו כי אע"פ שמצדו לא נסתלקו המוחין מז"א דפרטות הנה מז"א דכללות נסתלקו ועתה חוזרים ואפ' מצדו נסתלקו עצמות הנרנח"י בהסתלקות המוחין הכוללים ועתה חוזרים מחודשים כנודע:

הקדמת הברכה:

ידוע הוא כי כל מה שאנו מבררים מחלקי הכלים דמלכים ומאורות דרפ"ח להעלותם לזו"ן ולהעלות אם הזו"ן למ"ד ומ"ן לאו"א להזדווג הוא זיווג דנשמות דפנימיות העולמות ולא זיווג דחיות העולמות כי זיווג דחיות נעשה ממילא שלא על ידינו ואין צורך לנו לקבל ד' מיתות ב"ד ולהעלות עם הזו"ן למ"ד ומ"ן אלא שהוא רוחא דיהיב אבא לאימא הוא מעלה מ"ד ומ"ן לאותו זיווג אבל זווג דנשמות אין או"א מתעוררים להזדווג אלא ע"י מה שאנחנו מבררים מחלקי הכלים דמלכים ומאורות דרפ"ח דזו"ן ומעלים אותם למ"ן כן צריך להמשיך לזו"ן מזיווג דחיצוניות דאו"א תשלום מוחין דיניקה כדי שיהיה להם כח להעלות ואח"כ להעלות הזו"ן למ"ד ומ"ן דזיווג דפנימיות דאו"א ועד"ז עושים זו"ן לאו"א לעורר זיווג דפנימיות דא"א וכן נעשה מפרצו' לפרצוף שעליו עד רום המעלות וכמבואר אצלינו במ"א סדר עליית התעוררות הזה מפרצוף לפרצוף בפרטות עד רום המעלות ע' ואז יוצא ויורד חלקי י"ס שם מ"ה החדש עם חלקי תשלום אורות דב"ן דאותם הבירורים שעלו המתייחסי' לאותה המצוה ומתפשטים מפרצוף לפרצוף וניתנים מוחין לאבי"ע דזו"ן באופן שבכל מצוה ועבודה וברכה צרי להמשיך לזו"ן שני מיני מוחין הראשון [ד"כ ע"ג] הוא מזיווג דחיצוניות דא"א והוא כדי לתת כח כלזו"ן כדי לעלות

למ"ד ומ"ן לעורר זיווג העיקרי דפנימיות דאו"א ולהמשיך ממנו המוחין השניים העיקריים המתייחסים לאותם המצות או הברכה והוא ע"ד סדר כוונת הק"ש כנודע:

והנה ענין כונת הברכה ביאר אותה הרב ז"ל בשלשה מקומות הא' בפי' מאמרי רשב"י ע"ה דמ"ב בפרשת עקב והב' בס' המצות בפ' עקב. והג' בשער הכונות ושלשת' הובאו בספר הכונות הישן בענין כונת הברכה וגם מהרח"ו ז"ל הביאם בספר עולת תמיד בענין כונת הברכה ולכן נעתיק ונביא דבריהם כאן בקיצור הא' מה שהביא בפרשת עקב מכ"י האר"י זלה"ה עצמו ז"ל בקיצור:

הנה בד' אותיות ברוך רמוזים כחב"ד כי אות כ' רומז לכתר עליון ואות ר' לחכמה ואות ב' לבינה ואות ו' לדעת והענין הוא כי בעלות ברכת האדם בכונה יורד מן הכתר עיון שהוא השורש עליון דכתר הטיפה הנעלמה לחכמה שהוא עתיק ומשם לבינה שהוא נוק' דעתיק עד הדעת שהוא א"א ונוקבא ועדיין השפע נעלם במקום גבוה ואח"כ במלת אתה יורד השפע להתחלת מקום הגילוי שהוא לחסד הנקרא אתה שהוא קו ימין דפרצוף חג"ת דז"א ואח"כ לת"ת הנק' הוי"ה שהוא קו אמצעי דפרצוף חג"ת הנז' דז"א ואח"כ אל הגבורה הנקרא אלהינו שהוא

קו שמאל דפרצוף חג"ת הנז' דז"א וכל זה השפע היורד למדות אלו (ע"ב) לא להשפיע למטה אלא לתת להם כח לחזור לעלות אל שורשם העליון לקבל משם שפע וגם להשפיע למטה ואם לא יקבלו זה השפע תחילה אי אפשר להם לעלות כד"א ולא יראו פני ריקם סוד הפנים פני משה ובעלותם ליסודות דאו"א נק' או"א מלך העולם אשר שהם היסודות דאו"א אשר עד שם עלו ואז יורד השפע והמוחין מאו"א לזו"ן וזהו קדשנו הם המוחין דחכמה דאו"א הנק' קדש (שלום וזהו קדשנו בת"ת הנז' במ"א ר"ל להמשיך המוחין דחכמה דאו"א הנקרא קדש לז"א הנקרא ת"ת והם נקרא צד דכורא שבו והוא לאותיות עצמן דכלים דז"א כנז"ל) בצותיו הם המוחין דבינה דאו"א הנק' מצוה (שלום והם למספר אותיות דכלים דז"א שהם נק' צד נוק' שבו) ומשם נמשכים ומתפשטים עוד עד נוק' דז"א מצוה תחתונה וזהו במצותיו תרי ממצוה עליונה עד מצוה התחתונה (שלום ור"ל כי בנין ותיקון רחל נוק' דז"א היא נתקנת ממוחין דאימא שהוא מספר אותיות דכלים דז"א כנז"ל והם בחי' ו"ק דב"ן וכמבואר אצלינו במ"א באורך ע"ש באופן שבמוחין דאימא הזו"ן הם משותפים וזהו במצותיו נו"ה הנז' במ"א ר"ל לזו"ן הנק' נו"ה כנודע וכן איהו בנצח ואיהי בהוד) וכ"ז

נהר שלום - לרש"ש

בברכת המצות כי מצוה תמשיך השפע מעולם הנעלם. אבל ברכת הנהנין אין אנו אומרים לא קדושה ולא מצוה כי אחר שנתברכו המדות הנזכר וחזרו לעלות אל הבינה להוריד שפע למטה לא הורידו שפע (לא בסוד בינה בדעת שבה ולא בסוד עלמא דאתי שהיא נקודה אמצעית שבה) אלא בסוד בינה עצמה מחיצונותה ולפיכך אנו אומרים בורא פרי כו' שהוא סוד בינה דמקננא בג' ספיראן בבריאה וזהו בורא ומשם ליצירה הנקרא פרי ת"ת בן י"ה דמקנן בז"ס ביצירה ומשם לעשיה הנקרא גפן או עץ או אדמה מלכות דמקננא בעשיה עכ"ל הרב ז"ל בפי' מאמר הרשב"י ז"ל:

שלום ביאור ענין זה החילוק דברכות המצות לברכות הנהנין הענין הוא כי הנה נודע כי או"א עילאין הם כנגד העה"ב שהוא פנימיות העולמות שאין בו אכילה ושתיה והם נק' פנים ונקרא ג"ר נח"י ונקרא חכמה חיה אצי' ר"ל א"ק ואבי"ע דאצי' והם מלבישים לא"ק ואבי"ע דא"ק באורך בשוה והם כלולים מפנימיות וחיצוניות אמנם [ד"כ ע"ד] בכללות נקרא כולם פנימיות וזיווגם נקרא זיווג שלים אלא שהוא כלול משלים ודלא שלים וכללות שניהם נק' שלים ומזיווגם נמשך נרנח"י ומוחין לזו"ן ע"י התפילות והתורה וברכותיהם בכוונה וכנגדם באדם הקנה והריאה:

וישסו"ת הם כנגד העה"ז שהוא החיצוניות דעולמות שיש בו מזון לגוף והם נק' ו"ק ונק' אחור ונקרא בינה נשמה בריאה ר"ל א"ק ואבי"ע דבריאה והם מלבישים לא"ק ואבי"ע דאצי' באורך בשוה וגם הם כלולים מפנימיות וחיצוניות ובכללותם נק' חיצוניות וזיווגם נק' זיווג דלא שלים אמנם הוא כלול משלים ודלא שלים אלא שבכללותם נק' דלא שלים והוא זיווג תדירי ולא פסיק וממנו נמשך מוחין דחיות ומזון ע"י ה' דברים אכילה ושתיה ורחיצה וסיכה ונעילת הסנדל ות"ה וברכותיהם בכונה וכנגדם באדם הם הושט ובני מעיים ושאר האיברים:

והנה כונת ברכות המצות הוא בעולם הנעלם הנק' עה"ב והוא פנימיות העולמות (פ"ג ע"א) שהם א"ק ואבי"ע דאצי' וכונת ברכות הנהנין הם בחיצוניות העולמות שהם נקרא עה"ז והוא א"ק ואבי"ע דבריאה וברכות המצות עצמן נחלקים לשנים כי המצות מעשיות הם וברכותיהם הם בחיצוניות דפנימיות הנז"ל והמצות שהם בדיבור הם וברכותיהם הם בפנימיות דפנימיות וכעד"ז בברכות הנהנין בפנימיות וחיצוניות דחיצוניות הנז"ל כבואר כל זה בע"ח שער פנימיות וחיצוניות פ"ב ובס' הכונות בענין סעודות דשבת

ובדרוש כל האוכל ושותה בט' וכו' ובכמה מקומות ונמצא כי אין חילוק בין ברכות המצות לברכות הנהנין כלל אלא שזה בפנימיות וזה בחצוניות:

וזה כונה השנית בענין הברכה ז"ל בקיצור כי הנה במלת ברוך יכוין להמשיך מספר מלוי ע"ב ס"ג מ"ה עם מ"ב אותיות דכל אחד מהם העולים כמספר ברוך מלוי ע"ב ומ"ב אותיות שבו לקו ימין דחג"ת הנק' אתה ומלוי דמ"ה ומ"ב אותיות שבו לקו אמצעי דחג"ת הנקרא הויה ומלוי דס"ג ומ"ב אותיות שבו לקו שמאל דחג"ת הנקרא אלהינו ויכוין להעלות את החג"ת הנז' עם המלכות הדבוקה באחורי הת"ת בכח ג' מ"ב הנז' אל הבינה הנקרא מלך העולם וגם המלכות נקרא מלך העולם על העולמות התחתונים ויכוין להמשיך מהבינה השפע הראוי אליהם כפי בחי' הברכה של המצוה ההיא או ההנאה ההיא עכ"ל בקיצור:

וזאת כונה השלישית המובא בשער הכונות ותחילה כתב הרב ז"ל שם כונת כל תיבות הברכה בתכלית הקיצור ואחר כך כתב כונת שלמה תיבות ברוך אתה ה' באורך וז"ל בקיצור ברוך תכוין להוא שביל דקיק המחבר חכמה עם בינה אשר ע"י אתה מוריד השפע אל הז"א כדי שיוכל לעלות למעלה. וביאור ענין זה הוא כי שני מיני שפע הם האחד הוא לקל בתחילה בחי' שפע לשיהיו ראויים ומוכנים לעלות ואחר שכבר עלו אז הם מקבלים השפע האמיתי הנכון והנאות להם ולכן בתחילה צריך להוריד שפע עליון ע"י ברוך הנזכר אל אתה שהוא החסד ואח"כ אל הוי"ה שהוא הת"ת ואח"כ אל אלהינו שהוא הגבורה ועי"ז השפע יכולים לעלות אל הבינה ואז בעלותם אליה נק' היא מלך כי אין מלך בלתי חיילות אשר מולך עליהם וגם היא נקרא העולם ואז לוקחין השפע האמיתי הראוי להם וזהו אשר קדשנו כו' פי' כי אשר הוא בבינה וקדשנו בת"ת ובמצותיו הם נו"ה וצונו ביסוד ואח"כ שארית תשלום הברכה כמו בורא פרי העץ וכיוצא הכל הוא במלכות וענין הנזכר להשפיע ב' מיני שפע הוא צודק בכל התפילות והעבודות וזכור ואל תשכח:

זה קיצור כונת ג' מילות ברוך אתה ה' הנזכר שם באורך תכוין כי מלת ברוך היא ביסוד דאבא הנקרא שביל [דכ"א ע"א] וביסוד דאימא הנקרא נתיב המחוברים תמיד בזיווג שהוא זיווג התדירי ויכוין להמשיך מלמעלה מספר ע"ב ס"ג מ"ה ב"ן העולים רל"ב כמספר ברוך עם ד' אותיותיו ליסוד דאבא הנקרא ברוך וגם ליסוד דאימא הנקרא ברכה ימשיך מספר קס"א קמ"ג אל קנ"א אשר ביסוד דאימא שבציור אותיותיו עולה למספר רל"ב

כמספר ברכה עם ד' אותיות והכולל וציור אותיותיו הוא באופן זה כי אות א' יכוין אותה בציור יו"ד מספר עשרים ודל"ת זו יכוין אותה חתוכה לב' וי"ן שהם י"ב ועם העשרים הם ל"ב ול"ב כזה יכוין בציור יו"ד דקנ"א הם ס"ד וכל (ע"ב) אחת מד' ההי"ן דקנ"א בציור ד"י ד"ו ג' וי"ן הם קס"ח ועם ס"ד הם רל"ב כמספר ברכה ע"ה ואם יחבר אותיות אלף עם רל"ב הנזכר עולים גש"ם שהם המ"ן שביסוד דאימא הנק' גבורות גשמים גם אותיות אלף הם אותיות פל"א שהוא יסוד דאבא המופלא ונעלם ומחובר ביסוד דאימא ופל"א עם שביל ועם שני כוללים גי' תנ"ה מספר קס"א קמ"ג קנ"א. גם תנ"ה עם כללות הז' שמות דע"ב ס"ג מ"ה ב"ן קס"א קמ"ג קנ"א עולים נתי"ב שהוא יסוד דאימא הרי איך שני היסודות מחוברים יחד וקשורים זה בזה:

אחר כך במלת אתה יכוין לב' יסודות המחוברים בבחי' זיווג ולהמשיך מיסוד דאבא ה"ח והם בחי' ה' הויות עם שמות הנזכר דע"ב ס"ג מ"ה ב"ן שביסוד ההוא דאבא אל היסוד דאמא אח"כ יכוין להמשיך מיסוד דאמא כל הז' שמות דע"ב ס"ג מ"ה ב"ן קס"א קמ"ג קנ"א עם ה' חסדים שנתן לה אבא אל המלכות דאימא שהיא בחי' ג' אהי"ה קס"א קמ"ג קנ"א ויש בה ה' גבורות ה' הויו"ת והרי ניתנו ונתחברו במלכיות דאימא כל הז' שמות הנז"ל וגם ה' חסדים וה' גבורות:

אחר כך במלת ההוי"ה יכוין להמשיך ולהוציא השפע הנז' מן המלכות דאמא עד המקיפים דמוחין שע"ג רישא דז"א אח"כ יכוין כי עתה הז"א הוא בן ו"ק ונקרא שם ב"ן ויכוין להמשיך לז"א הד' מוחין דע"ב ס"ג מ"ה ב"ן ויכוין לכלול כלם בשם ב"ן הנז' דז"א העולה בציור אותיותיו למספר רל"ב כמנין ע"ב ס"ג מ"ה ב"ן הנזכר באופן זה היו"ד עשרים ועם מספר השני וי"ן דאות ד' הם ל"ב וכל א' מד' ההין בציור ד"י ד"ו שלשה וי"ן ועם מספר ד' ההי"ן עצמם הפשוטות ועם מספר השני וי"ן דב"ן עולים רל"ב עכ"ל בקיצור:

נמצא כי תכלית כונת הברכה כפי ביאור פי' הא' הוא זה שבמלת ברוך יכוין להמשיך שפע מכ"ע לחב"ד דכתר שהם שרשי או"א וישסו"ת והם עתיק ונוק' חו"ב וא"א ונוק' דעת ולזווגם ולהמשיך מהם השפע גם לאו"א וישסו"ת שגם הם בכלל חב"ד כמבואר בדרוש הדעת ובכונת השופר (אמנם בפירוש זה לא נתבאר מה הוא השפע הזה הנמשך מכ"ע לחב"ד דכתר ולאו"א) ולזווג גם לאו"א ולהמשיך משם השפע בשלשה מלות אתה ה' אלהינו לג' קוי חח"ן בג"ה דת"י דפרצוף חג"ת דחג"ת דז"א להכינם ולתת

להם כח לעלות למ"ד ומ"ן לאו"א וכיון שעיקר השפע הזה הוא לפרצוף חג"ת דז"א ודאי הוא שגם הזיווג הזה הנז' בחב"ד דכתר ואו"א וישסו"ת הוא בפרצוף חג"ת דחג"ת שלהם שהוא נרנח"י דרוח דרוח כמבואר בכמה מקומות ובפרט בשער המוחין כי כפי בחי' הנתקן בזו"ן כך מפרצוף דוגמתו באו"א ובפרצופים העליונים מזדווגים ומשם ממשיכים מוחין לאותו הפרצוף דזו"ן נפש מנפש שלהם לפרצוף נה"י דזו"ן בעיבור רוח מרוח שלהם לפרצוף חג"ת דזו"ן ביניקה כו' (גם בפי' זה לא נתבאר מה הוא השפע הזה הנמשך לג' קוי פרצוף חג"ת דחג"ת דזו"ן) ואאחר כך במלת מלך העולם יכוין להעלות את החג"ת הנז' דזו"ן למ"ד ומ"ן לחב"ד דאו"א [דכ"א ע"ב] ודפרצופים העליונים ולזווגם ולהמשיך השפע והמוחין עד היסודות שלהם במלת אשר. ואח"כ במלת (פ"ד ע"א) קדשנו יכוין להמשיך השפע והמוחין דחכמה דאו"א למ"ה דמ"ה וב"ן דפרצופי חב"ד דחג"ת הנז' דזו"ן. ובמלת במצותיו ימשיך השפע והמוחין דבינה דאו"א לב"ן דמ"ה וב"ן דפרצופי חב"ד דחג"ת הנז' דזו"ן. ונתבאר כאן כי סדר המשכת השפע הזה הוא בברכת המצות שבה נרמז קדושה ומצוה והוא מזיווג שלים דאו"א עילאין הנק' קדש והוא פנימיות העולמות הנקראים עה"ב כנודע והם א"ק

ואבי"ע דאצי' כנז"ל אבל המשכת השפע דברכת הנהנין אינו אלא מחיצוניות דאו"א מזיווג דלא שלים דאו"א והם ישסו"ת והוא חיצוניות העולמות הנק' עה"ז והוא א"ק ואבי"ע דבריאאה כנז"ל: **ובכונה** הב' הנז"ל המובא בס' המצות ובס' עו"ת בכונת הברכות כל עצמו לא בא אלא לבאר מה הוא עצמות השפע הנמשך בברול שלשה קוי פרצוף חג"ת דחג"ת הנ"ל מה שלא ביאר בכונה הראשונה הנז"ל המובא בפי' מאמרי הרשב"י ע"ה. וביאר כי השפע הנמשך לג' קוי פרצוף חג"ת דחג"ת בשלשה מלות אתה ה' אלהינו מהזיוג הנעשה במלת ברוך שהוא המ"ב אותות דע"ב ס"ג מ"ה עם מספר המלויים דע"ב ס"ג מ"ה העולים כמספר ברוך שיכוין להמשיכם במלת ברוך מן כח"ב דחג"ת דחג"ת דאו"א ולהמשיכם בשלשה מלות אתה ה' אלהינו לכח"ב דחג"ת דחג"ת דז"א ולמלכות העומדת אחורי הת"ת שהיא נוק' דחג"ת דז"א וכבר נודע הכלל בכל השמות כי פשוט בכתר ומלא בחכמה ומלא דמלא בבינה. גם נודע כי שם מ"ב הוא ביצירה שהוא פרצוף חג"ת והוא נקרא ז"א ו"ק דמקננן ביצירה. גם נודע כי כל מ"ב איהו ברישא. גם נודע כי רישא דמלכא אתתקן בחו"ג שהם התרין עטרין ודעת המחברם המלובשים בתלת פרקין תתאין דחג"ת

כשמתחלקים פרקי הו"ק לי"ס ואלו נק' בערך י"ס של הפרצוף ההוא או"א וישסו"ת כי התרין פרקין עילאין דחג"ת עלו להיות כלים לג"ר שהם הפרצופים הפנימים דחב"ד דמוחין הנק' חב"ד דכתר והם נקראא בערך י"ס של הפרצוף ההוא עתיק ונוק' חו"ב וא"א ונוק' חו"ג דדעת עליון וכנז' כל זה בדרוש הדעת ובשער המוחין ובדרוש השופר ובכמה מקומות ואלו המ"ב הם מ"ב דאותיות ולא דמספר והם דפנים ולא דאחור נמצא שהם נמשכים מפנים דט"ס עליונות דכח"ב דחג"ת דחג"ת דאבא ואימא לפנים דט"ס עליונות דכח"ב דחג"ת דחג"ת דזו"ן:

נמצא ששני פירושי הכוונות הנזכר הם כוונה אחת וסדר א' אלא שבפירוש השני נתבאר מה הוא השפע שכתב בפירוש הראשון הנמשך לג' קוי פרצוף חג"ת דחג"ת כנזכר והוא הוא הסדר עצמו שכתב בס' הכוונות בכוונת כל תיבת הברכה בקיצור הנז"ל:

אמנם פירוש השלישי המובא בספר הכוונות שהוא כוונת ג' תיבות ברוך אתה ה' הוא ענין בפני עצמו ואינו מענין השני פירושים הנז"ל והוא כי בא לבאר סדר המשכת המוחין דנח"י דנרנח"י דרוח הנמשכים במלת הוי"ה לתלת פרצופי חב"ד דחג"ת דז"א. והענין הוא כי מלבד הזווג דחג"ת דפרצופים העליונים ודאו"א וישסו"ת הנז"ל במלת ברוך גם צריך לכוין עוד במלת ברוך לזווג פרצופי חב"ד דחג"ת דפרצופי הנזכר לעיל העליונים ולהמשיך משם ע"ב ס"ג מ"ה (ע"ב) ב"ן לחב"ד דחג"ת דאבא וקס"א קמ"ג קנ"א לחב"ד דחג"ת דאמא ולזווגם. ובמלת אתה יכוין להמשיך מיסוד דאבא הארבע שמות ליסוד דאמא ומשם ימשיך כל השבעה שמות למלכות דאימא. ובמלת הויה יכוין להמשיך המוחין ממלכות דאמא ע"ג המקיפים דז"א ואח"כ להמשיכם לחב"ד דחג"ת דז"א וכנז"ל:

[דכ"א ע"ג] **נמצא** כפי זה שצריך לכוין במלת ברוך לזווג כל החמשה פרצופים דפרצוף חג"ת הנז' ולכלול אותם בבחי' שני זיווגים זיווג א' בפרצופי נה"י וחג"ת דחג"ת הנז' הנק' תמיד פרצופי עיבור ויניקה ונקרא חיצוניות בערך פרצופי חב"ד הנק' תמיד פרצופי גדלות ונקראא פנימיות. וזיווג ב' בפרצופי חב"ד דחג"ת הנז' דפרצופי חב"ד העליונים ודאו"א וישסו"ת ולהמשיך מזווג חיצון דנה"י ומג"ת הנז' בג' מילות אתה ה' אלהינו מוחין והם בערך מוחין דעיבור ויניקה עם נרנח"י דנ"ר דנרנח"י רוח לב' פרצופי נה"י וחג"ת דפרצוף חג"ת דז"א. ובמלת הוי"ה ימשיך מזיווג פנימי דחב"ד דחג"ת הנז' מוחין דגדלות

נהר שלום - לרש"ש

עם נרנח"י דנח"י דרוח לתלת פרצופי כחב"ד דפרצוף חג"ת דז"א:

ואחר כך במלות מלך העולם יכוין להעלות המוחין עם הנרנח"י דנרנח"י דרוח דחמשה פרצופי חג"ת הנ"ל דז"א עם חלקי בירורי הכלים וחלקי אורות דרפ"ח דחב"ד הכוללים דאותו הפרצוף דפנימיותך דאבי"ע (במצות שהם בדיבור דפנימיות דאצי') (במצות מעשיות דחיצוניות דאצילות) (דברכת הנהנין דבריאה) המתייחס לאותה המצוה אאו ההנאה וכמ"ש בע"ה וגם בקיצור כל פרט ובפרט במקומו בע"ה ויכוין להעלותם למ"ד ומ"ן לפרצופים הפנימיים דכח"ב דישסו"ת ודאו"א ודא"א ודעתיק יומין ולזווגם ולהמשיך משם צלמי המוחין דמ"ה וב"ן פנימיים ומקיפים עם נרנח"י דנח"י דאותו הפרצוף המתייחס לאותה המצוה או ההנאה. ובמלת אשר ימשיך צלמי המוחין הנ"ל ליסודות דישסו"ת ובמלת קדשנו ימשיך מקיפי ל"מ דצלמי המוחין דחכמה דאו"א לחב"ד וחג"ת דפרצופי כחב"ד דמ"ה ודמ"ה דב"ן דחכמה דז"א. ובמלת במצותיו ימשיך מקיפי ל"מ דצלמי המוחין דבינה דאו"א לחב"ד וחג"ת דפרצופי כחב"ד דב"ן דמ"ה וב"ן דב"ן דבינה דזו"ן. ובמלת וציונו ימשיך התפשטות מקיפי ל"מ הנז"ל דו"ק דאו"א לחב"ד וחג"ת דפרצוף ז"א דז"א ובסיום הברכה ימשיך מהתפשטות המקיפים הנז' דמלכות דאו"א לחב"ד וחג"ת דמלכות דז"א הפרטית ולכל פרצופי בי"ע:

ובברכת הנהנין יכוין כנ"ל עד סוף כונת מלך העולם אלא שהוא באבי"ע דבריאה כנ"ל ואח"כ במלת בורא יכוין להמשיך צלמי המוחין ליסודות דישסו"ת כמו כונת מלת אשר ויכוין להמשיך מקיפי ל"מ דצלמי המוחין דחו"ב דאו"א וחב"ד וחג"ת דמ"ה וב"ן דפרצופי כחב"ד ודבריאה דז"א דאצי' ודבריאה:

פרי יכוין להמשיך מקיפי ל"מ דצלמי המוחין דו"ק דאו"א לחב"ד וחג"ת דמ"ה וב"ן דפרצופי כחב"ד דיצירה דז"א דאצי' ודיצירה:

העץ יכוין להמשיך מקיפי ל"מ דצלמי המוחין דמלכיות דאבא ואימא לחב"ד וחג"ת (פ"ה ע"א) דמ"ה וב"ן דפרצופי כחב"ד דעשיה דז"א דאצילות ודעשיה. ואח"כ ע"י עשיית המצוה ההיא או הנאת ההנאה ההיא הנעשית בגוף האדם ממש ולא על ידי דיבור לבד אז יכוין להמשיך המוחין הפנימיים דצ' דצלמי המוחין הנז"ל דאו"א לנה"י דפרצופי כחב"ד דמ"ה וב"ן דמ"ה ומ"ה וב"ן דב"ן דזו"ן ודיעקב ורחל ודמלכות ודבי"ע ע"ד הנז' בברכה:

וזה סדר כונת הברכה בקיצור כפי ביאור כל ג' כונות הנז"ל:

נהר שלום - לרש"ש

ברוך יכוין להמשיך שפע מכ"ע שהוא השורש העליון לפרצופי נה"י וחג"ת דחג"ת וגם לפרצוף חב"ד דחג"ת דחו"ב דכתר שהם נק' עתיק ונוקביה ויכוין לזווגם ב' זיווגים זיווג תחתון דנה"י וחג"ת הוא הוי"ה אהי"ה וזיווג עליון דחב"ד חג"ת הוא אהי"ה הוי"ה ולהמשיך מהם שפע לפרצופי נה"י וחג"ת דחג"ת וגם לפרצופי חב"ד דחג"ת דחו"ג דדעת דכתר שהם נקרא א"א ונוק' ויכין לזווגם של זיווגים זיווג תחתון דנה"י וחג"ת הוי"ה ואהי"ה וזיווג עליון דחב"ד דחג"ת אהי"ה הוי"ה ויכוין להמשיך מזיווג תחתון דנה"י וחג"ת הנזכר דהוי"ה ואהי"ה שפע לפרצופי נה"י וחג"ת דאו"א וישסו"ת ומזיווג עליון דאהי"ה הי"ה דחב"ד דחג"ת הנז' יכוין להשיך מספר ע"ב ס"ג מ"ה ב"ן מפנים דמלכיות דחכמות דחו"ב וחו"ג דמ"ה וב"ן דמ"ה דחב"ד דחג"ת דא"א לפנים דמלכיות דחו"ב וחו"ג דמ"ה וב"ן דמ"ה דחב"ד דחג"ת דאבא ויש"ס ומספר קס"א קמ"ג מפנים דמלכיות דחכמות דחו"ב דמ"ה וב"ן דב"ן דחב"ד דחג"ת דא"א לפנים דמלכיות דחכמות דחו"ב דמ"ה וב"ן דב"ן דחב"ד דחג"ת דאימא ותבונה:

ויכוין לזווג פרצופי נה"י וחג"ת דחג"ת דאו"א וישסו"ת הוי"ה ואהי"ה ולהמשיך ולהוציא מזיווגם ג' מלויי ע"ב ס"ג מ"ה עם ג' מ"ב דאותיות דפשוט ומלא ומלא דמלא דע"ב ס"ג מ"ה מפנים דט"ס כח"ב חג"ת נה"י דכח"ב דחח"ן בג"ה דת"י דנה"י וחג"ת דחג"ת עם נח"י דנרנח"י דרוח דרוח דמ"ה. וב"ן מלובש בהם:

ויכוין לזיווג פרצופי חב"ד דחג"ת דאו"א וישסו"ת אהי"ה הוי"ה ולהמשיך מספר ע"ב ס"ג מ"ה ב"ן מפנים דמלכיות דחכמות דחו"ב וחו"ג דחב"ד דאבאא ויש"ס ליסוד דפרצוף חב"ד שלהם ומספר קס"א קמ"ג מפנים דמלכיות דחכמות דחו"ב דחב"ד דאימא ותבונה ליסוד דפרצופי חב"ד שלהם שבו שם קנ"א מצוייר באותיוו כנ"ל:

אתה יכוין להמשיך מיסוד דפרצופי חב"ד דחג"ת דאבא ויש"ס מספר ע"ב ס"ג מ"ה ב"ן הנז"ל עם ה' חסדים ה' הויות ליסוד דפרצופי חב"ד דחג"ת דאימא ותבונה ואח"כ יכוון להמשיך מיסוד הנזכר דאמא ותבונה מספר כל השבעה שמות דע"ב ס"ג מ"ה ב"ן קס"א קמ"ג קנ"א עם החמשה חסדים למלכות עטרת יסוד דאימא ותבונה שהיא בחינת שלשה שמות קס"א קמ"ג קנ"א ויש בה ה"ג חמשה הויו"ת ויחבר ה' חסדים עם ה' גבורות הנזכר:

ויכוין להמשיך מלוי דע"ב עם אאותיות דמ"ב דפשוט ומלא ומלא דמלא דע"ב הנז"ל הנמשך מפנים דט"ס עליונות דכח"ב דחח"ן

דפרצופי נה"י וחג"ת דחג"ת
דאו"א וישסו"ת עם נח"י דחיה
דרוח דרוח דמ"ה וב"ן דמ"ה
מלובש בהם לפנים דט"ס עליונות
דכח"ב דחח"ן דפרצופי נה"י
וחג"ת דחג"ת דמ"ה וב"ן דמ"ה
דזו"ן:

יהו"ה יכוין להמשיך מלוי דמ"ה
עם אותיות דמ"ב דפשוט ומלא
ומלא דמלא דמ"ה הנז"ל הנמשך
מפנים דט"ס עליונות דכח"ב
דדת"י דפרצוף נה"י וחג"ת דחג"ת
דאו"א וישסו"ת עם נח"י דרוח
דרוח דרוח דמ"ה וב"ן דמ"ה ומ"ה
וב"ן דב"ן מלובש בהם לפנים
דט"ס עליונות דכח"ב דדת"י
דפרצופי נה"י וחג"ת דחג"ת דמ"ה
וב"ן דמ"ה וב"ן דב"ן דזו"ן:

גם יכוין להוציא ולהמשיך ממלכות
דחב"ד דחג"ת דאמא ותבונה כל
שפע המוחין הנז"ל שהוא כל הז'
שמות דע"ב ס"ג מ"ה ב"ן קס"א
קמ"ג קנ"א עם החו"ג עם נרנח"י
דנח"י דנרנח"י דרוח דמ"ה וב"ן
מלובשים בהם עד מקיפי המוחין
דע"ג רישא דחב"ד דחג"ת דז"א:

אחר כך יכוין להמשיך שפע ד'
המוחין דז' שמות דמ"ה וב"ן הנז'
למוחין עצמם דחו"ב וחו"ג דו"ק
דחב"ד דחג"ת דמ"ה וב"ן דז"א
שעד עתה היה ב"ן ו"ק ונקרא
בשם ב"ן דההי"ן עתה יכוין
להמשיך ולכלול המוחין הנז' בשם
ב"ן הזה ולכוין אותו בציור
אותיותיו שעולה למספר רל"ב.
ויכוי לכלול לחבר הוי"ה ואדני

שהם סוד מ"ה וב"ן דזו"ן דכללות
ופרטות. גם יכוין לקשר ולחבר
נוקבא דז"א הנקרא אדנ"י בשם
הוי"ה באופן זה כי ג' אותיות יה"ו
הוא הז"א ואות ה' אחרונה היא
נוק' ונק' שם אדנ"י:

אלהינו יכוין להמשיך [דכ"ב ע"א]
מילוי דס"ג עם אותיות דמ"ב
דפשוט ומלא ומלא דמלא דס"ג
הנז"ל הנמשך מפנימיות דט"ס
עליונות דכח"ב. ובג"ה דפרצו'
נה"י וחג"ת דחג"ת דאו"א
וישסו"ת עם נח"י דנשמה דרוח
דרוח דמ"ה וב"ן דב"ן מלובש הם
לפני' דט"ס עליונות דכח"ב דבג"ה
דפרצופי נה"י וחג"ת דחג"ת דמ"ה
וב"ן דב"ן דזו"ן:

מלך העולם יכוין להעלות המוחין
עם הנרנח"י דנרנח"י דרוח
דחמשה פרצופי חג"ת הנ"ל דז"א
עם חלקי בירורי הכלים וחלקי
אורות דרפ"ח דחב"ד הכוללים
דאותו הפרצוף דפנימיות דאבי"ע
(במצות שהם בדבור דפנימיות
דאצילות) (במצות מעשיות
דחיצוניות דאצילות) (דברכת
הנהנין דבריאה) המתייחס
לאותה המצוה או ההנאה ההיא
ויכוין להעלותם למ"ד ומ"ן
לפרצופים הפנימיים דכחב"ד
דישסו"ת ואו"א והוא שהזו"ן
מבררים מחלקי כלים דאחוריים
דפרצופים הפנימיים דכח"ב
דישסו"ת ואו"א ומעלים אותם
להם למ"ד ומ"ן וכעד"ז מאו"א
לא"א ומא"א לעתיק ועד רום

המעלות והוא על סדר כוונת העלאת מ"ד ומ"ן דק"ש כמ"ש שם בפרטות ע"ש. ויכוין להוציא ולהמשיך שפע צלמי המוחין של אותה המצוה או אותה ההנאה עם הנרנח"י דנרח"י דנח"י מלובשים בהם לפרצופים הפנימים דכחב"ד דמ"ה וב"ן דעתיק ולהשאיר שם המובחר שבהם ולזווג המ"ה וב"ן הנז' דעתיק ולהמשיך השאר למ"ה וב"ן דכחב"ד דא"א וכעד"ז (פ"ו ע"א) כולם ולזווג מ"ה וב"ן דא"א ולהמשיך השאר למ"ה וב"ן דאו"א ולזווגם ולהמשיך השאר לישסו"ת ולזווגם ולהמשיך שארית צלמי המוחין הנ"ל במלת אשר ליסודות דישסו"ת:

קדשנו יכוין להמשיך דמקיפי ל"מ דצלמי המוחין דחכמות דאו"א וישסו"ת עם נרנח"י דחיה שבהם לחב"ד וחג"ת דמ"ה וב"ן דפרצו' כחב"ד דאצי' דז"א דאצי' (ודאצי') דאבי"ע דאצילות:

במצותיו יכוין להמשיך מקיפי ל"מ דצלמי המוחין דבינות דאו"א וישסו"ת עם נרנח"י דנשמה שבהם לחב"ד וחג"ת דמ"ה וב"ן דפרצופי כחב"ד דבריאה דז"א דאצילות ודבריאה דאבי"ע דאצילות:

וצונו יכוין להמשיך מקיפי ל"מ דצלמי המוחין דו"ק דאו"א וישסו"ת עם נרנח"י דרוח שבהם לחב"ד ותג"ת דמ"ה וב"ן דפרצופי כחב"ד דיצירה דז"א דאצילות ודיצירה דאבי"ע דאצילות:

ובסיום הברכה יכוין להמשיך מקיפי ל"מ דצלמי המוחין דמלכיות דאו"א וישסו"ת עם נרנח"י דנפש שבהם לחב"ד וחג"ת דמ"ה וב"ן דפרצופי כחב"ד דעשיה דז"א דאצי' ודעשיה דאבי"ע דאצילות ובברכת הנהנין יכוין כנ"ל עד סוף כונת מלך העולם אלא שהוא באבי"ע דבריאה כנ"ל ואח"כ במלת:

בורא יכוין להמשיך מקיפי ל"מ דצלמי המוחין דחכמות ובינות דאו"א ויש"ס ותבונה עם נרנח"י דחיה ונשמה שבהם לחב"ד וחג"ת דמ"ה וב"ן דפרצופי כחב"ד דאצילות ובריאה דז"א דאצילות ודבריאה דאבי"ע דבריאה:

פרי יכוין להמשיך מקיפי ל"מ דצלמי המחין דו"ק דאו"א וישסו"ת עם נרנח"י דרוח שבהם לחב"ד וחג"ת דמ"ה וב"ן דפרצופי כחב"ד דיצירה דז"א דאצילות ודיצירה דאבי"ע דבריאה:

העץ יכוין להמשיך מקיפי ל"מ דצלמי המוחין דמלכיות דאו"א וישססו"ת עם נרנח"י דנפש שבהם לחב"ד וחג"ת דמ"ה וב"ן דפרצופי כחב"ד דעשיה דז"א דאצילות ודעשיה דאבי"ע דבריאה. ואחר כך ע"י עשיית המצוה ההיא או הנאת ההנאה ההיא הנעשית בגוף האדם ממש ולא ע"י [דכ"ב ע"ב] דבור לבד אז יכוין להמשיך המוחין הפנימיים דצ'

דצלמי המוחין הנ"ל דאו"א לנה"י דפרצופי כחב"ד דמ"ה וב"ן דמ"ה ומ"ה וב"ן דב"ן דזו"ן ודיעקב ורחל ודמלכות ודבי"ע ע"ד הנזכר בברכה:

נמצא שתכלית קיצור כוונת הברכה הוא להמשיך שפע מכתר עליון שני זווגים פנימים וחצון דעתיק כנ"ל ומשם לב' זווגים דא"א ומשם לב' זווגים דאו"א וישסו"ת ומשם ימשיך השפע לזו"ן זהו מטבע כוונת הברכה וזה המטבע אינו משתנה לעולם בכל ברכות המצות והנהנין והשבח וההודאה בכל עת וזמן וזה חוץ מאיזה כוונת פרטיות שכתב הרב ז"ל לכוין באיזה ברכות פרטיות כמ"ש כל אחד במקומו בע"ה:

אמנם צריך שידע לאיזה פרצוף מפרצופי זו"ן הוא צריך להמשיך השפע באותה הברכה שמברך וכפי אותו הפרצוף כך יכוין במטבע כונת הברכה בפרצוף דוגמתו מפרצוף עתיק וא"א ואו"א וישסו"ת להמשיך להם השפע ולזווגם ומהם ימשיך השפע לאותו הפרצוף דזו"ן כגון בברכת ענ"י דשחרית שהיא באריך דז"א יכוין להמשיך שפע מכ"ע לב' זווגים דאריך דעתיק ומשם לב' זווגי אריך דאריך ומשם לב' זווגי אריך דאו"א וישסו"ת ומשם ימשיך השפע לאריך דזו"ן דאבי"ע כנז"ל. ובברכת אשר יצר שהיא באו"א דזו"ן יכוין לזווגי או"א דעתיק ואריך ואו"א וישסו"ת ומשם ימשיך השפע לאו"א דזו"ן דאבי"ע וכן בברכת אלהי נשמה שהיא בישסו"ת דזו"ן יכוין לזווג ישסו"ת דעתיק וא"א ואו"א וישסו"ת ומשם ימשיך השפע לישסו"ת דזו"ן דאבי"ע. וכעד"ז בכל הברכות כל ברכה בפרצוף המתייחס אליה וכמ"ש כל אחד במקומו בע"ה:

כונת הברכות בא"י הנותן לשכוי כו':

אחר כך יאמר הח"י ברכות שהם מהנותן לשכוי כו' עד סוף ברכת התורה לתקן ח"י בחי' דפרצו' אמצעי דז"א דעשיה דאצי' ודעשיה שהוא ח"י אותיות דו' צירופי שמות אל"י והם ט"ס דאור ישר וט"ס דאו"ח דז"א וח"י בחי' הנתקנים בו ע"י אלו הברכות הם אלו לתקן בו כלים דג' פרצופים ולהמשיך להם ג' מקיפים דכלים מקי' לכל פרצו' דט"ס שבו הרי ששה בחי'. וגם יכוין להמשיך לג' פרצוף הנז' תלת צלמי דמוחין פנימים דצ' דצלם וגם מקי' דל"מ דכל צלם הרי שה בחי'. גם יכוין להמשיך להם לכל פרצוף נרנח"י פנימים וג' מקיפים הרי ששה בחינות והרי הם ח"י בחינות ג' כלים פנימים ג' מקי' ג' מוחין פני' וג' מקיפים ג' מיני נרנח"י פנימים וג' מקיפי' כנז' (כנזכר דרוש ראשון משער פרטי העולמות סכ"י) בפ"ח משער חיצוניות ופנימיות כ"ז בט"ס דאור ישר

וכנגדם בט"ס דאור חוזר דפרצוף האמצעי דז"א הנזכר:

ועניו אור ישר ואור חוזר בכללות ובקיצור נמרץ הוא זה הנה ברדת האור ממקורו לתקן עשר ספירות של איזה פרצוף או של הצלם דמוחין הנה הוא מתפשט ביושר ועושה י"ס דכתר של הבחי' ההיא מכתר ועד המלכות שבו ומכח ריבוי ומרוצת האור עד למטה חוזר האור מתתא לעילא ועולה עד מקורו שבכתר דכתר ובהעלותו מתתא לעילא עושה י"ס לכתר מבחי' אור החוזר ההוא כנגד י"ס דיושר דכתר ונשלם פרצוף הכתר של הפרצוף ההוא וחוזר ומתפשט האור מעילא לתתא ביושר ועושה י"ס דיושר דחכמה די"ס ההם מכתר שבו עד מלכות שבו וחוזר ועולה מתתא לעילא ועושה י"ס לחכמה מבחי' אור חוזר כנגד י"ס דיושר דחכמה ונשלם פרצוף החכמה של הפרצוף ההוא וחוזר ומתפשט האור מעילא לתתא ביושר ועושה י"ס דיושר לבינה די"ס [דכ"ב ע"ג] ההם וחוזר ועולה ועושה י"ס לבינה מבחי' אור חוזר כנגד י"ס דיושר שבה ונשלם פרצוף הבינה של הפרצוף ההוא וכן עד"ז עושה עד תשלום הי"ס של הפרצוף ההוא או הצלם ההא של המוחין ועד"ז היה בי"ס דפרטי פרטות דפרצוף ההוא:

כי שמע קול תרנגול יאמר ברכת הנותן לשכוי בינה ופי' ברכה זו ועניינה וכונתה הוא זה ז"ל הרב ז"ל הנה שכוי עם הכולל גימטריא מלאך גבריאל והוא סוד הגבורות שביסוד דאימא והם סוד ליל והם סוד יין המשכר וצריך להמשיך מהבינה מיתוק לשכוי שהם הגבורות הנזכר ויהיו ליין המשמח בסוד ויבא לו יין דארמי ביה מיא מאתר רחיק ע"כ. והענין הוא כי היום והלילה הם כ"ד שעות והם זו"ן דכללות והם שני המאורות הגדולים ונקרא מדת יום ומדת לילה והם המ"ה וב"ן דא"ק ונחלקים לד' זמנים כי הז"א הנקרא מדת יום נחלק לשני זמנים והנוק' הנק' מדת לילה נחלקת לב' זמנים וממשלת עליון באלו הארבעה זמנים אינה שוה כי מתחלת הלילה עד חצות הוא בירור ותיקון והמשכת מוחין דב"ן דב"ן לפרצופי ב"ן דב"ן דזו"ן דכללות דכל הכ"ד שעות ואלו הם המוחין הנז"ל שהם נק' ליל שהם יין המשכר ומחצות הלילה עד הבוקר הוא בירור ותיקון והמשכת מוחין דב"ן דמ"ה לפרצופי ב"ן דמ"ה דזו"ן והם סוד יין המשמח ומהבוקר עד חצות היום הוא (פ"ח ע"א) בירור ותיקון והמשכת מוחין דמ"ה דמ"ה לפרצופי מ"ה דמ"ה דזו"ן ומחצות היום עד הלילה הוא בירור ותיקון והמשכת מוחין דמ"ה דב"ן לפרצופי מ"ה דב"ן דזו"ן כל זה הוא בזו"ן דכללות דכל הכ"ד שעות אשר תיקונם הוא באופן הנזכר כי ב"ן דב"ן הנתקן עד

חצות הלילה הוא נק' נוק' ונק' אחור דאחור והם סוד התפשטות המוחין בנוק' בלילה וב"ן דמ"ה הנתקן מחצות עד הבוקר הוא סוד דכורא ונקרא פנים דאחור ובערכם נק' מוחין דפב"פ וע"י חוזרים פרצופי ב"ן דב"ן עם ב"ן דמ"ה פב"פ בחצות ומזדווגי' ונותן לה הכלי והרוחא כנזכר לקמן בברכת המעביר והם בערך יעקב ורחל לגבי זו"ן הנתקנים ביום שהם מ"ה דמ"ה ומ"ה דב"ן והם נקראי' דכורא בערך ב"ן דב"ן וב"ן דמ"ה והם נק' מוחין דפנים בפנים דכללות אבל בערך עצמם הם דכר ונוק' כי מ"ה דב"ן הוא נוק' והוא אחור דמ"ה דמ"ה הנקרא דכורא ונקרא פני כל זה בכללות חוץ מפרטי זו"ן ויעקב ורחל וכל פרצופי אבי"ע שבכל זמן מארבעה זמנים דיום ולילה הנז"ל ויש תיקון דאחור באחור ופנים בפנים וזיווג וחיבוק ונישוק בכל זמן ועיין לקמן בהקדמת ביאור ברכת המעביר כי שם מבואר ענין זה היטב אע"פ שהוא בקיצור הוא מפורש היטב ע"ש כי זה הוא בזו"ן הכוללים דכ"ד שעות דיום שעבר:

נחזור לענין כי השכוי הנז' הם המוחין דב"ן דב"ן שהם נק' בכללות בג"ה דצלם דאימא ודת"י דגבורות דיסוד דאימא ומיתוק הנז"ל שצריך להמשיך מהבינה להמתיק השכוי הנזכר הם המוחין דב"ן דמ"ה שהם נקראים בכללות בג"ה ודת"י דגבורות דצלם דאבא. והענין שצריך לכוין לזווג את או"א דזו"ן הכוללים שהם חו"ב דמ"ה וב"ן דמ"ה דז"א הכולל הנק' מדת יום עם חו"ב דמ"ה וב"ן דב"ן דנוק' הכללת הנק' מדת לילה ולהמשיך טיפת חסדים דב"ן דמ"ה מבינה דמ"ה דז"א להמתיק את הגבורות דב"ן דב"ן שביסוד דבינה דב"ן דנוק' ואז נמתקים הגבו' הנז"ל שהם המוחין דב"ן דב"ן הנק' שכוי ע"י החסדים הנז' שהם המוחין דב"ן דמ"ה הנמשכים מבינה וגבורות דאבא ובערך אימא נק' חכמה וחסדים וזהו דארמי ביה מייא מאתר רחיק הוא אבא הנק' מרחוק כנודע ואז הוי יין המשמח ומשם ימשיך צלם דמוחין הנז' עם עשר הויו"ת מלובשים בו לפרצופי ב"ן דמ"ה וב"ן דב"ן דזו"ן דכללות:

[דכ"ב ע"ד] **הקדמת לב' ברכות מלביש ערומים ונותן ליעף כח:**

הנה שני ברכות אלו שהם מלביש ערומים ונותן ליעף כח נתקנו למי שגרם בעונותיו לאבד מלבושים דנרנח"י שלו או שגרם להתיש כח מלבושי נרנח"י שלו. וענין מלבושים אלו הוא זה דע כי הענין הזה הוא בכל פרצו' דנרנח"י בכל פרצוף דפרטי אבי"ע ונדבר בזו"ן ומהם יובנו השאר. הנה בכל עת שנמשכין נרנח"י לזו"ן או דנפש בעיבור או דרוח ביניקה או דנח"י בגדלות או מישסו"ת או מאו"א או

מאריך הנה הנרנח"י ההם נמשכים מלמעלה ויורדים ומתלבשים במוחין הנמשכים מארות דמוחין דאבא ואחר כך יורדים המוחין ההם עם הנרנח"י ההם ומתלבשים בצלם הנמשך מכלים דנה"י דאבא ואמא דפרצוף חיצון בעיבור דאמצעי ביניקה דפנימי בגדלות כמבואר אצלינו במ"א ואחר כך יורד הצלם ההוא ומתלבש תוך פרצוף זו"ן חיצון בעיבור אמצעי ביניקה פנימי בגדלות (ע"ב) ומלבד הצלם ההוא הנמשך לזו"ן נמשך עוד דוגמתן מלבוש לזו"ן מחיצוניות הכלים ההם דאו"א שהמשיכו הצלם ההוא מבחי' הנקרא עור שלהם מכלים דבחי' נפש שהוא שם ב"ן שלהם ונמשך מחוץ לפרצוף ההוא דזו"ן שנתלבש הצלם דמוחין ההם בתוכו והוא מלביש ומקיף לפרצוף ההוא דזו"ן מכל צדדיהם וסביבותיהם ומתחת רגליהם ע"ג עור שלהם והוא בערך זו"ן נקרא מלבוש דצפרנים והוא כתנות אור והוא הנקרא חשמל ושמו הוי"ה ואדנ"י. ומה שהוא מלביש לזו"ן מצדיהם וסביבותיהם נקרא מלבוש גימטריא חשמל ומה שהוא מתחת רגליהם נקרא מנעלים נע"ל גימטריא ע"ה קנ"א ולהיותו מלבוש עב וגס וגם שהוא מאורות דאו"א לכן על ידו נשמרים הזו"ן מאחיזת הקלי' כי סביב החשמל הנז' מלביש קלי' נוגה הנעשית משארית בירורי הרפ"ח

ניצוצין שעדיין לא נגמר בירורם מכל בחי' ובחי' לפי ערכה והיא נקרא עה"ד חציה הפנימי טוב וחצי החיצון רע וסביבה קליפת אש מתלקחת וסביבה קליפת ענן גדול וסביבה קליפת רוח סערה. והנה קודם שחטא אדה"ר ע"ה היו לו נר"ן מהאצילות עם צלמיהם ומלבושיהם והם כתנות אור ובהם היו כלולים מלבושי נרנח"י דכל ישראל ואחר שחטא שלט אדם בליעל דקליפת נוגה עליו ולקח כל המלבושים הנז' דנר"ן שלו וחזרו להתערב בליפות טוב ורע אחר שכבר היו מבוררים לגמרי ויהיו שניהם ערומים ואז פרחו ממנו נשמה ורוח הנקרא זהרא עילאה ונשאר בו הנפש ערומה וחזר הש"י ברחמיו ועשה מלבוש לנפשו מחשמל דיסוד דנוק' דעשיה הנקרא ג"ע התחתון וזה המלבוש נקרא כתנות אור ועל המלבוש הנזכר עשה לו עוד מלבוש אחר מקליפת נוגה ונקרא כתנות עור משכא דחויא, כי הנה קליפת נוגה היא החיצונה שבארבע קליפות הנז' מעילא לתתא היא בערך עור של הנחש לפנים ממנה קליפת אש מתלקחת והיא בערך בשר הנחש לפנים ממנה קליפת ענן גדול והיא בערך כלים של הנחש לפנים ממנה קליפת רוח סערה והיא החיות הפנימי של הנחש והעולם הזה נתון תוך הנחש והבן וזה המלבוש שנעשה מקליפות נוגה

הוא כלול מתרי"ג איברים טובים ורעים והוא יצר הטוב ויצר הרע:

ונמצא עתה כי כל מלבושי הנר"ן דאצילות ומלבושי נפש רוח נשמה חיה יחידה דבריאה יצירה עשיה שמכל פרטי פרצופי אבי"ע דכל ישראל הם מעורבים מטוב ורע וצריך עתה לבררם שנית ע"י התורה והמצות במצות מעשיות מלבושי הנפש וע"י התורה דרוח וע"י הכונה דנשמה וע"י המחשבה דחיה וע"י רעותא דמחשבה עילאה דיחידה וכמעט שלא ניתנו התורה והמצוה אלא לצורך בירור המלבושים הנזכר אבל ירידת הנפש רוח נשמה חיה יחידה לעולם הזה לא לצורך עצמם ירדו אלא לסייע בבירורי מלבושיהם הנזכר להסיר זוהמת [דכ"ג ע"א] הנחש מהם ולבררם להאירם ולזככם:

ונמצא כי מלבד מלבושי הנרנח"י הנז"ל דכל אחד מישראל שחזרו להתערב טוב ברע ושצריך עתה לבררם שנית ע"י התורה והמצות כנ"ל הנה גם יש עוד מלבושים אחרים הנז"ל שחזר הש"י לעשות לאדם אחד מיסוד דנוקבא דעשיה והוא נקרא כתנות אור ואחד מקליפת נוגה והוא נקרא כתנות עור והם גרועים ממלבושי הנרנח"י הראשונים וכל א' משניהם כלול מתרי"ג איברים. והנה תרי"ג איברי מלבוש כתנות אור הם כנגד תרי"ג מצות התורה ובהם תלוים קיום התרי"ג מצות התלוים בד' אותיות הוי"ה כמ"ש שמי עם י"ה שס"ה זכרי עם ו"ה רמ"ח וכמו שד' אותיות ההוי"ה הם שורשי ד' יסודות חבת"ם או"א וזו"ן שכל הי"ס נכללים בארבעתם כן התרי"ג מצות הם נכללים בד' אותיות הוי"ה שורשי ד' יסודות חבת"ם דמלבוש כתנות אור אלא שנפרטים לתרי"ג מצות כנגד פרטי תרי"ג איברים שבו והמלבוש דכתנות עור נחלק לשנים חציו הפנימי טוב כלול מתרי"ג איברים ובהם תלוים כל פרטי המדות הטובות הנכללים בארבעה שרשים והם הענוה והשתיקה והמיאוס בתענוגי הגוף והשמחה התמידית בחלקו. ואלו הם הד' שרים אלא שנפרטים בכל התרי"ג איברים וחציו החיצון כלול מתרי"ג איברים שבהם תלוים כל פרטי המדות הרעות הנכללים בד' שרשים ד' אבות נזיקין והם הגאוה והשיחה בטילה ותאות התענוגים והעצבות ואלו הם ארבעה השרשים אלא שנפרטים בכל התרי"ג איברים והנה התרי"ג איברים דכתנותאור מתלבשים תוך תרי"ג איברי הטוב דכתנות עור והם מתלבשים תוך תרי"ג איברי הרע דכתנות עור והם מתלבשים תוך תרי"ג איברי הגוף והנה בענין המצות יש ג' חלוקות ראשונה היא כאשר יקיים האדם איזו מצוה ממ"ע יכוון להסיר זוהמת הנחש מאותו האבר דמלבושי נרנח"י ודכתנות אור

המתייחסים לאותה המצוה ולהמשיך לתוכו התפשטות אור שכנגד אותו האבר מאיברי הצלם והמוחין והנ"ר דנרנח"י. וכן בהמנעו מעבור על כל אחת משס"ה ל"ת יכוין להסיר זוהמת הנחש מאות הגיד המתייחס לאותה המצוה ולהמשיך לתוכו התפשטות אור שכנגד אותו הגיד מגידי הצלם והמוחין והנח"י דנרנח"י. והשנית היא כאשר יחסר מן האדם איזה מ"ע שעדיין לא קיימה הנה הוא חסר אבר ממלבושי הנרנח"י ודכתנות אור המתיחס לאותה המצוה כי עדיין זוהמת הנחש אדוקה באותו האבר ואין אור המוחין והנרנח"י מתפשטים בו. והשלישית היא אם באה המצוה לידו ולא קיימה הנה הוא גורם להשליט אבר הד' קליפות הנז"ל על אותו האבר שליטה מחדש על שליטתם הראשונה והרי אותו האבר מת לגמרי ועליו נאמר וחסרון לא יוכל להמנות וזה יותר חמור כל אשר בו מום. וכן שלשה חלוקות אלו הם במל"ת או שבא לידו ונמנע מעבור עליו כנז"ל או שלא בא לידו ולא קיימו או שבא לידו ועבר עליו הכל ע"ד הנז' במ"ע אלא שאם עבר על לא תעשה אינו נחסר ממנו אותו האבר המתיחס לאותה העבירה אלא שמתעות אותו הגיד ומתייבש ונקרא בעל מום ועליו נאמר מעוות לא יוכל לתקון:

והנה תחלת הכל צריך להזהר מאד להכניע להסיר ולהפריד צד הרע דמלבוש כתנות עור דקליפת נוגה שהם התרי"ג איברים דמדות הרעות כנ"ל כי הם קשים מן העבירות עצמן מאד מאד ולהגביר צד הטוב דמלבוש הנזכר שהם התרי"ג איברים דמדות הטובות יען הם תיק וכסא ומושב לכתנות אור ואין כח בתרי"ג איברי מלבושי הנרנח"י ודכתנות אור לפעול ולקיים התרי"ג מצות ע"י תרי"ג איברי הגוף אם לא באמצעות תרי"ג איברי מלבו דכתנות עור המחובר לגוף והנה ענין זה נחלק לג' חלוקות ראשונה היא כי כל עוד שלא הפריד הרע דכתנות עור ממנו שהם המדות הרעות נמנע הוא מלקיים התורה והמצות בעוד טומאתו בו ואם יקיים יהיה שלא לשם שמים ובטורח רב ועליו נאמר [דכ"ג ע"ב] נזם זהב באף חזיר ועליו אמרו ז"ל זכה נעשית לו תורת סם חיים לא זכה נעשית לו סם המות. שנית אם יתגבר כארי תחלה להלחם עם יצרו להעביר מעליו המדות הרעות ויקיים התורה והמצות ואז יקרא צדיק גמור ירא שמים הכובש את יצרו. שלישית אם יתחזק עוד ויתמיד להתנהג בזה עד שיוטבעו בו המדות הטובות בטבע בלי מלחמת היצה"ר ולא יתאוה החומר למדות הרעות כמ"ש של נעליך מעל רגליך אז יזדכך מלבוש דכתנות

עור ויתהפך לכתנות אור ואז יאירו הנרנח"י והמוחין והצלם במלבושי הנרנח"י ובכתנות אור ויתלבש בו ההוי"ה הכולל ויהיה כסא קדוש למרכבתו יתברך כמ"ש האבות הם הם המרכבה ואז הוא שלם בכל מיני השלמות ונקרא חסיד גמור אהוב אוהב את המקום עובד את ה' מאהבה ושים עיניך בדברים אל ותצליח דרכך:

והנה אין אדם אשר לא יחטא ועי"כ שולטים עליו אותם הארבע קליפות הנז"ל ומפשיטים מעליו לבושי הקדושה דנרנח"י ומלבישים אותו בגדים צואים לבושי קליפה וזה כפי ערך החטא כי אם החטא הוא קל כך אין שליטתם עליו גדולה ואין לבושו מסתל עליו אלא שנחלש כח הלבוש ההוא ואם החטא הוא חמור אז גורם להשליט עליו הקלי' החזקות ומפשיטים מעליו לבושו לגמרי ומחליפים טוב ברע ומלבישים אותו בלבוש רע מצד הקליפה וזה כדי להחטיאו יותר כדי שישאר מסור בידם ואח"כ צריך שע"י התורה והמצות לחזור לברר ולהעלות כל אותם מלבושי הנרנח"י שנאבדו ע"י חטאו וע"י חטא אדה"ר והאל בחסדו הגדול חוזר ומתקן לבוש חדש למי שנסתלק לבושו לגמרי ולמי שנחלש כח לבושו חוזר לתקנו ולחזקו ולחדשו או ששתי החלוקות הם באדם א' אלא שזה בלבושי מקצת הנרנח"י וזה במקצתם ואעפ"י שיהיה ע"י חטא א' כנודע כי יש חטא גורם פגם גדול בבחינות עליונות ובערך בחי' התחתונות אינו נחשב כ"כ:

והנה ב' בחינות המלבושים האל נתקנים בכל לילה ע"י נוקבא קדישא דז"א דאצילות בעלות הנשמות ליסודה בפקדון להעלות מ"ן בעת הזווג בחצות וכשנמשכים המוחין חדשים לזו"ן בחצות מלובשים בלמים הנמשכים מנה"י דאו"א וגם נמשך עמהם מחיצוניות נה"י דאו"א החשמ"ל הוא מספר מלבוש ושמו הוי"ה ואדני להלביש לזו"ן וכנז"ל הנה עתה בברכת מלביש ערומים והנותן ליעף כח יכוין להמשיך לפני של המלבוש הנז' דזו"ן שע"ח ריבוא נהורין כמספר אור פני"אל שהוא מספר מלבוש וכמספר חשמ"ל והם ב' שמות א"ל מלאים עם ח' חוורתי העולים למספר שע"ח מאנפין עילאין דא"א לפנים דזו"ן ובעת הבוקר אור עת התגלות אור דמעשה בראשית בוקר דאברהם חסד אל יומא דכולהו אז הנוק' דז"א בטובו מחזק ומחדש חלושי מלבושי הנשמות ואת ערומיהם מלביש בלבוש גמור וכל זה הוא מאות המלבוש שנמשך לזו"ן בחצות כנז"ל ומחסדו הגדול שהם השני א"ל מלאים עם השמונה חיוורתי שנמשכו להם:

כי משי אפיה לימא המעביר:

הנה להבין ענין ברכה זו צריך להביא איזה הקדמות בקיצור נמרץ עם שהם פשוטים ליודעי דעת. הנה נודע כי סדר המשכת המוחין בזו"ן הוא כי בתחילה הז"א מקבל המוחין דאו"א חלקו וחלק נוקביה והוא מאיר אליה דרך אחוריו מהארת המוחין דילה שהם ממוחין דצלם דאימא ובונה ומתקן פרצופה דאחור ואח"כ מסתלקין כל המוחין מהז"א למעלה וחלק המוחין דיליה נשארים ע"ג רישיה וחלק המוחין דנוק' מתפשטים ונכנסים בנוק' ועי"כ נגדלת בכל האחור דז"א ואז ננסרת ואח"כ עולים שניהם לחיק או"א ושם חוזרים פב"פ ומזדווגים ונותן לה הז"א כלי ורוחא ואח"כ חוזרים למטה למקומם וחוזרים או"א ומזדוגים וממשיכים להם המוחין דפנים ומתפשטים ונכנסים תחילה בנוק' ונגדלת בכל פנים דז"א וחוזרים ומסתלקים ממנה עצמות המוחין ונכנסים [דכ"ג ע"ג] בז"א והוא חוזר ומאיר אליה ובונה ומתקן פרצופה דפנים ואח"כ מזדוגים ונותן לה טיפת מ"ד דה"ח טיפה זרעיית להוליד נשמות כנודע פירוש והבנת דברים אלו בכמה מקומות:

גם נודע כי הבירורין המתבררים ועולים למ"ן לזו"ן בכל יום ע"י התפילות והמצות שעושים ישראל הנקראים בנים לזו"ן וכן כל הבירורים המתבררים ע"י הפרצופים העליונים ועולים למ"ן לפרצופים שעליהם כי כל פרצוף וכל עולם נק' בן לפרצוף שלמעלה ממנו והוא מברר (מחלקיו ו) מחלקי הפרצוף שעליו ומעלה אותם למ"ן לפרצוף שעליו להזדווג לתקן אותם הבירורים והנה אותם הבירורים אי אפשר להם לתקן באותו הזיווג רק נתקנים קצת ע"י אותו הזיווג ואח"כ חוזרים הם אותם הבירורים עם הזו"ן לרדת ולברר ולהעלות עוד ניצוצות אחרים למ"ן לפרצוף העליון ההוא להתקן ושוהים ומתעכבים שם והם מתתקנים שם לאט לאט בכל המשך זמן עיכובם שם עד בוא עת הזיווג השני ואז נגמר תיקונם של הניצוצות הראשונות ע"י אותו הזיווג הב' אבל הניצוצות השניות לא נגמר תיקונם רק נתקנים קצת ע"י אותו הזווג כי בערכם הוא זווג א' ואז אנו הניצוצות השניות אחר שנתקנו קצת כנ"ל חוזרים עם הזו"ן לירד עוד לברר ולהעלות ניצוצות אחרים למ"ן לפרצוף העליון להתקן וגורמים זווג עליון ואאז נגמר תיקונם ע"י אותו הזיווג שהוא שני בערכם אבל בערך הניצוצות החדשים הוא זווג ראשון ואינם נתקנים רק קצת וכעד"ז תמיד חוזר חלילה בכל יום עד שישלמו כל הבירורים וכמעשה הראשונים כך מעשה השניים כמבואר בע"ח ובס' מ"ש ש"ב ח"ג פ"ט וידוע כי אין בכל הכ"ד שעות רק זיווג א' והוא זיווג דנפילת

אפים דשחרית שהוא זווג דזו"ן הכוללים דכל הכ"ד והוא זיווג להוליד ואינו זווג דזו"ן הפרטים שזווגם בלחש וחזרה ואותו זווג דחצות הלילה אע"פ שהוא דזו"ן הכוללים הנה הוא היה לעשות כלי ליסוד דנוק' ולתת לה רוחא ואינו אלא הכנה לזווג דנפילת אפים שהוא להוליד ושניהם נק' זווג אחד ואע"פ שיש כמה מיני זווגים בהמשך כל הכ"ד שעות הנה הם דפרטות ולא דכללות וידוע כי הבירורים האלו הם מבחינת אורות דרפ"ח והכלים דמלכים דעולמות דאבי"ע ודמחצב הנשמות כמבואר בספר מ"ש ש"ב ח"ג פ"ח ע"ש כי כן הוא העיקר ולא כמ"ש במ"א דאין עוד בירור רק למחצב הנשמות אלא כמ"ש כאן ועיין היטב לעיל בהקדמה איך האמת הוא כן ואחר גמר תיקונם מערב אורות דרפ"ח עם אורות המלכים שנשארו באצי' והכלים עם הכלים דמ"ה והוא להשלים בחי' חסרון הספי' דפרצופי עולמות אבי"ע ודנשמות כמבואר בסוף פ"ד משער שבירת הכלים:

גם נודע כי ישראל נק' בנים דזו"ן וכל מה שאנו מבררים ע"י התפילות והמצות הוא מבחי' בירור המלכים דזו"ן ומבחי' הנשמות להעלותם לאו"א להתקן ואז ניתן כח לזו"ן ומבררים גם הם מבחי' האחוריים דאו"א ויש"ס ותבונה ומעלים אותם ועולים עם הבירורים דזו"ן לאו"א והבירורים דזו"ן נשארים באו"א להתקן ובירורים דאו"א עולים לא"א וכעד"ז או"א מבררים מחלקים א"א וא"א מעלה אותם לעתיק להתתקן וכעד"ז מפרצו' לפרצוף כי כל פרצו' תחתון הוא נק' ז"א שהוא בן בערך הפרצוף שעליו והוא מברר חלקי בירורי הפרצוף שעליו ומעלה אותם לפרצו' העליון שע"ג פרצוף שעליו להתתקן כמבואר בע"ח ובס' מ"ש ש"ב ח"ב פ"ו ע"ש וכן עולים עד רום המעלות ואז מזדווגים ע"ב וס"ג דא"ק ואז נמשכים ויורדים כלים ואורות די"ס דמ"ה עם ט"ס תשלום י"ס דב"ן המתייחסים לאותם הבירורים [דכ"ג ע"ד] שעלו ובתוכם הנרנח"י שהם ההויו"ת ואהי"ה המנוקדות הנמשכים מהא"ס הראויים לאותם הבירורים ומתערבים עם אותם הבירורים דכל פרצוף ונמשכים מפרצוף לפרצוף בבחינת מוחין ע"י זווג כי כל פרצוף מזדווג שני זווגים זווג א' הוא זווג דרעותא שהם המוחין שהם ג' פרצופים הפנימיים דאותו פרצוף ואחר כך מזדווג עם נוקביה זווג שני דגופא שהם הו"ק שני פרצופים החיצוניים חג"ת ונה"י ומתקנים אותם הבירורים הנז' דפרצוף התחתון וממשיכים אותם לפרצוף התחתון בבחי' מוחין מלובשים בצלם הנמשך מהמוחין של אותו הפרצוף העליון המזדווג והמוחין שלו עצמם נעשו מהבירורים של

הפרצוף ההוא העליון. המשל בזה שהבירורים דז"א שנבררו ועלו ע"י ישראל לאו"א לתקנם באים בבחי' מוחין לז"א מלובשים בצלם הנעשה מבירורים דאו"א שנבררו ועלו ע"י ז"א לא"א לתקנם ובא"א היו ב' זווגים כנ"ל ותיקן את הבירורי' ההם דאו"א והמשיכם להם בבחי' מוחין מלובשי' בצלם הנמשך מהבירורים שלו שעלו ע"י או"א ונתקנו ע"י עתיק והמשיכם לא"א בבחי' מוחין ומהמוחין ההם המשיך הצלם ההוא להלביש המוחין ההם דאו"א והמוחין ההם דאו"א המשיכו גם הם צלם להלביש המוחין דז"א כנ"ל וכן הוא מפרצוף לפרצוף ועיין והבן זה היטב מאד בפרטות מאי נפקא מיניה כי אין כאן מקומו להאריך ויתבאר במ"א בע"ה:

וידוע מ"ש בס' הכוונות בדרושי הלילה ובע"ח כי בלילה מסתלקין המוחין מז"א ונופל עליו תרדמה כנודע והמוחין ההם נכנסים ומתפשטים בנוקביה ונתבאר בדרוש המפיל כי כל זה הוא ע"י המאציל העליון הנקרא בשם א"א כי הוא המפיל תרדמה על ז"א ואז מסתלקים הארת המוחין דע"ב מס"ג הנקרא עינים ועל זה אנו אומרים המפיל שינה על עיני וגם הס"ג מסלק האר והארת הע"ב ממ"ה הנקרא עפעפים וע"ז אנו אומרים ותנומה על עפעפי וגם המ"ה מסלק הארתו והארת ע"ב וס"ג מב"ן שהיא הנוקבא הנקרא מדת לילה וחוזרת לנקודה הנקרא אישון בת עין ואז חוזר ע"ב דא"א ומאיר וממשיך אליה כל אותם המוחין שנסתלק מז"א וע"ז אנו אומרים ומאיר לאישון בת עין ובונה ומתקן אותה ומגדילה עד כל שיעור קומת כל הז"א מאחוריו ונקרא בשם ע"ב כי נמשכו בה כל המוחין ואפילו דע"ב דא"א וזה נמשך עד חצות הלילה ואז ננסרת ועולים לחיק או"א ומקבלים שם למעלה מוחין דפנים ומזדווג הז"א עמה ונותן בה כלי ורוחא וחוזרים למקומם למטה ומזדווגים או"א (שהם ע"ב וס"ג הכוללים) וממשיכין להם בחי' מוחין דפנים ונכנסים בנוקבא ונגדלת ככל הפנים דז"א ואח"כ מסתלקים ממנה עצמות המוחין וחוזרים להמשך בז"א דכורא הנקרא מדת היום לבחי' ב"ן דמ"ה שבו ומתפשטים בו מע"ב דא"א לס"ג ומס"ג למ"ה וממ"ה לב"ן ועל המשכת המוחין מע"ב דא"א לשם ס"ג (שהם כללות או"א ויש"ס ותבונה) אנו אומרים המעביר שינה מעיני ועל המשכת המוחין דע"ב וס"ג למ"ה (שהם כללות הזו"ן) אנו אומרים ותנומה מעפעפי ונתבאר ג"כ בדרוש המפיל כי כל זה הוא בזו"ן דכללות דכל הכ"ד שעות הנקרא מדת יום ומדת לילה הנקרא ב' המאורות הגדולים ולא בזו"ן הפרטים וכתב כי סדר המשכת המוחין בז"א הנקרא מדת יום הוא מע"ב דא"א

לשם ס"ג (שהם או"א) ומס"ג למ"ה (שהם זו"ן) וממ"ה לב"ן (שהם יעקב ורחל) (נראה שהם עסמ"ב דמ"ה שכך היה סוד התחלקות י"ס דמ"ה בפרצופי האצי') אבל סדר המשכת המוחין לנוקבא דז"א הנקרא מדת לילה הוא מע"ב דא"א לב"ן עצמו:

גם כתב בס' הכוונות בדרושי התפילין ובע"ח בשער השמות ובשער חיצוניות ופנימיות ובכמה מקומות והביאו בספר [דכ"ד ע"א] ע"ת כי בלילה מסתלקין מן הזו"ן ומכל הפרצופים דאצי' המוחין של יום שעבר ויורדים לבי"ע לברר בירורים ועולים עם הבירורים בד' חלקי תפלת שחרית וצ"ל מ"ש לעיל כי בלילה מסתלקין המוחין מז"א ונכנסים ומתפשטים בנוקבא כנ"ל ובמש"ל כי אי אפשר לבירורים להתתקן ביום א' מבואר כי מש"ל כי בלילה מסתלקין המוחין מז"א ונכנסים בנוקבא כנ"ל הוא במוחין של היום ההוא. המשל בזה כי הזו"ן דכללות דכל הכ"ד דיום ראשון של השבוע מתחילים להתתקן בתחלת ליל ראשון ומתחילים המוחין דאו"א להכנס בב"ן דב"ן דז"א והוא מאיר דרך אחוריו מהארת המוחין דאימא ובונה ומתקן ב"ן דב"ן דפרצוף אחור דנוקבא עד חצות הלילה ומחצות עד הבוקר נתקנים פרצופי דב"ן דמ"ה דזו"ן אב"א ע"ד הנז' ומהבקר עד חצות היום נתקנים פרצופי מ"ה דמ"ה דזו"ן אב"א ע"ד הנז' ומחצות היום עד הלילה נתקנים פרצופי מ"ה דב"ן אב"א ע"ד הנז' וכנז"ל בברכת הנותן לשכוי כו':

ובליל שני מלבד שמתחילים הזו"ן דיום ב' להתתקן אב"א ע"ד הנז' בזו"ן דיום א' הנה עתה מתחילים הזו"ן דיום א' להתתקן פב"פ באופן זה כי עתה בליל ב' מסתלקין המוחין מז"א דיום א' ונכנסים ומתפשטים בנוקבא כסדר הנז"ל עד חצות הלילה וע"ז אנו אומרים ברכת המפיל כנז"ל ובחצות ננסרת ועולים לחיק או"א ומזדווגים ונותן לה כלי ורוחא וחוזרים למטה למקומם ומזדווגים או"א וממשיכים להם המוחין דפנים ונכנסים בנוקבא ומשאירים בה רשימו יתירה וחוזרים ומסתלקים ממנה המוחין דאחור ופנים ונכנסים בז"א וע"ז אנו אומרים ברכת המעביר כנז"ל והולכים ונתקנים פרצופי הפנים שלהם עד תשלום כ"ד שעות דיום ב' ובנפילת אפים דיום ג' אז מזדווגים זווג להוליד ואע"פ שיש זווג בכל חלק מד' חלקי הכ"ד שעות כי בחצות הלילה מזדווגים פרצופי ב"ן דב"ן עם פרצופי ב"ן דמ"ה שלהם ובעמוד השחר זווג דב"ן דמ"ה שלהם ובתפלת שחרית מ"ה דמ"ה ובמנחה מ"ה דב"ן שלהם הם דפרטות ואינם עיקריים אבל הזווג הכולל דכללות כולם הוא בנפילת אפים באופן שבתשלום כ"ד שעות של יום שני

נגמר תיקון בנין פרצופי פנים דזו"ן דיום א' ובנפ"א דיום ג' מזדווגים: **והזו"ן** דכללות דיום ב' נגמרו להתתקן בבחי' אאב"א ובליל ג' מסתלקים המוחין מז"א דיום ב' ונכנסים בנוקבא ע"ד הנז"ל בזו"ן דיום א' עד תשלום כ"ד שעות דיום ג' נגמר תיקונם והמוחין דזו"ן דיום ראשון יורדים בליל ג' לבי"ע לברר ועולים עם הבירורים בד' חלקי תפלת שחרית כנז"ל והרי נשלם תיקונם במדריגת זו"ן דאצילות שהם בחי' רוח. ואח"כ בליל ד' עולים להתתקן ולהשתלם במדריגת או"א כי מדריגת זו"ן בערך או"א הוא כמדריגת בי"ע בערך זו"ן וכן הוא מפרצוף לפרצוף כמבואר לעיל בהקדמה ונתקנים שם במדריגת או"א ע"ד שנתקנו במדריגת זו"ן כנז"ל ואח"כ עולים להתתקן בא"א עד"ה והבירורים דיום ב' כבר נשלם תיקונם בזו"ן ועתה עולים להתתקן באו"א עד"ה וכעד"ז נעשה לכל הבירורים וכן כתב בדרושי התפילין איך מסתלקים המוחין דזו"ן ועולים למעלה מיום ליום ממדרגה למדרגה. וכמבואר בכ"מ בע"ח ובפרט בספר מ"ש ופשוט הוא ליודעי דעת כי כן הוא סדר תיקון העולמות והנשמות מפרצוף היום לפרצוף הכולל של השבוע ומהשבוע לפרצוף הכולל של החדש ומהחדש לפרצוף הכולל של השנה ומשנה לפרצוף הכולל של השמטה ומשם לפרצוף הכולל של היובל דכל מלך מז' מלכי זו"ן דכל פרצוף דפרצופי אבי"ע עד שיגיעו לשורשם העליון שבא"ק והתבונן בענין זה היטב מאד ובהקדמת יתבאר באורך בע"ה וכעד"ז חוזר חלילה:

ואלו הזו"ן הכוללים דכל הכ"ד שעות הם זו"ן דפרטות [דכ"ד ע"ב] דספי' אחת הוא פרצוף אחד דמלך אחד מז' מלכי זו"ן הכוללים דכל שבוע אשר תיקונם הוא בהמשך שבוע א' מלך א' ליום וביום שבת הוא זווגם (וסדר תיקונם וזכותם ועלייתם הוא משבוע לשבוע עד א"ס ב"ה סכ"י) ואלו הזו"ן הכוללים דכל שבוע הם מלבד הזו"ן הפרטים דאבא או דאמר או דז"א או דנוקבא דז"א (הכוללים) דכל חדש אשר תקונם הוא בהמשך ד' שבועות דכל חדש ואלו הזו"ן (דכל חדש הם זו"ן דפרטות דספירה א' מו"ק דזו"ן דכללות דששה חדשי הקיץ או החורף כי בהמשך ששה חדשי החורף נתקני' ו"ק דז"א והם מ"ה דמ"ה עם מ"ה דב"ן ובששה חדשי הקיץ נתקנים ו"ק דנוקבא והם ב"ן דמ"ה עם ב"ן דב"ן כל קצה בחדש א' חסד בתשרי גבורה בחשון כו' כל חדש כלול מד' שבועות שבהם נתקנים ד' אותיות הוי"ה דכללות הי"ס דכל קצה שהם או"א וזו"ן דאותו הקצה וכל שבועה כלול משבעה ימים לתקן הז"מ דכל א' מד' פרצופים הנז"ל דכל קצה סכ"י) ובכללות קיץ וחורף נתקנים

הזו"ן דכללות השנה אשר כל עצמם הם זו"ן דפרטות דספי' א' שהוא פרצוף א' דמלך א' מז' מלכי זו"ן הכוללים דכל שמיטה שתיקונם הוא בהמשך הז' שנים דכל שמיטה וכל עצמם הם זו"ן דפרטות דספי' א' שהוא פרצוף א' דמלך א' מז' מלכי זו"ן הכוללים דכל יובל אשר תיקונם הוא בהמשך ז' שמטות וכל אאלו סדר תיקון הבירורים שלהם והמשכת המוחין להם וכל פרטי תיקונם הוא ע"ד הנז"ל בזו"ן דכללות דכל הכ"ד שעות וד"ל (ואלו תיקונם וזיכוכם ועלייתם הוא מיום ליום לשבוע ומשבוע לשבוע לחדש ומחדש לחדש לשנה ומשנה לשנה לשמטה ומשמטה לשמטה ליובל ומיובל ליובל עד א"ס והוא ע"ד מ"ש אצלינו בביאור ענין חיצוניות ופנימיות לעיל ד' ל"ה ע"א וב') ובע"ה יתבאר כל ענין במקומו באורך ובפרטות בס"ד (כי עדיין לא נתבאר בכאן מהקדמה זו כל הצורך ובפרט ענין בירור ותיקון ששת ימי בראשית איה מקומם כי לא שוו בשיעוריהם לימי חודשי השנה ולא לשמיטים ולא ליובלות ובע"ה בהקדמה יתבאר הענין הזה באר היטב בס"ד סכ"י):

וצריך לידע חשבון השנים לפי סדר חשבון הספירות דפרצופי ו"ק דזו"ן הנפרטים לשיתא אלפי שני דהוי עלמא כדי לידע באיזה פרצוף היא אותה השנה ובאיזו ספירה הוא אותו החדש ובאיזו ספירה מחבת"ם דאותה הספירה הוא אותו שבוע ובאיזה ספירה מו"ק דאותו שבוע הוא אותו היום כדי לידע לברר ולהעלות הבירורים המתייחסים לכל יום ויום כראוי וכנכון וכדי לידע לכוין בברכת המפיל והמעביר וכל התפלות דאותו יום שהם במוחין דפרצוף דיום שעבר ולא דאותו יום שהוא עומד בו כנ"ל כגון עתה שאנחנו עומדים באלף הששי שהוא ביסוד וכבר עברו ממנו ת"ק שנה שהם חב"ד ח"ג ועתה אנו בת"ת דיסוד וכבר עברו (ממנו כ"ח שנים שהם חו"ב דת"ת וח"ס חב"ד חג"ת נ"ה מי"ס דדעת דת"ת דיסוד דזו"ן וחדש סיון הוא ת"ת דב"ן דמ"ה וב"ן דב"ן דזו"ן הנקרא נוקבא בערך מ"ה דמ"ה ומ"ה דב"ן הנתקנים בחורף שבוע הראשון דסיון הנז' הוא בז"ק דפרצו' אבא דיסוד הנז' והיום א' הוא בחסד דו"ק דפרצוף אבא הנז' ועד"ז יחשוב ויכוין כנ"ל עכ"מ בסכ"י) ממנו כ"ה שני' שהם חו"ב דת"ת וחמש ספי' חב"ד ח"ג מי"ס דדעת דת"ת דיסוד דזו"ן וחדש אדר הוא היסוד דמ"ה דמ"ה ומ"ה דב"ן דזו"ן הנקרא דכורא בערך ב"ן דמ"ה וב"ן דב"ן הנתקנים בקיץ ושבוע הראשון דאדר הנז' הוא בו"ק דפרצוף אבא דיסוד הנז' והיום הראשון הוא בחסד דז' קצוות דפרצוף אבא הנז' ועד"ז יחשוב ויכוין כנ"ל:

והנה בח"י ברכות השחר חוץ מהכוונות שנתבאר במקומם:

[דכ"ד ע"ג] **גם** יכוין בח"י ברכות אלו שהם מן הנותן לשכוי כו' עד סוף ברכת התורה לתקן כלים ואורות דאור ישר וחוזר די"ב פרצופים הכוללים דז"א דעשיה דאצי' ודעשיה ולהמשיך להם מוחין ונרנח"י דמ"ה וב"ן דאור ישר וחוזר באופן זה:

ברכת הנותן לשכוי וברכת פוקח עורים הם באור ישר ואור חוזר דמ"ה וב"ן דעתיק דכורא הנקרא חכמה והם בניקוד פתח. ברכת מתיר אסורים וזוקף כפופים הם באור ישר ואור חוזר דמ"ה וב"ן דנוק' דעתיק הנקרא בינה והם בניקוד צירי. ברכת מלביש ערומים והנותן ליעף כח הם באור ישר ואור חוזר דמ"ה וב"ן דאריך ונוקבא הנקרא דעת והם בניקוד מוצא. ברכת רוקע הארץ והמכין מצעדי גבר הם באור ישר ואור חוזר דמ"ה וב"ן דאבא הנקרא חסד והם בניקוד סגול. ברכת שעשה לי כל צרכי ואוזר ישראל הם באור ישר ואור חוזר דמ"ה וב"ן דאימא הנקרא גבורה והם בניקוד שבא. ברכת עוטר ישראל ושלא עשני גוי הם באור ישר ואור חוזר דמ"ה וב"ן דישסו"ת הנקרא ת"ת והם בניקוד חולם. ברכת שלא עשני עבד ושלא עשני אשה הם באור ישר ואו"ח דמ"ה וב"ן דז"א הנק' נצח והם בניקוד חירק. ברכת המעביר וברכה ראשונה של התורה הם באור ישר ואור חוזר דמ"ה וב"ן דנוק' דז"א הנק' הוד והם בניקוד קיבוץ. ברכת והערב נא ואשר בחר בנו הם באור ישר ואור חוזר דמ"ה וב"ן דיעקב ורחל הנק' יסוד והם בניקוד שורק:

הקדמת ברכת התורה:

והנה נודע כי התרי"ג מצות הם באבי"ע דבי"ע דכל עולם מד' עולמות אבי"ע הכוללים נרנח"י דנר"ן דנרנח"י דמ"ה וב"ן ומצות עסק התורה שהיא שורש התרי"ג מצות הוא באבי"ע דאצילות דכל עולם מד' עולמות דאבי"ע הכוללים נרנח"י דחיה דנרנח"י דמ"ה וב"ן והוא הוא המוחין דאבא הנז' אצלינו במ"א שנמשכין לז"א ע"י עסק התורה כמ"ש ז"ל נובלות חכמה תורה הוא המוחין דאצילות הנז' הנתקן ונעשה מחכמות שהם אבא דפרטי פרצופי אבי"ע ואי נמצא בו שום ספירה אחרת חוץ מחכמה דכל פרטי פרצופי אבי"ע כנודע. ובזה יובן איך לא כתב הרב ז"ל גבי אבל שאסור להניח תפילין דר"ת המורה על מוחין דאבא כנודע כמ"ש קצת המקובלים שלא יניח האבל תפילין דר"ת שאין הענין כן אלא שחייב להניחם כשאר כל המצות שהרי הוא חייב בכל המצות וכל מצוה ומצוה יש המשכת מוחין מאו"א שניהם וכן בתפילין עצמם נמשכין מוחין

מאו"א שניה בין בתפילין דיד בין בתפילין דראש בין דרש"י בין דר"ת ואי חילוק ביניהם אלא שאלו מוחין דבינות דשניהם ואלו מוחין דחכמות דשניהם כמו החילוק שבין תפילין דראש לתפילין דיד דשניהם ואין האבל אסור אלא בדברי תורה המורה על האצי' דאבי"ע הנז':

ונמצא עתה כי על ידי ברכת התורה יכוין בכללות להמשיך צלם דמוחין לפרצוף ז"א דאצילות דאבי"ע וזה מלבד כונת המשכת המוחין דאור חוזר דהוד דפרצו' אמצעי דז"א דעשיה דאצילות ודעשיה התחתונה:

ואחר כך ע"י לבישת טלית קטן על בשרו יכוין להפריד הקלי' מכלים דנה"י דפנימיות דחיצו' דיצירה וע"י הברכה יכוין להמשיך בהם מוחין מזיווג דנשמות דפנימיות העולמות עם נרנח"י דנפש וע"י לבישת טלית גדול עליו יכוין להפריד הקליפות מכלים דנה"י דחיצוניות דחיצוניות דיצירה וגם מכלים דכחב"ד חג"ת (שהם עתיק ונוק' וא"א ונוק' ואו"א וישסו"ת) דחיצוניות דחיצוניות דעשיה וע"י הברכה יכוין להמשיך מוחין מזיווג דחיות העולמות עם נרנח"י דנפש לנה"י דחיצוניות דחיצוניות דיצירה וגם יכוין להמשיך מוחין מזווג דחיות העולמות עם נרנח"י דרנח"י לכחב"ד חג"ת דחיצוניות דחיצוניות דעשיה:

ואחר כך ע"י הנחת תפילין דיד יכוין להפריד הקלי' מכלים דנה"י (שהם פרצופי זו"ן ויעקב ורחל) דחיצוניות דחיצוניות דבריאה וגם מכלים דכחב"ד חג"ת (שהם פרצוף עתיק ונוק' וא"א ונוק' ואו"א וישסו"ת). דחיצוניות דחיצוניות דיצירה וגם מכלים דכחב"ד חג"ת (שהם פרצופי עתיק ונוק' וא"אא ונוק' ואו"א וישסו"ת.) דפנימיות דחיצוניות דעשיה [דכ"ד ע"ד] וע"י הברכה יכוין להמשיך מוחין מזיווג דחיות העולמות עם נרנח"י דנפש לנה"י דחיצוניות דחיצוניות דבריאה וגם להמשיך מוחין מזווג דחיות העולמות עם נרנח"י דרנח"י לפרצופי כחב"ד חג"ת דחיצוניות דחיצוניות דיצירה:

גם יכוין להמשיך מוחין מזווג דנשמות דפנימיות העולמות עם נרנח"י דרוח נשמה חיה יחידה לפרצוף כחב"ד חג"ת דפנימיות דחיצוניות דעשיה. ואח"ך ע"י הנחת תפילין דראש יכוין להפריד הקליפות מכלים דנה"י (שהם פרצופי זו"ן ויעקב ורחל) דחיצוניות דאבי"ע דחיצוניות דאצי' וגם מכלים דכחב"ד חג"ת (שהם פרצופי עתיק ונוק' וא"א ונוק' ואו"א וישסו"ת) דחיצוניות דחיצוניות דבריאה וגם מכלים דכחב"ד חג"ת שהם (פרצו' עתיק ונוק' וא"א ונוק' ואו"א וישסו"ת) דפנימיות דחיצוניות דיצירה ויכוין להמשיך מוחין מזיווג דחיות העולמות עם כל הנרנח"י דנרנח"י

לפרצו' כחב"ד חג"ת נה"י דחיצוניות דאבי"ע דחיצוניות דאי' גם יכוין להמשיך מוחין מזווג דחיות העולמות עם נרנח"י דרנח"י לפרצוף כחב"ד חג"ת דחיצוניות דבריאה גם יכוין להמשיך מוחין מזיווג דנשמות דפנימיות העולמות עם נרנח"י דרנח"י לפרצופי כחב"ד חג"ת דחיצוניו' דחיצוניות דיצירה:

הרי בזה נתקנו חיצוניות ופנימיות דחיצוניות דעשיה ויצירה וחיצוניות דחיצוניות דבריאה וחיצוניות שהם בי"ע דאבי"ע דחיצוניות דחיצוניות דאצי' ע"י אלו המצות מעשיות. ואח"כ ע"י הדיבור שהיא מ"ע של התפלה נתקן פנימיות וחיצוניות דפנימיות דאבי"ע באופן זה:

והנה ידוע כי מיתת המלכים היתה בזו"ן דפרטות ר"ל בזו"ן דעתיק ובזו"ן דא"א ובזו"ן דאבא ובזו"ן דאימא ובזו"ן דז"אא ובזו"ן דנוק' וכל פרצוף מאלו הפרצופים כלול מכל הפרצופים הנז'. וזה היה בפרט האחרון דפרטי פרטות וכמבואר לעיל בהקדמה וזה היה בפנימיות וחיצוניות דפנימיות ובחיצוניות ופנימיות דחיצוניות דפנים ודאחור והכלים עם הרפ"ח ניצוצות דמלכים דעתיק נפלו לעתיק דבי"ע. ודא"א לא"א דבי"ע ודאו"א לאו"א דבי"ע. ודזו"ן לזו"ן דבי"ע. באופן זה כי הכלים הפנימיים דמלכים הנז' נפלו לפרצופי הבריאה. והכלים האמצעיים ליצירה. וכלים החיצוניים שלהם לעשיה ונתבאר בשער השמות ובכמה מקוות כי כדי לברור הכלים ושארית הרפ"ח דכל פרט יורדים כל הפרצופים העליונים דאצי' בימי החול בסוד גלות השכינה ומתלבשים בפרצופים שכנגדם למטה בבי"ע. עתיק דאצי' בעתיק דבי"ע. וא"א בא"א ואו"א באו"א וזו"ן בזו"ן. כלים פנימיים שלהם בבריאה ואמצעיים ביצירה וחיצוניים בעשיה. ובי"ע הנז' מתלבשים בבי"ע דחול וזה לצורך שארית בירורי כלים ואורות דמלכים דזו"ן דעתיק וא"א ואו"א וזו"ן דאצי' שנפלו לבי"ע על סדר הנז' כי הכלים הפנימים של מלכי עתיק וא"א ואו"א וזו"ן דאצי' נפלו לבריאה וכלים האמצעיים של המלכים הנז' ליצירה וכלים החיצוניים שלהם לעשיה כנודע וע"כ בימי החול יורדים הכלים דפרצופים העליונים דאצי' ע"ד הנז"ל לברר בחינותיהם שנשארו בבי"ע [דכ"ה ע"א] וזה בסיוע ישראל כי העליונים צריכים לתחתונים והתחתונים צריכים לעליונים וכבר נתבאר לעיל בהקדמה כי בתחלה נתקנו פרצופי א"ק ואבי"ע דעתיק והם נעשו מבחי' עתיק דכל פרטי עתיק דא"ק ואבי"ע ונכללו זה בזה ונתלבשו זה בזה ונתפשטו עד סוף העשיה והיה בהם כל מעשה בראשית ומעשה מרכבה ואח"כ נתקנו א"ק ואבי"ע דא"א הנעשים

מא"א דכל פרטי פרצופי א"ק ואבי"ע והלבישו לא"ק ואבי"ע דעתיק הנז"ל שוה בשוה ועליהם הלבישו א"ק ואבי"ע דאבא ועליהם דאימא ועליהם דז"א ועליהם דנוק' ועליהם דיעקב ורחל וכל זה היה בפרטי פרטיות. אמנם לא כל פרטי פרצופי בחי' כל הפרצופים הנז' דעתיק וא"א ואו"א וזו"ן דאצילות יורדים בכל יום להתלבש בפרטי פרצופי בי"ע כנז"ל רק פרט אחד מכל אחד מהם כי כל יום מימי השבוע הוא בחי' בפני עצמה והוא נק' בחי' מלך אחד כלול מכל פרטי פרצופי אבי"ע כנז"ל בהקדמה:

יום א' חסד ר"ל החסדים דכל המלכים דכל פרטי הזו"ן דעתיק וא"א ואו"א וישסו"ת וזו"ן ויעקב ורחל והוא באבי"ע דבריאה דשבוע שעבר:

יום ב' גבורה ע"ד הנז"ל והוא באבי"ע דיצירה דשבוע שעבר:

יום ג' ת"ת ע"ד הנז"ל והוא באבי"ע דעשיה דשבוע שעבר:

יום ד' נצח ע"ד הנז"ל והוא באבי"ע דעשיה דשבוע הבא:

יום ה' הוד ע"ד הנז"ל והוא באבי"ע דיצירה דשבוע הבא:

יום ו' יסוד ע"ד הנז"ל והוא באבי"ע דבריאה דשבוע הבא:

יום שבת מלכות ע"ד הנז"ל והוא באבי"ע דאצילות:

וכל הבירורים המתבררים בכל יום הוא מן הבחי' המתייחסות לאותו יום ולא מזולתו ולפיכך ביום הא' דכל שבוע יורדים כל פרטי פרצופי החסדים דכל הפרצופים הנז' דאצי' המתיחסים לאותו יום דאותו שבוע ומתלבשים בפרטי פרצופי החסדים דבי"ע ע"ד הנז"ל:

וכל התפלות והתורה והמצות הנעשים באותו יום הם לברר חלקי אותו יום לבד ולעלותם מיום ליום מאבי"ע לאבי"ע עד עלותם לאבי"ע דאצי' בשבת ואז בשבת הוא בירור אוכל מתוך אוכל ואין בו פסולת כלל כי אם בירור מיניה וביה להשלימם ולהעלותם ממדריגה למדריגה עד עלותם אל מצח הרצון העליון וכבר נתבאר בס' עולת תמיד שגם בחינת המוחין דזו"ן והם זו"ן דפנימיות דאצי' דיום שעבר דהיינו דתמול שלשום שכבר נתקנו ועלו שבלילה יורדים גם הם לברר לצורך התפילות והמצות של יום הבא וכן הוא חוזר חלילה וכמבואר לעיל בהקדמת ברכת המעביר ע"ש. ובבקר חוזרים ועולים עם מה שנתברר ועולים בארבע חלקי התפילה והוא על סדר מ"ש לעיל בהקדמת ברכת המעביר ע"ש ובכל עולם מזדווגים הכלים דפרצופים הנז' לתקן קצת הבירורים ההם כדי להעלותם יותר לעולם שלמעלה מהם עד עלותם אל האצי' בעמידה כמבואר בס' עולת תמיד ע"ש:

הקדמת הקרבנות:

הנה נודע כי כללות ד' בחי' נרנ"ח כוללים כל הנמצאים וכל א' כלול ומורכב מכולם כי הנרנ"ח דחיה היא בחי' החיה שבכל א' מנרנ"ח וכן הנרנ"ח דנשמה הוא בחינת הנשמה שבכל א' מנרנ"ח וכן הרוח הוא הרוח שבכולם והנפש היא הנפש דכולם אבל היחידה היא כוללת כולם בלי היכר וד' בחי' אלו הם בחי' ד' אותיות הוי"ה והם בחי' חבת"ם והם בחי' אבי"ע והם בחי' ארמ"ע והם בחי' דצח"ם שבכללות ושבפרטות וכל בחי' נפרטת לאין קץ. והנה משמרי טו"ר של האופנים נתהוו חומרי ד' יסודו' ארמ"ע ומהרכבתם [דכ"ה ע"ב] יצאו כל הבריות שבעולם השפל ונחלקים לד' מיני דצח"ם מעולים זה מזה כי הדומם הוא הגרוע שבהם כי הוא בערך העפר שבכולם ויש בו נפש המרכבת. למעלה ממנו הצומח כי הוא בערך המים שבכולם ויש בו גם נפש הצומחת. למעלה ממנו החי כי הוא בערך הרוח שבכולם ויש בו נפש המרכבת ונפש הצומחת ונפש החיונית. למעלה מכולם הוא המדבר כי הוא בערך האש ויש בו נפש המרכבת ונפש הצומחת ונפש החיונית ונפש השכלית שהיא בחיריית וד' נפשושת אלו הם כפולים ד' מסטרא דטוב וד' מסטרא דרע וכללות כולם נק' נפש הבהמיות ועל ד' דסטרא דרע רוכב יצה"ר ועל ד' מסטורא דטוב רוכב יצה"ט ועליהם מתלבש נפש דעשיה טו"ר כלולה מד' יסודות העליונים ע"ד הנז"ל ועליהם רוח מיצירה עד"ה ועליהם נשמה מבריאה עד"ה ועליהם חיה מאצי' עד"ה וד' נשמות הדצח"ם שבאדם ניזונים ומתגדלים מהדם הצח וזך הנמשך להם שהוא נפשות הדצ"ח והיותר עב שבו נהפך לבשר וזה כשגובר יצה"ט והוא מקריבו לכבד ששם הנפש דעשיה ואז הוא בריא ועושה רצון ה' יתברך ואם ח"ו גובר היצה"ר אז כולם נזונים מעכירות הדם והוא מקריב עכירות והרע שבדם אל הכבד ומלכלך נפש דעשיה ואז הוא חוטא ח"ו וגורם חולאי הנפש והגוף. וע"כ צונו האל יתברך להביא קרבן כלול מדצח"ם לתקן ולהסיר העכירות שבדצח"ם שבאדם כי המלח כנגד הדומם וסולגת ושמן ויין כנגד הצומח והבעל חי כמשמעו והוידוי כנגד המדבר וכונת הכהן כנגד נרנח"י הפנימיים ואז נחית אש גבוה ושורף ומכלה העכירות ההוא ומנקה ומזכך נפשות דצח"ם שבאדם כי הכל משורש א' ומתכפר לאדם:

סדר כללות כוונת הקרבנות:

והענין הוא כי ע"י כללות אמירת סדר הקרבנות שהם בעשיה (בשבת דאבי"ע דאצילות) (ביום

א' וו' דאבי"ע דבריאה) (ביום ב' וה') דאבי"ע דיצירה) (ביום ג' וד' דאבי"ע דעשיה) שהיא בחינת נפש ושם ב"ן וא"ל אדנ"י ואות ה' אחרונה דהוי"ה הכולל שהיא נרנח"י דנפש:

יכוין לברר מחלקי הכלים דאחור ופנים דפנים ואחור ומאורות דנרנח"י דנפש דחיה ונשמה דנשמה המתייחסים לפרצופי פנימיות וחיצוניות דפנימיות דפרצופי חו"ב דבינה הכולל דעשיה:

וגם מחלקי הכלים החיצוניים דאחור ופנים דפנים ואחור דפרצופי פנימיות וחיצוניות דפנימיות דפרצופי חו"ב דבינה הכולל דאצילות (ובשבת דפרצופי פנימיות וחיצוניות דפנימיות ודפנימיות וחיצוניות דחיצוניות דפרצופי נה"י וחג"ת וחב"ד וכתר דחכמה הכולל דאצי' דאבי"ע דאצי') (ביום א' וו' דאצי' דאבי"ע דבריאה) ביום ב' וה' דאצילות דאבי"ע דיצירה) (ביום ג' וד' דאצילות דאבי"ע דעשיה) דמלכים דזו"ן דפרצו' האצי' שנפלו לפנימיות וחיצוניות דפנימיות דפרצופי חו"ב דבינה הכולל דעשיה (בשבת דנרנח"י דפרצופי חכמה הכולל דעשיה ומבחי' האורות דנרנח"י דנפש דחיה ונשמה דנשמה) (ביום א' וו' דחיה דנשמה) ביום ב' וה' דחיה דרוח (וביום ג' וד' דחיה דנפש) (בשבת דנרנח"י דנפש דנרנח"י דחיה דחיה) דרפ"ח שנפלו עמהם וזה ע"י זיווג הכלים החיצוניים דפרצופי חו"ב דבינה הכולל דאצי' המתלבשים בפרטי פרצופי פנימיות וחיצוניות דפנימיות דחו"ב דבינה הכולל דעשיה וגם ע"י המוחין והכלים דמוחין דזו"ן שירדו גם הם לברר כנז"ל וזה ע"י שיכוין עתה להמשיך מהא"ס נפשות דנרנח"י לפרצופי א"ק ולהמשיך אור מלכות דחכמה דא"ק עם חלק אור הא"ס המלובש בה ולהעבירו דרך מלכיות דבינה ודז"א דא"ק ולהלבישו במל' דא"ק ויורדת המלכות הנז' עם האור הנזכר [דכ"ה ע"ג] המלובש בה ועובר דרך מלכיות דכחב"ד דאצי' ומאיר וממשיך נפשות ורוחות דנרנח"י לכל פרצופי האצי' ואז מזדווגים ג"ר וו"ק דג"ר דישסו"ת וממשכין מוחין ובתוכם מלובשים האורות הנזכר לשני פרצופי חג"ת ונה"י דחיצוניות דפנימיות דזו"ן ואז מזדווגים השני פרצופי' הנז' דזו"ן וממשיכים מוחין ושפע ויכוין להמשיך המוחין והשפע הנזכר עם אור הא"ס המלובש במלכות דפרצופי א"ק ודפרצופי כחב"ד וז"א דאצילות ומתלבשים גם במלכות דאצי' ואז יורד המלכות עם כל האורות הנזכר ועובר דרך מלכיות דכחב"ד וז"א דבריאה ומתלבש גם במלכות דבריאה ומאיר וממשיך נר"ן דנרנח"י לפרצופי הבריאה ויורד ועובר דרך כחב"ד וז"א דיצירה ומתלבש גם

נהר שלום - לרש"ש

במלכות דיצירה ומאיר וממשיך נרנ"ח דנרנח"י לפרצופי היצירה ויורד ונמשך השפע והמוחין והאורות הנז"ל לכח"ב שהם עתיק וא"א ואו"א דחיצוניות דפנימיות דעשיה דאצי' ודעשיה התחתון שהוא למלכיות דכחב"ד ואז מזדווגים הפרצופים הנז' וממשיכים המוחין והשפע הנז' לזו"ן דחיצוניות דפנימיות דעשיה והמוחין והשפע הנז' נק' כסות והאורות הנז' עם האור הא"ס מתפשטים ומאירים וממשיכים נרנח"י דנרנח"י לכל פרצופי העשיה וע"י כן ניתן כח ועוז לפרצופים הנז' לברר מחלקי הכלים ואורות שבעשיה וממשיכים להם מוחין פנימיים ומקיפים עם נרנח"י דנפש הנק' מוחין דעיבור ואז נתקנים הבירורים הנז' קצת ומתעלים הכים החיצוניים דפרצופי האצי' הנזכר דמוחין דזו"ן הנזכר עם הבירורין הנז' ועולים מהיכל להיכל עד עלותם אל היצירה ומלבישים לכלים האמצעיים שלהם העומדים שם ביצירה. וזהו שבהגיענו לברוך שאמר שצריך לכוין אל חיבור ששם ב"ן שבעשיה עם שם מ"ה שביצירה ושם אדנ"י שבעשיה עם שם הוי"ה שביצירה כי כבר גמרו כל חלקי העשיה דאצי' עם הבירורים לעלות אל היצירה ע"י אמירת סדר קרבנות. ומ"ש שע"י אמירת סדר הקרבנות עולים הפנימיות חב"ד דעשיה להלביש חיצוניות נה"י דיצירה וכעד"ז עולים כל המדריגות עד א"ס פנימיות כל מדריגה להלביש חיצוניות המדריגה שעליה וכן בזמירות עולים עוד מדריגה אחרת ע"ד הנזכר וכן ביוצר עולים עוד מדריגה אחרת ע"ד הנזכר וכן בעמידה עוד מדריגה אחרת ע"ד הנזכר כמ"ש כל ענין במקומו בע"ה היינו בבי"ע התחתונים אבל בבי"ע דאצילות שירדו לבי"ע התחתונים לברר כנז"ל הם עולים עם הבירורים שנבררו מכל עולם ועולם ועולים לגמרי מעולם לעולם כנז' עד עלותם אל האצי' בעמידה שאז עולים למקומם האמיתי שבאצי' במקום שהוא עתה בחול שאף האצי' אינו במקומו האמתי כי בחול יורדים כל האבי"ע וכמתלבשים בימי החול עד ליל שבת שאז יוצאים האבי"ע דקדושה מתוך ימי החול ומתעלים עוד ועולים למעלה למקומם ושורשם העליון ונשאר חלל פנוי בין הקדושה לימי החול י"ד מדרגות ולפיכך נאסרה המלאכה בתחילת ליל שבת אע"פ שעדיין לא עלו זו"ן אלא עד חג"ת דישסו"ת משא"כ בי"ט שהותר מלאכת אוכל נפש אע"פ שכבר עלו זו"ן עד חב"ד דאו"א עילאין ואפי' בשבועות שעולים עד א"א וכמ"ש במקומו בע"ה. ומ"ש לעיל שבלילה יורדים היא ירידה אחרת כמבואר כל זה בשער ההקדמות בדרושי אבי"ע ובפרט בדרוש ב'

נהר שלום - לרש"ש

מדרושים הנזכר וכן בע"ח שער סדר אבי"ע עם מה שנתבאר בספר ע"ת ובספר הכונות ובפרט בדרוש שני מדרושי סדר תקון התפלה ובכמה מקומות וזהו בכללות ובע"ה כל ענין יתבאר במקומו באר היטב יותר ובפרטות בס"ד עם שמות הכלים והנרנח"י בע"ה:

הקדמת פטום הקטורת:

אחר כך יאמר פטום הקטורת ועניינו הוא לברר [דכ"ה ע"ד] ולהעלות שארית בירורי חלקי אבי"ע על הנקודות שנשארו מזמן מיתת המלכים בתוך הקליפות בסוד נשמה וחיות להם כנודע כי כשיצא שם מ"ה החדש בירר מהנקודות מה שהיה אפשר לברר אז ותיקן כל פרצופי האצילות ושארית בירורי חלקי בחינת אצילות של הנקודות מהיותר מובחר שבהם נעשה קליפת נוגה דאצילות כלול מטוב ורע ומהסיגים הגמורים שבהם נתהוה אצילות של הקליפות והנוגה הנז' הוא בסוד נשמה וחיות להם ושארית בירורי הכלים הפנימיים והאמצעיים והחיצוניים של הנקודות נדחו לבריאה ומשארית בירורי הכלים הפנימיים נעשו כל חלקי הבריאה בכל פרטיה על סדר האצילות ושארית בירורי חלקי הבריאה מהיותר מובחר שבהם נעשה קלי' נוגה דבריאה טו"ר ומהסיגים הגמורים שבהם נתהוו כל פרטי בריאה של הקליפות ונוגה הנז' נשמה וחיות להם ומשארית בירורי הכלים האמצעיים נעשו כל חלקי היצירה בכל פרטיה ומהיותר מובחר משארית בירורם נעשה קלי' נוגה דיצירה טו"ר ומהסיגים הגמורים שבהם נתהוו כל פרטי יצירה של הקלי' ומשארית בירורי הכלים החיצוניים נעשו כל חלקי העשיה בכל פרטיה ומהיותר מובחר משארית בירורים נעשה קליפת נוגה דעשיה טו"ר ומסיגים גמורים שבהם נתהוו כל פרטי עשיה של הקלי' ומצבם ומעמדם הוא בכל אחורי נה"ל דכל עולם שהוא אחורי העשיה דכל עולם. והנה לפי כי כל שארית בירורים הנז' שירדו לבי"ע הם משארית בירורי ז' המלכים שהם זו"ן שהם שתי אותיות ו"ה שמספרם י"א נתחלקה שארית הקדושה שבתוך הקליפה לי"א בחינות י"ס פנימיים בסוד נשמה וחיות בתוכם וא' מקיף עליהם כמספר י"א סמני הקטורת הרומזים לי"א בחי' הנז' אשר ע"י אמירת פטום הקטורת בכוונה כפי כח כוונתו הוא מברר ומעלה מקדושת הי"א בחי' הנז' וכפי זכותו ועוצם כוונתו כך ירבה כחו לברר ואמירתה בכוונה הוא יסייענו לחזור בתשובה גם ימנה באצבעותיו הסממנים:

ועתה באמירת פטום הקטורת יכוין להעלות הקדושה מתוך

הקלי' ולהעמידה בגבול קדושת העשיה להיות מוכן להעשות חיצוניות למלכות דעשיה כמ"ש בס"ד:

הקדמת אנא בכח:

והנה ענין שם מ"ב הוא זה הנה נודע כי כל עולכם ופרצוף עליון הוא מקור ושורש למה שלמטה ממנו כנודע כי במלכות דיצירה נתפשטו עשרה ענפים מי"ס דיצירה והם שרשים לי"ס דעשיה וכן במל' דבריאה נתפשטו עשרה ענפים מי"ס דבריאה והם שרשים לי"ס דיצירה וכן במלכות דאצי' נתפשטו עשרה ענפי' מי"ס דאצילות והם שורש י"ס דבריאה ובמלכות דעקודים נתפשטו ענפי י"ס דעקודים והם שורש לי"ס דאצילות וכן עד"ז מעולם לעולם שלמעלה מנו עד שנמצא שכולם ענפים מסתעפים מי"ס דא"ק שהם שורש ומקור לכל העולמות והם משורשים ביחידה שלו וכל זה בכללות וכן הוא בפרטות מפרצוף לפרצוף וכן בפרטי פרטות מספירה לחברתה. והנה טבע האור העליון חפצו וחשקו ותאוותו לעלות למקורו ושורשו להכלל ולהדבק שם כשלהבת קשורה בגחלת ואם ככה יעשה יתבטל מהות תיקונו לפיכך שם המאציל לכל בחי' יראה פנימית שלא יעלה האור ההוא ויכנס פנימה יותר מהראוי לו וגם יראה חיצונית וחק וגבול שלא ירד למטה ויצא יותר ממדריגתו והנה יראה זו היא שם מ"ב שהוא בחינת גבורה כמספר יראה ושם זה הוא האוחז ומעכב לאור העליון שלא יעלה יותר מהראוי לו ושלא ירד יותר מגבולו ושם זה הוא ביצירה ר"ל בחג"ת שהם בחי' כלים האמצעיים שהוא פרצוף האמצעי דז"ל דכל בחי' והוא מעכבו [דכ"ו ע"א] מלעלות לחב"ד וע"כ נקראו ידים שהם חג"ת וכן יש בו ג"פ י"ד אותיות והוא מתחלק לז' שמות לעומת ז' תחתונות חג"ת נהי"ם כל שם משש אותיות בספי' אחת וכל שם כלול מכולם ויש בו פרטות כולם נגד פרטות שבעה תחתונות שבספי' ההיא ועל שם מ"ב זה נאמר בשתי' יכסה פניו ובשתים יכסה רגליו ובשתים יעופף ר"ל שבשתי אותיות ראשונות שבכל שם יכסה פניו שהם חב"ד דכל ספירה אות א' לכסות אור פנימי ואות ב' לכסות אור המקיף שלא לעלות לשורשו ובשתי אותיות שניות שבכל שם יכסה רגליו שהם פנימי ומקיף דנה"י דכל ספירה שלא יתפשט וירד למטה ממדרגתו ובשתי אותיות אחרונות יעופף בפנימי ומקיף בחג"ת דכל ספירה לעלות בעת עליית העולמות למקום הצריך לו ולא יותר כי ב' אותיות ראשונות אוחזים ומעכבים לו שלא להתעלות יותר וכ"ז הוא ע"י

שמות הרמוזים בפסוק זה באופן
זה בשתי״ם יכס״ה פני״ו ר״ת גי׳
צ״ב כמספר ס״ג ועשר אותיותיו
וי״ט מילוי דמ״ה לכסות או״פ וצ״ב
ב׳ כמוהו לכסות אוה״מ ובשתי״ם
יכס״ה רגליו ר״ת גי׳ ב״פ ח״ק ח״ק
אחד לכסות הפנימי וא׳ לכסוף אור
המקיף וכל ח״ק מספרו ס״ג ומ״ה
ובשתים יעופף תיבת יעופף
נחלקת כי יע״ו מספר אלהים
לצורך הפנימי וב׳ פ״פ מספר
אהי״ה דיודי״ן לצורך המקיף והנה
ידוע כי סדר ממשלת עליון
בשבעת ימי השבוע הוא כי בכל
יום שולטת ומושלת ספירה א׳ מז׳
ספי׳ התחתונות דכללות ודפרטות
בכל העולמות בהתלבשותם זה
בזה להשפיע ולהנהיג העולמות.
גם נודע כי פירוש כללות ענין
חיצוניות ופנימיות הנז׳ בכל מקום
הוא כי ב׳ פרצופי נה״י וחג״ת
עיבור ויניקה שהם נפש ורוח של
אותו העולם או הפרצו׳ או
הספירה נקרא חיצוניות בערך ג׳
פרצופים הפנימיים חב״ד דדלות
שהם נשמה חיה יחידה שלו
שנקראים פנימיות בערכו ונודע כי
פנימיות התחתון ערכו בערך
חיצוניות העליון ממנו ועתה צריכין
אנו לעלות שש מדריגות חיצוניות
חב״ד ופנימיות חג״ת דעשיה ע״י
ששה שמות דמ״ב הראשונים
להלביש פנימיות וחיצוניות מלכות
דיצירה העומדת שם שבה שש
אותיות דשם השביעי שקוצי״ת
ולחבר כל שם מהששה שמות אל

אות א׳ דשם השביעי ולכן באמרו
תפלת אנא בכח כו׳ יכוין בר״ת
להמשיך ששה שמות הראשונים
מחג״ת נה״י דיצירה להעלות ע״י
ג׳ שמות הראשונים את חיצוניות
חב״ד דעשיה שהם חג״ת ונה״י
דחב״ד להלביש פנימיות המלכות
דיצירה שהם חב״ד שבה וע״י ג׳
שמות אחרונים להעלות פנימיות
חג״ת דעשיה שהם חב״ד דחג״ת
להלביש חיצוניות המלכות שהם
חג״ת ונה״י שבה באופן זה
באומרו ששה תיבות ראשונים
יכוין להמשיך שם הראשון
אבגית״ץ מחסד דיצירה בשתי
אותיותיו הראשונות יכסה פנימי
ומקיף דחח״ן דחכמה דחסד ונצח
דחכמה דעשיה ע״י השמות הנז״ל
ובשתי אותיות שניות לכסות
פנימי ומקיף דחח״ן דנצח דחסד
ונצח דחכמה ע״י שמות הנז״ל
ובשתי אותיות אחרונות לעופף
בפנימי ומקיף דחח״ן דחסד דחסד
ונצח דחכמה ולהעלות כל כללות
החח״ן דחסד ונצח דחכמה ע״י
שמות הנז״ל להלביש חח״ן
דחב״ד דמלכות דיצירה ולחברו
לאות ש׳ דשם השביעי וכן עד״ז
באומרו שש תיבות האחרות שהם
קבל רנת עמך כו׳ יכוין בשם קר״ע
שט״ן להמשיכו מן גבורה דיצירה
בשתי אותיות ראשונות לכסות
פנימי ומקיף דבג״ה דבינה
דגבורה והוד דבינה דעשיה
ובשתי אותיות שניות לכסות
פנימי ומקיף דבג״ה דהוד דגבורה

והוד דבינה ובשתי אותיות אחרונות לעופף בפנימי ומקיף דבג"ה דגבורה דגבורה והוד ולעלות כל כללות הבג"ה דגבורה והוד דבינה ע"י השמות הנז"ל להלביש בג"ה דחב"ד דמלכות ולחברו אל אות ק' דשם השביעי וכסדר הזה יכוין בכל שם כי שם נג"ד יכ"ש ימשיכנו מת"ת דיצירה לכסות ולהעלות דת"י דדת"י דת"ת ויסוד דדעת דעשיה [דכ"ו ע"ב] להלביש דת"י דחב"ד דמלכות ושם בט"ר צת"ג ימשיכנו מנצח דיצירה לכסות ולהעלות חח"ן דחח"ן דחכמה דחסד דעשיה להלביש חח"ן דחסד ונצח דמל' ושם חק"ב טנ"ע ימשיכנו מהוד דיצירה לכסות ולהעלות בג"ה דבג"ה דבינה דגבורה דעשי' והוד להלביש בג"ה דגבורה והוד דמל' ושם יג"ל פז"ק ימשיכנו מיסוד דיצירה לכסות ולהעלות דת"י דדת"י דדעת דת"ת להלביש דת"י דת"ת ויסוד דמלכות הכל ע"ד הנז"ל ופי' השמות כנז"ל ולכן באומרו תפלת ר' נחוניא אנא בכח יתן ריוח בין כל שתי תיבות:

והנה ביום ראשון שולט החסד ולכן שם הראשון דשם מ"ב שהוא אבגית"ץ הוא הגובר ובו כלולים כל הו' ולכן ביום ראשון יכוין להמשיך הו' שמות הנז"ל מחג"ת נה"י דחסד דיצירה להעלות שש מדרגות דחב"ד וחג"ת דחסד דעשיה להלביש פנימיות וחיצוניות דמלכות דחסד דיצירה הכל כסדר הנ"ל וכסדר הזה ביום שני בגבורה דכל העולמות וביום הג' בת"ת וכן כולם עד שביום שבת במל':

יכוין להמשיך ששה שמות דמ"ב האלו מו"ק דו"ק דיצירה דהיינו ביום ראשון מו"ק דחסד יום שני מו"ק דגבורה יום ג' מו"ק דת"ת יום ד' מו"ק דנצח יום ה' מו"ק דהוד יום הששי מו"ק דיסוד יום ש"ק מו"ק דנקודת המלכות עצמה לחיצוניות חב"ד ופנימיות חג"ת דעשיה להעלותם להלביש פנימיות וחיצוניות מלכות דספירה השולטת ביום ההוא:

הקדיש של הודו שהוא ס"ג ומ"ה שייך ג"כ קודם קוה אל ה' כו' ושייך גם כן לקדיש בתרא של ערבית ושייך גם כן לאחר קריאת תורה שבכתב:

וקדיש דיוצר שהוא ס"ג וע"ב שייך גם כן לאחר ובא לציון כו' ושייך ג"כ לקדיש דיוצר דערבית ושייך גם כן לאחר קריאת המשנה ולאחר קריאת הקבלה:

וקדיש שלאחר נפילת אפים שהוא ע"ב ע"ב שייך ג"כ קודם עמידה של מנחה ולאחר עמידה וקודם עמידה דערבית ואחריה ושייך גם כן לאחר קריאת ס"ת:

קדיש דס"ג ומ"ה להעלות העשיה דערבית ודאחר תפלה לדוד ודאחר ערבית ואחר תורה שבכתב:

יכוין שבח הגדול והקדוש הזה בלשון תרגום להכניע הקליפות

ולבטלם ולברר ולהעלות מתוכם את הי"א מיני קדושה שנשארו בהם מז' מלכיות זו"ן וי"ה ולחברם לאותיות י"ה או"א שהם המוחין האלו:

יכוין השני פרצופי דנה"י וחג"ת דזו"ן וכל א' כלול מה' כבר נתקנו מאליהם והם כלולים כל אחד מה' פרצופים דהיינו נה"י וחג"ת ובינה וחכמה וכתר דנה"י וכן דחג"ת דז"א וכן דנוק' כבר הם מתוקנים מאליהם והם נק' נרנח"י דרוח ונרנח"י דנפש והם הם השבעה מלכים דזו"ן בכללות הקדיש יכוין כי יש בו ד' מ"ב שנים דאותיות ושנים דתיבות דהיינו יתגדל ויתקדש שמיה רבא הם ד' תיבות ומבעלמא עד משיחיה הם עשר תיבות ומן אמן יהא כו' עד סוף הקדיש הם כ"ח תיבות הרי אחד דתיבות ותיבת ד"י הם י"ד אותיות ומאמן עד עלמיא הם כ"ח אותיות הרי מ"ב א' דאותיות והז' ווין דוישתבח כו' הם בגי' מ"ב ב' דאותיות והז' תיבות דוישתבח כו' יש בכל אחד מהם ששה אותיות הרי מ"ב שני דתיבות והמ"ב דאותיות הם דמ"ה והם דמוחין דגדלות דאימא והמ"ב דתיבות הם דס"ג והם מוחין דגדלות דאבא והכל הוא בעשיה דז"א דאצי' ובז"א דעשיה עצמה והמוחין דאבא דהיינו ב' המ"ב דתיבות הם מוחין דגדלות להיכל ק"ק דעשיה דז"א דאצי' ולהיכל ק"ק דז"א דעשיה והמוחין דאמא דהיינו הב' מ"ב דאותיות הם מוחים דגדלות לו"ק שהם ששה היכלות התחתונים הנק' ז"א דעשיה דז"א דאצי' וז"א דז"א דעשיה והמ"ב הא' דאותיות הרמוז בד"י עד עלמיא הוא [דכ"ו ע"ג] להמשיך נרנח"י דנח"י דכח"ב דו"ק דשש היכלות התחתונים שהם ז"א דז"א דעשיה דז"א דאצי' ודז"א דז"א דעשיה וגם יכוין להמשיך ע"י מ"ב הנז' רוח מהיצירה לג"ר דז"א דז"א דעשיה וגם יכוין להעלות ע"י מ"ב הנז' את הז"א דז"א דעשיה דז"א דאצילות ליצירה וע"י המ"ב הב' דאותיות הרמוז בז' ווין יכוין להמשיך נרנח"י דנח"י לג"ר דששה היכלות התחתונים שהם כח"ב דז"א דעשיה דז"א דאצי' ולג"ר דז"א דעשיה גם יכוין להמשיך ע"י מ"ב הנזכר רוח מהיצירה לג"ר דז"א דעשיה וגם יכוין להעלות ע"י מ"ב הנזכר את הג"ר דז"א דעשיה דז"א דאצי' ליצירה וע"י המ"ב הא' דתיבות הרמוזים בי"ד תיבות עד משיחיה ובכ"ח עד ואמרו אמן יכוין להמשיך מוחין דגדלות דאבא שהם נרנח"י דנח"י לג"ר דו"ק דהיכל ק"ק הנק' ז"א דהיכל ק"ק דעשיה דז"א דאצי' וג"ר דז"א דהיכל ק"ק דעשיה. וגם יכוי להמשיך ע"י מ"ב הנזכר הארה מבריאה לג"ר דז"א דהיכל ק"ק דעשיה גם יכוין להעלות ע"י מ"ב הנז' את הג"ר דז"א דהיכל ק"ק דעשיה דז"א דאצילות ליצירה וע"י

המ"ב הב' דתיבות הרמוז בשבעה תיבות כנז' יכוין להמשיך מוחין דגדלות דאבא שהם נרנח"י דנח"י לג"ר דהיכל ק"ק דעשיה דז"א דאצי' וג"ר דהיכל ק"ק דעשיה. גם יכוין להמשיך ע"י מ"ב הנז' הארה מהבריאה לג"ר דהיכל ק"ק דעשיה. גם להעלות ע"י מ"ב הנז' את הג"ר דהיכל ק"ק דעשיה דז"א דאצילות ליצירה ובתיבות שהם אותיות תג"י ד"ל ר"ל שתג"י גימטריא ג' מלוי קס"א קמ"ג קנ"א ואהיה פשוט דהיינו שיכוין להמשיך ג' אלהים שהם תלת מוחין דיניקה מלובשין בנה"י דאימא שהם הג' מילויים הנז' עם נ"ר דנרנח"י דרוח לנה"י וחג"ת דחג"ת דו"ק דשש היכלות התחתונים הנק' ז"א דז"א דעשיה דז"א דאצילות ודעשיה. ובתיבות ויתקדש שהם אותיות ת"ק שד"י שהוא פשוט ומלא דשד"י דיסוד דאבא העודף על יסוד דאימא ויכוין להמשיך ג' מוחין דיניקה דאבא שהם ג' אלהים מלובשים בנה"י דאבא עם נ"ר דנרנח"י דרוח לנה"י וחג"ת דחג"ת דו"ק דהיכל ק"ק הנק' ז"א דהיכל ק"ק דעשיה דז"א דאצילות ודעשיה:

ובתיבת שמיה יכוין להמשיך תלת אלהים דמוחין דעיבור דאימא שהם נרנח"י דנפש לנה"י דו"ק דשש היכלות התחתונים הנק' ז"א דז"א דעשיה דז"א דאצילות ודעשיה וגם יכוין להמשיך ג' אלהים מוחין דעיבור דאבא שהם נרנח"י דנפש לנה"י דו"ק דהיכל ק"ק הנקרא ז"א דהיכל ק"ק דעשיה דז"א דאצי' ודעשיה:

ויכוין כי מספר ר"ת יתגדל ויתקדש שמיה רבא הוא אותיות יושר גימטריא ששה אלהים וס"ת שלו גימטריא ג' יב"ק והוא שיכוין להמתיק את הי"ב אלהים דמוחין דעיבור ויניקה דאו"א ע"י י"ב הויות דרשימו דמוחין דגדלות:

ובתיבת אמן יהא כו' יכוין למלאות ד' אלהים דמוחין דקטנות דאימא יכוין להמשיך נח"י דנרנח"י דרוח דאימא לכחב"ד דחג"ת דו"ק דששה היכלות התחתונים הנקרא ז"א דז"א דעשיה דז"א דאצי' ודעשיה. ובאמן האחרון יכוין למלאות ד' אלהים דמוחין דקטנות דאבא ויכוין להמשיך נח"י דנרנח"י דרוח דאבא לכחב"ד דחג"ת דו"ק דהיכל ק"ק הנקרא ז"א דהיכל ק"ק דעשיה דז"א דאצילות ודעשיה:

נמצא כי המוחין דעיבור ויניקה דאימא והמוחין דגדלות דקטנות דאימא והמ"ב הא' דאותיות שהוא דמוחין דג"ר דאימא הם לנה"י וחג"ת וכח"ב דו"ק דשש היכלות התחתונים והם ז"א דז"א ונק' יעקב ורחל. והמ"ב הב' דאותיות דמוחין דגדלות דאימא הם לכח"ב דשש היכלות הנז' ונקראים זו"ן הגדולים ונקראים ג"ר דז"א:

והמוחין דעיבור ויניקה דאבא והמ"ב הא' דתיבות דמוחין דג"ר

דאבא והמוחין דג"ר דקטנות [דכ"ו ע"ד] דאבא הם לנה"י וחג"ת וכח"ב דו"ק דהיכל ק"ק שהוא ז"א דהיכל ק"ק הנק' א"א ונוקביה וישסו"ת והמ"ב הב' דתיבות דמוחין דגדלות דאבא הם לג"ר דהיכל ק"ק הנק' עתיק ונוק' ואו"א עילאין כו'. (בנוסח הקדיש י"ל מן כל וכן חי העולמים בפתח והוא תשובה על שאלה ס"ב):

זמירות:

וכן ע"י כללות אמירת סדר הזמירות שהם ביצירה (בשבת דאבי"ע דאצי') (ביום א' וו' דאבי"ע דבריאה). (ביום ב' וה' דאבי"ע) דיצירה (ביום ג' וד' דאבי"ע דעשיה) שהוא בחינת שם מ"ה וא"ל הוי"ה ואות ו' דהוי"ה הכולל שהוא נרנח"י דרוח:

יכוין לברר מחלקי הכלים דאחור ופנים דפנים ואחור ומאורות דנרנח"י דרוח דחיה ונשמה דנשמה המתייחסים לפרצופי פנימיות וחיצוניות דפנימיות דפרצופי חו"ב דבינה הכולל דיצירה וגם מחלקי הכלים האמצעיים דאחור ופנים דפנים ואחור דפרצופי פנימיות וחיצוניות דפנימיות דפרצופי חו"ב דבינה הכולל דאצילות (בשבת דפרצופי פנימחיות וחיצוניות דפנימיות ופנימיות וחיצוניות דחיצוניות דפרצופי נה"י וחג"ת וחב"ד וכתר דחכמה הכוללם דאצילות דאבי"ע דאצילות) (ביום ראשון וששי דאצילות דאבי"ע דבריאה) ביום ב' וה' דאצילות דאבי"ע דיצירה) (ביום שלישי ורביעי דאצילות דאבי"ע דעשיה) דמלכים דזו"ן דפרצופי האצילות שנפלו לפנימיות וחיצוניות דפנימיות דפרצופי חו"ב דבינה הכולל דיצירה (בשבת דפרצופי חכמה הכולל דיצירה ומבחי' הארות דנרנח"י דרוח דחיה ונשמה דנשמה) (ביום א' וו' דחיה דנשמה) (ביום ב' וה' דחיה דרוח) (ביום ג' וד' דחיה דנפש) (בשבת דנרנח"י (דנרנח"י) דרוח דחיה דחיה) דרפ"ח שנפלו עמהם וזה ע"י זיווג הכלים האמצעיים דפרצופי חו"ב דבינה הכולל דאצי' המלובשים בפרטי פרצופי פנימיות וחיצוניות דפנימיות דחו"ב דבינה הכולל דיצירה וגם ע"י המוחין וכלים האמצעיים דמוחין דזו"ן שירדו גם הם לברר כנז"ל:

וזה ע"י שיכוין עתה להמשיך מהא"ס נפשות ורוחות דנרנח"י לכל פרצופי הא"ק ולהמשיך אור ו"ק דחכמה דא"ק עם חלק אור הא"ס המלובש בהם ולהעבירם דרך ו"ק דבינה דא"ק ומתלבשים גם בז"א דא"ק ודרך המלכות דא"ק יורדים ועוברים דרך הו"ק דכחב"ד דאצי' ומאירים וממשיכים נר"ן דנרנח"י לכל פרצופי האצי' ואז מזדווגים הו"ק דו"ק דאו"א וממשיכים מוחין ובתוכם

מתלבשים האורות הנזכר ונמשכים לפרצוף ו"ק דו"ק דג"ר דזו"ן ואז מזדווגים פרצופי הו"ק הנז' דזו"ן וממשיכים מוחין ושפע ויכוין להמשיך המוחין והשפע הנזכר עם אור הא"ס המלובש בז"א דפרצופי א"ק ובז"א דפרצופי האצי' ודרך המלכות דאצי' עוברים ויורדים ועוברים דרך הו"ק דכחב"ד דבריאה ומתלבשים גם בז"א דבריאה ומאירים וממשיכים נרנ"מ דנרנח"י לכל פרצופי הבריאה ודרך המלכות דבריאה עוברים ויורדים ונמשכים המוחין והאורות הנז' לפרצופי כחב"ד שהם עתיק וא"א ואו"א דחיצוניות דפנימיות דיצירה דאצילות ודיצירה התחתון ואז מזדווגים הפרצופים הנז' וממשיכים המוחין והשפע הנז' והם נקרא שאר וכסות לזו"ן דיצירה והאורות הנז"ל עם אור הא"ס מתפשטים ומאירים וממשיכים נרנח"י דנרנח"י לכל פרצופי היצירה וע"י כן ניתן כח ועוז לפרצופים הנז"ל לברר מחלקי הכלים והארות הנזכר שביצירה וממשיכים להם וגם לבירורים שעלו מהעשיה מוחין פנימיים ומקיפים עם נרנח"י דרוח הנק' מוחין דיניקה ונתקנים הבירורים הנז' שנבררו מן היצירה ועשיה וז מתעלים הכלים האמצעיים והחיצוניים דפרצופי האצי' ודמוחין דזו"ן הנז' עם הבירורים [דכ"ז ע"א] הנזכר שנבררו מיצירה ועשיה ועולים בסדר הזמירות מהיכל להיכל דיצירה עד עלותם אל הבריאה ומלבישים לכלים הפנימיים שלהם העומדים שם בבריאה המלובשים בפרטי פרצופי הבריאה כנז"ל:

יוצר:

וכן ע"י כללות אמירת היוצר שהוא בבריאה (בשבת דאבי"ע דאצי') (ביום א' וששי דאבי"ע דבריאה) (ביום ב' וה' דאבי"ע דיצירה) (ביום ג' וד' דאבי"ע דעשיה) שהוא בחי' שם ס"ג וא"ל שד"י ואות ה' ראשונה דהוי"ה הכולל והוא נרנח"י דנשמה:

יכוין לברר מחלקי הכלים דאחור ופנים דפנים ואחור ומאורות דנרנח"י דנשמה דחיה ונשמה דנשמה המתייחסים לפרצופי פנימיות דחיצוניות דפרצופי חו"ב דבינה הכולל דבריאה:

וגם מחלקי הכלים הפנימיים דאחור ופנים דפנים ואחור דפרצופי פנימיות דחיצוניות דפרצופי חו"ב דבינה הכולל דאצילות (בשבת דפרצופי פנימיות וחיצוניות דחיצוניות דפרצופי נה"י וחג"ת וחב"ד וכתר דחכמה הכולל דאצילות דאבי"ע דאצילות) (ביום א' וו' דאצילות דאבי"ע דבריאה) (ביום ב' וה' דאצילות דאבי"ע דיצירה) (ביום ג' וד' דאצילות דאבי"ע דעשיה)

דמלכים דזו"ן דפרצופי האצילות שנפלו לפנימיות דחיצוניות דפרצופים חו"ב דבינה הכולל דבריאה (בשבת דפרצופי חכמה הכולל דבריאה) ומבחי' האורות דנרנח"י דנשמה דחיה ונשמה דנשמה (בשבת דנרנח"י דנשמה דנרנח"י דחיה דחיה) (ביום א' וו' דחיה דנשמה) (ביום ב' וה' דחיה דרוח) (ביום ג' וד' דחיה דנפש) דרפ"ח שנפלו עמהם וזה ע"י זיווג הכלים הפנימיים דפרצופי חו"ב דבינה הכולל דאצילות המלובשים בפרטי פרצופי פנימיות דחיצוניות דחו"ב דבינה הכולל דבריאה וגם ע"י המוחין וכלים הפנימיים דמוחין דזו"ן שירדו גם הם לברר כנ"ל וע"י הזיווג הנזכר מתבררים מחלקי הכלים והאורות הנזכר ואז מתעלים האורות הכלים הפנימיים והאמצעיים והחיצוניים דפרצופי האצילות ודמוחין דזו"ן עם הבירורין הנז' שנבררו מבי"ע ועולים מהיכל להיכל דשבעה היכלות התחתונים דזו"ן דבריאה עד עלותם אל היכל אהבה ובהיותנו שם בהיכל אהבה הנז' נצטוינו לקרות ק"ש שהיא מ"ע דאורייתא בדיבור שהוא דיבור יותר חמור מדיבור של הקרבנות והזמירות והיוצר כדי שעי"כ יהיה לנו כח לברר ולתקן פנימיות וחיצוניות דפנימיות דבריאה ובכל בחי' מאלו יש מוחין דחיצוניות ופנימיות כנ"ל והם מוחין דאחור והפנים בתהילות לאל וגם כחב"ד דפנימיות דחיצוניות דבריאה וגם פנימיות דפנימיות דיצירה ועשיה:

וגם פנימיות וחיצוניות דפנימיות ופנימיות וחיצוניות דחיצוניות דאצי' והוא כי עתה ע"י קיום מ"ע דאמירת הק"ש יכוין לברר מחלקי הכלים דאחור ופנים דפנים ואחור ומאורות דנרנח"י דנשמה דחיה ונשמה דנשמה המתייחסים לפרצופי פנימיות וחיצוניות דפנימיות וכחב"ד דפנימיות דחיצוניות) דפרצופי חו"ב דבינה הכולל דבריאה וגם מחלקי הכלים ואורות דפרצופי פנימיות דפנימיות דפרצופי חו"ב דבינה הכולל דיצירה ועשיה וגם מחלקי הכלים הפנימים דשחרית והאמצעיים דמנחה דאחור ופנים דפנים דאחור דפרצופי פנימיות וחיצוניות דפנימיות ופנימיות דחיצוניות דפרצופי חו"ב דבינה הכולל דאצילות בשבת דפרצו' פנימיות וחיצוניות דפנימיות ופנימיות וחיצוניות דחיצוניות דפרצו' (נה"י דלחש דשחרית) (וחג"ת דחזרה) (וחב"ד דלחש דמוסף) (וכתר דחזרה) דפרצו' חכמה הכולל דאצי' דאבי"ע דאצי' ודפרצופי (נה"י דלחש דמנחה) (וחג"ת דחזרה דפרצוף דיקנא דמוחא [דכ"ז ע"ב] סתימאה דא"א דאצי' הנז"ל) (ביום א' וששי דאצי' דאבי"ע דבריאה) (ביום ב' וה' דאצי' דאבי"ע דיצי') (ביום ג' וד' דאצי' דאבי"ע דעשיה) דמלכים דזו"ן דפרצופי האצילות שנפלו

לפנימיות וחיצוניות דפנימיות ופנימיות דחיצוניות דפרצו' חו"ב דבינה הכולל דבריאה ומבחי' הארות דנרנח"י דנשמה דחיה ונשמה (ביום א' וו' דחיה דנשמה) (ביום ב' וה' דחיה דרוח) (ביום ג' וד' דחיה דנפש) (ביום שבת דנרנח"י דנרנח"י דנשמה דחיה דחיה ונרנח"י דג"ר דיחידה דחיה) דרפ"ח שנפלו עמהם וזה ע"י זיווג הכלים הפנימיים דפרצופי חו"ב דבינה הכולל דאצי' המלובשים בפרטי פרצופי פנימיות וחיצוניות דפנימיות ופנימיות דחיצוניות דבינה הכולל דבריאה וגם ע"י המוחין והכלים הפנימיים דמוחין דזו"ן שירדו גם הם לברר כנז"ל וע"י הזיווג הנז' מתבררים מחלקי הכלים והאורות הנז' ואז מתעלים האורות והכלים הפנימיים והאמצעיים והחיצונים דפרצו' האצי' ודמוחין דזו"ן עם הבירורים הנזכר שנבררו מבי"ע ועולים מהיכל להיכל דז' היכלי זו"ן דבריאה עד עלותם להיכל אהבה דז"א ומשם עולים האורות והכלים הפנימיים דשחרית והאמצעיים דמנחה דחו"ב דבינה דאחור ופנים דאחור למ"ן ועולים ונכללים בפרצוף נקודת המלכות נוק' דז"א דאצי' שהם הט' מנכיות דט' ספירות דפרצוף החיצון דחיצוניות שלה דאצי' העומדת בהיכל ק"ק דבריאה הכלולה משבעה נקודות שהם השבעה מלכיות דז' המלכים דזו"ן דכל פרט וחלקי בירורי כל מלך עולה ונכלל בנקודת מלכות שלו כי חלקי בירורי כלים ואורות דע"ב ס"ג מ"ה שהם בירורי הששה מלכים דז"א עולים ונכללים בשש נקודות העליונות דז"א וחלקי בירורי כלים ואורות דב"ן עולים ונכללים בנקודה התחתונה השביעית וחלקי בירורי הכלים ואורות דע"ב ס"ג מ"ה ב"ן דאחור ופנים דפנים עולים מהיכל להיכל דז' היכלות העליונות דקה"ק עד עלותם להיכל אהבה העליון דבהיכל ק"ק ושם עומדים עד מלת באהבה של העמידה:

ועתה במלת שמע יכוין לזווג את ישסו"ת בפרצוף החיצון דכלים האמצעיים שלהם:

ואחר כך יכוין להמשיך לבירורים הנז' הכלולים בנקודת המל' הנז' מוחין דיניקה והם הנה"י דמ"ה ודב"ן לכל קצה דו"ק עם נרנח"י דנפש דרוח דנשמה במלת שמע כמו שנבאר בע"ה בפרטות. ואח"כ במלת ישראל יכוין לזווג את ישסו"ת בפרצו' האמצעי ופנימי דכלים האמצעיים שלהם ולהמשיך לז"א ולחלקי הבירורים העליונים שלו מוחין דיניקה והם חג"ת דמ"ה ודב"ן לכל קצה מו"ק עם נרנח"י נרנח"י דרוח דנשמה כפי זמן הק"ש ההיא כמו שנבאר בע"ה בפרטות:

אחר כך בג' תיבות ה' אלהינו ה' יכוין להמשיך מן יה"ו דע"ב דחב"ד דמוחא סתימאה דא"א

מוחין לאו"א וישסו"ת ולדיעותיהם
כי בהזכירו הוי"ה הראשונה יכוין
להמשיך מיו"ד דע"ב דחח"ן
דחכמה דמוחא סתימאה מוחין
דע"ב עם נרנח"י דחיה דדיחידה
לחח"ן בג"ה דת"י דאבא ויש"ס.
ובהזכירו אלהינו יכוין להמשיך
מה"י ראשונה דע"ב דבג"ה דבינה
דמוחא סתימאה מוחין דקס"א עם
נרנח"י דנשמה דחיה דיחידה
לחח"ן בג"ה דת"י דאימא ותבונה.
ובהזכירו הוי"ה הב' יכוין להמשיך
מן וי"ו דע"ב דדת"י דחו"ג דדעת
דמוחא סתימאה מוחין דע"ב עם
נרנח"י דרוח דחיה דיחידה לחח"ן
בג"ה דת"י דחו"ג דפרצופי הדעות
דאו"א וישסו"ת וכמו שנבאר בע"ה
היטב יותר בפרטות. ובאמרו אחד
יכוי להמשיך מן ה"י אחרונה דע"ב
דזו"ן דמוחא סתימאה מוחין
דהוי"ה ואדנ"י עם נרנח"י דג"ר
דחיה דיחידה לחח"ן בג"ה ד"י
דזו"ן לחברם וליחדם הוי"ה ואדנ"י
ויכוין למסור עצמו ⁅דכ"ז ע"ג⁆ על ק"ה
ולקבל ארבע מיתות ולהעלות
שורשי נרנ"ח שלו אל הנוקבא
דז"א ולהמשיך לה ולבירורים
מכתר וחכמה דתבונה את הג'
יודין ואל"ף דס"ג שהם כמספר
חסד אל ולהמתיק בהם את הש"ך
דינים שהם הבירורים דז' מלכים
דז"א ואת הש"ך דינים שהם
הבירורים דז' מלכים הנוקבא
ויכוין להעלות נשמת הנוקבא
דז"א דאצילות דכל פרט והם
המוחין דנרנח"י דנפש דרוח

דנשמה שנמשכו במלת שמע עם
האורות והכלים הפנימיים
והאמצעים והחיצוניים דפרצופי
האצילות ודמוחין דזו"ן ונרנח"י
שלו עם חלקי הבירורים דכלים
ואורות דרפ"ח דאחור ופנים
דאחור דפנימיות וחיצוניות
דפנימיות ופנימיות וחיצו' דחיצו'
דחו"ב דבינה הכולל דאצילות דכל
פרט אל הז"א דאצילות וכפי גודל
וריבוי הבירור של הכלים והאורות
הנז' שעלו וכפי הזמן וזכות המכוין
כך ניתן כח בזו"ן דכל פרט לברר
מחלקי בירורי או"א וישסו"ת
ומחלקי בירורי האחוריים ההם
דאו"א וישסו"ת דזו"ן הה והם
החלקים הנוגעים והמתייחסים
לבירורי הכלים והאורות דרפ"ח
ההם שעלו והם החלקים שבהם
מלובשים חלקי האורות
דמדריגות העליונות דע"ב ס"ג
מ"ה ב"ן שנשארו באצילות
מלובשים באחוריים ההם
המתייחסים לכלים ואורות דרפ"ח
ההם שעלו ואז עולים הכלים
ואורות דרפ"ח ונכללים
ומתחברים עם האורות ההם
שלהם ונשלמים ע"ב ס"ג מ"ה ב"ן
בכל מדריגותיהם המתייחסים
לתפלה של היום ההוא כי הכלים
והאורות דמלכי חסד ונצח עולים
ונכללים באחורי אבא ויש"ס
והכלים והאורות דמלכי גבורה
והוד עולים ונכללים באחורי אמא
ותבונה והכלים והאורות דמלכי
דעת ות"ת ויסוד ומלכות עולים

ונכללים באחורי נה"י דא"א (ואז עולים האחוריים למקומם ואח"ך יכוין לעלות זו"ן) ואז ניתן כח באו"א וישסו"ת לברר מחלקי בירורי א"א ומחלקי אחורי הנה"י שלו ואז יכוין להעלות נשמת הזו"ן והם המוחין דנרנח"י דרוח שנמשכו להם בשמע ישראל ועולים עם נשמת יסוד דא"א שבבינה דז"א ועם כל בירורי הכלים והאורות דרפ"ח ונרנח"י שלו וחלקי בירורי או"א וישסו"ת ובירורי האחוריים שלהם (עד או"א ואז נתן כח באו"א) ועולים ומבררים מחלקי בירורי א"א ומאחורי נה"י שלו ועולים הבירורים דאו"א וישסו"ת ובירורי אחוריהם ונכללים תוך בירורי א"א ואחוריים שלו (ואז עולים או"א עם כל הבירורים עד א"א ואז עולה א"א עם עצמות א"א) כל הבירורים עם נשמת א"א ובירורים שלו ומבררים מחלקי עתיק כי כל העשר נקודות של היום ההוא עדיין צריכים תיקון כי כולם יצאו חסרים ובלתי תיקון וכולם צריכים תיקון ועולים הבירורים דא"א עם בירורי אחוריו ונכללים תוך בירורי עתיק ואז עולים כל הבירורים עם נשמת עתיק לעשר שרשים שלהם שבמל' דעקודים ומשם לנה"י דעקודים ומשם לחג"ת ומשם לחב"ד ומשם לשרשי הנקודות שבפנימיות החזה דא"ק שעל גבי הפרסא ואז מתעוררים חלקי טנת"א דמ"ה וב"ן דפנימיות המתייחסים לבירורים ההם דא"ק ועולים עם חלקי נת"א דע"ב וס"ג דפנימיים למ"ן לטעמיים דע"ב ס"ג הפנימיים ואז מזדווגים ע"ב וס"ג ומוציאים מהמצח חלקי חיצוניות טנת"א דמ"ה המתייחסים לכל פרטי אותם הבירורים דכל נקודה ומהעינים חוזרים לצאת טנת"א דב"ן ונקודות דס"ג עם תשלום התשעה ספירות העליונות דכל פרט ומתחברים אורות וכלים דמ"ה עם אורות וכלים דב"ן ויורדים דרך אח"פ ומתגלים מטיבור דא"ק ולמטה וע"י הזווג העליון ההוא נתקנו הבירורים דפנימיות וחיצוניות דעתיק דכל נקודה ונתחברו הכלים והאורות דמ"ה וב"ן בסדר הראוי דהיינו פנים ואחור פנים דמ"ה מצד זה ופנים דב"ן מצד זה וזה הסדר אינו בכללות אלא בפרטות כל ספירה דפנים ואחור וימין ושמאל שלו וירדו מלובשים בצלם הנמשך לו מפרצופים העליונים שעלו ונתלבשו בכל פרצופי [דכ"ז ע"ד] בבחינת מוחין כסדר הראוי לו עם נרנח"י דיחידה. ואח"כ מזדווגים עתיק ונוקבי' ומתקנים הבירורים דחיצוניות ודפנימיות דא"א דכל נקודה ומתחברים הכלים והאורות דמ"ה וב"ן כסדר הראוי לאריך אנפין כידוע דהיינו ימין ושמאל וזה בפרטי כל ספירה דימין ושמאל פנים ואחור ונמשכים לו

בבחינת מוחין עם נרנח"י דיחידה
מלובשים בצלם הנמשך
מהבירורים דעתיק שנתקנו
ונמשכו לו בבינת מוחין מלובשים
בצלם הנמשך מכל הפרצופים
שעליו ואח"כ מזדווגים א"א
ונוקביה ומתקנים את הבירורים
דחיצוניות ופנימיות דאו"א
וישסו"ת דכל נקודה ומתחברים
הכלים והאורות דמ"ה וב"ן כסדר
הראוי לאו"א וישסו"ת כידוע
ונמשכין להם בבחינת מוחין עם
נרנח"י דחיה ונשמה מלובשים
בצלם הנמשך מהבירורים דא"א
שנתקנו ונמשכו לו בבחי' מוחין
תוך צלם הנמשך לו ממוחין
דעתיק המלובשים תוך צלמי כל
הפרצופים שעליו:

אחר כך יכוין להעלות את תרין
פרקין אמצעיים דנו"ה דחיצוניות
דחיצוניות דעתיק המלובשים תוך
נו"ה דחיצוניות דחיצוניות דא"א
להלביש את התרין פירקין עילאין
דנו"ה דיליה שבתוך חג"ת דא"א
ולהעלות חסד וגבורה דחיצוניות
הנז' דא"א להלביש על התרין
פרקי אמצעיים דנו"ה הנז' דעתיק
ולהעלות את הב' שלישי העליונים
דת"ת דא"א על היסוד דעתיק
ולהעלות את הנו"ה דא"א
להלביש את החסד וגבורה דא"א
ושליש התחתון דת"ת דא"א על ב'
שלישי העליונים דת"ת שלו
והיסוד דא"א על שליש התחתון
דת"ת והמל' דא"א על יסוד הנז'
דא"א ועל הנהי"ם הנז' דא"א

מלבישים הבירורים דחג"ת
דפרצופי חיצוניות דחיצוניות
דחו"ב דבינה דז"א ובירורי הנה"י
דז"א על החג"ת הנזכר דז"א
ובירורי המלכות על היסוד ועליהם
הלבישו או"א וישסו"ת ואח"כ
נסדק יסוד דעתיק ומתגלים
החסדים שבו ונכלל אבא עם יש"ס
ונעשו פרצוף א' ואמא ותבונה
פרצוף אחד כנודע. ויכוין לזווג
דנשיקין דחיך וגרון דא"א כידוע
ולהמשיך הטיפה דרך פנימיותו
ליסוד שבו ומשם למלכות בזווג
ולערב הטיפות עם הבירורים
דזו"ן ונתנים חציים באבא וחציים
באמא ולזווג או"א ולהמשיך כולם
לאמא ומזדווגים או"א לגמור
תיקון הבירורים ההם ומתחברים
הכלים והאורות דמ"ה וב"ן דזו"ן
וכסדר הראוי להם כידוע וממשיכין
אום לחיצוניות דחיצוניות דחו"ב
דבינה דזו"ן בבחי' מוחין דעיבור
ויניקה ומוחין מלובשים בצלם
הנמשך מהבירורים דאו"א
וישסו"ת שנתקנו ונמשכו להם
בבחי' מוחין תוך צלם דמוחין
דא"א תוך צלם דמוחין דעתיק תוך
צלמי כל הפרצופים שעליו:

גם מזדווגים או"א ומתקנים
הבירורים דפנימיות דחיצוניות
דחו"ב דבינה דזו"ן כראוי להם
וממשיכים אותם להם בבחינת
מוחין בצלם הנמשך מהבירורים
דפנימיות דאו"א וישסו"ת שנתקנו
ע"י א"א עד"ז הנז"ל. אח"כ יכוין
להעלות את התרין פרקין

אמצעיים דנו"ה דחיצוניות דפנימיות דעתיק שבתוך נו"ה דפנימיות דפנימיות דא"א להלביש את התרין פרקין עילאין דנו"ה דיליה שבתוך חג"ת דא"א ולהעלות גם את התרין פרקין עילאין דנה"י הנז' דעתיק להלביש את החג"ת דעתיק שבתוך חב"ד דא"א:

אחר כך יכוין לכלול ולהעלות את הנה"י ומלכות דפנימיות דחו"ב דבינה דא"א להלביש את החג"ת שלו והחג"ת לחב"ד דיליה ועל הנהי"ם הנז' דא"א מלבישים בירורי המלכים דחג"ת דפרצופי חיצוניות דפנימיות דחו"ב דבינה דזו"ן ובירורי הנהי"ם על החג"ת הנז'. ובירורי החג"ת ונהי"ם דפרצופי פנימיות דפנימיות דחו"ב דבינה דזו"ן על חג"ת ונהי"ם דעתיק המלובשים תוך ז' תיקוני גולגלתא דא"א:

ויכוין לזווג את החב"ד הנז"ל דא"א ולהמשיך הטיפה [דכ"ח ע"א] מעורבת עם הבירורים לתקנם ולחבר הכלים והאורות דמ"ה וב"ן כסדר הראוי להם כידוע ונמשכים להם לזו"ן בבחינת מוחין דאריך אנפין שנתקנו ונמשך בבחינת מוחין בצלם הנמשך לו מעתיק מלובשים בצלם הנמשך מהבירורין דפנימיות דא"א וגם לזווג את הז"ת הנז"ל דפנימיות דעתיק לתקן הבירורים הנזכר דפנימיות דפנימיות דזו"ן ולחבר הכלים והאורות דמ"ה וב"ן כראוי להם כידוע ולהמשיך אותם לזו"ן בבחי' מוחין מלובשי' בצל' הנמשך מהבירורים דפנימיות דעתיק שנתקנו ונמשכו לו בבחינת מוחין מלובשים בצלמי כל הפרצופים שעליו כנז"ל וכמו שנבאר כל זה היטב בפרטות בע"ה:

וזה ע"י שיכוין להמשיך מהא"ס נר"ן דנרנ"ח לכל פרצופי הא"ק ויכוין להמשיך אור בינה דחכמה דא"ק עם חלק אור הא"ס המלובש בה ולהלבישם גם בבינה דבינה דא"ק ולהמשיכם ולהעבירם דרך בינות דזו"ן דא"ק ולהורידם ולהעבירם דרך כתר וחכמה דכחב"ד דאצילות ולהלבישם בבינות דכחב"ד הנז' דאצילות ואז מאיר בהם הא"ס והם מאירים וממשיכים נרנ"ח דנרנח"י לכל פרצופי האצילות והם מאירים ויורדים ומתלבשים בו"ק דכללות ישסו"ת והם בחינת הישסו"ת השלישים ואז יורדים הישסו"ת הנז' עם אור הא"ס המלובש בבינות דכחב"ד דאצי' ומתלבשים תוך כל אורך פרצופי בינות דזו"ן דאצילות שוה בשוה עד שמגיעים ונוגעים רגליהם ע"ג המסך שבין אצי' לבריאה ושם בהיותם מלובשים בהם ומזדווגים ומהם עצמם ולא ע"י זו"ן נמשכים דרך המסך שע"ג הבריאה מוחין ושפע והם בחי' שאר כסות ועונה לפרצופי כחב"ד שהם עתיק ונוק' וא"א ונוקביה ואו"א וישסו"ת דבריאה וגם כל האורות הנז"ל

שהם אור הא"ס המלובש בבינות דה' פרצופי א"ק המלובשים בבינות דה' פרצופי האצי' מאירים ומתלבשים בפרצוף התבונה ואז יורד פרצוף התבונה מלובש בפרצוף בינה דמלכות דאצילות ובוקע המסך שעל גב הבריאה ומתלבשים כחב"ד דתבונה בכחב"ד דבריאה והם כסא דרחמי וו"ק שלה בו"ק דבריאה והם השש מעלות לכסא ומלכות דתבונה במלכות דבריאה והיא כסא דדינא סנדלפון ואז האורות הנז"ל אם אור הא"ס מתפשטים ומאירים וממשיכים נרנח"י דנרנח"י בכל פרצופי הבריאה דאצילות ודבריאה התחתון ואז מזדוגים פרצופי הכחב"ד דבריאה וממשיכים מוחין שלימים דגדלות פנימיים ומקיפים דאחור ופנים דאחור לזו"ן דחיצוניות ופנימיות דפנימיות ודפנימיות דחיצוניות דחו"ב דבינה הכולל דבריאה ואז הזו"ן מזדווגים ומולידים נשמות של מלאכים ליצירה ויכוין להעלות בירורי פרצופי פנימיות דפנימיות דחו"ב דבינה דעשיה ויצירה למ"ן לאו"א דבריאה ולזווגם ולהמשיך מוחין שלמים פנימים ומקיפים דאחור ופנים לפרצופי פנימיות דפנימיות דחו"ב דבינה הכולל דיצירה ועשיה:

אחר כך יכוין להמשיך מו"ק דתבונה המלובשים בו"ק דבריאה הארה גדולה להיות בחינת נשמה תוך המוחין שנמשכו לאו"א וזו"ן דיצירה וממלכות דתבונה הארה לתוך המוחין דנמשכו לאו"א וזו"ן דעשיה:

בענין עליית וכפילת החסדים ידוע ומפורסם במקומות רבים בספר ע"ח ובפרט בשער כ"ה דרוש ג' ובשער תיקון הנוקבא בע"ח ובספר מ"ש יע"ש שא"א להמשיך הגבורות לדעת דנוק' כי אם אחר המיתוק וגם המשכת כפל השני חסדים התחתונים דנ"ה לחוב דנוקבא כי אם אחר ירידתם וחזרתם למקומם שהוא אחר ירידת והמשכת הב' צלמי ל"מ בקונה הכל והמשכת הב' צלמי ל"מ בקונה הכל א"א אם לא אחר ירידת והמשכת הכר והמשכת הכתר א"א אם לא ע"י עליית כפילת החסדים וע"כ הוא מוכרח לכוין כל אותו הסדר:

ואותם המקיפים דל"מ הנמשכים בברכת כהנים הם [דכ"ח ע"ב] המקיפים דל"מ הגדולים הכוללים לזעיר ונוקבא הכוללים דכל הכ"ד שעות כמו הזיווג דנפילת אפים שהוא דזו"ן הכוללים. וענין עליית מ"ן דגבורה דאו"א בקונה הכל שנתבארו בדרוש עמון ומואב כבר אמרתי כי זה כמה שנים אני מכוין על פה מה שחנני ה' ית' עד שאכתוב העמידה כראוי עם כל פרטיה בע"ה ועכ"ז כתבתי ענין זה לפי פשט משמעות הענין:

(**ומה שכתב** כת"ר בענין המוחין דקטנות זה לשון הרב בשער ההקדמות וז"ל אמנם הב"ש של

נהר שלום - לרש"ש

הש"ס צירופים נשארו למעלה בראש והשלישים שבהם שהם ק"ך צירופים שבשם האחד בלבד ירדו שם בגרון וכן הוא בעץ חיים שער כ"ב שער מוחין דקטנות פ"ג סכ"י):

והנה ברדתן למטה בגרון אז נתמעטו והם בין כולם שם אחד והוא צירוף אחד שהוא ק"ך צירופי אלהים לבדם שהוא השליש ממה שהיה למעלה כו' נראה שלשונו בדיוק אלא שהוק בקיצור ורצונו לומר כי אלו השלשה שלישים הנדחים מג"פ ק"ך שבראש אל הגרון מ' מכל ק"ך צריך שימצא בין כולם סדר ומספר כל ק"ך צירופי שלימים מתחילת צירוף הראשון דשם אלהים שהוא אלהים פשוט עד סוף צירוף האחרון דשם אלהים כמספר וסדר יציאת ק"ך צירופים היוצאים משם אלהים אחד ואינם השלישים האחרונים דכל ק"ך אלא שהשליש הנמשך מאלהים דיודי"ן דמוח החכמה הם מספר המ' צירופים הראשונים דכל מספר הק"ך צירופי אלהים דיודין דמוח החכמה והשליש הנמשך מאלהי' דההי"ן דמוח הבינה הם מספר המ' צירופים השניים דכל מספר הק"ך צירופי אלהי"ם דההי"ן דמוח הבינה והשליש הנמשך מאלהי"ם דאלפין דמוח הדעת הם מספר המ' צירופים האחרונים דכל מספר הק"ך צירופי אלהי"ם דאלפי"ן דמוח

הדעת ובין כולם הם סדר מספר ק"ך צירופים דשם אלהים אחד:
והענין הוא כי מספר הק"ך צירופי אלהים דיודי"ן דמוח החכמה הם מתחלקים ומתפשטים בפרצופי מוח החכמה באורך שליש הימני בחח"ן דפרצוף מוח החכמה ושליש השמאלי בבג"ה דפרצוף מוח החכמה ושליש האמצעי בדת"י דפרצוף מוח החכמה ובכל שליש מהם נמצאים בו מכל הצירופים דכל ה' אותיות דשם אלהים דהיינו כי בשליש הא' הימני דחח"ן שהוא חלקי הצירופים הראשונים דכל הק"ך צירופי אלהי"ם דיודי"ן ח' שבו צירופים המתחילים באלף וח' המתחילים בלמ"ד וח' בה' וח' ביו"ד וח' במ"ם הרי מ' צירופים דשליש הראשון הימני דחח"ן:

וכן על דרך זה במ' צירופים דשליש השני השמאלי דאלהי"ם דיודי"ן דבג"ה דפרצוף מוח החכמה שהוא חלקי הצירופים השנים דכל הק"ך צירופי אלהים דיודי"ן שנמצאים בו מכל הצירופים דכל ה' אותיות אלהים ע"ד הנז' בשליש הראשון:
וכן על דרך זה במ' צירופים דשליש השלישי האמצעי דאלהי"ם דיודי"ן דדת"י דפרצו' מוח החכמה שהוא חלקי הצירופים השלישיים האחרונים דכל הק"ך צירופי אלהים דיודי"ן שנמצאים בו מכל הצירופים דכל

קנד

ה' אותיות אלהים ע"ד הנזכר בשליש הראשון:

והוא כי המ' צירופים דשליש הראשון דחח"ן הם אלו הצירופים צירופי הא' והב' והז' והח' והי"ג והי"ד והי"ט והך' והכ"ה והכ"ו והל"א והל"ב והל"ז והל"ח והמ"ג והמ"ד והמ"ט והנ' והנ"ה והנ"ו והס"א והס"ב והס"ז והס"ח והע"ג והע"ד והע"ט והפ' והפ"ה והפ"ו והצ"א והצ"ב והצ"ז והצ"ח והק"ג והק"ד והק"ט והק"י והקט"ו והקי"ו הרי אלו המ' צירופים דשליש הראשון דחח"ן. והמ' צירופים דשליש הב' דבג"ה הם אלו הצירופים. הצירוף הג' והד' והט' והי' והט"ו והי"ו והכ"א והכ"ב והז"ך והכ"ח והל"ג והל"ד והט"ל והמ' והמ"ה והמ"ו והנ"א והנ"ב והנ"ז והנ"ח והס"ג והס"ד [דכ"ח ע"ג] והס"ט והע' והע"ה והע"ו והפ"א והפ"ב והפ"ז והפ"ח והצ"ג והצ"ד והצ"ט והק' והק"ה והק"ו וקי"א והקי"ב והקי"ז והקי"ח הרי אלו המ' צירופים דשליש השני דבג"ה:

והמ' צירופים דשליש דדת"י הם אלו הצירופים הצירוף הה' והו' והי"א והי"ב והי"ז והי"ח והכ"ג והכ"ד והכ"ט והל' והל"ה והל"ו והמ"א והמ"ב והמ"ז והמ"ח והנ"ג והנ"ד והנ"ט והס' והס"ה והס"ו והע"א והע"ב והע"ז והע"ח והפ"ג והפ"ד והפ"ט והצ' והצ"ה והצ"ו והק"א והק"ב והק"ז והק"ח והקי"ג והקי"ד והקי"ט והק"ך הרי אלו המ' צירופים דשליש השלישי דדת"י זהו סדר התחלקות והתפשטות מספר הק"ך צירופי אלהים דיודי"ן בחח"ן בבג"ה דת"י דפרצוף מוח החכמה:

וכן על דרך זה בק"ך צירוף אלהים דההי"ן בחח"ן בבג"ה דת"י דפרצוף מוח הבינה המלביש לפרצוף מוח החכמה. וכעד"ז בק"ך צירופי אלהי"ם דאלפי"ן בחח"ן בג"ה דת"י דפרצוף מוח הדעת המלביש לפרצוף מוח הבינה:

הרי ש"ס צירופים בחח"ן בג"ה דת"י דג' פרצופי חב"ד דב' פרצופים החיצוניים שהם נה"י וחג"ת דפרצוף הבינה הכולל דז"א ובבא המוחין דגדלות לשני פרצופים הפנימיים שהם בינה וחכמה דפרצוף בינה דבינה הנז' דז"א ואז מתמתקים ומתבררים המוחין דקטנות ונשאר מהם בחב"ד השני שלישים מכל ק"ך ושליש א' מכל ק"ך נדחה אל פרצוף הגרון ושלשה שלישים הנדחים אל פרצוף הגרון הם אלו השליש הראשון הוא הארבעים צירופים דשליש הראשון דק"ך צירופים דאלהים דיודי"ן דחח"ן דפרצוף מוח החכמה שהם מן הצירוף הראשון עד צירוף הקי"ו כנז"ל נדחה מחח"ן דפרצוף מוח החכמה לחח"ן דפרצוף הגרון. והשליש השני הוא הארבעים צירופים דשליש השני דק"ך צירופי אלהים דההי"ן דבג"ה דפרצוף מוח הבינה שהם מן

צירוף השלישי עד צירוף קי"ח כנז"ל נדחים מבג"ה דפרצוף מוח הבינה לבג"ה דפרצוף הגרון. והשליש השלישי הוא המ' צירופים דשליש השלישי דק"ך צירופי אלהים דאלפי"ן דדת"י דפרצוף מוח הדעת שהם מן צירוף החמישי עד צירוף ק"ך כנז"ל נדחים מדת"י דפרצוף מוח הדעת לדת"י דפרצוף הגרון:

הרי ק"ך צירופים בחח"ן בג"ה דת"י דפרצוף הגרון שליש ראשון מאלהים דיודי"ן דחח"ן דחכמה ושליש הב' מאלהים דההי"ן דבג"ה דבינה ושליש השלישי מאלהים דאלפי"ן דדעת ובין כולם הם ק"ך צירופים שלימים כסדרן ואלו הם הק"ך צירופים הנדחים מהראש אל הגרון בעמידה במלת האל ויכוין אותם כפולים ממוחין דאבא וממוחין דאימא ואחר ירידתם אל הגרון במלת האל יכוין להמשיך מחמשה שמות א"ל דבתיקונא קדמאה דדיקנא שהם שלשה שמות א"ל דמצד ימין ושני שמות א"ל שמצד שמאל שפע והארה למוחין האלו דקטנות שבגרון להאירם ולמתקם ולהסיר ולבטל אחיזת החיצונים מן הגרון. אח"כ יכוין לדחות הפרקין אמצעיים דנה"י דבינה דאמא עם הפרקין אמצעיים דצלם דמוחין דגדלות שבהם לגרון דפרצוף הפנימי ולהמשיך מהם הארה למוחין האלו דקטנות שבגרון ואז מתחברים הוי"ה ואלהי"ם ויכוין לג"פ חיבור הוי"ה ואלהי"ם דחח"ן בג"ה דת"י דפרצוף הגרון יאהלוההי"ם יאהלוההי"ם יאהלוההי"ם ג"פ גי' יב"ק ואז מתמתקים ומתבררים המוחין האלו דקטנות ונשארו חציים שהם ששים צירופים בחח"ן בג"ה דת"י דגרון וששים צירופים מהם יכוין בג' תיבות הגדול הגבור והנורא להמשיכן לחח"ן בג"ה דת"י דפרצופי חג"ת החיצון וגם הפרקין האמצעיים דנה"י דבינה דאמא דגדלות יכוין לדחותם מהגרון לחח"ן בג"ה דת"י דפרצוף חג"ת דפרצוף הפנימי ופרקין תתאין שהיו שם נדחין לחח"ן בג"ה דת"י דפרצופי נה"י דפרצוף הפנימי דחכמה דכתר דבינה דז"א:

[דכ"ח ע"ד] **גם** יכוין בג' תיבות אלו להמשיך חח"ן בג"ה דת"י דפרצוף אמצעי שהוא חג"ת דדעת התחתון דתרין עטרין דמוחין דאמא עם המוחין שבהם שהם הג' חסדים הראשונים מה"ח דאמא לחח"ן בג"ה דת"י דפרצוף האמצעי שהוא חג"ת דו"ק נה"י חג"ת דחכמה דכתר דבינה הנז' דז"א באופן זה:

הגדול יכוין לדחות מארבעים צירופי אלהים דיודי"ן דמוחין דקטנות שבחח"ן דפרצוף הגרון חציים שהם עשרים צירופי' אלו צירוף הי"ג והי"ד והי"ט והך' והל"ז והל"ח והמ"ג והמ"ד והס"א והס"ב והס"ז והס"ח והפ"ה והפ"ו והצ"א והצ"ב והק"ט והק"י והקט"ו והקי"ו

לחח"ן דחג"ת דפרצוף האמצעי חג"ת גם יכוין כו':

הגבור יכוין לדחות מארבעים צירופי אלהים דההי"ן דמוחין דקטנות שבבג"ה דפרצוף הגרון חציים שהם עשרים אלו צירוף הט"ו והי"ו והכ"א והכ"ב והט"ל והמ' והמ"ה והמ"ו והס"ג והס"ד והס"ט והע' והפ"ז והפ"ח והצ"ג והצ"ד והקי"א והקי"ב והקי"ז והקי"ח לבג"ה דחג"ת דפרצוף האמצעי חג"ת גם יכוין כו':

והנורא יכוין לדחות מארבעים צירופי אלהים דאלפי"ן דמוחין דקטנות שבדת"י דפרצוף הגרון חציים שהם עשרים צירופים אלו. צירוף הי"ז והח"י והכ"ג והכ"ד והמ"א והמ"ב והמ"ז והמ"ח והס"ה והס"ו והע"א והע"ב והפ"ט והצ' והצ"ה והצ"ו והקי"ג והקי"ד והקי"ט והק"ך לדת"י דשליש עליון דת"ת דחג"ת דפרצוף האמצעי חג"ת. גם יכוין כו':

גומל יכוין להמשיך שפע והארה ממוחין דגדלות דבתלת פרקין אמצעיים דנה"י דבינה דאבא שבחח"ן בג"ה דת"י דחב"ד דז"א לששים צירופי אלהים דמוחין דקטנות האלו שבחג"ת ולכלול ולדחות אותם לשני שלישי התחתונים דת"ת:

בתחלה כונת קונה הכל קודם
כונת זיווג דנוצר ונקה:

יכוין להעלות מתרי פרקין עילאין דיסודות דפרצופי חו"ב וחו"ג דב"ן דמ"ה ודב"ן דב"ן דפרצופי חכמות דבינות דישסו"ת בלחש ובחזרה דפרצופי חכמות דחכמות דישסו"ת ושני צלמי שורשי החמש גבורות וכללותם וכללות כללותם ולהשאר רישומם למטה במקומם ולהעלות שורשם למ"ן ב"ן דמ"ה וב"ן דב"ן דאו"א ויכוין לזווג את התרין מזלין נוצר ונקה דדיקנא דא"א ולהמשיך אור גדול ממזל ונקה לדעות דאו"א ואז מזדווגים או"א:

יאההויהה ומב"ן דב"ן דאימא יכוין להמשיך צלם דמוחין דה"ג אחרות חדשות וכללותם וכללות כללותם וגם מב"ן דמ"ה דאבא יכוין להמשיך צלם דמוחין דחמש גבורות אחרות חדשות כנגד הראשונות וכללותם וכללות כללותם והם נקראים חסדים בערך אותם דאימא ובאלו העשר גבורות החדשות יכוין להמתיק את העשר גבורות הראשונות כי אלו הגבורות החדשות מעולים ומתוקים מן הראשונות כי יצאו ע"י מ"ן דב"ן דמ"ה ודב"ן דב"ן דמוחין דגדלות. ויכוין להמשיך כל העשרים גבורות הנז' לפרקין עילאין דיסודות דפרצופי חו"ב וחו"ג דפרצופי חכמות דבינות דישסו"ת ובחזרה דחכמות דחכמות לחברם עם הרשימו שלהם והם עשרה גבורות אחרות והרי הם שלשים גבורות ממותקות ולהמשיך כולם לדת"י

דדעות דחו"ב וחו"ג דחכמה דכתר דבינה דב"ן דמ"ה ודב"ן דב"ן דז"א:

גם יכוין להמשיך ממזל ונקה אור גדול מהאור הנמשך מזיווג הנז"ל דנוצר ונקה למוח וכלי דחכמה דז"א כו'. ויכוין להמשיך שפע והארה ממוחין דגדלות שבתלת פרקין עילאין דנה"י דבינה דאבא שבחח"ן בג"ה דת"י דחב"ד דז"א לששים צירופי אלהים דמוחין דקטנות שבשני שלישי התחתונים דת"ת ולדחות אותם לחח"ן בג"ה דת"י פרצו' נה"י. ואח"כ יכוין לכלול ולדחות כולם לחח"ן בג"ה דת"י דיסוד ויכוין להמשיך [דכ"ט ע"א] דת"י דפרצופי נה"י (דדעת כו' עד דת"ת דיסוד צ"ל אח"כ כו' סכ"י) אח"ך יכוין להמשיך מיסודות דפרצופי חו"ב וחו"ג דב"ן דמ"ה ודב"ן דב"ן דפרצו' חכמות דבינות דישסו"ת בלחש ובחזרה דפרצו' חכמות דחכמות דישסו"ת שבדעת דחו"ב וחו"ג דחכמה דכתר דבינה דב"ן דמ"ה ודב"ן דב"ן דז"א את העשר גבורות דישסו"ת הנז"ל החדשות עם העשר גבורות הישנות וגם העשרה רשמים שלהם והם שלשים גבורות וכללותם וכללות כללותם לפרצוף יסוד דז"א וימשיכם מתתא לעילא כו'. שם אח"ך אחר המשכת הכתר דחו"ב וחו"ג דז"א קודם כונת המשכת הצלם דל' אפשר שחסר זה הלשון ולא כתבו הסופר כי הוא כתוב

מבחוץ בגליון וזהו ויכוין לחלק את השליש דאור החוזר דחסד הנז' דת"ת הנז' דת"ת שע"ג הכתר דנוק' לארבעה חלקים ולהמשיך עתה חלק אחד מהארבעה החלקים הנז' לכתר דנוק' ע"כ. שם אחר כונת ההיו"ת דנה"י דצלם דמ' ד"ה ואח"כ יכוין להמשיך הה' גבורות מדעת דז"א ליסוד שלו והם ה' הויו"ת ע"כ כל זה מיותר. שם ד"ו לפרצוף דעת דרחל ויכוין להמשיך מיסוד דז"א הה' גבורות כו' צ"ל השנשים גכבורות דאו"א וכללותם וכללות כללותם לדעות דחו"ב וחו"ג דב"ן דמ"ה ודב"ן דב"ן דרחל העומד מאחור כנגד פרק אא' דיסוד דז"א כו' מכח ריבוי קיבוץ הגבורות:

וזוכר חסדי אבות ד"ה עתה יכוין שורשי הגבורות צ"ל השלשים גבורות בדעת דנוק' ולהמשיך הארת השלש גבורות העליונות כל אחת כלולה משלש במלבושי יסודות כו':

שם לע' לפרצוף הת"ת יכוין להוציא ג' ספירות מאור גבורה דת"ת הכלולה משלש ומאור שורשי שתי גבורות דנו"ה שבה הכלולה כל א' משלש ושבעה ספירות אחרות כו':

ומביא גואל לבני בניהם ד"ה ויכוין להמשיך השתי גבורות התחתונות דנו"ה דנוק' הכלולות כל א' משלש מיסוד דז"א שבדעת. והארת כללות השלשים גבורות ליסוד שלה. שם מס'

לפרצוף נצח יכוין להוציא ג' ספירות כו' ומאור גבורה דהוד הכלולה משלש בעוברה דרך הנצח כו':

למען שמו שן' ת"ם לפרצוף מלכות עתה יכוין להמשיך כללות הכללות השלשים גבורות לפרצוף המלכות דרחל הנק' שם ויכוין כו' ואח"כ יכוין השני גבורות התחתונות מנו"ה דרחל הכלולות כל א' משלש ליסודה כו':

שים שלום יכוין להמשיך שפע והארה מפרקין תתאין דמוחין דגדלות שבחח"ן בג"ה דת"י דפרצוף נה"י דפנים דחכמה דכתר דבינה דז"א לששים צירופי אלהים שבחח"ן בג"ה דת"י דיסוד דפרצוף חג"ת דאחור דחכמה דכתר דבינה דז"א להמתיקם ולבררם ולהשאיר מהם ביסוד הנזכר חציים שהם שלשים צירופים ושלשים מהם יכוין לדחותם ולהמשיכם לחח"ן בג"ה דת"י דחב"ד ונוק' והם אלו הצירופים מהך' צירופי אלהים דיודי"ן שבחח"ן דיסוד דז"א ימשיך מהם עשרה צירופים הם אל צירופי הי"ט והכ' והמ"ג והמ"ד והס"ז והס"ח והצ"א והצ"ב והקט"ו והקי"ו לחח"ן דחב"ד דנוק'. ומעשרים צירופי אלהים דההי"ן שבבג"ה דיסוד דז"א ימשיך עשרה מהם והם אלו הצירופים צירוף הכ"א והכ"ב והמ"ה והמ"ו והס"ט והע' והצ"ג והצ"ד והקי"ז והקי"ח לבג"ה דחב"ד דנוק' ומעשרים צירופי אלהים דאלפין שבדת"י דיסוד דז"א ימשיך עשרה מהם והם אלו הצירופים צירוף הכ"ג והכ"ד והמ"ז והמ"ח והע"א והע"ב והצ"ה והצ"ו והקי"ט והק"ך לדת"י דחב"ד דנוק'. ולהשאיר שם בחב"ד דנוק' ט"ו צירופים וחציים שהם ט"ו צירופי שלשה שמות אלהים והם אלו הצירופים חמשה צירופים דחמשה אותיות אלהים דיודי"ן מעשרה צירופים שבחח"ן דחב"ד והם אלו צירופי הכ' והמ"ד והס"ח והצ"ב והקי"ו לחח"ן דפרצוף הגרון דנוק'. וחמשה צירופי חמשה אותיות אלהים דההי"ן מעשרה [דכ"ט ע"ב] צירופי שבבג"ה דחב"ד ואלו הם צירוף הכ"ב והמ"ו והע' והצ"ד והקי"ח לבג"ה דפרצוף הגרון דנוק'. וחמשה צירופי חמשה אותיות אלהים דאלפי"ן מעשרה צירופי שבדת"י דחב"ד והם אלו צירוף הכ"ד והמ"ח והע"ב והצ"ו והק"ך לדת"י דפרצוף הגרון דנוק':

ומשם יכוין לדחותם לחח"ן בג"ה דת"י דחג"ת ומשם לחח"ן בג"ה דת"י דנה"י ולכלול אותם ביסוד דנוק' ולהשאיר שם ביסוד עשרה צירופים שהם צירופי ב' שמות אלהים שלישים שבהם ושליש מהם והם חמשה צירופי חמשה אותיות אלהים והם אלו צירוף המתחיל באלף מאלהים דאלפי"ן והוא צירוף הכ"ד וצירוף המתחיל בלמ"ד מאלהים דההי"ן והוא

צירוף המ"ו וצירוף המתחיל בה"י מאלהים דיודי"ן והוא צירוף הס"ח וצירוף המתחיל ביו"ד מאלהים דההי"ן והוא צירוף הצ"ד וצירוף המתחיל במ"ם מאלהים דאלפי"ן והוא צירוף הק"כ יכוין לדחותם לחח"ן בג"ה דת"י דחב"ד דבריאה. ודי בזה לפי פשט הענין כי לא אוכל להרחיב בו הדיבור ככל הצורך כי בענין זה הוא סוד הנהו תרי עוזלין דאיילתא הנזכר בתוספתא דפ' מצורע והוא במקום שאמרו לקצר. ובע"ה כשאכתוב סדר כונת הק"ש והעמידה כאשר עם לבבי ממילא יתבאר ענין זה עם עניינים רבים גדולים אשר עדיין עין לא ראתה ובחסד עליון בטחתי שיעזרני ע"ד כבוד שמו וזכות מורי יעמד לי שיאמר ה' ית' די לצרותי ויתנהג עמנו במדת החסד אכי"ר:

כתב הרב ז"ל שהג' פעמים קדוש הם בתלת רישין דא"א וברוך באו"א וימלוך בזו"ן ובמ"א נאמר שהג"פ קדוש הם האחד בא"א והב' באו"א והג' בזו"ן וזהו ה' צבאות זו"ן לפי כי גם זו"ן נכללים בהני שלשה קדושות איכו השתא הני תרתי לישני סתרי אהדדי ושניהם לא יכונו וצ"ל כמ"ש בדרוש הדעת שהם ג' נר"ן מלבישים זה לזה בעובי וג' נשמות למעלה וג' רוחות באמצע ושלשה נפשות למטה והם חב"ד חג"ת נהי"ם הנשמה שהיא בחב"ד הם בכתר שהם עתיק ונוק' וא"א ונוקבא הרוח שהוא בחג"ת הם באו"א שהם או"א וישסו"ת הנפש שהיאא בנה"י הם זו"ן שהם זו"ן ויעקב ורחל נמצא שהנר"ן דנשמה הכולל של האורך הם נקראים בכללות כתר דהיינו עתיק ונוקבא וא"א ונוקבא ובפרטות יש בהם כל פרטות הי"ב פרצופים אלא שכולם הם דעתיק ונוק' ואריך ונוקבא וכן הנר"ן דרוח הכולל של האורך הם בערך הכולל נק' או"א שהם חג"ת דהיינו א"א וישסו"ת ובפרטות יש בהם כל פרטות הי"ב פרצופים אלאא שכולם הם דאו"א וישסו"ת וכן הנפש רוח נשמה דנפש הכולל של האורך הם בערך הכולל נקראי' זו"ן שהם נה"י דהיינו זו"ן ויעקב ורחל ובפרטות יש בהם כל פרטות הי"ב פרצופים אלאא שכולם דזו"ן ויעקב ורחל והג"פ קדוש הם בג' נשמות דעובי דכללות שהם כתר דשלשה בחינות והם חב"ד דג' הבחינות והם עתיק ונוק' ואריך ונוק' דג' הבחינות דכללות ולכן כתב הרב שהם כולם באאריך דהיינו כתר יען הוא בכתרים דכולם ויען הראשון הוא בנשמה דנשמה דכללות שהוא כתר דכתר חב"ד דחב"ד עתיק ונוק' וא"א ונוקבא דעתיק ונוק' וא"א ונוק' והב' הוא בנשמה דרוח דכללות שהוא כתר דחב"ד דחג"ת עתיק ונוקבא וא"א ונוקבא דאו"א וישסו"ת הג' הוא בנשמה דנפש דכללות שהוא כתר

דזו"ן חב"ד דנה"י עתיק ונוקבא וא"א ונוקבא דזו"ן ויעקב ורחל לכן אמר הרב שהקדוש הא' באריך והב' באו"א והג' בזו"ן והני תרי לישני לא פליגי אהדדי ותרווייהו איתנהו וכולם דברי אלהים חיים ובברוך הג' רוחות דעובי שבכללות שהם או"א וישסו"ת דג' הבחינות ובימלוך הג' נפשות דעובי דכללות שהם זו"ן ויעקב ורחל:

עוד כתב הרב שצריך להמשיך לנוקבא בשלשה קדושות תלת [דכ"ט ע"ג] מוחין דחב"ד ובמקום אחר כתב שהג' קדושות בחכמה וברוך בבינה ובימלוך דעת ובמ"א כתב כי כל כלות הקדושה הוא להמשיך לנוק' מוח דדעת ממוח הדעת דדכורא ובמ"א כתב להמשיך לה תלת מוחין חב"ד מחג"ת דז"א וצ"ל שכל ההמשכה בכללות הקדושה הוא מחב"ד דדעת התחתון דז"א שהם תרי עיטרין ודעת והם ג"פ תתאין דחג"ת ונק' חג"ת בערך חו"ב ודעת העליון שהם ג"פ עילאין דחג"ת ונקראים חב"ד ומאלו החב"ד כבר נמשך בב' הברכות ראשונות אמנם עתה בקדושה כוונתינו היא להמשיך לנוק' ג' מוחין חב"ד מהדעת התחתון דז"א הנקרא חג"ת והג' מוחין הנזכר כל א' כלול מג' דהיינו חב"ד והג' קדוש הוא להמשיך לנוק' מחב"ד דחכמה דדעת התחתון הנקרא חג"ת דז"א בחג"ת הא' חכמה דחכמה השני בינה דחכמה השלישי דעת דחכמה לחב"ד דחכמה דדעת התחתון הנקרא חג"ת דיעקב ורחל ובברוך מחב"ד דבינה דדעת הנז' דז"א לחב"ד דבינה דדעת הנזכר דיעקב ורחל וזה בלשה תיבות ברוך כבוד ה' ברוך דעת דבינה כבוד בינה דבינה ה' חכמה דבינה ובימלוך מחב"ד דדעת דדעת הנז' לחב"ד דדעת דדעת דיעקב ורחל באופן זה בימלוך מוח בינה וחצי השמאלי דדעת ובה' מוח חכמה וחצי הימני דדעת:

אלו השאלות מצאתי בע"ת תונס יע"א. שנשאלו להרב שמ"ש נר"ו מהכא להתם ממני יצאו הדברים אני הצעיר יוסף הכהן נר"ו:

שאלה א בענין מצב העולמות ואופן הלבשתם בש' הקדמות ענף ה' שחוט הא"ס המתלבש בתוך א"ק ע"ס רגליו והם מגיעים עד תחתית עיגולי ע"י ובוקעים כל עיגולי אבי"ע ונכנסים בתוכם ואם כן איך יצדק היות עולם העשיה נאחז בעקב א"ק כמ"ש במ"א והובא בס' ע"ח מצורף לזה הבנת לשון הזהב האמור שם בחוטר ב' המתחיל נבאר אצי' עליון כו' וז"ל בצמצום הב' ירדו החיצוניות של צד פו"א דנה"י דא"ק כו' שהוא קיצור ממ"ש בס' מ"ש ש"ב ח"אא פ"ג ומקשה אחת הם. גם מ"ש

שם במ"ש שנלע"ד ששמעתי כי מקום בי"ע הוא אחורי אלו העיגולים הניקודים שהוא ממש בחי' החיצוניות הזה שעלה וכאן נראה להיפך כי מקום בי"ע הוא למטה בחלל הנז' הניח בצ"ע אינו מובן לפע"ד כי כפי מ"ש בסדר הלבשת העולמות זב"ז כנזכר:

ב מדוע לא נזכר דעת בעולם העקודים עם היות שלא נמצא בו הכתר שנשאר בשורשו בפה א"ק כמבואר בשער הקדמות בענין מי ולא מטי:

ג דעת הנקודים ג"כ תמוה בענין הכלי שלו כי לפי יציאת המלכים נראה שיש לו כלי בפ"ע ונשבר ולא נמצא לו נצוצות כפי מ"ש בדרוש רפ"ח ניצוצין וגם אח"כ בתי' ז"א נעשי' חב"ד מחג"ת כו' ואלו דעת ליתא בהאי מניינא ובמ"א נאמר שבא בתוספת ולא מעיקרא וכיוצא בזה לאין מספר:

ד בסדר אח"פ דאא"ק נראה להדיא שהעין שלו גרוע מהם שהם טעמים דס"ג והיא נקודה דס"ג ושם נאמר שהעינים בחכמה עיני העדה ובמ"א בענין ד' יסודות ראיה שמיעה כו' נאמר שהראיה בחינת נשמה לנשמה יו"ד שבשם ולמטה ממנה אח"פ בחינת נר"ן:

ה למה לא נמנית מדרגה הב' דב"ן שהיא עליונה ממה שתחתיה בכלל הרפ"ח ניצוצין:

ו מיתת המלכים אם היו ביושר או בעגולים נראים דרושים חלוקים ממ"אא נראה שהיו ביושר ובמ"א יראה שלא היו אלא בעיגולים כי היושר אחר התיקון נעשה ולא היו קודם לכן ובספר מ"ד נז' בש"ב ח"א ספ"ג כי אם יצאו [דכ"ט ע"ד] מתחילה ביושר סוד הרח לא היו נשברים והדברים ארוכים:

ז פעמים אומר דג' כלילן בג' דעיבור ז"א הם נה"י בתוך חג"ת ועל הרוב נאמר בהפך דחג"ת בתוך נה"י:

ח במ"א איתא שבעת תיקון ז"א נעשים הו"ק שלו ט"ס עד"ז שחג"ת נעשים חב"ד ונה"י חג"ת ונה"י באים בתוספת מאימא ובמ"א אומר שהם מתחלקים לט' פרקים וב"פ נעשים ספי' א' ונעשים בשוה כולם מג"פ ע"י ט"ס דנה"י דאימא המשלימים אותם ע"ד הנז':

ט איך יצוייר זווג עו"נ וכן א"א ונוקבא שבהם כיון שמ"ה וב"ן שבהם זה מ"ה וב"ן שלו אב"א והפנים נראים לחוץ וזה מימין ומשמאל ואין מציאת זווג רק פב"פ כנודע:

י פעם נאמר כי זווגי אבא ואמא לא פסיק ושל ישסו"ת פסיק ופעם נאמר להיפך וזה של חיות העולמות וזה של נשמות והענין של פרט זה ארוך ומסתעף ממנו פארות יצ"ו תשובה ותשועות אדם באמרות טהורות:

יא איך יתיישב מ"ש שבני אדם ה"ס פנימיות העולמות והמלאכים מחיצוניות וגדולים הם הצדיקים מהמלאכים עמ"ש במ"א כי מי

שהוא מנפש דאצי' נקרא מלאך דעדיף טפי כמ"ש בשער הגלגולים כו':

יב בשער התפילות דרוש ד' מסדר הלילה אמר שאחר ערבית חוזרת לאה באחורי ז"א ואינה חוזרת להיות פב"פ עם יעקב בכל אורך ז"א עד אחר חצות לילה ובשער הגלגולים פ"ה מוכח כי לא חזרה באחור וקודם חצות היתה עם יעקב פב"ב למעלה מהחזה דז"א ואחר חצות לילה נתארכה עד למטה כנזכר:

יג אורח נשים לבתולה ואיש לא ידעה איך היה מקודם כניסה כמבואר בדרושי מ"ן:

יד בספר התיקונים והובא בתחילת שער הקדמות דלבושין דלביש ביומא חדא לא לביש ביומא תניינא כו' ומפורש התם שהם העולמות שבהם מתלבש הא"ס והמכוון הואא בעליתג העולמות למעלה בזמניהם בכל עת וזמן כפי בחי' וא"כ יש לדעת אמאי צריך לכבד את השבת ויו"ט בלבוש האדם יקר ואדרבא נראה להיפך:

טו מפני מה אין נמשך מפנימיות או"א אפילו לימות המשיח והרי אז נמשך מפנימיות ע"י שלא נמשך בזמן הזה כמבואר בדרוש ב' מדרושי ק"ש דיוצר וגם שם יש גמגום צריך למודעי:

טז עוד שם נאמר שזווג שלאחר חצות לילה הוא גרוע משל ערבית כי זה ממשיך מחיצוניות א"א וזה מחיצוניות או"א ובשער הגלגולים פ"ב אמר בהיפך ע"פ סדר המדריגות יע"ש:

יז בענין זווג אב"א יש בו כמה חילוקים ונראים הפכים הנה במ"א אמר כי זווג אב"א אינו כפשוטו וקתני עלה כי הכוונה היא כי הוא נוטל ה"ח והיא ה"ג להשלים אחוריהם ואז חוזרים פב"פ להזדווג ונמצא כי חו"ג אלו בבחינת א' יקראו פב"פ כי הם הגורמים להיות פב"ב ובבחי' א' נקרא אב"א כי עי"ז נגדל ונשלם אחוריהם ובמ"א אומר שכשהם אב"א וצריכים אז להזדווג עולין בהיכלין דאו"א ומזדווגים שם ובערך שאם היו אז במקומן נשארים אב"א נקרא הזווג ההוא אב"א אע"פ שעלו אז ונזדוגו פב"פ בהיכלות או"א דא"א להיות הזווג אב"א כנזכר שם ובשער הקדמות בדרוש המתחיל ונחזור שנית לבאר היטב ההפרש שיש בין ד' עולמות אלו כו' כתוב שזווג זו"ן בהיות הנוק' קצרת הקומה מהחזה ולמטה אפילו פב"פ נקרא זווג אב"א ובשער התפלות נאמר בכמה מקומות זווג דאב"א ולא שייך בהו הני מילי אלא כפשוטו ממש:

יח באיזה עת וזמ ישנו לזווג נשיקת הידים האמור [ד"ל ע"א] בשער התפלה דליל שבת שהוא נושק ידי המלכות כדי להמתיק את ה"ג שה"ס ה' אצבעות היד ע"י ה' מוצאות שיש בפה דז"א וקאמר

שזהו הזווג של זמן הגלות בעו"ה שאינו יכול להזדווג עמה בבחי' היסוד שלה ומהו ענין ההיפוך הנז' שם כשהיא למעלה בבינה אז היא יורדת ונושקת ידו ע"ד הנזכר והרי לכל זמן ועת בפרט הזווגים הנעשים בכל הימים כדאיתניהו במקומם:

יט בשער הקדמות דרוש פרצוף לאה כתוב שנעשה מידי ז"א עז"ה כי האור שהיה נמשך בפ"א דזרוע ימין חזר ועלה במקום חיבורו אל הכתף וממנו נעשה חסד שלה והאור שהיה יורד בפ"ב עד כף היד חזר ועלה על ראש הפ' כו' ונעשה נצח שלה ועד"ז היה בקו שמאל ואמצעי שלה האמנם חו"ב שלה נעשים מפרקי הידים. והדבר קשה כיון שהידים הם עליונים אע"פ שנראים למטה כנזכר במ"א א"כ יהיו פרקי הזרוע הסמוכים להם שנים להם ולמעלה מהכתפים ואיך נשתנה הסדר שהכתפים נעשים מהם חו"ג והזרועות נ"ה דלאה לא כן הסדר האמור גבי או"א בחג"ת דא"א כמבואר בהקדמה א"ז בשער מאמרי הזוהר ובספר מ"ח הובאו הב' סדרים בלאה האמורים בשער הנזכר במ"א ואחת הנה במס' לאה ואחת הנה במס' ערבית:

כ אגב גררא לדעת ולהבין כי לפ"ז צריכים הכהנים בברכתן להגביה כפות ידיהם למעלה ראש כדי להשלים פרצוף לאה בחו"ב הנעשית מהם כנז"ל סימן י"ט וכמ"ש בשער תפלות וזה הפך הפוסקים כסברת חכמים דמסכת סוטה פ"ז שאין נושאים כפיהם אלא כנגד כתפותיהם ולא למעלה ראש:

אך ואגב מאי דאמור התם בכניסה ל"ם דאבא בז"א י' חסדים וי' גבורות שבדעת והלא ידוע כי אינם רק ה"ח וה"ג בדעת וכן כמה דקדוקים בענין קדימה ואיחור שלא כסדרן דל"ם הנז' לאין מספר:

בך בענין זווג הנעשה בתפלת שחרית שהוא של יעקב ורחל פעם א' אומר שהוא בשים שלום ופ"א שנעשה ע"י נפילת אפים ומזה היכא דליכא נפ"א איך לא יהיה אז הזווג ההוא וזה אי אפשר להיות:

כג בענין הדורמיטא איכא לעיוני כי הלא הוא אמר כי אז מסתלקין המוחין דז"א בלבושי נה"י דאימא ונתנים לנוקבא לבנותה משלם ויביאה אל האדם ונזדווגו יחד פב"פ וקפריך עלה כיון שנסתלקו המוחין ממנו במה יזדוג עמה ומהדר כי אז עלה הוא יותר ולוקח מוחין יותר מעולין מנה"י דאו"א עילאין זהו תורף מסוף דרוש ב' בענין הלילה ומשער התפילה נראה בזה כי אותם המוחין שבנה"י דתבונה שנסתלקו ממנו אינם חוזרים עוד לביתם ופנים חדשות באו כאן במקומם. ובדרוש השופר של ר"ה נראה להדיא

שהם עצמן חוזרים להכנס בו
כבתחילה ע"י השופר והיא גופא
קשיא דאם לא ישארו בה יחזור
הדבר לכמות שהיה וכי ח"ו קצרה
ידו דלא סגי בלא"ה ושבדרוש
הלילה הנז' עדיף טפי ובזה
נתמלא כל הבית אורה ונשאר
אותו דרוש של השופר וכל
הנמשך אחריו באותו ענין כמעייל
פילא בקופא דמחטא מעומק
המושג כו':

כד גם אינו מבורר איך נבנית לאה
ע"י הנסירה ונשלמת מיום הא' של
ר"ה מאחורי הז"א כמבואר שם
והרי כל אותם האחוריים והדינים
נמנים כלם לרחל מאז ועד יוה"כ
ולא הניחה ללאה כלום מהם וא"כ
איך ובמה נשלמה ונבנית וכל
הזווגים הנעשית אז הם עמה כל
אותם הימים שבין הכסא לעצרת
כנ"ז שם ואדרבא אנו רואים
שבעת הנסירה נכללים שתי
אחיות לאה ורחל שתיהם גם יחד
והיו אז בחי' אחת או לאה נכללת
ברחל או להפך כמבואר בכמה
מקומות ובכלל זה יש לדעת מה
שלא נזכר [ד"ל ע"ב] בדברי הרב ז"ל
חזרת לאה עם ז"א אב"א בשעת
הנסירה שנראה ממ"א שהיא
תמיד עו פו"א ונבנית מחג"ת שלו
המכוונים יחד ימין בימין כו' כאשר
נזכר מזה לעיל בסימן י"ט:

כה ואגב לדעת כי לפעמים אומר
מרן ז"ל כי אי המלכות נוק' דז"א
חוזרת עמו פב"פ עד שנגדלת
מאחוריו בכל קומתו מראשו ועד

רגליו כנזכר בכמה מקומות ובמ"א
אומר כי גם בהיותה עדיין אב"א
מן החזה ולמטה חוזרת להיות
פב"פ הגם שלא נגדלה בכל
שיעור קומתו אב"א כמבואר
במלך עוזר כו':

כו בענין המשך מקיפים דמוחין
דז"א בברכת אבות ע"י זווג או"א
כפי מ"ש בס' מ"ח תפילת שחרית
נראה שהם המקיפים שהם
מעולים מהפנימים ולז"א באבות
דחול שגם הם אינם נמשכים אלא
ע"י זווג בחי' אאו"פ דכלי אמצעי
שלהם כי באו"מ שלהם אין נמשך
לעולם אפי' לבחי' מקיף למקיף
דז"א. אמנם מדרושי ר"ה נאמר
להדיא שגם אז היה הזיווג או"א
בבחינת או"מ שלהם ואמר שצריך
לכוין בזה וגם מקיף הוחין
הנמשכין אז ממה שבתוך הפנימי
יצא לחוץ ע"י הקוצא דשערי וגרוע
מהמקיף כנראה שהם שתי בחי'
שנעשית בתפילת י"ח וכולהו
איתנהו אלא שהלשון לאו רישיה
סיפיה כו' וצריכין למודעי ונגר בר
נגר:

זך בענין קוצא דשערי דא"א
דבמקום א' אומר כי אינה מגעת
רק עד רישי כתפוי אלא שע"י זווג
או"א להשיך מוחין מקיפין דז"א
מהפנימית שלו בהתפשט נה"י
שלהם למטה נמשכת הנימא עד
ערפו דז"א להכות ולהוציא תפילין
במצחו ובמ"א אומר דאו"א
מכוסים משני צדדים מפנים ע"י
הדיקנא דא"א המגעת עד הטיבור

ומאחור ע"י הקוצא כנז' ומשם מתחיל רישא דז"א כנזכר:

כח בענין המקיפין הנכנסין באבות לא נתברר אמיתות הדבר על מכונו כי כפי מ"ש שם שאין לכוין אז אלא במקיפין דמצד אמא ולא דאבא עד ברכת כהנים נראה מזה כי בר"ה נכנסים אלו גם דאבא באבות והם ל"ם דצלם ואמר שם כי אע"פ שברכת אבות דר"ה ביאר כונת מקיפים דמצד או"א כו' ושם לא נתבאר אלא בחינת המקיפים הנ"ל סימן כ"ו שישנם אפילו בימי החול וכמ"ש בדרוש ד' מדרושי תפילת י"ח דשחרית והדברים צריכין תלמוד:

כט בענין כונת הרי"ו שאמר בר"ה שאין לכוין בהם אלא ביום הדין וא"כ גם רי"ו שהביא משם הליקוט הזולת בפ' אדני שפתי כו' אע"פ שנכתב שם אין לכוין מהם רק בר"ה וכן עשה הרמ"ח שלא סידר כונת הרי"ו גם שלא פי' הנז' אלא בתפילת ר"ה בלבד אאו אינו אלא של הברכה ראשונה דאבות בר"ה אבל של פסוק הנזכר יש לכוין בו אף בשאר ימים ויש רמז לזה עפ"י שארז"ל מלך נידון בכל יום ודינא דמלכותא ודבר הלמד מעניינו. ואגב אם יש לכוין ברי"ו של ברכת אבות גם בערבית של ר"ה או אינו אלא בשחרית כפי עליות ההם שישנם אז ולא מקודם:

ל מה הם ה' אלפין דאהי"ה מכוונים נגד ה' פעמים די"ן של אדנ"י הנזכר בכל מקום שהם מה' שמות אהי"ה שבבינה ואם יראה להגיה במקום ה' צ"ל ג' שמות אהי"ה כו' שבהם ה' אלפין כנז' בשער רוח הקדש יחוד כ"ח אחרון:

לא בענין ברכות אמצעיות די"ח שבתפלה כמה שינויים שאינם מובנים אצלינו כי הוא אמר שהג' ברכות ראשונות שהם אתה חונן השיבנו וסלח לנו ה"ס נה"י האחרונים שניתוספו לו אחר התיקון ומהם נעשים חב"ד דנוק' וכל פרצופה משלם ע"י ז"א וענין הארה זו שמאירים הנה"י שלו בט"ס שלה נק' נשיקין וא"כ צריך שיצאו הארות הללו מפיו לפיה וכנזכר בסוף הדרוש ההוא הכולל ענין הי"ח [ד"ל ע"ג] ברכות הנזכר וזה לא יצדק אלא בז"ת שלו ממש שעולים ויוצאים דרך פיו לפיה ומשם לז"ת שלה כנזכר שם ומהו ענין ז' נשיקין אחרים שהם נמשכים מראשו אל תוך פיה בסוד הבל ונעשה בה בחי' או"מ כי לא פורש במ"א ובדרוש ד' למעלה מזה נאמר כי כל שאר ספירות דזו"ן מלבד המוחין שלהם אינו רק בבחינת או"פ ולא באו"מ. גם חילוק נה"י לט"ס שלה יהיה פ"א דיסוד לדעת בברכת סלח ולא נתכונן דעתה אלא באתה חונן לאדם דעת והתחלקות זה מוכרח ולא ניחא לן במאי דאמור התם כפי מה שנמצא כתוב כי אתה חונן בחכמה ודעת שלה דלכך הוא נכלל בחכמה הואיל ודעת אין לה

נהר שלום - לרש"ש

דס"ס הרי דעת יש בה. ובעיקר דינא קשיא שהרי הוא אמר אין דעת נעשה לה אלא מהכתר וכמ"ש בברכת המינים ודקדוקים כיוצא באלוכ רבו עוד לא ידענו ענין הי"ב נשיקין כנגד הי"ב ברכות אמצעיות הנז'. וגם יש לתמוה בנשיקין אלו שנעשות מט"פ נה"י שלו לט"ס שלה והרי הנשיקין הם או מז"ת או מג"ר דרך פיו לעשות או"פ ואו"מ לז"ת שלה דרך פיה ולא לג"ר כנזכר שם. ועוד שם אמר כי ג"ת נה"י דז"א הם הראשונים מו"ק שהיו בו תחילה והחדשים הנה באו בג' ברכות ראשונות מי"ב אמצעיות כנ"ל וא"כ מהו זה שאמר כי על הצדיקים ותשכון את צמח ואב הרחמן הם ביסוד הוד נצח ות"ת שלו ולמה היו שופר מהופך מסדר האמור בשאר הברכות מלמעלה ואלו להיפך:

לב הנה מודעת זאת כי המלאכים מסוד חיצוניות העולמות ובני אדם מפנימיות וכנזכר לעיל סימן י"א ואיך אומר בד"א כי זווג נשיקין בג"ר שממנו נבראו המלאכים ה"ס פנימים וזיווג תחתון דז"ת שממנו הוא סוד ב"א הוא חיצון:

לג בשער הפסוקים פרשה וירא ע"פ ותהר ותלד שרה וגו' כתוב לאמר שאע"פ שזו"ן בעת אצי' נתקן הדעת שלהם שהם ב' עיטרין הראשונים עכ"ז צריכין תמיד לקבל כח חדש נוסף כדי שיזדווגו ויולידו בנים ושאין זו"ן מדווגים שום זווג כלל עד שבתחילה יזדווגו או"א וגם או"א אינם מזדווגים עד שתחילה יזדווג א"א מיניה וביה וכעד"ז עד רום המעלות עד המאציל העליון הנק' א"ס כי הוא לבדו יכול לחדש בכ"י תמיד אורות חדשים ומקבלים זו"ן השפע והכח ההוא ע"י או"א מחדש משורש הב' עיטרין שלהם אשר למעלה ואז מזדווגים ומולידים נשמות חדשות לתחתונים שהם טיפה מ"ד ומ"ן מן החו"ג חדשים שנמשך להם בדעת שלהם וסיים ואמר שזהו תכלית מה שצריך האדם לכוין ביחוד ק"ש כנזכר במקומו נראה שזהו בהחלט גמור וא"כ לא אתבריר לן מהו זה שאמר לקמיה שזהו בענין נשמות חדשות הבאות מלמעלה בזווג ליל שבת ויום טוב אבל בשל ימי החול כל המ"ן הם מהבירורים של המלאכים ומהם נשמות ההם נעשים בזיווגי החול והוא בסוד אור זרוע לצדיק. ומאד מתפלא זה המאמר כי אאף בימי החול שיש בירור מן מלכי קדם צריך גם המשך מוחין חדשים עד"ז להוליד נשמות בעולם ע"י הזיווגים הנזכר וכמבואר במ"ר עצמו מספר וגם מה ענין זווג א"ז לצדיק לכאן כי הלא הוא בשנה שביעית אין זרע וקציר כו' (שה"ס הבירור שאז נעשים מאליהם ב"מ) ומזדווגת עם נשמות הצדיקים שנזרעו בה מעיקרא וה"ס ספיחי שביעית

העולים מאליהם שהם מותרין מה"ט ובדרוש ראשון מדרושי הציצית נאמר שמזווג ההוא נברא נשמות הגרים והכא איירינן במציאות כל הבחינות ההם ולא בהערירים כאמור שם:

והנה זה החילוק שנכתב בשער הנ"ל כדי לישב מאי דאמור בשער המצות פ' בהר במצות השביעית כי [ד"ל ע"ד] אין המשך נשמות חדשות אלא בשבת שאז עולים העולמות במקומם שהיו קודם חטא אדה"ר אבל הנשמות של חול הם מן הבירורים דז"מ. וענין הדבר קשה כפי מ"ש כשאר מקומות הנז' ואגב להורות ולהבין לנו הדרך ישכון אור בענין נשמות חדשים הבאים בזה"ז דיש מקומות שנראה מהם שאינם באים כלל עד ביאת המשיח ובמקומות אחרים נראה שאף בזה"ז באים בשבת דוקא ולא בחול וגם שנראאה לחלק כמ"ש בשער הגלגולים צריך להתיישב בדבר זה עמ"ש בשאר מקומות הנזכר שנראים סותרים כי לעולם א"א להמשיך נשמות אלא ע"י המאציל העליון וזה לא יבצר מלהיות תמיד:

לד יורה ידין מה הם הבחי' הנז' בשער מאמרי הזוהר דף רנ"ד ע"ב שיש במלכים שמהם נעשו המ"ן במל' ובמל' דאו"א ובמל' דז"א עצמו ובנוק' דיליה כנז' שם כו':

לה בענין המ"ן והמשכת המוחין והזיווגים של זו"ן יש לנו לדעת כי במ"א אומר שע"י הה"ג שביסוד ז"א המכוון כנגד הדעת דנוק' בהיותה אב"א עמו נבנית בהארתם דרך מחיצות כלי היסוד הזה ואח"כ נבנית פב"פ ומזדווגים ונותן לה אז הה"ג עצמן שהיו ביסוד עד הנה וזו היא ביאה קדמאה שע"י מעלה היא המ"ן אח"כ כשנמשכים להם חו"ג חדשים מזיווגים שלמעלה מהם והוא לוקח עיטרא דחסדים שהם המוחין שלו והיא לוקחת עיטרא דגבורה במוחין שלה ואז מזדווגים והוא נותן טיפת החסדים הנז' מיסודו ליסודה והיא נותנת טיפת הגבורה וממ"ן וממ"ד אלו אחר התלבשם בחו"ג הראשונים העומדים ביסוד שלהם שה"ס מ"ה וב"ן דב"ן הוצר הולד מכאן משמע שבזיווג ב' נוצר הוולד ומעשים בכ"י ע"י סדר התפילות כנזכר במקומו ובד"א נאמר שא"א להיות כך אלא שאין נעשה נשמת הולד ונוצר עד פעם ב' וענין זה נוהג תמיד כי לעולם אינו נעשה ונוצר ולד ממ"ן הראשונים עד שמשתהים בנוק' ואח"כ בזיווג השני נולדים הראשונים וכפי זה ג"כ יקשה לן שנראים דרושים חלוקים בזה מהם נראה שהנשמות מתהוים מחו"ג החדשים הנמשכים מלמעלה ומהם נראה שנעשים מהבירורים של המלכים דמיתו המבררים ועולים ואם נאמר דהא והא

איתנהו אלא שנעשים בזמנים חלוקים שבשבת וי"ט ממעלה ובחול הם ממטה ובהכי מיושב הכל אין הדרושים מוכיחים כן ועיניו תחזינה מישרים:

לו בענין המ"ן והכלי שלהם אם באנו לברר הספקות שבהם יאריך הסיפור ואין השעה לכך ואוחילה ממנו מענה לשון מרפא בביאורן מזן לזן ביושר לבב ובעל הגמול ישלם לו במדה טובה כפולה ומכופלת בלתי אל המ"ן:

לז בענין נשמותיהן של הבאים לארץ שנמשכו מזווג זו"ן רחל אימתי היה כי הלא כל אותם הימים לא היה הזווג כ"א עם פרצוף לאה שאחורי יעקב הנק' דור המדבר וכמה שאלות נמשכים מזה בדרוש המובא בשער הפסוקים פ' שמות בכל בחי' ההם שהיו בזה אין להאריך יורינו מורינו:

לח לא נתברר לנו איך היה זיווג יעקב וד"ה ועמידתם אז בפני ז"א ואגב לידע איך עומדים יעקב ורחל בערבית ליל שבת שנאמר שהוא משובח משל חול שעומדים בכל נה"י דז"א אם הם בימין ושמאל או זה אצל זה דוגמת זו"ן כי אין הכרע מדברי הרב ז"ל כפי הנלע"ד:

טל כיצד הוא מדילוג קדושת מנחה של חול וגם כפי הנראה אין צורך לחזרה ולא דמיא לתפילת שחרית דא"כ למה אין חזרה בתפילת ערבית ג"כ:

מ על מאי דאמור רז"ל לא יכנס בירושלים של מעלה כו' [דל"א ע"א] ואנן חזינן להיפך כי א"א להזדווג זו"ן עד אחר או"א וכנז' במ"ר:

מא בענין דרוש בני גד וב"ר בשה"פ פרשה מטות נאמר שנוק' דז"א תופסת בבריאה ו"ס וחצי כח"ב חג"ת וחצי הנצח וכנגדם שני שבטים הנז' וחצי שבט המנשה מעבר הירדן חוץ לא"י אין זה מכוון עם ד"א דאמרינן להדיא כי היא עומדת באצי' וקומתה כולה תופסת מקום הנה"י דז"א בסוד ד"א של הלכה כנזכר במקומו:

מב אין יצוייר כניסת הנה"י דאימא בסוד מוחין דז"א בהיותו בסוד עיבור בתוכה כפי הנראה בחוש הראות:

מג בענינים שמות הדעת דנוק' בימי החול ושבת ויו"ט לא נתכוונו אצלנו יגלה לנו מר דעתו בזה היטב:

מד בענין הכריעות וזקיפות של תפלת שהם על סדר קס"א קמ"ג קנ"א וקס"א לבסוף ובע"ש וערב שבועות הם בסדר אחר קס"א פעמיים ואחריהם ירצו קמ"ג קנ"א (ואינו תמיד ומה יום מיומים) ושם נאמר שזה תלוי בשלימות דעת הנוק' שבא לה אז בשבת ושבועות ומה ענין זה לזה וא"כ מכ"ש לשבת ושבועות עצמן שיש לכוין על סדר הנזכר בעלי דיומא והדבר צריך תלמוד ומורה הנבוכים:

מה אם כונת הרי"ו בכל תפילות ר"ה או אם אינו אלא בתפילת שחרית ואם גם בתפילת המוספין:

מו איך יופרשו עליות המדריגות של זו"ן בימים של ר"ה ויוה"ך מה שלא נעשה כן בשאר י"ט שכלם שיעלו חיים לא ירדו לא כן בימים ההם של ר"ה כנזכר שם כו':

מז ואגב לידע איך אומרים אב הרחמים במוסף של יה"כ כי אז עדיין לא עלה ז"א למקום ההוא וג"כ לא שייך לומר כתר יתנו כו' וכמה בעיות איבעי לן בהנהו יומי כאלו ובכונת השופר עצמו מספר:

מח אם נכנסים הל"ם דצלם ביו"ט כמו בר"ה באבות או כסדר השבת:

מט מה הם ז' שמות של ז' ברכות דר"ה ויה"ך וח"ה ור"ח ע"ד ז' מרגלאן דשבת ויו"ט כי לא פורש:

נ אם יש למנוע מלומר פ' העקידה בשבת וביו"ט גם המזמורים של רננו צדיקים כו' ושל כל יו"ט בכלל כמ"ש בספר חמדת ימים. גם אם י"ל מזמור מספרים כבוד אל כו' בחש"מ כנזכר שם:

נא יבאר לנו עליות חש"מ ואיסור הנחת תפילין אז בדעת רחבה:

נב ואנו לא נדע דכפי הטעם האור בלחש וחזרה יכול לומר הכל בקול רם בשבת ויו"ט ור"ה ויה"ך כי לא באו לכלל חלוקה בזוהר ובתיקונים:

גן כשחל י"ט בשבת איך תהיה הכונה בהם עיקר כי לא נעלם מ"ש בזה האחרונים מחכמי הדורות כו':

דן בענין ג' שמות המתכונים בק"ש בג' תיבות ה' אלהינו ה' פעם אומר שהם ע"ב קס"א ע"ב או"א ודעת המזווג ופעם אחר אומר שהם ע"ב קס"א ס"ג כנזכר במקומותם וכדומה שאר דקדוקים:

הן בענין הרמ"ח תיבות דק"ש כפי מ"ש בס' תיקונים ובר"מ דפ' עקב שהם מלבד שית תיבין של פסוק ראשון דיחודא וגם מרן ז"ל מזכיר ששה תיבות הללו אחר ק"ש שיש בהם [דל"א ע"ב] רמ"ח תיבות בדרוש ט' מדרושי ק"ש שע"ה כדי להשלים רומ"ח ולא פורש אאם אומר אאח"כ פ' הנזכר פ"א או בכונה בלבד ומוהר"ש ויטאל נתעורר בזה ולא הרוה צמאוננו מבארה של מרים ועיני כל אליך ישברו לתת לחמם נאמנים:

נו כריעה וזקיפה דמודים דערבית או אם הוא מתפלל ביחיד בשאר תפילות איך יעשה אם הוא כריעת גוף וזקיפתו דוקא ואין כריעה בראש אלמא היכא דאיכא מודים דרבנן או אם גם אאז כורע וזוקף גם בראשו כשאר כריעות וזקיפות של התפילה ואגב לידע מה נשתנה זו משאר שהיו שתים ביחד ולא מפורדות על סדר הנז':

נז אם יש תחת ידו שייכות כונת השמות כגון ז' מרגלאן בברכת תפלות שבת וי"ט עם הזכרת הברכות שהם הויו"ת וכל כיוצא

שאינם מענין ההוי"ה עצמה וכן אם מכונים בניקוד שאינו בקריאתו כמשפט יהיה בו עצמו או בהוי"ה אחת בצידה:

נח בענין המובא בס' מ"ח כי בברכה ד' של ערבית שבת ה"ס הקדושין שנותן החתן לכלה ויכולו ה"ס עד א' ושלאחר העמידה עד ב' ושל הקידוש עד ג' של הקידושי וברכה ד' של שחרית ה"ס הסבלונות ששולח החתן לכלה ושל מוסף ה"ס שעושה החתן ביום חתונתו ושל מנחה ה"ס יחוד חתן וכלה. ובאתה חוננתנו שאומרים במ"ש ה"ס בעילת מצוה שבועל ז"א. ופורש ונמצא כפ"ז כל השבת הוא הכנה למ"ש וכן לא יעשה ומה גם שאין דברים הללו מכוונים עם פרק כל כתבי הקדש והיית לנו לעינים לראות:

נט בענין המובא בס' חמדת ימים פ"ד מפרקי הרגלים כי בתפלת לחש אשרוה בנוק' בסוד פרצוף ולהשיבה אל דודה פב"פ בסוד חזרת התפילה ומסיים ע"ז כמ"ש הרב ז"ל ואנשי המקום אמרו לא היתה בזה ולא מצאנוה ובעת עמוד להתפלל במלך עוזר כו' חוזרת עמו פנים בפנים ובחזרה היא העולה למעלה כמ"ש במקומו ואם איתא כפ"ז לא היה צריך לחזרה כלל בכל התפילות והוא עצמה כתב שם בפ"ב מפרקים הנזכרים כי בתפילת מעומד היא העולה פנים בפנים ואם זה בערבית שבת וי"ט מכ"ש ביום

וא"כ אז חזרה א"צ וחכמים ז"ל לא נתנו דבריהם לשיעורין:

ס אם אומרים השכיבנו אבינו כו' בסדר ק"ש שע"ה כפי מ"ש הר"י צמח ז"ל מאחר שהוא מסודר שם ונמשך אחריו בס' מ"ח כי כן הוא כתוב בספרים הישנים שבידינו וסדרוה בסידורים הנמשכים אחריהם:

סא מה נשתנה הלילה בסילוק הנר"ן בעת השינה כמ"ש בק"ש שע"ה שמסתלק הנפש ואח"כ הרוח כו' מסלוק תוספת הנר"ן בשבת שהוא ממעלה למטה ומסתלקת הנשמה ביום א' כו':

סב בנוסח הקדיש אם י"ל מכל או מן כל וכן חי העולמים בציר"י או אם בפת"ח ולא נעלם מ"ש המקובלים הקדמונים והפוסקים והמדקדקים אבל שותא דמר בעינא למי מקדושים אפנה על ימין ואימינה:

סג יש מקום לתמוה עמ"ש הרב ז"ל שלא היה מקפיד מלומר קדושא דסדרא בקול רם שהוא הפך מ"ש בזוהר תרומה דאסיר שהוא בסגיאין ולא ביחיד ובזה אמרו הפוסקים שהביא הרב"י בסי' נ"ט וכמבואר בס' היכל הקדש סי' כ"ט וכ"כ בס' כנפי יונה ח"א. ויש לעיין ממ"ש הרב חמדת ימים מפרקי של השבת [דל"א ע"ג] גבי בריך שמיה דמארי עלמא כו' בחילוק הצבור מהיחיד בלשון תרגום שהוא היפך בזוהר כו' ואשרי תבחר ותקרב כו':

סד אם יש טעם עפ"י דברות קדשו לב' ימים טובים בח"ל ואגב להורות לנו מ"ש בחמדת ימים על חילוק קריאת המגילה לכרכים המוקפים חומה לכפרים כו' דתלי טעמא בסוד המעקה שבין עולם לעולם ולא פי' אותו שם במקומו:

סה בענין תחום שבת במ"א אומר שהוא שיעור חצי הוד ופעם אחר אומר שהוא חצי יסוד ויותר מהמה יקשה לנו אומרו שה"ס תח"ש מדרבנן שיעור שתי מילין כי כל ספי' היא פרסה והרי אמרו אלפים אמה מיל שיעור תח"ש ולא ב' מילין כמ"ש בש"ס:

סו אאם י"ל ברכת מעין ז' בליל פסח כשחל בשבת ולסמוך על הרב חמדת הימים שאומר כן הפך פסק ש"ע ההולך אחר רוב בנין ורוב מנין:

סז לפרש לנו התפילה שיסד האדון על סדר ורחץ כו' ועל מה אדניה הוטבעו מפני שיש בה דברים מעלומי עין קורא בה בפרטי פרטים שלא נודעו אצלינו וימחול על הטורח משא מצרים כו' ואגב יורינו ההפרש שכתוב בס' משנת חסידים וחמדת ימים בענין התקדש ליל חג על מי נסמך ועל ברכת העומר לבני ח"ל אם לא יברך עד אחר הסדר דליל שני כמ"ש בח"י או יברך אחר תפילת ערבית כמו בשאר ימים ואין לשנות:

סח בענין הנענועים שמנענעים בחג בברכה והלל איך מתיישב מ"ש בספר התי' ור"מ עם האמור בכונת הרב ז"ל ולא נעלם בזה מ"ש מהר"ש ז"ל ומפרשי התיקונים וכן צירופי השמות שלא נתכוונו כפי מ"ש בס' יצירה כי צירוף הא' שהיא יה"ו אמרינן התם שהוא ברח מזרח ובנענועים לצד דרום כו' וכעין זה יתמה כל מעיין בס"ה פ' בראשית דף כ"ו גבי דגלים דקאמר התם חסד דרועא ימינא ובההוא זמנא הרוצה להחכים ידרים ומחנה מכאן אשתקיין מיניה וכתוב בתורה שהוא למזרח כו' וכ"ה בפרשת במדבר דקי"ח עם היותם דברים סתומים וחתומים:

סט ילמדנו רבינו מאי דאמור באדרות גבי פרצוף ז"א דלא אשתני מא"א וכלא חד ומסטרא דילן דהוו שנין והרי שנינו בתורתו של רבינו האר"י ז"ל אבי התעודה כמה שינויים מזה לזה כאמור בדרושים לאין חקר:

[דל"א ע"ד] **ע** בענין התגין הנוספים בפרשיות של תפילין ומזוזות המובאים בספר מצת שמורים משם כתבי האר"י אם יסכים עמנו האדון שלא לעשות כי לא באו בכלל השערים המצויינים מע"ח ואדרבא מגרעות נתנו כפי הטעם האמור בנתינת התגין על האותיות עליהן איום להוסיף ובודאי שהם מועתקים מהפוסקים שהזכירום בספרתם כפי מנהג שנהגו הסופרים שלא נחתמו בגמ' עיד רבינא ורב אשי והובא

ביתה יוסף והמדקדקים הוסיפו לשים ולתלות עצמן באילן גדול ושוב ראה אותן הר"ן שפירא ז"ל שהם משם האר"י והכניסם בחיבורו מצ"ש ונמשך אחריו במ"ח ואינו מהראוי וכזאת לא יעשה ואם נתן ל"ו עכב ומגרעות נתן חס ושלום ושב וא"ת עדיף טפי כמ"ש בב"י נ"ט והרי זה משובח:

עא איך יצוייר גלגול נפש אדם בדצ"ח ואגב לדעת אם יש גלגול לנפשות או"ה ומהיכן בא להם פריה ורביה דאל אחר אסתרס ולא עביד פירין כמ"ש בזוהר וגם בלא דעת נפש לא טוב שה"ס הזווג כמ"ש ז"ל בדרושים הרבה:

עב יורינו מורינו ענין זיווג יום שמחת תורה במשיב הרוח ומוריד הגשם כי שם צוה ה' את הברכה ולא האריך למעניתו במקום זה ליישבן היטב. עד הנה הגיעו בעיין בבי מדרשא דילן ויותר מהמה רבו כפלים לתושיה ותשובתן הרמתה מהרהתצמח על קל על חמור אחת ואחת הנה מיד תכף לברכה כי כן דרכה של תורה זריזין מקדימין ויפה שעה קודם ואפי' מקצתן קמא קמא בט"ל דיו הלבלר בקולמסו בגלילי אצבעותיו זהב וכסף ובפרט אם טובה יעשה עמנו בכל נפלאות אותיותיו הכמוסים ועמוסים וחתומים באוצרותיו גנזי מלאכי רבנן בהני כבשי דרחמנא לכן בעי עכ"ו ואלו מוסיף על הראשונים שלא לתת חלק בהיכל הקודש:

עג לדעת על מה זה היתה שינוי בהיכלות דיוצר שבת משל חול שקדם היכל אהבה לרצון:

עד למה סדר הפרשיות דתפילין לקורא ולא למניח וכן ברצועות ולמה בתפילין דמארי עלמא נכתבו פסוקים אחורים מי גוי גדול כו':

עה אם ניעור בלילה אם יקרא ק"ש שע"ה אם לא ואת"ל קודם חצות או אח"כ ואגב אם נזדמן ט"ק בלילה אם יברך עליו לדעת הרב ז"ל שזמנו אז:

עו מדוע לא יועיל תפילין דשמושא רבא בשחרית במקום [דל"ב ע"א] ב' דרש"י ורבינו תם ודוקא במנחה במקום תפילין דר"ת וכשאין לו אז דיו בר"ת ולא דרש"י ולא הוצרכו את שניהם יחד כיון שצריך לכתחלה דש"ר שהוא במקומם כנזכר בשער התפלות ודיו לבא מן הדין:

עז על ברכת העומר ליל ב' של פסח לבני חו"ל אם לא יברך עד אחר הסדר כמ"ש בס' חמדת ימים והרמ"ז ז"ל ומטעם האור שם או שיברך עם הצבור אחר תפלת ערבית קודם הסדר עכ"מ:

וראיתי את השאלות אשר שלחו מעכ"ת מהתם לשאול דברים העומדים ברומו של עולם ממני חרפת אדם נבזה ונמאס בער ולא אדע אמנם ראיתי כי לא עת השב כי נלע"ד כי עדיין לא נשתוינו בסדר לימוד עץ חיים והבנת

דבריו ע"כ אמרתי אל לבי לשלוח להם קונטריס של ברכות השחר מן סדור סדר הכוונות אשר התחלתי לסדר לעצמי הנקרא **"נהר שלום"** וגם קונטריס מתחילת הקדמת הסידור הנז' הנקרא **"רחובות הנהר"**, ובעה"י ממה שיתחדש מן הסידור הנזכר ומההקדמה הנזכר אשלח להם בעה"י ובכן ישתוו דעותינו בהבנת דברי הרב ז"ל אמנם חלותי היא שיתנו לב בדברי' האמורים שם ובפרט במה שכתוב בהקדמה שבה נכללו ונסתמו דברים גדולים וסודות נעלמים להשקיף עליהם פעם ושתים בהשקפה טובה כראוי וכנכון כי לא דבר רק הוא והנה עידי בשמים וסהדי במרומים כי כל הכתוב שם כולם דברי אלהים חיים האמורים מפי האר"י ז"ל למוהרח"ו ז"ל ואין עוד מלבדו ואפי' בדברי שאר תלמידי האר"י זלה"ה לא למדתי ואין לי מגע יד בספרי המקובלים לא ראשונים ולא אחרונים ולא למדתי בהם ואין לי ידיעה מהם כלל כי גלוי וידוע לפני מי שאמר והיה העולם שכן האמת ולפיכך אמרתי שיעיינו בהם כי הם דברי הרב האר"י ז"ל והי"ת יאיר עינינו בתורתו כי"ר ובזה יותרו כל השאלות ממילא ואם אחר זה נשארו מהם איזה שאלות ה' יתברך יתן בלבנו בינה להבין ולהשכיל:

אמנם ענין זווגי או"א בברכת אבות להוציא המקיפים דז"א הנה כללות הענין בקיצור גדול לפי הפשט הוא כי הדרוש השני מסדר תפלת שחרית עם דרוש הששי דדרושי ר"ה הם א' והם בפנימיות דחיצונית דאצילות שהוא באצילות דאבי"ע דחיצוניות דאצילות כי מצות התפילין שהיא מצות מעשיות שהיא בחיצוניות היא בחיצוניות דחיצוניות דאצילות שהוא בבי"ע דאבי"ע דחיצוניות דאצילות ואלו המקיפים הנקרא תפילין הנמשכים בברכת אבות שהיא מצוה בדבור הם בפנימיות שהם הנשמות של זה האבי"ע שהוא באצילות דאבי"ע דחיצוניות דאצילות וכמ"ש הרח"ו ז"ל כי זה בחיצוניות וזה בפנימיות ואלו יוצאים מזווג אור מקיף דאו"א ואינם הל"מ דצלם אמנם שני צלמי המוחין דאור פנימי דחב"ד דאו"א כולם נמשכים בק"ש ושני צלמי המוחין דאור מקיף הנמשך מחג"ת דאו"א נמשכים בברכת אבות:

אמנם דרוש הד' דברכת אבות שבו נאמר שבק"ש נמשכים המוחין דאור פנימי דאו"א (היוצאים מזווג כלי החיצון דאו"א ובברכת אבות נמכים המוחין דאו"מ דאו"א היוצאים מזווג מכלי סכ"י) האמצעי שלהם כל זה הדרוש הוא בחיצוניות דפנימיות שהוא בבי"ע דאבי"ע דפנימיות דאצילות ודרוש הששי מדרושי הק"ש עם דרוש הראשון והשני

מדראושי ברכת אבות הם בפנימיות דפנימיות דאצילות שהוא באצילות דאבי"ע דפנימיות דאצילות:

ובענין ברכות האמצעיות הנה תחילת דרוש הששי הוא בפנימיות דחיצוניות ושארית הדרוש הוא בפנימיות דפנימות והוא כי צריך לכוין להמשיך מוחין מי"ס [דל"ב ע"ב] דז"א לי"ס דנוקבא וגם להמשיך לה הארה מט' פרקי הנה"י דז"א לט"ס ספירותיה כנז' שם וכנזכר בדרוש הנסירה דר"ה והוא מברכת אתה חונן עד ברכת השיבה הם מספירה לספירה וברכת על הצדיקים ותשכון ואת צמח מט' פרקין כו':

וכולם הם י"ב נשיקין מאתה חונן עד שמע קולנו והוא השמועה שנית וסדרם הוא כשמועה ראשונה שהם ב' נשיקין א' מז' תחתונות וא' מג"ר דכל ספי' מט"ס דז"א לז"ת וג"ר דכל ספירות מט"ס דנוק' ובודאי שמעכ"ת מכוונים ע"ד הנז' בסוף דרוש שים שלום ענין ארבע זקיפות שהם בד' מוחין שבכתר כי הכרח גדול הוא כנודע:

וענין זווג דשים שלום וזווג דנפילת אפים כבר הוא מבואר בהדמת ברכת הנותן לשכוי ובהקדמת ברכת המעביר כי זווג דשים שלום הוא זווג דיעב ורחל פרטית דאותו יום וזווג דנפילת אפים הוא דזו"ן הכוללים דכל הכ"ד שעות יע"ש:

יום טוב דפסח שחל להיות בשבת צ"ל ברכת מעין ז' כשאר י"ט שחל להיות בשבת אע"פ שנראה שאין לה מקום מ"מ צ"ל גם בליל פסח שחל להיות בשבת כיון שהוזכרה בתלמוד שבת דכ"ד ולא חלקו בין פסח לשאר י"ט ואותו החילוק שכתב הר"ן הוא מסברא:

וענין ברכת העומר לבני ח"ל ודאי צ"ל אחר ערבית כשאר לילות כי אין לה שייכות עם הסדר בלילה זו לבני חו"ל כי מצות ספירת העומר היא מצות עשה דאורייתא שהם בשני פרצו' חג"ת ונה"י הכוללים דזו"ן הכוללים כנודע והסדר בלילה זו לבני חו"ל הוא ממצות דרבנן שהם ביסוד שהם פרצופי יעקב ורחל כנודע כמ"ש ענין מ"ע ומל"ת בהקדמת סדר הקרבנות ע"ש ולפיכך צ"ל ברכת העומר תיכף אחר ערבית דיו"ט ב' ולא יאחרנה עד אחר הסדר שאם יאחרנה הרי גורם לתת אחיזת לחיצוני' בכלי מוח החכמה אשר כבר נסתלקה אחיזתם ממנו כמ"ש הרב ז"ל כי כפי סדר המשכת המוחין כך סדר ביטול אחיזתם לפיכך צריך להזהר מאד לאמרה אחר ערבית ולא יאחרנה עד אחר הסדר כמ"ש קצת המקובלים:

שאלה אם יש לכוין בתפלות ובמצות ובעליות שבת וביחודי' בימי העומר כשאר ימות השנה או אם יש שינוי:

לכאורה נראה שאין לכוין כלל

בשום כונה חוץ מכוונת המשכת המוחין שבסדר העומר ותו לא מפני פחד הקלי' שלא יתאחזו כנודע כמ"ש האר"י ז"ל כי אחר עבר יום א' דפס ונסתלקו המוחין חזרו החיצונים להתאחז אבל לא אחיזה גמורה כבתחילה כי כבר נתבטלה אחיזתם הגדולה וחזרו להתאחז בדמים ההם ואז נכנסין המוחין כסדר המדריגות וכפי סדר כניסתם כך הוא סדר ביטול אחיזתם לאט לאט בהמשך ימי ספירת העומר שהוא ענין שבעת ימי נקיים ואז נטהרת מטומאתה ונגמרת להטהר בחג השבועות ואז חוזרת להזדווג עמו ע"כ מדרוש ג' דדרושי הפסח ע"ש. וכן בדרוש ב' מדרושי העומר כתב וז"ל ואחר עבור יום א' של הפסח מסתלקין כל המוחין הנזכר וחוזר לקדמותו לבחי' תלת כלילן בתלת כו':

ואחר כך מליל שני ואילך אנו חוזרים להמשיך המוחין הנז' אשר נכנסו בליל פסח ונסתלקו ועתה חוזרין להכנס כפי סדר המדריגה כל מדרגה ביום שלה על ידי מצות ספירת העומר כו' לפי אי אפשר שיזדווגו זו"ן עד היותם שבעה ספירות חב"ד חג"ת מלכות בניים ומתוקנים ואז תהיה היא ראויה אל הזווג ע"כ ע"ש:

וכן בדרוש שביעי של הפסח כתב וז"ל ענין כל המ"ט [דל"ב ע"ג] ימים של ספירת העומר דע כי הזווג אשר באותם השבתות ויום ר"ח אייר אשר הותר לנו הזווג עכ"ז איננו זווג גמור של גדלות כי עדיין ז"א בסוד הקטנות כנ"ל בענין זווג ליל שביעי של פסח וכל הזווגים שבימים האלו הם על דרך מ"ש בזווג ליל שביעי של פסח אלא שיש בהם שינוי קצת כפי בחי' מדריגת המוחין שנכנסו בו בזמן ההוא כנ"ל כי אינם נשלמים ליכנס כולם עד חג השבועות ואז הוא זווג גמור דגדלות כמ"ש:

הרי כי סיבת המשך זמן הכנסת המוחין במ"ט ימים ולא ביום א' כשאר ימות השנה הוא מפני רוב אחיזת החיצונים בו וכדי לבטל אותה האחיזה לגמרי הוצרך מ"ט ימים כי מה שנתבטלה אותה האחיזה בליל פסח לא היה אלא לפי שעה והיה עפ"י הנס ולא היה ביטול לגמרי אבל אחר עבור יום א' חזר הדבר לטבעו לבטל אחיזתם ע"י המשכת המוחין כשאר ימות השנה ולא ע"י נס ואף זה לאט לאט לא בפעם א' כשאר ימות השנה כי עדיין אי בנו כח לבטלה בפעם א' רק לבטל אחיזתם בכל יום ממדה א' ע"י שנמשיך בה המוחין הראויים לאותה המדה ואף גם זה שלא כסדר המשכת המוחין בשאר ימות השנה דהיינו קטנות וגדלות שאילו נמשך הקנות תחילה היו מתאחזים בו ח"ו לכן גם המשכת המוחין היו שלא כסדר וגם שאין כל מוח מתפשט בכל הקו שלו רק באותה המדה לבד באופן כי יש

עת וזמן קצוב לכל מדה כמה תשהה בלי מוחין וכפי ערך האחיזה שיש בה כך ערך ביטולה ואחר שהמאציל העליון העריך ערכים אלו וסדר המשכת המוחין כפי מה שנראה בעיניו יתברך שעי"כ נוכל לבטל אחיזת הקלי' ע"י סדר זה לא פחות ולא יותר ובלאו הכי אי אפשר לבטלם אם כן מי זה ערב אל לבו כסדר כונת התפלות שהם מסודרים לשאר ימות השנה לכוונם בתפילות דימי העומר בודאי שאיש זה עונו ישא כי את קדוש ה' חלל לתת אחיזה לחיצונים בקדושה ופוגם בנר"ן שלו ובכל תפילותיו ותורתו ומצותיו ומעשיו הטובים שיעשה בכל השנה בכולם ילך חשכים כי יתאחזו בהם כיון שנתן להם יד בימים אלו כי פסח וימים אלו הם שורש לכל ימות השנה ובדרך שהולך בהם בה מוליכים אותו כל ימות השנה אפי' שבת החמורה נתבטלו עליותיה בימים האלו ואין עליית העולמות והמשכת המוחין כשאר השבתות דימי השנה שהרי כתב כי עדיין הז"א הוא בסוד קטנות כנז"ל ואם היה עולה כשאר השבתות היו עולים הכלים שלו ומלבישים האורות דישסו"ת הכלים החיצוניים שלו ילבישו לאורות הנפש והאמצעיים לאורות הרוח ופנימיים לאורות הנשמה ובתוך הנשמה יתלבשו אורות החיה והיחידה ואורות הנפש שנתלבשו בכלים החיצוניים היינו בכל העשר ספירות חב"ד דנפש בחב"ד דכלים חיצוניים וחג"ת בחג"ת ונה"י בנה"י וכן באורות הרוח בי"ס האמצעים ואורות הנשמה בכל הי"ס הפנימיים וכן אח"כ יעלו הכלים שלו וילבישו לאורות נרנח"י דאו"א עילאין ע"ד הנז' ממש וכן כאשר עולה לדיקנא דא"א ע"ד הנזכר ממש הוא עולה ואם כך הוא שעולה הרי בעלייתו להלביש אורות דישסו"ת כבר היה לו גדלות אחד בכל עשר ספירות וכן בעליתו לאו"א וא"כ היאך כתב כי כל הזיווג שבאותם השבתות איננו זיווג גמור של גדלות כי עדיין ז"א בסוד הקטנות עד חג השבועות ואז הוא זיווג גמור דגדלות עכ"ל:

ואם כפי הנז' הרי כבר יש לו אפי' גדלות ב' בכל הי"ס אלא ודאי כדאמרן שאינם עולים וזה פשוט וכ"כ היה פשוט להרב ז"ל שכך אנחנו מבינים עד שחשש שמא נאסור עלינו מצות עונה בראותינו כי שבתות אל נשתנו משאר שבתות שאין בהם עלייה לזו"ן ולעולמות ע"י התפילות והם מוחין דגדלות בנה"י עד חג השבועות ואין זיווג לזו"ן עד שיהיו ז' ספירות חב"ד חג"ת ומלכות בנויים ומתוקנים ואין זה [דל"ב ע"ד] נשלם עד חג השבועות א"כ היה נראה לאסור הזווג בכל השבתות ההם לכך הוצרך הרב ז"ל לכתוב זה לומר כי מה שישראל מעוררים זיווג העליון ע"י קיום מצות עונה

דשבתות האלו הוא לזווג דקטנות ואינו זווג דגדלות כשאר השבתות להשמיענו שאין לבטל מצות עונה בשבתות ההם מפני כך כי יש מקום לקיומה והוא ע"ד הנז' באופן כי אין לכוין במנחת ע"ש ובקבלת שבת בעליית עלמות בי"ע כיון שזו"ן דאצילות לא עלו ובחול לא ירדו יותר וכמצב מעמדם שנמצאו בליל ראשון של העומר כך הם עומדים כל ימי העומר והולכים ונתקנים בהמשך מ"ט ימים אלא שיש בהם שינוי כפי בחי' המוחין שנמשכין בזו"ן בזמן ההוא שאף הם מקבלים הארות אלו הראויים להם מן בחי' המוחין ההם שנמשכו בזו"ן כנודע כי כל מוח כלול מאבי"ע וכל בחינת מאבי"ע שנתקנה וקבלה המוחין הראויים לה הרי היא מתוקנת ועומדת כביום השבת בעת המוסף וכל בחי' מזו"ן דאצילות שעדיין לא הגיע זמן תיקונה הרי היא וכל הבחי' שכנגדה דבי"ע עומדים כבעת העיבור ג' כלילן בג' עד בא זמן תיקונם ונתקנים ע"ד הנז"ל באופן כי אין עליה וירידה באבי"ע ע"ד שאר ימות השנה אלא ע"ד הנז"ל הם נתקנים ועולים כי מה שגורם לנוק' דז"א לירד בלילה לבי"ע חוץ מכמה סיבות הנודעת הסיבה העיקרית היא כי אחר שלשה שעות בלילה מסתלקים נה"י דישסו"ת שנכנסו בערבית בז"א ונכנסים בלאה ובונים ומגדלים ומתקנים אותה מכלים דרחל והולכת ונתקנים עד חצות ובא ועומדת לפני ז"א להזדווג עם יעקב ואז נדחית הנקו' העשירית דרחל לבי"ע כנודע אבל בעומר כל בחי' מישסו"ת ומאו"א שכבר נכנסו בז"א אי אפשר להסתלק משם עד חג השבועות נמצא כפי זה כי אין אותה ההנהגה דשאר הלילות דימי השנה נוהגת בלילות דימי העומר ואין הנקודה העשירית דרחל נדחית לבי"ע כי מי דחה אותה כי אין לאה לוקחת כליה דרחל להבנות מהם כי אין המוחין מסתלקים להכנס בה א"כ כפי כל הנז"ל ישכיל המעיין כי אין שייכות לסדר הכנות דתפלות ומצות דחול ושבת דימי שנה בימים של העומר והמכוין בהם אין לו על מה לסמוך בדברי הרב ז"ל האמנם ראוי לחקור לדעת מה נעשה מתפילות דחול ושבת דימי העומר ואיך אין עליות השבת החמורה נוהגים בשבתות דימי העומר אמנם ידוע מ"ש הרב ז"ל בע"ח עכ"ן כתוב:

ואגב נדרשתי ללא שואל כי בתפלת ערבית דליל פסח צריך לכוין להמשיך כל המוחין דקטנות וגדלות שניים דאו"א עילאין דמדת לילה ומדת יום כי שיעור מה שנעשה בשבת ושאר י"ט ע"י כמה תפלות נעשה הכל כתה בתפלת ערבית וע"ז אנו אומרים אח"כ ההלל להודות לאל על הנס הזה שנתן בנו כח להמשיך הכל

בתפלה אחת וזה בפנימיות ואח"כ הסדר הוא בחיצוניות. ואח"כ בתפילות של היום א"צ לכוין כלל כי כבר נמשך הכל בתפלת ערבית ונלע"ד שאפי' בתפלתע המנחה דפסח שחל להיות בשבת אין לכוין כי לכאורה נראה לכוין בה כי היא נדרשת לעצמה שבה נמשכין מוחין מאריך אע"פ שגם בשאר י"ט שחל בשבת אין לכוין בה מט"א:

הנה עתה בפסח היה נראה לכוין בה מטעם אחר אבל אין לכוין בה לפי כי המשכת כל אלו המוחין שנמשכו בליל פסח ונתקיימו בזו"ן כל הלילה ההיא ויום א' דפסח ואח"כ בתחלת ליל ב' נסתלקו כל המוחין וחזרו להמשך ע"י מצות ספי' העומר הנה המשכתם בליל פסח היה כדי להתיש כח הקליפות ולהפרידם מהקדושה ואחר עבור יום א' חזרו הקליפות להתאחז אבל לא אחיזה גמורה וחזרו המוחין להמשך ע"י מצות ספירת העומר לאט לאט מדריגה אחר מדרגה וכפי סדר כניסתם כך הוא סדר ביטול אחיזתם ע"ס מ"ט ימים [דל"ג ע"א] שנשלם ביטול אחיזתם לגמרי ואז ביום שבועות נמשך הכתר וכנז' כ"ז בספר הכוונות והנה אם היינו מכונים במנחה דיום א' דפסח שחל בשבת להמשיך המוחין דכתר היה מתבטל אחיזת החצונים ביום ההוא לגמרי ואין כן רצון המאציל כי כל זה הוא לתקן חטא אדה"ר שהיה בנשמות שבניסן נבראאו שהם פנימיות העולמות הנקרא בכללות חסד שהוא קו ימין דכללות כל העולמות בערך חיצוניות העולמות הנקרא בכללות גבורה שבר"ה נבראו שהוא שמאל דכללות כל העולמות ולפיכך היה המשכת המוחין באותן המ"ט ימים לאט לאט ולפיכך היה המשכת המוחין באותן המ"ט ימים לאט לאט ולפיכך אין לכוין באותה המנה כנלע"ד ואעפ"כ עדיין לא נפשט לי הדבר לגמרי. וגם לפי זה אין לכוין במצות ובתפלות של כל אותם המ"ט ימים בשום כונה כלל לא בחול ולא בשבת מלבד כונת העומר בלבד ואין עוד כי כל מדריגה שנשלם בירורה ותיקונה אז מתפשטים בה המוחין ואין לומר כי כל התפלות והמצות של כל יום הוא בפרטות אותה מדריגה של אותו יום כי אין כל מדריגה נשלם עד תשלום כל המ"ט ימים כמ"ש בדרוש ז' שהוא דרוש א' של העומר דיבור המתחיל עוד יש כונה אחרת וגם היא אמיתית כו' וגם אין לומר כי מצות העומר בפני עצמה והתפלות ושאר המצות כל א' בפ"ע אמת ונכון הדבר בשאר ימות השנה אבל בימים אלו שבאו לתקן חטא אדה"ר אינו כן וכ"כ בדרוש י"ב ד"ה ענין כל המ"ט ימים וכן בדרוש ז' כתב לפי שא"א שיזדווגו זו"ן עד היות ז' ספירות

אלו בנויים ומתוקנים ואח"כ בליל שבועות אין נמשכין המוחין דכתר מא"א עד אחר הטבילה שבה נמשכין שרשי ד' מוחין שבכתר דישסו"ת ודאו"א ודא"א וכל אל המוחין שנמשכו בעומר ובליל שבועות הם המוחין דאחור ואח"כ בתפלת של יום שבועות צריך לכוין במלת באהבה של העמידה ואילך להמשיך הוחין דפנים מישסו"ת ומאו"א ומא"א עד סוף המוסף ואז מזדווגים זו"ן זווג דגדלות:

ובענין הגלוח בימי העומר צריך להזהר לשמור מאד שלא לגלח בשום אופן אלא ביום מ"ט וכמנהג האר"י זלה"ה ולא כמ"ש קצת מקובלים אחרים לגלח במ"ח כי ענין המוחין של העומר בפני עצמם וענין השערות בפני עצמן ואינם דומין זל"ז ובחי' יום דמ"ט דשערות לא נמשכה כלל עד יום המ"ט ונסתפקתי ספק גדול אם חל יום מ"ט בשבת אם מותר לגלח במ"ח ולא אפשיטא לי ולולי שהכרחוני לגלח כמעט לא היתי מגלח גם לא התרתי לחתן לגלחן קודם שבועות בכמה ימים:

ונחזור לענין הראשון כי כמו כן הוא מר"ה ועד שמיני עצרת שאין לכוין בתפלות הימים ההם רק בשני ימים דר"ה זה בפנימיות וזה בחיצוניות וח"כ משם ואילך עד ערב יוה"כ אין לכוין רק ממילת באהבה ואילך לנסור שני פרצופים המתייחסים לאותו יום ואח"כ במלך עוזר כו' להמשיך המוחין דפנים לפרצוף הפנים דאותו יום דרחל וזה סדרן ואע"פ שלגבי מורי ורבותי כ"ז הם דברים פשוטים אע"פ שיש להם סודות נעלמים הנה כוונתי להשוות הדעות ולדעת אם הסכימה דעתי לדעת גדולים והוא כי כוונת העמידה של ר"ה הוא כמו בחול ואין שינוי כלל ביניהם אלאא בענין הרי"ו והנסירה כן נראה מפשט שער הכנות כנודע ושאין שינוי אלא בענין הנסירה שאין ננסר ביום אא' אלא פרצוף הכתר דנוקבא וביום ב' פרצוף החכמה וכעד"ז בשאר הימים ונמצא שצריך לכוין לבנות כל פרצופי הנוקבא מאל עליון ואילך ביום א' כמו בחול ועי"ז הבנין די"ס דנוקבא נתוסף בכל ספי' ט' ספירות החסרים לה ונעשית פרצוף גמור כי הכתר דנוק' הננסר ביום א' הוא שהיה עומד אחורי חצי התחתון דת"ת דז"א ועתה נעשה פרצוף ונתפשט עד למטה וכעד"ז כל הי"ס ע"ד כללות כל האצילות ובכל יום [דל"ג ע"ב] ננסר ספי' א' והיא פרצוף א':

ואחר כך ביום א' במלת באהבה מסתלקים צלמי המוחין דאו"א מתוך עשרה פרצופי דז"א והחכמות והחסדים שבהם עומדים ע"ג רישא דז"א והבינות וגבורות שבהם מתפשטים בעשרה פרצופי לאה ורחל כי כחב"ד וחג"ת דצלמי המוחין הם

מתלבשים בלאה והם רנח"י ונה"י
שהם הנפש דצלמי המוחין הם
מתלבשים ברחל ובמלת זכרנו
יכוין לנסור לאה מן כחב"ד חג"ת
ולפי שאי אפשר לנסור את רחל
לבא לפנים אם לא תקבל הארת
ה' ראשונות דז"א שהוא תשלום
הנרנח"י כי לא היה בה רק נפש
נה"י דצלמי כל המוחין וצריך
שתקבל כל המוחין דאחור לכן
יכוין להמשיך הבינות וגבורות
דכחב"ד חג"ת דצלמי כל המוחין
דעשרה פרצופי ז"א דב"ן לספי'
כתר דפרצוף הכתר דרחל ולנסור
אותו ולהשאיר שם המוחין
הראוים אליו יחידה דיחידה
ולהמשיך השאר לחכמה דכתר
במלת לחיים ולנסור אותו ובמלת
מלך בינה וכן עד"ז כל הי"ס
לפרצוף הכתר דרחל בעשר
תיבות זכרינו:

ועל ידי השופר מסתלקים המוחין
מהנוק' ועולים למ"ן עם חכמות
וחסדים כנזכר בכונות השופר
ונמשכין מוחין דפנים ומתפשטים
המוחין דאו"א דאחור בפרצופי
אחור דז"א במקום שהיו ומוחין
החדשי' דפנים דפרצוף דפני'
דז"א ונבנה ונגדל פרצוף כתר
דפנים דרחל ונמשכים בו
הגבורות דכחב"ד חג"ת דפנים
דז"א וננסר ונמצאו פרצוף כתר
דרחל אחר השופר י"ד גבורות ז'
גבורות קשות באחורי הכתר וז'
מתוקות בפנים דכתר. וביום ב'
חוץ מכוונת החיצוניות יכוין

בפנימיות במלת באהבה לסלק
הגבורות דכחב"ד חג"ת מפרצוף
כתר דאחור דרחל ולהעלותם עם
המוחין דאחור דז"א למ"ד ומ"ן
לאו"א ולזווגם ולהמשיך מוחין
חדשים מתוקים מזווגם
ולהמשיכם עם המוחין הישנים
שעלו למ"ד ומ"ן לפנים ואחור
דעשרה פרצופי אחור דז"א
ולהמשיך ע"י ז"א י"ד גבורות
דכחב"ד חג"ת דהמוחין חדשים
גם ישנים לפנים ואחור דפרצופי
כתר דאחור דרחל ממנו ימשיך
שש גבורות קשות ושש מתוקות
דחב"ד חג"ת והם י"ב גבורות
לפנים ואחור דפרצוף חכמה
דאחור דרחל:

ואחר כך ע"י השופר דיום ב'
מלבד כוונת החיצוניות יכוין
בפנימיות בתקיעה ראשונה לסלק
המוחין דפנים שנמשכו בז"א
בתקיעות ביום א' ולהעלותם עם
הגבורות דכחב"ד חג"ת שלהם
שבפרצוף כתר דפנים דרחל
ובירורי דפנים דפנים למ"ד ומ"ן
לאו"א ולזווגם ולהמשיך מוחין
חדשים מתוקים מזווגם ולחזור
להמשיך ב' בחי' המוחין הנזכר
לאחור ופנים דעשרה פרצופי
דפנים דז"א ולהמשיך ע"י ז"א י"ד
גבורות דכחב"ד חג"ת שלהם
לפנים ואחור דפרצוף כתר דפנים
דרחל ומן הכתר הנזכר ימשיך
שש גבורות קשות ושש מתוקות
דחב"ד חג"ת והם י"ב גבורות
לאחור ופנים הפרצוף חכמה

דפנים דרחל:
ונמצא כי בשני ימים נמשכו בז"א ארבע בחי' מוחין ולרחל נמשכו הגבורות דכחב"ד וחג"ת שלהם והם גברות ומיתוק ביום א' וגבורות ומתוק ביום ב' כי המיתוק הנמשך במלת באהבה ביום ב' אינו נמנה בשם מיתוק אלא גבורות בערך היום ב' והרי עתה ביום ב' אחר התקיעות יש בפנים ואחור דפרצוף חכמה דאחור דפנימיות דרחל י"ב גבורות וכן בפנים ואחור דפרצוף חכמה דפנים דפנימיות י"ב גבורות והם כ"ד וכן עד"ז בחיצוניות. אלא שבמקום עשרה גבורות הם ה' גבורות באור וה' בפנים וביום ד' הם ד' וביום ה' ג' ביום ג' במלת באהבה יכוין להמשיך עשרה גבורות דבינה ודעת וחג"ת והם כפולות מן אחור ופנים דפרצוף חכמה דאחור דרחל לאחור ופנים דפרצוף בינה דאחור דרחל ולנסור אותו בי"א תיבות דזכרנו כו':
[דל"ג ע"ג] ובמלות מלך עוזר כו' יכוין להמשיך עשר גבורות דבינה ודעת וחג"ת כפולות מאחור ופנים דפרצוף חכמה דפנים דרחל לאחור ופנים דפרצוף בינה דפנים דרחל וכעד"ז בכל הימים עד ערב יוה"כ ואח"כ יוה"כ הוא נדרש לעצמו כי הוא פנימיות דכל מה שנעשה מר"ה עד עתה והוא בבחינת חוש השמע דאוזן העליונה דא"ק וכדמשמע מפ"ה משער אח"פ ובכמה מקומות ואח"כ בז' ימי החג הוא המשכת החסדים ובשמיני עצרת הוא הזווג והוא זוג דזו"ן הכוללים דכללות דכל הי"ב חדשי השנה ואין הפנאי מסכים להאריך מעט בפרטי העניינים כי השליח נחוץ לילך ובעה"י באחרת נאריך בס"ד. אמנם בשנת השמיטה אע"פ שכבר הזו"ן עומדים אחור באחור ולא נשאר כי אם להמשיך בחי' הפנים עכ"ז צריך לכוין בכל סדר כוונת התפלה כאשר ימי שנות השבוע לבנות ולתקן אחור ופנים דזו"ן אלא שהוא דבחי' פנים דומיא דשבת שהוא בחינת בנין ותיקון פרצופי פב"פ דזו"ן בערך תפלות דחול שהם בחי' בנין ותיקון פרצופי אחור באחור דזו"ן וכ"כ הרב ז"ל בדרוש שמיטה ויובל כי לפי מ"ש שם א"כ למה אנו מחוייבים להתפלל ולעשות מצוה בשבת ובשביעית והשיב שכל התפילות והמצות שאנו עושים בהם הוא לתקן בחי' פרצופי פנים בפנים דזו"ן אלא שכל הבירורים והתיקונים הנעשים בהם הם למעלה מבחי' אחור וכבר נתבאר זה היטב באורך בהקדמה בביאור ענין חיצוניות ופנימיות באר היטב ע"ש:
כשחל י"ט בשבת עיקר הכונה היא די"ט אבל עליית העולמות הוא דשבת. בענין התגין חלילה להוסיף על ג' בשעטנ"ז ג"ץ ואחד בבד"ק חי"ה ואין עוד מלבדם וכל המוסיף גורע ומגרעות חס ושלום:

אם ניעור בלילה ודאי שצריך לומר ק"ש שעל המטה ברגע חצות קודם תיקון חצות:

ואיני כמזהיר אלא כמזכיר להשתדל מאד לכוין בכל פרטי כונת שמות הספי' ומקיפיהם המבוארים בשער השמות ושמות הנרנח"י שהם ההיו"ת המנוקדות ומקיפיהם להמשיכם מלובשים תוך שמות המוחין שהם שמות בלתי ניקוד והם מלובשים תוך הצלם ולהמשיך הצלם לתוך אותם השמות די"ס דאותו הפרצוף המתייחס לאותם המוחין והנרנח"י וזאת היא הכוונה השלימה ובלתי כוונת השמות המנוקדות שהם הנרנח"י כי אין אור א"ס מתפשט אלא תוך התפשטות אור החכמה שהם הנקודות ובלעדם הם כל אותם הכוונות כגוף בלא נשמה ויש עליהם פחד כי ימותו ולא בחכמה וגם כי עיקר כוונת הבירור הוא בכלים עם הרפ"ח אשר ע"כ צריך לשמור לעשות ככל הנזכר וימחלו רבותי שדברתי עד כה אעפ"י שידעתי שכ"ז ידוע וברור ומפורסם להם ויותר מזה הם עושים כו' גם תמיה לי טובא איך לפעמים מקשים רבותי על דברי הרב מדברי הזוהר והתיקונים אחר דברי הרב ז"ל בענף ה' דשער עיגולים ויושר:

גם בעיני יפלא איך כת"ר משגיחים על דברי ספרי שאר המקובלים כגון ח"י ומ"ח וכיוצא שדבריהם מעורבים ומיוסדים על שאר תלמידי הרב ז"ל אשר לא סמך ידו עליהם ואין ראוי לסמוך כי אם על דברי האר"י ז"ל ותלמידו מהרח"ו זלה"ה:

גם על מ"ש כת"ר בענין התפילין והרצועות ראוי היה לי להאריך מעט בתשובת ענין זה יען הוא שורש גדול עמוק מאד וענפיו מתפשטים לכל עיבר ובו יובנו כמה הקדמות מכונות הק"ש והתפלות וכוונות שאר המצות אמנם לא אוכל עתה להרחיב בו הדיבור ואל יאשימני ע"ז כי גלוי וידוע לפניו ית"ש כי אין לי זמן מכמה צרות [דל"ג ע"ד] דעדו עלי ה' יתברך יאמר לצרותינו די ויסיענו ללמוד תורה לשמה כי"ר ובע"ה באחרת אכתוב מעט ממה שחנני הי"ת ואעתיק להם ממה שכתוב אצלי בס"ד:

אמנם מ"ש כת"ר כי מ"ש הזוהר בבחינת המניח הוא על האדם התחתון ועליו קאמר כי רצועת הימין קצרה עד החזה כו' ושהאדם תחתון למזרח כו' יפה אמרו ודכוותה אמרז"ל גבי ג' פסיעות שאחר העמידה שצריך תחילה להשתחוות ולכרוע לימינו של הקב"ה שהוא לצד שמאל דידיה כו' כעבד הנפטר מרבו העומד כנגדו להשתחוות ולכרוע:

אמנם נודע כי האדם הוא מרכבה לאדם העליון ובו מתלבשים כל הבחינות שלמעלה ממנו עד כתר דא"ק עם כל אורות והנרנח"י דכל

שלמעלה ממנו והוא סולם מוצב ארצה וראשו מגיע השמימה וכמ"ש חז"ל האבות הם הם המרכבה כו' ונודע ג"כ כי התפילין הם בבי"ע אפילו תפילין של הראש שהם באצי' הוא באצילות דבי"ע דאבי"ע דחיצוניות דאצילות כנודע ונודע כי באבי"ע דאצילות המחשבה והפעולה והמעשה באים כאחת כי הוא לגרמוי חד בהון כנודע אבל מן האצילות לבריאה הוא כמלך עם עבדו שצריך להוציא הדיבור מהפה וה"ס הכאת אור האצילות בכלים דבריאה להחתים חותמם בבריאה כנודע וזו אחד מכוונת קיל ודיבור:

גם נודע כי התפילין הם מאור המקיף היוצא מהתנוצצות ריבוי אור הצלם דמוחין הפנימים ע"י הכאת קוצא דשערי ומוציא לחוץ דמות אור צלמי המוחין הפנימיים כנגד הפנים והם הבחי' הששית הנזכר בפ"ז משער הנסירה וכ"כ בשער הכוונות ובוודאי כי התלבשות המוחין הפנימיים באצילות דאבי"ע דחיצוניות הם כסדרן ימין בימין ושמאל בשמאל אבל התלבשות אור המקיף היוצא מהפנימי כנגדו כנז"ל המתלבש בכלים דמקיף דבי"ע דאבי"ע דחיצוניות הנז' הוא מתלבש בהם שלא כסדרן כי הם פנים כנגד פנים כנודע וכנזכר בכונת קבלת שבת בפסוק השתחוו כו' כי כל העולמות הם לבושים זה לזה מתלבשים זה בתוך זה כי הא"ס תוך אבי"ע דאצי' דא"ק שהם דוגמת המוח שבתוך העצמות והם תוך אבי"ע דאצי' שהם דוגמת העצמות שבגוף ועד שם הוא התפשטות והתלבשות עצמות האורות והנרנח"י עצמם וע"כ איהו וגרמי חד בהון באצילות ומשם ואילך אור העצמות מכה בכלים דאצילות ומתנוצץ אורם וחותמם ומתלבשים בכלים דבי"ע דבריאה המלבישים לאבי"ע האצילות שהם דוגמת הגידים שבגוף במעשה מצות התפילין וכעד"ז מבראיה לאבי"ע דיצירה המלבישים לאבי"ע דבריאה שהם דוגמת הבשר שבגוף ועד"ז מיצירה לאבי"ע דעשיה המלבישים לאבי"ע דיצירה שהם דוגמת העור שבגוף וה' בחי' שבאדם מרכבה לכולם כל בחי' לבחינת שכנגדו בעליון וכנודע ומה אעשה כי בזה יש עניינים רבים להבין ואיני יכול להאריך:

אמנם להבין הענין בשורשו על מתכונתו צריך להבין התחברות המ"ה והב"ן דכל הפרצופים כי בהם תלוי הכל להבין מה הוא פנים ואחור ומהו ימין ושמאל והדכורא הנקרא קדם והנוקבא הנקרא אחור והפנימי והמקיף ותורה שבכתב ושבע"פ וקול ודבור וכל פרטי הזווגים הכוללים והפרטים הנעשים ע"י מנות מעשיות ומצות בדבור ובקול ודבור וע"י מחשבה הכל כנז"ל:

אמנם הכלל הוא כי התחברות המ"ה והב"ן הנזכר בכל פרצוף הוא בפרטות (ולא בכללות המשל בזה כי המ"ה והב"ן דעתיק העומדים בבחי' אחור ופנים הענין הוא בפרטות האחרון סכ"י) דכל פרטי כל ספי' דכל פרצוף דאחור ופנים ודימין ודשמאל דכל פרטיו סדר התחברות [דל"ד ע"א] המ"ה והב"ן שבהם הוא בבחינת פנים ואחור דימין ודשמאל ודפנים ואחור וכן בא"א בבחי' ימין ושמאל וכן כל הפרצופים ובזה יובנו כל העניינים על מתכונתם באר היטב בעה"י:

וראיתי מה שכתבו מעכ"ת על ענין עבודת ה' שקצרתי במקום שהיה ראוי להרחיב מעט הדיבור אמת הוא כי לכתחילה קצרתי בו יען ראיתי כמה מהנזק יצא ממה שכתבו בזה המקובלים שקדמו כי רבים חללים הפילו וחלול כבוד ה' וכבוד התורה ה' יכפר בעדם כי כל דבריהם לא עפ"י התורה הם ואינם מיוסדים על האמת ומהם יצאו אבות ומאבות תולדות הריסת יסודי התורה ח"ו ה' יכפר וכ"ז לא שלמדתי בדבריהם ח"ו אלא שפעם אחת הוכרחתי בעל כרחי לעיין בדף א' שכתוב בו קצור מה שכתבו בענין זה וכמעט שקרעתי בגדי לראות דברים אשר לא כן על ה' ה' יכפר וכבר מילתי אמורה להם כי עידי בשמים כי כל עסקי ולמודי אינו רק בדברי האר"י זלה"ה ותלמידו מהרח"ו ז"ל לבדם ובלעדם אין לי עסק בשום ספר מספרי המקובלים ראשונים ואחרונים ואפי' בדברי שאר תלמידי האר"י ז"ל לא למדתי וכשיזדמן לפני דבר מדבריהם אני מדלגו כי ע"כ איני כמזהיר אלא כמזכיר למען ה' אל יהי לכם מגע יד בדבריהם ובפרט בענין זה השמרו לכם פן יפתה לבבכם אלא כל לימודם לא יהיה אלא בע"ח ובספר מ"ש ובח' שערים המפורסמים שכולם דברי אלהים חיים. ואני קצרתי בענין זה כל מה שאפשר כי יראתי פן יפלו דפים אלו ביד מי שעדיין לא למד דברי האר"י ז"ל כראוי ויחשדני שלמדתי בספרים אחרים ולא כן הוא כאמור ולכן קצרתי בו ופזרתי בהקדמה:

אמנם הכל כתוב שם בהקדמה אלא שצריך השקפה טובה להבין דבר מתוך דבר והם הב' כללים שכתב הרב בס' מ"ש בש"ב ח"ב פ"ו שכתב עליהם שם כי אלו הב' כללים של מ"ן ושל מוחין הם כמעט כוללים כל החכמה הזו ושניהם תלויים זב"ז והוא מ"ש שם בהקדמה כי כל פרצוף נק' ב"ן לפרצוף שלמעלה ממנו והואא מברר מחלקי הבירורים של הפרצוף ההואא העליון ממנו ומעלה אותם לפרצוף שע"ג הפרצוף ההוא שעליו לתקנם כו' כנזכר שם בהקדמה ע"ש וכפי מ"ש שם נמצא כי המוחין והנרנח"י דז"א דאצי' הנתקנים

מהבירורים שלו שנבררו ועלו ע"י לישראל סבא ותבונה לתקנם א"א שימשכו לו עד שיהיו מלובשים בתוך המוחין דכל הפרצופים העליונים שעל גביו עד עתיק דא"ק שבתוכו מלובש אור הא"ס שהוא הניצוץ ההוא שהיא הבחי' האמצעית הנזכר שם אשר עליו נאמר בנים אתם לה' אלהיכם אני אמרתי אלהים אתם ונאמר ויעל אלהים ממעל אברהם ואמרו רז"ל האבות הם המרכבה והנה כל אלו הכינויים כתב הרב ז"ל בכמה מקומות על זו"ן דאצי' ג"כ שנקראים בנים בערך או"א וג"כ על ישראל שאנחנו נק' בנים לה' אלהינו שהם הזו"ן דאצי' כי הוא אלהינו ואנחנו עמו ובניו כי הוא עשנו ולו אנחנו וכן הוא ע"כ פרצוף ופרצוף בערך הקודם אליו וגם כתב בספר ע"ת כי כל תפילותינו הם לא"ס והענין הוא מ"ש בהקדמה כי כפי ערך שיעור הבירור שמתברר ועולה מחלקי בירורי הזו"ן דאצילות כך מתבררים ועולים בירורים מחלקי כל פרצוף ופרצוף לפרצוף שלמעלה ממנו עד רום המעלות ונתקנים וחוזרים ונמשכים להם בבחי' מוחין מלובשים בצלם הנמשך ממוחין של הפרצוף שלמעלה ממנו הנזכר שם בהקדמה באופן שכל פרצוף נמשכין לו המוחין מלובשים תוך המוחין דכל הפרצופים העליונים שעל גביו עד עתיק דא"ק וכן לזו"ן

דאצי' נמצא כי כשנמשכין מוחין לזו"ן דאצילות אז אור הא"ס המלובש שהוא הניצוץ שהוא הבחי' האמצעית נמצאת ומתפשט בכל הפרצופים מדרגא לדרגא עד סופא דכל דרגא ושהוא [דל"ד ע"ב] מפרצוף לפרצוף עד זו"ן דאצילות ואז בערכינו יצדקו הכינויים הנזכר האמורים בבחי' האמצעית הנז' גם בזו"ן אחר התלבשות בהם והמוחין ההם מתלבשים תוך כלים דחב"ד הנעשים מתרין פרקין עילאין דחג"ת הנקראים אבות ונעשים מרכבה להם וכן הוא בנרנח"י הנמשכים לצדיקים מלובשים תוך מוחין דזו"ן ודי למבין ותן לחכם ויחכם עוד להבין דבר מתוך דבר כי עוד לאלוה מילין. באופן כי אמת הוא שכל תפילתינו הם בזו"ן דאצילות לתקנם ובהתקנם מוכרח הוא שנתקנים כל הפרצופים וכל העולמות עליונים ותחתונים ואמת הוא שכל תפילתינו הם לא"ס כי בהתקן זו"ן ע"י התורה והתפילות והמצות שעושים ישראל נמשכין מוחין לזו"ן וכן הוא מוכרח שנתקנים כל העולמות והפרצופים שעליהם כי א"אא להמשיך מוחין אם לא ימשכו מוחין לכל הפרצוף שעליהם ואי אפשר להמשיכם אם לא יהיו מלובשים תוך צלמי המוחין וכל הפרצופים העליונים שעליהם עד עתיק דא"ק שבו מלובש ההוי"ה ההיא שהוא

הניצוץ והבחינה האמצעית ההיא ואז נמצא כי ההוי"ה ההיא שהיא הבחי' האמצעית המלובש במוחין דעתיק דא"ק נמשך ומתפשט תוך המוחין דעתיק הנז' המתפשטים תוך המוחין דכל הפרצופים שתחתיו ונמשך ומתפשט תוך המוחין מדרגא לדרגא עד סופה דכל דרגין שהוא עד תוך המוחין דזו"ן ואז הזו"ן נק' על שמה וגם היא נק' ע"ש הזו"ן ונעשה הכל אחדות אחד. באופן כי ישים האדם שם ההוי"ה הנזכר לנגד עיניו בסוד שויתי ה' לנגדי תמיד ודי בזה למבין:

ועל מה ששאל כת"ר מ"ש הרב בס' ע"ח כי גולגלתא ואוירא ומוחא הם נר"ן ובמקום אחר כתב שהם נח"י והנה אעפ"י שאיני כדאי כי מה אני ומה ידיעתי בער ולא מבין להשיב על דבר ובפרט בדברים העומדים ברומו של עולם אעפי"כ כדי שלא יחשוב כת"ר כי מפני גסות ח"ו לא נטפלתי לדברי קודש לכן אחוה דעי כי מ"ש שהם נח"י כן הוא האמת ר"ל שורשי הנח"י ומ"ש שהם נר"ן הם על נר"ן דנשמה דיחידה המלובשים בג' רישין כי גולגלותא היא בינה דכתר דחכמה דמ"ה עם חלק מכתר דב"ן כנודע:

גם עמ"ש כת"ר על ענין הב' הפאות דמצפ"ך שכל א' כולל כל הי"ג תיקונים והד' תיקונים הראשונים שהם סוד המוחין הרמוזים באות מ' דמצפ"ך נכללים בכתר וחכמה ודאי שהם גולגלתא ומוחא כנזכר שם. ובס' מ"ש ובשער הכוונות ובשער היחודים עם מעט השקפה לטעום הטעם וכתב מהרח"ו ז"ל ופעם אחרת שמעתי מפי מורי ז"ל כי הד' ראשונות הנרמזים במ' דמצפ"ץ הם ג' בכתר והם אור צח אור מצוחצח אור קדמון והרביעי הוא בחכמה עכ"ל ושורש דברים אלו הם בשער הצחצחות יע"ש:

ועל מה שכתב כת"ר כי במקום אחר כתב הרב ז"ל כי הב' פאות הנז' הם כנגד אריך וז"א ובמקום אחר כתב כי הם כנגד זו"ן וכ"כ בספר הכוונות אמנם בס' מ"ש כתב שהם כנגד זו"ן בטוב טעם ושהם שורשי זו"ן ומהם יונקים ונשפעים ע"ש והענין הוא כמו שנתבאר אצלינו בפי"ב משער הנחמד שערי דרושי אבי"ע שבו נתבארו שורשי החכמה ובפרט בפרק י"ב שבו באופן שכל השער כולו מחמדים והוא כי נתבאר שם ובמקומות אחרי כי תיקון העולמות היה באופן זה כי מכ הכתרים דכל פרטי פרצופו אבי"ע דאצילות נתקן אבי"ע דאריך דאצילות ומכל החכמות דכל פרטי פרצופי אבי"ע דאצילות נתקן אבי"ע דאבא דאצילות מלביש בשוה ע"כ אבי"ע דאריך דאצילות ומכל הבינות דכל פרטי פרצופי אבי"ע דאצילות נתקן אבי"ע דאימא דאצילות מלביש בשוה ע"כ אבי"ע דאבא דאצילות וכעד"ז

נהר שלום - לרש"ש

כולם עד אבי"ע דמלכות דעשיה דאבי"ע דאצילות הנתקן ממלכיות דעשיה דאבי"ע דאצילות מלביש ע"כ הבחינות דאבי"ע הנז"ל. ואחר זה נתקן אבי"ע דבריאה ע"ד הנז' מלביש בשוה ע"כ [דל"ד ע"ג] אבי"ע דאצילות ועליו אבי"ע דיצירה ע"ד הנזכר ועליו אבי"ע דעשיה ע"ד הנז' וזה שדברנו הוא בכללות אמנם הענין היה בפרטות כנודע שכל ספירה אינו נקרא ספירה עד שתהיה כלולה מכל אבי"ע. והנה כל ספירה דכל פרטי פרצופי עיבור יניקה ומוחין דפרטי פרצופי אבי"ע דספירה ההיא נפרטת לי"ז אלף ריבוא ובזה הפרטות היה תיקון העולמות הנז"ל כנז"ל וזה שדברנו הוא מהחכמה ולמטה דכל פרט אמנם לפנים מכל אבי"ע פרטי מתפשט אבי"ע דא"ק הנתקן ע"ד הנז"ל מכל פרטי פרצופי הכתרים המתייחסות אל פרטי א"ק ואבי"ע ההוא. באופן של ספירה פרטית מהנז"ל מלביש בשוה מראש א"ק ע"ס מלכות דעשיה המלביש לתחתית עקבים דא"ק המתפשטים לתחת ז' הארצות סמוך לעיגוליו באופן כי אין ספירה ונשמה וניצוץ שאינו כלול מכל העולמות דפרטי א"ק ואבי"ע המתייחסים אליו ואין בו מחלקיו רק חלק א' ושאר חלקיו מפוזרים בכל פרטי אדם קדמון ואבי"ע והם צריכים אליו והוא צריך אל כולם ובתיקונו יתוקנו כולם. וימחול כת"ר שיצאתי מן הענין להאריך בדברים פשוטים כאל אלא שהקולמוס המשיך הדבור עד פה. נחזור אל הענין כי כשנתקן פרצוף כתר דאריך דאצילות נתקן מהכתרים דכתרים דחכמות דכל פרצופי האצילות ושני כתרים דכתרים דחכמות דמ"ה וב"ן דז"א ניתנו בב' פיאות ראשו והם שרשים דזו"ן ר"ל הו"ק דמ"ה ודב"ן דז"א דכר ונוקבא ועליהם נאמר שני המאורות הגדולים שוים בקומתם:

והנה גם מ"ש הרב ז"ל כי הם רומזים לא"א וז"א אפשר כי הוא רמז בעלמא והוא לפי שכל א' מהם רמז לי"ג תיקוני דיקנא ואין בכל פרצופי האצילות מי שיש לו י"ג תיקוני שערי דדיקנא אלא א"א וז"א לכן הם רומזים אליהם אלא שלפ"ז איך נק' שניהם המאורות הגדולים אלא שאני חושב שאפשר שבא לרמוז ענין אחר עמוק מאד אי פה מקום ביאורו וה' יתברך יאיר עינינו באור תורתו להבין האמת על אמיתותו אכי"ר:

מכאן מתחיל סדר ביאור מועדי רגל:

כבר נתבאר אצלינו בהקדמה ובהקדמת סדר הקרבנות כי לצורך הבירורים יורדים כל פרצו' אבי"ע דאצילות בששת ימי המעשה ומתלבשים פרצופים שכנגדם בבי"ע והם מתלבשים

בבי"ע דחול ר"ל בבי"ע דקלי' עד ליל שבת שאז יוצאים האבי"ע דקדושה מתוך ימי החול לגמרי ומתעלים ועולים למעלה למקומם ושורשם העליון ונשאר חלל פני בין הקדושה לימי החול י"ד מדרגות ולפיכך נאסרו כל המלאכות תכף מתחילת ליל שבת משא"כ בי"ט שהותר מלאכת אוכל נפש ואח"כ ע"י התפלות דשבת עולים ומתגדלים ע"י שמקבלים מוחין חדשי בתוס' נשמה יתירה ממקום עליון כמ"ש במקומו בע"ה:

אמנם בי"ט מתעלים ויוצאים פרצופי האצילות מתוך בי"ע דקדושה וגם בי"ע דקדושה מתעלים ויוצאים מתוך ימי החול ר"ל דקלי' עד שיעור שנשארו נה"י וחג"ת דעשיה מלובשים בימי החול וזהו מה שנעשה מאליו ואח"כ ע"י התפלות דיו"ט מתעלים העולמות ועולים עוד מדריגה א' עד שעולים גם החג"ת דעשיה מתוך ימי החול ולא נשאר רק נה"י דעשיה מלובשים תוך ימי החול ולפיכך הותר מלאכת אוכל נפש שהם הנה"י. וזהו אצלי מ"ש הרב ז"ל כי גדלות א' נכנסת מאליו והוא כי בעליית העולמות עלו זו"ן למקום שהו עומדין ישסו"ת ואחר כך ע"י התפלות דיו"ט עולים עוד עד מקום או"א כל זה הוא סדר שיעור עליית העולמות אמנם המשכת המוחין לזו"ן צריך להמשיך להם גם מישסו"ת ממקום שהם עומדים בו עתה ויובן עם מ"ש בהקדמה ע"ש היטב וזה ודאי בין ביצוניות בין בפנימיות:

והנה עתה בערבית דליל פסח יכוין להמשיך כל המוחין דקטנות וגדלות שני דאו"א בזו"ן כי גדלות א' כבר [דל"ד ע"ד] נמשך מאליו כי מה שנעשה על ידינו בחול נעשה מעצמו בי"ט אע"פ שערבית היא מדת לילה עכ"ז נמשכין כל המוחין דמדת לילה ויום כי זאת היא המעלה שיש לליל פסח על כל שאר ששבתות וימים טובים שבהם אין מוחין אלו נמשכין בזו"ן אלא לאט לאט בהמשך סדר התפילות בערבית שחרית מוסף ומנחה משא"כ בליל פסח כי מה שהיה ראוי להמשך בתפילות הנזכר נמשך הכל בתפלה א' דערבית והויא זיווגא עילאה ולפיכך אנו אומרים הלל גמור אחר ערבית הנאמר בשאר הימים טובים ביום דאל"כ מאי רבותא דליל פסח מכל הלילות שבכל הלילות נתקן מדת הלילה דזו"ן של היום הבא ונמשכים להם מוחין ממדת לילה דפרצופים העליונים שיעור המוחין דמדת היום והיא גדולה בערבית במדת היום אלא שבערך הכולל אינה אלא כמדת הנה"י דמדת היום ההוא אבל עתה בליל פסח נמשכין כל המוחין דמדת יום ולילה לזו"ן וזה לא בא מכחינו אלא מכח ורצון המאציל העליון

שרצה ונתן כח בתפילה אחת דערבית להמשיך כל המוחין ולפיכך זיווגא אסיר לן כנזכר כל זה בדרוש ג' דדרוש פסח ע"ש:

ולכאורה נראה דכשחל פסח בשבת שצריך לכוין במנחה דאותו השבת כשאר מנחה דכל שבת להעלות לז"א לדיקנא דא"א אמנם כד דייקת שפיר נראה שאין לכוין בה כלל וכנזכר לקמן:

כל זה בפנימיות וכנגדו נמשכים כל המוחין בחיצוניות במעשה המצוה שבהגדה כנזכר בשער ב' משער חיצוניות ופנימיות כי כל מצות מעשיות הם וברכותיהם כגון ציצית ותפילין ושלש סעודות דשבת ואכילת מצה ופסח וקידוש על היין וסוכה ולולב והיוצא הנה הם לתקן ולהמשיך מוחין לחיצוניות העולמות וכל מצות שהם בדיבור לבד כגון התפילות ועסק התורה וכיוצא הוא לתקן ולהמשיך המוחין לפנימיות העולמות ע"כ וכתב עוד בדרוש ג' שאין הפרש בין המוחין דחיצוניות לדפנימיות כלל אלא כדי להבין היכן אנו מדברים ראה אם המצוה שאתה מתעסק בה היא מעשיית הנה היא בחיצוניות ואם היא בדיבור היא בפנימיות ואל תטריח עצמך עוד כלל עכ"ל הרי בפי' כל מה שאמרנו ולפי דרכנו למדנו שענין זה נעלם מקצת מקובלים שכתבו שאחר ערבית דליל פסח מסתלקין כל המוחין מזו"ן וחוזרים להמשך בסדר הגדה ע"כ שאין הענין כן אלא כמ"ש הרב זלה"ה שזה בפנימיות וזה בחיצוניות אלא שצריך להזהר שלא לכוין להמשיך מוחין ללאה:

אמנם סדר הכונה בערבית אפשר שהוא באופן זה כי בק"ש במלת ישראל יכוין להמשיך נ"ר דחיה דאו"א ובאחד ו"ק דגדלות שני דאימא ובעמידה תשלום מוחין דאימא וכל המוחין דגדלות דאבא וגם קטנות א' דישסו"ת באופן שנשתנה ליל פסח משאר הימים טובים למעליותא כנזכר לעיל וכנזכר בדרוש ג' מדרוש פסח ואע"פ שבחותמי ברכות של התפילות הושוו כל הימים טובים אם יסתכל יראה כי אין השמות הנזכר ענין למוחין כנז"ל וזהו פשוט וברור בלי ספק לישרים בלבותם המישרים אאורחותם ע"פ ס' הכוונות של האר"י זלה"ה הנז' מתקיימים בזו"ן כל ליל א' ויום א' דפסח ובתחלת ליל ב' מסתלקין כל המוחין הנזכר וחוזר לבחי' תלת כלילן בתלת כנזכר בדרוש שני של העומר ולפיכך אין אומרים הלל גמור בשאר ימי הפסח כשאר ימי הימים טובים וזה ודאי בפנימיות כי הלל בתפילות שהם בפנימיות והם המוחין שנמשכו בזו"ן בתפילת ערבית וכן המוחין דחיצוניות שנמשכו בזו"ן במעשה המצות שבהגדה גם הם נסתלקו כנזכר בדרוש ח' דדרושי פסח שהוא דרוש ב' של העומר בתתו טעם

למה הוצרכו ב' לילות ליל ו' וליל ז' דכל שבוע של העומר להמשיך מוחין דאבא משא"כ במוחין דאימא ואמר כי עיקר ליל פסח היתה ארבעה כוסות שע"י נמשכו מוחין דאימא כי כוס גימטריא אלהים שהוא באימא ויין גימטריא אכדט"ם שהוא באימא וכל עצמו של היין המשומר הוא באימא אבל מוחין דאבא לא נרמזו רק דרך רמז קטן כי מצה גימטריא ע"ב [דל"ה ע"א] ס"ג אבל אין הוכחה שהם המוחין דאבא ולפיכך הוצרכו שני לילות עכ"ל:

(הרי בפי' גם המוחין דחיצוניות נסתלקו והם נתקנים עם הפנימיות ע"י ספירת העומר כנזכר שם סכ"י):

והענין כי הנה נודע מ"ש הרב זלה"ה בשער הכונות בדרוש ג' מדרושי פסח כי בגלות מצרים היו החיצונים נאחזים בקדושה בתכלית עד שחזר ז"א לבחינת תלת כלילן בתלת ונוקביה לבחי' נקודה א' וכאשר עלה ברצון המאציל העליון לבטל אחיזת החיצונים מהם הגדיל את הזו"ן בתכלית ההגדלה שאפשר והוא עד גדלות השני דאו"א עלאין והם המוחין הנמשכים בתפלת ערבית דליל פסח כנז' שם ע"ש ואז נתבטלה אחיזת החיצונים ונטהרו דמי החו"ג דנוק' דז"א מאחיזתם והויא זיווגא עילאה:

וכתב עוד שם וז"ל ודע כי אלו המוחין הנ"ל שהם עד תכלית גדלות שני דז"א הנכנסים בתוכו בליל פסח הנה לסיבה זו אנו אומרים הלל גמור בליל פסח משא"כ בשאר לילי הימים טובים והם מתקיימים בו כל הלילה וכל היום ראשון של הפסח ולכן אומרים הלל גמור ביום א' של הפסח ואח"כ מסתלקין לגמרי כמתחלה ואח"כ חוזרים להכנס בסדר המדריגות מדריגה אחר מדריגה מן היום השני של הפסח עד תשלום חמשים ימי ספירת העומר שהוא חג השבועות כמו שנבאר בע"ה בענין ספירת העומר ולכן אין אומרים בשאר ימי הפסח הלל גמור אלא בדילוג:

וטעם הדבר הוא כי לסיבת אחיזת החיצונים בז"א בתכלית תוקף אחיזתם לכן הוצרך להגדילו ברגע א' כל מדריגות הגדלתו כדי שיתבטלו החיצונים ואחר שנתבטלו הוחזר הדבר לטבעו להגדיל בסדר הגדלתו מדריגה אחר מדריגה:

גם בזה תבין ענין איסור הזיווג בליל פסח משא"כ בשאר ליל ימים טובים שהותר הזיווג אלינו ואדרבא יש חיוב מצות עונה יען כי ע"י התחתונים נעשה אז הזיווג העלון אבל בליל פסח אין הזיווג העליון נעשה על ידינו נאסר לנו הזיווג התחתון:

גם בזה תבין מ"ש בס' הזוהר בפ' אמור כי ענין ימי ספירת העומר הם בסוד ספירות שבעה ימי נקיים כדי שתטהר האשה

העליונה לבעלה בחג השבועות וקשיא טובא דכיון שהיה זיווג עליון בליל פסח כמו שזכרנו בשם ס' הזוהר בפרשת אמור א"כ הרי יצתה מחלאת טומאתה של גלות מצרים ונטהרה לבעלה ונזדווגה עמו ואיך חוזרת אחר הזווג ההוא לספור ימי נקיים אבל הענין יובן עם הנז' כי הנה ענין הטומאה הזו היא נמשכת מאותם חמשה דמים של טומאה שקבלה בזמן גלות מצרים מבחי' לבושי הגבורות מתמצית הנשאר מסיגיהם כנ"ל ולכך היא צריכה להטהר מאותם הדמים הטמאים כי אז היו החיצונים נאחזים בה ג"כ ובליל פסח אשר הגדיל זעיר ברגע א' כל ההגדלות ההם נפסקו הדמים ההם ונתבטלה אחיזת החיצונים לא בזעיר ולא בנוקביה כלל ועיקר ולכן נטהרה ולא הוצרכה למנות שבעה ימי נקיים בעבור כי נטהרה לפי שעה שלא כדרך טבע אבל אחר עבור יום ראשון של פסח ונסתלקו המוחין חזרו החיצונים להתאחז אבל לא אחיזה גמורה כבתחילה כי כבר נתבטלה אחיזתם הגדולה וחזרו להתאחז בדמים ההם ואז נכנסין המוחין בסדר המדריגות וכפי סדר כניסתם כך הוא סדר ביטול אחיזתם לאט לאט בהמשך ימי ספירת העומר שהוא ענין ספירת שבעה ימי נקיים ואז נטהרה מטומאתה ונגמרת להטהר בחג השבועות ואז חוזרת להזדווג עמו

כמו שנתבאר לקמן בע"ה ענין זה לפי שכפי הנזכר יש קושיא גדולה שא"כ איך שאר ימי הפסח נקי' ימים טובים כיון שעדיין לא נטהרה מטומאתה עד חג השבועות וגם ענין השבתות והר"ח אשר בין פסח לעצרת ולמטה בענין יום ז' של פסח בענין קריעת י"ס יתבאר זה היטב בע"ה עכ"ל:

[דל"ה ע"ב] **וכן** ג"כ כתב בדרוש שמיני והוא דרוש שני בענין ספירת העומר וז"ל הנה נתבאר לעיל כי גדלות הזה דז"א היה לפי שעה בליל ראשונה של פסח כדי שיוכלו ישראל להגאל ואחר יום ראשון של פסח מסתלקין כל המוחין הנז' וחוזר לקדמתו לבחי' תלת כלילן בתלת וזהו הטעם שאין אומרים הלל גמור אלא ביום הראשון בלבד ואח"כ מליל ב' ואילך אנו חוזרין להמשיך המוחין הנזכר אשר נכנסו בליל פסח ונסתלקו ועתה חוזרין ליכנס כפי סדר המדרג' כל מדרגה ביום שלה ע"י מצות ספי' העומר בנ' יום שבין פסח לעצרת ונודע כי אין הכתר נמנה לעולם ואינו נכנס במספר רק מן החכמה ולמטה והנה כאשר נספור ונמנה ז' ספי' שיש מן החכמה דז"א והם חב"ד חג"ת ושם הוא מקום התחלת בנין הנקבה מלכות מאחורי הת"ת כנודע ועמה הם ז' ספי' וכנגדם אנו סופרים ז' שבועות אלו לפי שא"א שיזדווגו זו"ן עד היות ז' ספי' אלו בנויים ומתוקנים ואז

תהיה היא ראויה אל הזיווג ולהיות
כי כל א' מאלו השבעה היא כלולה
מכולם לכן לא הספיק ז' ימים אלא
ז' שבועות וכל שבוע כולל ז' ימים
ונמצא כי בכל שבוע מאלו הז'
שבועות נתקנת ספי' אחת
משבעה ספי' הנזכר באופן כי
בשבוע הראשונה נתקן מוח
החכמה בז' בחינותיה כו' ובשבוע
השביעית נתקנה המלכות בכל
שבע בחינותיה עכ"ל:

הרי מבואר בפירוש כי אחר עבור
יום א' דפסח נסתלקו מהזו"ן
המוחין דקטנות וגדלות ראשון
והמוחין דקטנות וגדלות שני
שנמשכו לזו"ן בתפלת ערבית
דליל פסח ועתה חזרו לבחינת
תלת כלילין בתלת וחזרו
החיצונים להתאחז בהם ובדמי
החו"ג דנוק' כבראשונה אלא שלא
היתה אחיזה גמורה כבתחילה
אשר לא היה אז כח בידינו לבטל
אחיזתם אבל עתה כבר הותש
כוחם ונתבטלה אחיזתם הגמורה
ועתה יש כח בידינו לבטל אחיזתם
ואנחנו חוזרים להמשיכם להם
לאט לאט ע"י מצות ספירת
העומר וכל זה הוא בפנימיות כי
הלל גמור ובדילוג הנז"ל בדברי
הרב ז"ל הוא בתפילות שהם
בפנימיות:

ובזה יובן מש"ל דכשחל פסח
בשבת שאין לכוין במנחה של
אותה שבת להמשיך לזו"ן המוחין
דדיקנא דא"א כשאר השבתות
שאם היו נמשכים להם אותם

המוחין שהם המוחין הנמשכים
להם בחג השבועות היתה אחיזת
החיצונים מתבטלת מהם לגמרי
אפילו אחר עבור יום א' דפסח ולא
היתה מתקיימת מצות ספירת
העומר ולא מצות חג השבועות ואי
זה רצון המאציל כי אם לבטל
אחיזתם לאט לאט ע"י מצות
ספירת העומר ואח"כ בחג
השבועות נמשיך להם המוחין
דא"א ונטהרים לגמרי כי זהו סדר
תיקון חטא אדה"ר לדעת רבי
יהושע שבניסן נתקן פנימיות
העולמות והנשמות:

והנה גם המוחין דחיצוניות
שנמשכו לזו"ן ע"י מעשה המצות
שבסדר ההגדה גם הם נסתלקו
מהזו"ן על סדר הפנימיות ממש
וחוזרים ובאים גם הם ע"י מצות
ספירת העומר כנזכר בסוף דרוש
ב' של העומר וז"ל. וצריך ליתן
טעם אל קצת השינויים הנ"ל והוא
כי סיבת כניסת גדלות ראשון
דאבא קודם דאימא הוא לפי שכיון
שבליל פסח נכנסו כל המוחין לכן
עתה הספיק טעם ההוא שיכנס
עתה גדלות ראשון דאבא בתחלה
לפי שהוא אור יותר גדול ובו נכלל
מוח אמא גם ענין כניסת קטנות
הראשון אחר גדלות שני דאימא
הוא לסיבה הנז"ל בליל פסח כי
הוא דינין קשים ולשלא יתאחזו בו
החיצונים אינו נכנס עד שיכנס
גדלות שני דאימא אבל אין צורך
שיתאחר עד כניסת גדלות שני
דאבא ג"כ גם ענין הצטרכות שתי

לילות ליל ששי וליל שביעי לגדלות שני דאבא הטעם הוא כי עיקר ליל פסח היתה בעיקר ארבעה כוסות שבהם נרמזו ארבע מוחין דאימא אבל גדלות שני דאבא לא נכנסו רק דרך רמז קטן בענין המצה אחר שנכנסו כל שאר המוחין ולכן הוצרך עתה שתי לילות כי בליל הראשון נכנס תוך הגולגולת דזעיר ומניח בו [דל"ה ע"ג] קצת רושם ובליל השנית נכנס הוא עצמו כנ"ל והם סוד ליל ששי וליל שביעי:

יכוין לקיים מצות עשה לספר ביציאת מצרים שנאמר, **והגדת לבנך** והיה מ"ע שהז"ג ויכוין לברר מהכלים ואורות דרפ"ח דו"ק דזו"ן ולהעלותם עם נשמת הזו"ן שהם הצלם דמוחין היותר גדלים והמוברים הנמצאים בהם בעת ההיא ולהעלותם לישסו"ת ומשם לאו"א ומשם לפרצוף מ"ה וב"ן דבינה גרון דא"א שהם ישסו"ת דא"א ומשם לפרצוף מ"ה וב"ן דחכמה מוחא סתימאה דא"א שהם או"א עילאין דא"א ואז יכוין לזווג המ"ה וב"ן דעתיק ונוק' וא"א ונוק' שהם החב"ד דחכמה הנזכר ויכוין להמשיך הטיפה מיה"ו דע"ב דעתיק שהוא החכמה דחכמה הנזכר ולהעבירה דרך שם ס"ג דנוק' דעתיק שהיא הבינה דחכמה הנז' לא"א ונוקבא שהם החו"ג דדעת דחכמה הנזכר ויכוין לזווגם ולהמשיך הטיפה שהוא היה"ו דע"ב הנזכר לאו"א וישסו"ת שהם החג"ת דחכמה הנזכר שהם בחי' שם מ"ה ויכוין לזווגם ולהלביש טיפת ההי"ו דע"ב הנזכר תוך יה"ו דמ"ה שלהם ולהמשיך השני יה"ו דע"ב ומ"ה הנזכר לזו"ן ויעקב ורחל שהם הנה"י דחכמה הנזכר שבהם שם ב"ן ויכוין לזווגם ולהלביש השני יה"ו דע"ב ומ"ה הנזכר תוך יה"ו דב"ן שבהם העולה מ"ב ויכוין לזווג יעקב ורחל שהם היסוד דחכמה הנז' והם בחי' החיך דא"א עם המלכות דחכמה הנזכר המלובשת תוך הבינה שהיא גרון דא"א ולהמשיך טפת השלשה יה"ו הנזכר בזווג דנשיקין מן החיך שהם יעקב ורחל הנזכר לגרון שהיא הבינה דא"א ויכוין להעלות מ"ן הבינה הנזכר והם תרי טיפין לקבל טיפה אחת דדכורא והם פשוט ומלא ומלא דמלא דשני אהי"ה דההי"ן מנו"ה דבינה הנז' ולהעלותם ולכלול אותם בפשוט ומלא דמלא דשני אהי"ה דאלפין דחסד וגבורה דבינה הנזכר ולהעלות ולכלול כל הארבעה אהי"ה דההי"ן ודאלפי"ן הנזכר במ"ב אותיות דפשוט ומלא ומלא דמלא דשני אהי"ה דיודי"ן דחו"ב דבינה הנז' ובתוכם נכלל הטיפה דדכורא שהם השלשה יה"ו הנז"ל ומשם יכוין להמשיך הטיפה ההיא כלולה ממ"ה וב"ן עם ה"ח ועם הבירורים דזו"ן דרך חוט השדרה לנו"ה דא"א שהם הזו"ן דיליה ויכוין לזווגם ולהמשיך האורות

ההם ליסוד דיליה שהם יעקב ורחל דיליה ויכוין לזווגם ולהמשיך מהנה"י דא"א טיפה כלולה מג' טיפין אש מים רוח והם בחי' מוחין מהנה"י דא"א לאורות ההם דזו"ן (והנה היסוד דא"א נקרא שופר צר מלמעלה ורחב מלמטה ועליו נאמר מן המצר קראתי י"ה ענני במרחב י"ה כי מן המחצר שהוא התחלת היסוד התחיל לקרוא לי"ה שהם או"א שימשכו אליהם את הטיפה ההיא ואמנם במרחב שהוא סוף היסוד ענני י"ה או"א כי משם יצאה הטיפה הנזכר וקבלוה או"א לתקנה ויכוין לזווג או"א ולהמשיך צלם דמוחין הנזכר לחח"ן ובג"ה ודת"י דמ"ה וב"ן דז"א:

והיא מ"ע בדבור שהיא בבחינת הפנימית דפנימיות אלא שנראה מס' מ"ש כי הוא בחיצוניות דחיצו' שתיקנו היה ע"י שנכללו נה"י וחג"ת דא"א ג' בג' וזה הי' בחי' דחיצונית שזמן עיבורו היה בט' וי"ב ע"ש ש"ה ח"א פ"א ובסוף פ"ז ובס' ע"ח שער העיבורים וצ"ע:

ואפשר כי עיקר המ"ע זו היא מורה על בחי' זווג העליון זה דנשיקין שהוא בחיך וגרון דא"א ולפיכך היא בדיבור ואינה מורה על בחי' זווג התחתון דיסוד ומלכות דא"א כי זה נעשה ע"י מצות מעשיות:

וכל זה הנז"ל היה ע"י שעלו פרקין אמצעיים דעתיק שבתוך נה"י דא"א והלבישו לפרקין עילאין דיליה שבתוך חג"ת ועליהם הלבישו חג"ת דא"א ועליהם עלו והלבישו נה"י [דל"ה ע"ד] דא"א ושליש התחתון דת"ת דא"א לשני שלישים העליונים דיליה ועליו היסוד ועליו המלכות דא"א ועל נה"י הנזכר דא"א אורות דחג"ת דז"א ועליהם אורות דנה"י דז"א ועל היסוד המלכות ועליהם או"א וישסו"ת עיין מ"ש ש"ה ח"א פ"ו הב' שמועות אחרות בענין זה בד"ה והנלע"ד דמהרח"ו ז"ל עכ"מ מכתיבת ידו:

הנה נתבאר לעיל כי גדלות הנז' דז"א היה לפי שעה בליל א' דפסח כדי שיוכלו ישראל להגאל ואחר יום א' דפסח מסתלקין כל המוחין הנז' וחוזר לקדמותו לבחינת תלת כלילן בתלת וזהו הטעם שאין אומרים הלל גמור אלא ביום א' בלבד ואח"כ בליל שני ואילך אנו חוזרים להמשיך המוחין הנז' אשר נכנסו בליל פסח ונסתלקו ועתה חוזרים להכנס כפי סדר המדריגות כל מדריגה ביום שלה על ידי מצות ספירת העמר בחמשים יום שבין פסח לעצרת ונודע כי אי הכתר נמנה ואינו נכנס במספר הי"ס רק מן החכמה ולמטה והנה כאשר נספור ונמנה ז' ספירות שיש מן החכמה ולמטה והנה כאשר נספור ונמנה ז' ספירות שיש מן החכמה דז"א והם חב"ד חג"ת ושם הוא מקום התחלת בנין הנוק' מלכות מאחורי הת"ת כנודע ועמה הם ז' ספירות

וכנגדם אנו סופרים ז' שבועות אל לפי שאי אפשר שיזדווגו זו"ן עד היות ז' ספי' אלו בנויים ומתוקנים ואז תהיה היא ראויה אאל הזווג ולהיות כי כל אחת מאלו הז' כלולה מכולם לכן לא הספיק ז' ימים אלא שבעה שבועות כל שבוע כלול מז' ימים כו' עכ"ל:

אמנם צ"ל מה בחי' מוחין נמשכין על ידי מנין השבועות כי מה שנתבאר בשער הכוונות הוא כוונות מנין הימים אבל כוונת מספר מצות ספירת השבועות לא נת' כי כמו שמצוה לממני יומי כך מצוה לממני שבועי ועיין לקמן:

כתב הרב ז"ל בדרוש ב' דעמר וז"ל שאחר יום א' של פסח מסתלקים כל המוחין כו' ואח"כ אנו ממשיכים אותם לאט לאט בסדר השבועות בסדר הימים בז' בחי' דחב"ד חגת"ם דז"א וקיבל בזה ב' פירושים מהרב ז"ל והם או שמתפשטים דחב"ד חגת"ם דחכמה בשבוע א' ובחב"ד חגת"ם דבינה בשבוע ב' כו' עד שבשבוע ז' מתפשטים בחב"ד חגת"ם דמל' דז"א נמצא שכפי ערך זה ליל א' בחכמה דחכמה ליל ב' בבינה דחכמה כו' עד שבליל ז' במל' דחכמה ועד"ז תקיש בשאר השבועות:

והפירוש הב' הוא שמתפשטים המוחין בשבוע א' בחכמה דז"פדחב"ד חגת"ם דהיינו ליל א' חכמה דחכמה ליל ב' חכמה דבינה עד ליל ז' בחכמה דמל' ועד"ז בשבוע ב' בבינות דז"פ חב"ד חגת"ם עד שבשבוע ז' הוא במל' דז"פ חב"ד חגת"ם ליל א' במל' דחכמה ליל ב' במל' דבינה כו' עד שבליל ז' דשבוע ז' במל' דפרצו' מל' וכתב שאלו ב' הפירושים הם אמיתיים והם הפכיים זה מזה והפי' הא' יותר נכון ע"כ:

ודברים אלו קשים להולמם שאם שניהם אמת איך הם הפכים והדבר יובן בהקדמה שקבלנו מרבנו רב ש"ר שלום זצוק"ל שבעת התיקון נכללו העולמות והפרצו' זה בזה ומה שהיה בעבי נעשה באורך ומה שהיה באורך נעשה בעובי דהיינו שפרצו' הכתר היו מתפשטים הי"ס שלו באורך כתר למעלה וחב"ד ג' מוחין וחג"ת ב' דרועין וגופא ונה"י ב' ירכין ואמה מל' עטרת היסוד ועליו מלבישים י"ס דפרצוף חכמה כו' עד שלבסוף מלבישים י"ס דפ' מל' והמאציל העליון כדי לכול הי"ס זב"ז וליחדם ולקשרם מי"ס דפרצוף הכתר שהיו מתפשטים באורך עשה ותיקן מהם כתרים לכל הי' פרצו' של כל הי"ס וכנגדם לקח הכתרים של הט"ס ועשה מהם באורך ט"ס דפרצוף הכתר וכעד"ז נתקבצו כל החכמות של הי"ס שהיו בעובי מלבישם זה לזה והיו מוח ימין של כל העשרה ונתפשטו באורך ונעשו י"ס דפרצוף [דל"ו ע"א] החכמה מלבישים לי"ס דפרצוף הכתר המתפשטים

באור וכעד"ז בכל הי"ס עד שלבסוף נעשית פרצוף המל' מהמלכיות שהם עטרת היסוד של כל הי"ס שהיו מלבישים זה לזה בעובי ונעשה מהם כחב"ד חג"ת נהי"ם דפרצוף מל' באורך מלבישים לי"ס דפרצוף היסוד המלבישים לי"ס דפרצוף ההוד ולא נשאר בה מחלקה כי אם המל' שבה שהיא עטרת היסוד שבה:

נמצא עתה כי הי"ס שבגולגלתא שהם מלבישים זה לזה בעובי והם משמשים באורך לכתרים דכל הי"ס נעשו מי"ס דפרצוף הכתר שהיו מתפשטים תחילה באורך וכעד"ז הי"ס של פרצוף הכתר של עתה המתפשטים באורך הם הם הכתרים של הי"ס שהיו בעובי ונעשה מהם י"ס דפרצוף הכתר באורך והם משמשים לכתרים דכל הי"ס בעובי כי הכתר דכתר משמש לכתר דכתר בעבי שהוא כתר די"ס דגולגלתא והחכמה של הכתר דאורך של עתה שהוא מוח ימין של פרצוף הכתר הוא משמש בעובי לכתר דחכמה די"ס דמוח חכמה שהוא מוח ימין דכללות הי"ס כו'. וכעד"ז בבינה שבכתר כו' עד המלכות שבכתר באורך שהוא עטרת יסוד דפרצוף הכתר של עתה הוא משמש בעובי לכתר די"ס דמל' בעובי שהם י"ס דעטרת היסוד. וכעד"ז הי"ס דחכמה של עתה שהם מוח ימין דכללות הי"ס שה מלבישים זה לזה בעובי והם משמשים באורך לחכמות שהוא מוח מין דכל הי"ס. וכעד"ז הי"ס דפרצוף החכמה המלביש באורך לפרצוף הכתר שנעשה מהחכמות דכל הי"ס שהיו בעובי ונעשה מהם י"ס דחכמה באורך והם משמשים בעובי לחכמות דכל הי"ס כי הכתר שבחכמה דאורך משמש לחכמה דכתר בעובי שהם הי"ס דגלגלתא והחכמה של החכמה היא היא שנשאר מחלקה עד המל' שבחכמה שהיא עטרת היסוד דפרצוף חכמה דאורך הוא משמש בעובי לחכמה די"ס דמל' שהם הי"ס שבעטרת היסוד כמבואר ומפורש בהקדמה באורך וברוחב בכללות ובפרטות ובפרטי פרטות בראיות הנכונים למבין תן לחכם ויחכם:

נמצא עתה שכפי הפי' הא' שמתפשטין המוחין בשבוע א' בחב"ד חגת"ם די"ס דפרצוף חכמה הנק' מוח ימין שהם מלבישים עתה בעובי זה לזה והן הם החכמה דחב"ד חגת"ם שהיו באורך. וכפי הפי' הב' שמתפשטין המוחין בשבוע א' בחכמה דחב"ד חגת"ם באורך שהם הם חב"ד חגת"ם דחכמה שהיו בעבי. נמצא שכל פי' כלול מהב' פירושים שכפי הפי' הא' שמתפשטים בחב"ד חגת"ם דחכמה שהם עתה בעבי מלבישים זה לזה וכולם מוח ימין הן הם החכמה דחב"ד חגת"ם שהיו באורך וכפי הפי' הב' שמתפשטין המוחין בשבוע א'

לחכמות דחב"ד חגת"ם של עתה באורך הן הן החב"ד חגת"ם דחכמה שהיו בעובי. נמצא שבכל הב' פי' יש בו ב' הבחי' של עובי ואורך דהיינו חב"ד חגת"ם דחכמה וחכמות דחב"ד חגת"ם דהיינו שלפי הפי' הא' הוא שבשבוע א' בחב"ד חגת"ם של עתה שהיו חכמות דחב"ד חגת"ם מעיקרא. ולפי הפי' הב' הוא שבשבוע א' בחכמות של חב"ד חגת"ם הכוללים של עתה שהיו חב"ד חגת"ם דמעיקרא הרי כי כל פי' כלולים הב' פירושים והם הפכיים זה מזה ולכן כתב שהפי' הא' עיקר:

וכן על דרך זה יובן ג"כ ענין התפשטות החסדים בז' שבועות וכן התפשטות החסדים בז' ימי החג שביאר הרב ב' דרכים אלו אם התפשטות החסדים הוא שהחסד הא' מתפשט בחג"ת נהי"ם דחסד בשבוע א' וכן בנענועים דיום א' או שמתפשט החסד הא' בז' חסדים שבז"ק דהיינו בחסד דחסד ובחסד דגבורה עד החסד שבמל' בשבוע א' וכן ביום א' דחג והסכים בזה לדרך הב' שהרי צריך ליתן חלק מכל החסדים ליסוד ומל' ואם היה החסד הא' מתפשט בחג"ת נהי"ם דחסד שהוא זרוע ימין לא היה קישור וחבור לחסדים זה בזה ולא היו נוטלים יסוד ומל' חלק מה"ח הכוללים:

[דל"ו ע"ב] והנה כל המקובלים הראשונים בין בעומר ובין בחג תפסו הדרך הא' שדחה הרב ז"ל כי כן סדרו ביום א' חסד דחסד ביום ב' גבורה דחסד כו' עד שביום ז' מל' דחסד והוא הדרך שדחה הרב ז"ל ולכן רבינו הרב שר שלום זצוק"ל הגיה וסידר חסד דגבורה עד שביום ז' חסד דמל' ולדידי חזי לי כי כולם נתכוונו לדעת רא' כי כפי מ"ש למעלה ענין התכללות והתקשרות הי"ס זה בזה בענין העובי והאורך שנתחלפו ממה שהיה למה שהוא עתה אחר התיקון דהיינו שבספי' החסד שהוא זרוע ימין היה בו חג"ת נהי"ם בעובי מלבישים זה לזה דהיינו חסד דחסד בפנים לכולם ועליו מלביש גבורה דחסד כו' עד מלכות דחסד מלבשת ליסוד דחסד וכולם זרוע ימין וכן חג"ת נהי"ם דגבורה מלבישים זה לזה בעבי וכולם עומדים בזרוע שמאל עד חג"ת נהי"ם דמל' מלבישים זה לזה בעובי וכלם עטרת היסוד ובעת התיקון אותם חג"ת נהי"ם דחסד נתפשטו בבחי' פרצוף ונעשו באורך ז"ת דפרצוף החסד דהיינו חסד דחסד נשאר במקומו והגבורה דחסד הלכה לשמאל ונעשה ממנה זרוע שמאל דפרצוף החסד ות"ת שבחסד נתפשט בקו האמצעי ונעשה ממנה גופא עמודא דאמצעיתא דפרצוף החסד וכעד"ז בכולם עד שהמל' שבחסד

נתפשטה ונעשה ממנה עטרת דיסוד דפרצוף החסד הרי שחג"ת נהי"ם דחסד שהיו כולם מלבשים זל"ז בעובי נתפשטו באורך ונעשו ממנה באורך ז"ת דפרצוף החסד וכן ז"ת דפרצוף דגבורה שהיו כולם בזרוע שמאל מלבישים זל"ז בעבי נתפשטו באורך ונעשו ז"ת דפרצוף הגבורה והלבישו לז"ת דפרצוף החסד עד הז"ת שבמל' שהיו מלבישים זל"ז בעובי וכולם עטרת היסוד נתפשטו והיו באורך ונעשו פרצוף דז"ת כנזכר בז"ת דפרצוף החסד והלבישו לז"ת דפרצוף היסוד הרי כי החג"ת נהי"ם דחסד דמעיקרא שהיו כולם לזרוע ימין נתפשטו באורך ונעשו ז"ק דפרצוף החסד והם משמשים עתה בעובי לחסדים דכלהו כי הגבורה שבחסד דמעיקרא היא משמשת לחסד שבגבורה של עתה וכן בכולם נמצא כי החג"ת נהי"ם של החסד שהוא זרוע ימין של עתה הם מהחסדים דכל הז"ק שהיו מתפשטים באורך ועתה נתקבצו בעובי והם משמשים לחג"ת נהי"ם דחסד והם משמשים באורך לחסדים דחג"ת נהי"ם וכן חג"ת נהי"ם דפרצוף חסד המתפשטים עתה באורך שהם החג"ת נהי"ם דזרוע ימין דמעיקרא והם משמשים עתה בעובי לחסדים דחג"ת נהי"ם של עתה. וכעד"ז בחג"ת נהי"ם דגבורה שהם זרוע שמאל של עתה שנעשו מהגבורות של ז"ק דמעיקרא שהיו באורך ונתקבצו עתה כולם בזרוע שמאל מלבישים זל"ז בעובי וחג"ת נהי"ם דגבורה דמעיקרא שהיו עומדים בעובי כולם בזרוע שמאל נתפשטו באורך ונעשו ממנו ז"ק דפרצוף הגבורה מלבישים לז"ק דפרצוף החסד והם משמשים בעובי לגבורות של הז"ק באורך עד הז"ת דמל' שהם חג"ת נהי"ם דמל' שהם עטרת היסוד של עתה שנעשו מהמלכיות של הז"ק דמעיקרא באורך ונעשו עתה חג"ת נהי"ם דמל' בעובי וכולם מלבישים זל"ז בעטרת היסוד וחג"ת נהי"ם דמל' בעובי דמעיקרא נעשו עתה באורך חג"ת נהי"ם דפרצוף מל' והם משמשים בעובי למלכיות דחג"ת נהי"ם דאורך:

נמצא שבין אם נאמר שהחסד הא' מתפשט בשבוע א' בחג"ת נהי"ם דזרוע ימין של עתה שהם בעובי מלבישים זל"ז והם מתפשטים לחסדים דז"ק באורך ובין אם נאמר שהחסד הא' מתפשט בשבוע א' בז"ק דפרצוף החסד המתפשטים עתה באורך ומשמשים לחסדי' דחג"ת נהי"ם בעובי והם הם החג"ת נהי"ם דחסד זרוע ימין דמעיקרא ולכן המקובלים הראשונים שכתבו גבורה דחסד ות"ת דחסד כו' עד המל' דחסד בשבוע א' הוא כדי שנבין שהחסד הא' מתפשט בז"ק דפרצוף החסד של עתה

המתפשטים באורך בכל הז"ק שאם נאמר חסד דגבורה חסד דת"ת היה ס"ד שהם חג"ת נהי"ם דזרוע ימין של עתה שהם משמשים לחסדים [דל"ו ע"ג] דחג"ת נהי"ם באורך ולכן בחרו לומר כן ורבינו ש"ש זצוק"ל ס"ל להפך שאם נאמר גבורה דחסד עד מל' דחסד בשבוע א' היה במשמע שהוא בחג"ת נהי"ם של זרוע ימין של עתה לכן יותר טוב לומר חסד דגבו' כו' שמשמע יותר שהוא חסד דגבורה שהוא עתה בזרוע שמאל:

באופן שאיום מחלוקת ביניהם וכולם נתכוונו לדעת א' ומשמעות דורשין איכא בינייהו והעיקר הוא שצריך לכוין בכל לילה בענין ההיו"ת המנוקדות שאלו הויו"ת המנוקדות הם בחי' החסדים שהוא הנשמה הפנימית המתלבשת בכלים דכל א' מז"ק דז"א דהיינו שצריך לכוין בלילה הראשונה שמתפשט המל' דחסד הא' בג' כלי חסד דז"א הידועים וכן המל' דבו' הא' בג' כלי חסד דנוק' הידועים ובליל ב' שמתפשט היסוד דחסד הא' ודגבו' הא' בכלים דחסד דזו"ן כנז"ל ונדחין המלכיות דחו"ג לג' כלי הגבורה דזו"ן שהיא בג"ה דחג"ת דז"ל דפרצוף חסד דזו"ן והיא עתה גבורה דפרצוף החסד דאורך שמששת לחסד דגבורה בעובי ואלו היינו מכוונים בגבורה דחסד שהוא בזרוע ימין היה צריך לכוין בכל הלילות דשבוע ז' ב' הויו"ת דניקוד סגול והכלים ג' כלי חסד דזו"ן עכ"מ בסדור של העומר של הרב ח"ר אליעזר חזן זלה"ה):

עוד כתב שם וז"ל עוד יש כוונה אחרת וגם היא אמיתית והענין הוא כי הנה בכל מוח ומוח יש ז' בחי' וכן בכל מדה ומדה יש שבעה בחי' וכנגדם הם הז' שבועות כו' עכ"ל:

הנה מבואר מזה שצריך לכוין כוונת העומר דכל לילה מחמשים לילות בכל ספירה וספירה מחב"ד חגת"ם הנזכר בהשואה אחת כגון ליל ראשון דשבוע א' יכוין להמשיך גדלות א' דיש"ס לחכמה דחכמה דכל אחת מז' ספירות חב"ד חגת"ם דז"א. בליל שני גדלות דתבונה לבינה דחכמה דכל א' מז' ספירות חב"ד חגת"ם דז"א וכן על דרך זה בכל לילה באופן שבשבוע א' נגמר להתקן חכמה דכל אחת והם הם חכמה דז"א כלולה מז' והענין הוא כי העשר ספירות דז"א וכן דכל פרצוף כל ספירה כלולה מי"ס והם עשרה פרצופים שוים בקומתם באורך וברוחב מלבישים זה את זה בשוה וכל אחד כלול מכולם ר"ל כי פרצוף הכתר דז"א הי' ספירות שבו נעשו מעשרה כתרים דעשרה פרצופיו ואין בו מעצמותו כי אם הכתר שבו והוא משמש לכתר שבו וחכמה שבו מכתר דחכמה ובינה שבו מכתר דבינה וכן עד תשלום עשר ספי' שבו ע"ד הנז' והעשר ספירות

שהיו לו נעשו כתרים לכל עשרה פרצופיו וכן עד"ז פרצוף החכמה כי כתר שבו נעשה מחכמה דכתר וחכמה שבו מעצמותו ובינה שבו מחכמה דבינה וחסד שבו מחכמה דחסד וכן כל ספירה עד תשלום עשר ספירותיו והעשר ספירות שהיו לו נעשו חכמות לכל העשרה פרצופים וכן פרצוף הבינה נעשה מבינות דכל העשרה פרצופים ואין בו מעצמותו רק הבינה והי"ס שהיו לו נעשו בינות לכל העשרה פרצופי' וכן עד"ז כל העשרה פרצופים וכל זה בכללות וכן היה בפרטי פרטות כי פרצוף הפנימי נפרט לעשרה אלפים רבבות ופרצוף אמצעי לששה אלפים רבבות ופרצוף חיצון לאלף רבוא וכולם היו ע"ד הנזכר וכ"ז היה אחר שנפרטו ונכללו ונתלבשו זב"ז כל כללות הה' פרצופים הכוללים דז"א דאצי' ע"ד הנזכר וכ"ז אחר שנפרטו ונכללו ונתלבשו זב"ז כל כללות החמשה פרצופים הכוללים דאבי"ע דז"א דאצילות ע"ד הנזכר וכל זה אחר שנפרטו ונכללו ונתלבשו זה בזה בכללות ובפרטות כל כללות ה' פרצופים עתיק וא"א ואו"א וזו"ן דאצילות ע"ד הנזכר:

וכל זה אחר שנפרטו ונכללו ונתלבשו זה בזה בכללות [דל"ו ע"ד] ובפרטות כל כללות חמשה פרצופים דאדם קדמון ואבי"ע בכללות ובפרטות ע"ד הנזכר וכנזכר כל זה בכמה מקומות ובפרט בפ"ה משער עשירי שער התיקון ובשער פרקי הצלם ובפרט בפרק י"ב משער מ"ב שער דרושי אבי"ע המתחיל בענין האורות שאנו אומרים ששרשם נשאר למעלה כו' ע"ש באופן שהי"ס דכל פרצוף הם כל ספירה כלולה מכל אבי"ע כנזכר בדרוש ששי משער פרצוף זו"ן ע"ש:

נחזור לענין כי מ"ש הרב ז"ל בענין העומר כי בשבעה שבועות נתקנים חב"ד חגת"ם דז"א וכתב עוד כי השבעה שבועות הם כנגד כל מוח וכל מדה משבעה ספירות חב"ד חגת"ם הנזכר אינם אלא הז' פרצופים הפנימים מי' פרצופי די"ס דז"א הנז"ל השוים בקומתם באורך ולא הז' ספירות חב"ד חגת"ם דכל הי' פרצופים די"ס בעובי באופן שצריך לכוין סדר כונת העומר דכל לילה מחמשים לילות דימי העומר הנזכר בשער הכונות לכל פרצוף משבעה פרצופי חב"ד חגת"ם הנז"ל נמצא שבהשתלם ימי העומר נשלם להתקן חב"ד חגת"ם דכל א' משבעה פרצופי חב"ד חגת"ם דז"א ונשאר להתקן נה"י דכל פרצוף משבעה פרצופים הנז' ושלשה פרצופי נה"י החיצונים השוים בקומתם תשלום עשרה פרצופים די"ס דז"א ואלו נתקנים ומתפשטים המוחין בהם בליל שבועות כי הם סוד לוחות האבנים וכל זה בפרצוף השלישי הכולל הנקרא בינה הנתקן ע"י ישסו"ת

הנק' בינה בקטנות וגדלות א' וכן הוא בפרצוף הרביעי הכולל הנקרא חכמה הנתקן בקטנות וגדלות שניים ע"י או"א עילאין הנקרא חכמה וזה מוכרח כי בזה יובן היטב יען כל פרצוף מז' הפרצופים הנז' כולל ג' קוים ימין ושמאל ואמצע כוללים דחב"ד ודחג"ת כנגד כל הז' שבועות שכל שבוע כנגד קו אחד משא"כ אם היו בעובי וד"ל:

והנה בדרוש חג השבועות בשער הכונות כתב הרב ז"ל כי בשבעה שבועות כבר נתפשטו המוחין בחב"ד חג"ת וגם במל' הדבוקה עמו אחור באחור ועתה בחג השבועות נתפשטו גם בנו"ה וה"ס לוחות האבנים שניתנו ביום שבועות כנזכר בזוהר דתרין לוחין אינון נו"ה כו'. גם יש ענין אחר והוא שבחג השבועות עולה הז"א עד דיקנא קדישא דא"א ולוקח כל קומת א"א ונעשה כמוהו כו' ואמנם זה הכתר הנמשך לז"א הוא מתחיל להכנס בז"א מתחלת ליל שבועות ונגמר באשמורת הבוקר והוא נמשך ע"י עסק התורה שלומדים בלילה הזו נמצא שצריך לכוין ע"י עסק התורה להמשיך לפרצוף כתר דז"א מוחין ממוחא סתימאה ומאוירא ומגולגולתא דא"א:

והנה נודע כי אין הכתר נמשך ובא עד שישתלם להתקן כל הגוף כנודע ואם כן צריך לכוין להמשיך בתחלה תשלום התפשטות המוחין דקטנות וגדלות ראשון ושני לנהי הפרטיים דחב"ד וחגת"ם דפרצופי בינה וחכמה הכוללים דזו"ן ולהמשיך מוחין שלמים דקטנות וגדלות א' וב' לפרצופי נה"י הכוללים תשלום העשר פרצופים די"ס דפרצופי בינה וחכמה הכוללים דזו"ן ואח"כ להמשיך המוחין מתלת רישין דא"א הכל ע"י לימוד הכ"ד ספרים להמשיך המוחין לכ"ד פרצופי נה"י דמ"ה ודב"ן דחכמה ודבינה שלשה פסוקים מכל ספר כנגד חח"ן בג"ה דת"י דכל נה"י תורה כנגד ת"ת שהוא כתר דנה"י דכלם נביאים לנו"ה דכלם כתובים ליסודות דכולם וכל זה שנמשך במ"ט ימים עד אשמורת הבוקר דשבועות הוא המוחין דאחור באחור ולכן לא יש זיווג בכל אלו הימים ואפי' בליל שבועות עד היום. ואח"ך ע"י תפילת שחרית ומוסף יכוין להמשיך מוחין דאחור ופנים דפנים דפנים דישסו"ת ואו"א עילאין ותלת רישין דא"א לג' פרצופי בינה וחכמה וכתר הכוללים דזו"ן והם המוחין דחיה אבי"ע [דל"ז ע"א] דאצי' דכל אותם הבחי' ועיין לקמן שמלשון הרב בע"ח נראה שאין לכוין רק ממלת באהבה דעמידה. (אמנם סדר המשכת המוחין הנזכר הסדר היותר נכון הוא לכוין להמשיך קטנות א' בישראל נרנח"י דנ"ר דנשמה דמ"ה וב"ן דישסו"ת וו"ק דגדלות דתבונה נ"ר דנרנח"י

דנח"י דנשמה דב"ן באחד ואח"ך תשלום הגדלות דתבונה וכל המוחין דיש"ס בעמידה דלחש דוגמת לחש דשחרית דחול שבה נמשכים מוחין דנשמה דבינה דישסו"ת ואח"ך בחזרה דשחרית יכוין להמשיך מוחין דקטנות וגדלות שני דאו"א עילאין נרנח"י דנרנח"י דמ"ה וב"ן דחיה דוגמת החזרה דשחרית דחול שבה נמשכים מוחין דחיה מחכמה דישסו"ת ואח"כ בלחש דוסף מוחין דמוחא סתימאה חכמה ובחזרה מוחין דגולגולתא כתר ובכל תפלה דלחש וחזרה יכוין לזווג את הזו"ן ובכל תפילה בעת הנסירה יכוין לנסור גם את הזו"ן דאחור):

ובסעודה דיום שבועות יכוין להמשיך המוחין דאחור ופנים דפנים דחיצוניות אשר כבר נמשכו המוחין דאחור באחור דכל הבחינות הנז"ל לחיצוניות דזו"ן ע"י מנחת שעורים ועתה יכוין המוחין דפב"פ ולזווגם דוגמת מה שנעשה בתפלות ולהמשיך טיפת חמשה חסדים ונמשך ע"י שתי הלחם דחטים כי חט"ה גימטריא ב"ך אתוון סוד ה"ח כנודע:

ואין תימא איך נמשכים מוחין דאחור דבחינות עליונות קודם שתשתלם בחי' התחתונה בפנים בפנים כי כן הוא הסדר האמיתי שכיון שאנו צריכים להמשיך כל הבחינות שנכנסו בליל פסח אחור ופנים הרי הם מדריגה אחת שצריך להמשיך בתחילת בחי' האחור ואח"כ בחי' הפנים כנודע וכנזכר בפ"ח משער המוחין ובסוף פ"ד משער הצלם ובכמה מקומות:

כתב עוד הרב ז"ל בענין הטבילה וז"ל ונלע"ד ששמעתי ממורי ז"ל תוספת ביאור בענין הזה כי הנה כבר נתבאר אצלינו כי הכתר דז"א והכתר דנוקביה תמיד נעשים ברגע אחד כו' הכתר הזה האמור הוא הכתר הפרטי דכל פרצוף דכחב"ד הכוללים דז"א שכבר נתפשטו בהם המוחין במ"ט ימי העומר וע"י לימוד התורה דליל שבועות הנה הענין הזה מפורש היטב בע"ח בכמה מקומות והוא ענין נה"י החדשים החונים על רישא דז"א ומתפשטים מאחוריו ומגיעים עד רישא דנוקביה ומשמע לכתר לשניהם וכתב על זה הרב ז"ל בסוף פ"ה משער כ"ה ובכמה מקומות וז"ל ודע כי זה שאמרנו שרחל אינה לוקחת רק סיום החיוורתי זהו עתה בהיותה באחוריו כי אחרי שתגדל כו' ע"ש שכתב שכל אלו המוחין הם המוחין דאחור ואח"כ באאים המוחין דפב"פ ונגדלת כמוהו בכתר א' שוה לשניהם ומזה נראה ג"כ שאין לכוין בתפילות דיום שבועות רק ממלת באהבה דעמידה ואילך:

והנה נודע כי הנ' שערים שבכל י"ס דכל פרצוף הם באופן זה כי מ"ב אתון הם בי"ס ההם באופן זה

כי בט"ס תחתונות שמחכמה עד המל' הם המ"א אותיות והם המ"ט שערים ושער המ"ב הוא בכתר והוא שער החמשים וכל ספי' מט' ספירות הנז"ל כלולה ממ"א שערים אבל הכתר שהוא שער המ"ב שהוא שער הנ' הוא כולל את כולם ויש בו לבדו נ' שערים והוא כולל ט"פ מ"א ונודע כי מ"ב שבבינה הוא ז' שמות שיש בהם מ"ב אותיות ועם השבעה כוללים דז' השמות הם מ"ט שערים ויש שער החמשים הכולל כל המ"ט והוא הכתר עליון והוא שער החמשים לט"ס שתחתיו ויש בו לבדו חמשים שערים כי כל ספירה מט"ס שבו כלולה ממ"ט:

והנה השבעה כוללים דשבעה השמות הנמשכים ומתפשטים בכל ליל שביעי דכל שבוע משבעה [דל"ז ע"ב] שבועות שעמו נשלם לשבוע א' והוא מצות ספירת השבועות המשכת והתפשטות המוחין דט' פעמים מ"א שבט"ס שבכתר המתפשטים בט"ס מ"א שבט"ס התחתונות שתחתיו והוא ע"ד סדר המשכת והתפשטות המוחין דאותו שבוע ממש וגם הוא נחלק לימים אלא שצריך לכוין כי כל ספירה מי"ס דבינה הכוללים דז"א או דחכמה הכוללת דז"א כל ספירה מאותם הי"ס הפרטיות כלולה מעשר פרצופים גדולים שלמים מלבישים זה לזה בשוה כל פרצוף כולל מוחין דקטנות וגדלות. ובזה נבין ענין כונת המשכת הצלם דמוחין הנמשכים ע"י הברכה דכל לילה מג' שבועות האחרונות שהם מוחין שלמים בכל הט' נקודות לפרצופי חג"ת הכוללים ואינו התפשטות מוחין דחג"ת מן המוחין דחב"ד שנתפשטו בד' שבועות הראשונות בחב"ד אלא מוחין שלמים כי כל הלילות שוים במציאותם כי החו"ב והחו"ג שנמשכו בד' שבועות הראשונות הם לפרצופי עתיק ונוק' וא"א ונוקבה דבינה ודחכמה דזו"ן הכוללים ובג' שבועות אחרונות הם לאו"א ויש"ס ותבונה דבינה ודחכמה דזו"ן הכוללים ונשארו נה"י שהם זו"ן ויעקב ורחל דבינה ודחכמה דזו"ן הכוללים לליל שבועות:

באופן כי בד' שבועות הראשונות נתפשטו המוחין בחב"ד שהם פרצופי עתיק ונוק' וא"א ונוקבה ונתפשטו בהם המוחין עד למטה בנה"י שלהם ונגמרו להתקן בבחי' האחוריים שלהם שהוא החיצוניות שלהם ובשלשה שבועות האחרונות נמשכו ונתפשטו המוחין לחג"ת שהם פרצופי או"א וישסו"ת עד למטה בנה"י שלהם והמשכת המוחין האלו לחג"ת היה ע"י הפרצופים ההם דחב"ד שהם עתיק ונוק' וא"א ונוק':

ובזה יבא הכל על נכון כי הם חג"ת שתחת החב"ד והם פרצופים כוללים שצריכים מוחין

שלמים בכל הט' נקודות בכל המוחין דקטנות וגדלות א' וב' וצריך ברכה בכל לילה להמשיך צלם דמוחין שלמים מבירורים חדשים הנתקנים ע"י הפרצופים העליונים ההם שכבר נתקנו שהם עתיק ונוק' וא"א ונוק' ונשארו שלשה פרצופי נה"י דחב"ד וג' פרצופי נה"י דחג"ת וג' פרצופי נה"י הכוללים דבינה ודחכמה דז"א לליל שבועות. גם זה הנז"ל אפשר כי הוא עד"ז כי בשבוע א' נמשכים המוחין לחח"ן דחכמות דכל פרצוף משבעה פרצופים חב"ד חג"ת הכוללים הנז"ל דבינה הכולל או דחכמה הכולל באופן כי בשבוע א' נתקן חח"ן דפרצוף חב"ד דכל הז' פרצופים חב"ד חגת"ם הכוללים דבינה ודחכמה ובשבוע הב' בג"ה דחב"ד דכולם ושבוע ג' וד' דת"י דחב"ד דכולם ובשבוע ה' חח"ן דפרצופי חג"ת דכל הז' פרצופים הנז"ל ושבשבוע הו' בג"ה שלהם ובשבוע הז' דת"י שלהם:

ועל ידי לימוד דליל שבועות להמשיך המוחין דקטנות וגדלות מנה"י הכוללים דאו"א לחח"ן בג"ה דתי"ם דנה"י הכוללים דחכמה דזו"ן ומנה"י הכוללים דישסו"ת לנה"י הכוללים דבינה דזו"ן ולהמשיך התפשטות המוחין שהם חיריק וקיבוץ ושורק מחג"ת דז' הפרצופים הכוללים דחב"ד חגת"ם הנז"ל לנה"י הפרטים שלהם. ואפשר שע"י העומר נבנו ונתקנו אלו השבעה פרצופים חב"ד חגת"ם שהם ע"י עתיק ונוק' וא"א ונוק' ואו"א וישסו"ת לגמרי ונתפשטו בהם המוחין עד למטה ולא נשאר לתקן כי אם הנה"י הכוללים דבינה ודחכמה ע"י הלימוד:

גם ע"י לימוד דליל שבועות להמשיך מוחין שלמים דנרנח"י דיחידה מא"א לחח"ן בג"ה דתי"ם דה' פרצופי הכתר דזו"ן וע"י הטבילה להעלות הכפל דחסד דת"ת דכל העשרה פרצופים הכוללים דבינה ודחכמה ודכתר לכתרים דכתרים [דל"ז ע"ג] שלהם ולהמשיך להם המוחין מכתרים דישסו"ת ודאו"א ודא"א והוא שער המ"ב דכתר שהוא שער הנ' הכולל חמשים שערים והוא תשלום התפשטות הנה"י החדשים והוא שורש הד' מוחין שבכתר. וצ"ל אימתי נמשכים ומתפשטים הל"מ הכוללים דצלמי המוחין שנמשכו ונתפשטו בזו"ן בתחילת העומר ועד עתה כי עתה הוא זמן המשכתם אחרי ביאת הכתרים דזו"ן כידוע ואפשר שצריך להמשיך אותם בטבילה אחר הכתרים. או אפשר לומר שנמשכים בקרבנות ובנשמת ע"ד המשכת מ' דצלם בשבת וכל זה הוא במוחין דאב"א ואח"כ בעמידה דלחש דשחרית יכוין במלת באהבה לסלק המוחין דישסו"ת מפרצוף הבינה הכולל דז"א ולהמשיך הצלם דמוחין

דתבונה לפרצוף הבינה הכולל דנוק' וצלם דמוחין דיש"ס ע"ג רישא דז"א ולנסור הנוק' הנזכר ולהביאה לפנים ולהעלות את שני צלמי המוחין הנזכר למ"ן ולזווגם להמשיך המוחין דפנים ולהמשיכם לתוך פרצוף נקודת הפנים דנוק' דבינה במלך עוזר כו' ונגדלת וחוזרים ומסתלקים ממנה המוחין דפנים ואחור ונמשכים ומתפשטים בשני פרצופי פנים ואחור דבינה דז"א בכריעות וזקיפות דמגן אברהם עד"ה בתפילת החול ובשים שלום יכוין לזווגם ובחזרה דשחרית יכוין עד"ה בפרצוף הכולל דחכמה דזו"ן הנתקן ע"י או"א עילאין. ובלחש וחזרה דמוסף בפרצוף הכתר הכולל דזו"ן הנתקן ע"י א"א:

סדר כוונת ראש השנה:

בערבית ומוסף ובמנחה (וחזרת שחרית) לא יכוין הרי"ו, ערבית ומנחה באהבה מסירה וצלם דאבא מקיף לז"א וצלם דאא להכניסו ללאה וכתר דרחל זכרינו אחר זכרינו יכוין לסלק צלם דאמא מתוך הנוקביה ולהעלותה עם צלם דאבא עם נשמתו למ"ן דאמא ולזווגם אהי"ה הוי"ה ולהחזירם בז"א:

בשתי כריעות וזקיפות להעלות ולזקוף הג' אל הרמוזים בתיבת מגן. שחרית אמת ויציב לאה ורחל דבריאה תהלות לנסור לאה וכתר דרחל. הגדול הגבור פרקין תתאין דנ"ה דאימא לחח"ן בג"ה דפרצוף נה"י דפרצוף (כתר דז"א ביום ראשון) (יום ב' דחכמה) (יום ג' דבינה) (יום ד' דדעת) (יום ה' דחסד כו') (עד יום ט' הוד יסוד מל") על עליון כתר דבחי' היום. חסדים ב' חסדים לחח"ן ובג"ה דבחינת היום טובים חו"ב דיעקב ורחל דבחי' היום קונה הכל יכוין דחית הקטנות ותיקון יסוד ז"א דבחי' היום ויכוין להמשיך פרקין תתאין דנה"י דאבא לחח"ן בג"ה דהיום להמשיך כוללות ה"ח וה"ג ליסוד דהיום דעת דיעקב ורחל דבחי' היום וזוכר חסדי אבות ומביא גואל למען ששמו חג"ת נהי"ם דבחינת היום. באהבה מסתלקים מוחין דז"א וצלם דאבא עומד למקיף על ראש ז"א וצלם דאימא נכנס בנוקביה. (א"ה בסדור תפלה ר"ה של מהר"ח פינסו ז"ל כתב וז"ל יום י"ז באלול נאצלו ג"ר דב"ן והוא היה שבת ואחריו מיום א' עד יום השבת הב' והם י"ח י"ט ך' כ"א כ"ב כ"ג כ"ד נאצלו הז' מלכי' דב"ן שנשברו, וביום השבת השנית הנז"ל שהוא יום כ"ד שבו ביום נשבר המלך הז' ובו ביום נאצלו ויצאו ג"ר דמ"ה החדש ולמחרתו שהוא יום כ"ה התחילו לצאת הז"מ דמ"ה לתקן הז"מ דב"ן והם הז' ימים הכתובים בתורה במעשה בראשית ויהי ערב ויהי בוקר יום א' וגו' עד ויכולו

נמצא כי שתא אלפי שני נמנים מכ"ה באלול והזמנים נמנים מר"ה ר"ח תשרי לחשבון הלבנה ולחשבון החמה מיום ד' דששת ימי בראשית כי הלבנה נתמעטה ולא שמשה עד יום הששי דששת ימי בראשית וזה לדעת ר"א שאומר שתחילה נברא החצוניות בששה חדשי החורף ואח"כ הפנימיות בששה חדשי הקיץ עכ"מ: [דל"ז ע"ד]

סדר תפלות ר"ה ותקיעת שופר בכללות:

צריך לידע הקדמה כוללת שכל התפילות מר"ה עד יה"כ בכלל הוא לתקן סדר אבי"ע דספי' הגבורה דתדע לך דכל פרטי פרטות דספירות דאצי' מתפשטין מראש עתיק עד סוף העשיה וכולן מתלבשין זה תוך זה באופן זה כל כתרים דכל פרטי פרטיות דאצילות מתפשטין כל אורך אבי"ע ומתלבשים זה בתוך זה וכן ספירות החכמה כיוצא באופן דהי"ס מתפשטים לעשרה פעמים אבי"ע. אבי"ע דכתר ועליו מלביש אבי"ע דחכמה ועליו אבי"ע דבינה ועליו אבי"ע דחסד ועליו אבי"ע דגבורה וכיוצא בכל העשר. והנה באלו הימים דר"ה עד יוה"כ עסקינו באבי"ע דגבורה והנה כי כן בר"ה שהוא סדר החול ממש בכל פרטיו צריך לכוין כל כונות זמירות ויוצר שהוא תיקון אבי"ע דגבורה ר"ל בינות דגבורות דו"ק דז"א דישסו"ת אמנם כל תפילות הוא בפרטות גבורה אחת מאבי"ע:

בתפילות ערבית דר"ה דליל ראשון הוא בספירת הגבורה דו"ק דנוק' דז"א דכל אבי"ע והמשכת המוחין דק"ש ודעמידה הוא מבינות דישסו"ת מפרטות גבורה דו"ק דנוק' דז"א שלהם וכן המשכת הטיפה מחיצוניות א"א הוא מזה הגבורה דו"ק דנוק' דז"א שלו וכן כל הפרטים עסקנו בזאת הגבורה דנוקבא דז"א שלהם. ודע דנראה דצריך לכוין כל הרי"ו דשחרית וסדר בנין לאה ורחל אופן בנינן יתבאר לקמן בתפילת שחרית וממנו תקח לתפילת ערבית כנודע לנו שהכל שוה אלא שתפלת ערבית הוא בכלי החיצון ותפלת שחרית בפנימי:

תפילת שחרית בלחש כל פרטיה והמשכת המוחין מבינות דישסו"ת והמשכת הטיפה מחיצוניות עתיק הוא בגבורה דו"ק דז"א של כל הבחי' ר"ל בינות דגבו' דו"ק דז"א דיש"ס ותבונה וסדר בנין לאה ורחל הוא באופן זה וקודם כל צריך שתדע דלאה ורחל אשר אנו עסוקים בעמידה ונסירתן הן לאה ורחל היוצאים כנגד נה"י דבחי' המוחין שנכנסו באלהי אברהם גם דישסו"ת ובנה"י זה יש בו ט' פרצופים באורך מתלבשים זב"ז ואין קומתם שוה וכל א' צריך שישתלם משלשה כלים בעובי

חיצון אמצעי ופנימי ובאלהי אברהם נשלמו ליכנס בז"א החיצון והאמצעי של כל הט' פרצופים אך הפנימי לא נמשך ובמשך האל הגדול כו' נותן הז"א על ידו ללאה שכנגד חב"ד וחג"ת של הנה"י המלכיות של כלי החיצון דששה פרצופים העליונים ובשאר התיבות השייכי לרחל כנודע נותן הז"א ע"י לרחל המלכיות של כלי החיצון דג' הפרצופים התחתונים ומתפשטים לכל ספירותיהם לגמרי והיה להם לכלי החיצון דעיבור ובאהבה ע"י מסירת נפש מסתלקים המוחין מז"א וחכמות וחסדים נשארים למקיף ונה"י דתבונה חלק הנוגע לט' פרצופים הנז' מתפשטין בנקודת האחור דלאה ולוקחת לאה ע"י אימא בחינת כלי האמצעי דבחינת יניקה וננסרת לגמרי וזה הוא עיקר הנסירה שלוקחת המלכיות אשר היו דבוקים בכלי האמצעי וגם נה"י דאימא מתפשטת בנקודת האחור דרחל חלק הנוגע לה ונותן בה עשרה מלכיות דכלי האמצעי דשלשה פרצופים התחתונים תוך הכתר שלה וננסר הכתר שלה ונשארים שאר המלכיות בו ובשאר הימים מתפשטים בה כמו שיתבאר ונסירת רחל הוא באמירת זכרינו כו' ואח"כ קודם מלך עוזר כו' עולין החכמות והחסדים חלק הנוגע לששה פרצופי העליונים למ"ן לאו"א וממשיכין כלי הפנימי דששה פרצופים העליונים והם פנימיות גמור דאחור דבחי' פנימיות הנכנס בג' פרצופים התחתונים ולבנין רחל ביה"כ שהוא פנים דאחור ואינינו פנימיות גמור דפנים דפנימיות גמור דפנים אינינו [דל"ח ע"א] נמשך כי אם לאחר יה"כ בימים שבנתיים ונכנסים אלו המוחין בלאה במלך עוזר כו' ולוקחת המלכיות דכלי הפנימי המוחין הראשונים דחלק המלכיות דפנימיות דאחור הנז' וכל זה נכנס בנקודת אחור שלה נקודת הפנים שלה אינה נבנית כי אם מפנימיות גמור ואח"כ מסתלקין נה"י דאימא חלק הנכנס בלאה ממוחין דאחור ודפנים דאחור ובכריעה שניה חוזרין ליכנס בז"א בששה פרצופים העליונים ואלו הפרצופים נתעוררו מתרדמתם אמנם ג' פרצופים התחתונים נשארים בסוד תרדמה הואיל ועדיין חלק המוחין דאלו הפרצופים שנכנסו ברחל עדיין לא יצאו וגם עדיין לא נמשכו להם בחינת כלים הפנימיים כלל עד תקיעת שופר:

חזרה כל פרטיה והמשכת המוחין דחכמות דישסו"ת הוא בגבורה דדעת דז"א של כל הבחי' ע"ד הנזכר ובנין לאה ורחל על הסדר הנזכר אלא שהם לאה ורחל היוצאים מצלם דחכמות ונמצא דגם בצלם המוחין דחזרה נשארו ג' פרצופים התחתונים בסוד

תרדמה ובלא כלי הפנימי. ולעולם בין בערבית בין בשחרית לחש וחזרה לא שייך לכוין בחינת זיווג אפי' ישראל ולאה הואיל ולא בא להם פנימיות גמור. תקיעת שופר דמיושב בתשר"ת הא' ע"י תקיעה ראשונה מתעורר כלי החכמה והחסד ובוקע ועולה ההבל ההוא לחכמות וחסדים דמוחין דשלשה פרצופים התחתונים שנשארו בסוד מקיף בין הצלם דבינות דלחש בין דצלם דחכמות דחזרה ומושכין אצלם לבינות וגבורות שבנה"י דאימא שבתוך רחל ונעשה כסא שלם על ראש ז"א דשלשה פרצופים תחתונים דצלם דבינות וחכמות ועולין החכמות והחסדים למ"ן לאו"א ע"י מסירת נפש ומזדווגים **איההיוהה** ומוציאה ב' מנצפ"ך והם צלם גמור מחב"ד בכל המוחין והם ב' צלמים צלם הנוגע לחכמות וצלם הנוגע לבינות דישסו"ת והם ב' שהם ד' כפולים מאו"א והם כלי הפנימי לג' הפרצופים התחתונים ונמשכין אלו המוחין של ראש ז"א דהיינו השלשה פרצופים התחתונים דכל בחינה ובחינה. וע"י השברים מתלבשים הבינות והגבורות דמוחין החדשים בהוד דתבונה ונכנס הוד דאימא עם המוחין בקו שמאל דפרצוף חב"ד העליון ג' פרצופים התחתונים הנז' דז"א. וע"י התרועה מתלבשים חכמות בנצח דאימא וחסדים ביסוד ומושכים אצלם ביסוד דאמא את הגבורות שנתלבשו בהוד. ובתקיעה אחרונה מתפשטין נצח ויסוד דתבונה לקו ימין ואמצעי דפרצו' חב"ד דז"א. ובתשר"ת הב' מתפשטין המוחין בחג"ת בתקיעה א' הנצח דאמא עם החכמות שבתוכה ובשברים הוד דאמא עם הבינות ובתרועה חצי הימני דיסוד דאמא בתקיעה אחרונה חצי השמאלי דיסד דאמאא עם החסדים והגבורות כל זה נמשך לקו ימין ושמאל אמצעי דפרצוף חג"ת דז"א דז"א. ובתשר"ת הג' מתפשטים המוחין ע"ד הנז' בפרצוף הג' נה"י. וג' פעמים תש"ת הם ללאה וג' פעמים תר"ת לרחל וה' יזכנו להבין הענין ועתה שנמשכו בז"א אלו המוחין דכלי הפנימי נותן הז"א ע"י לרחל מלכיות דכלי הזה הפנימי ביום ראשון כתר וכן עזזה"ד בכל יום ויום:

ואם חל יום ראשון בשבת נכון לכוין בשעת תקיעת שופר סדר הכונה בלא תקיעת שופר (בשנת התקצ"א חל יום א' דר"ה בשבת ולא עשו מעשה לכוין כלל ועיקר. כת"י מהר"ח פינסו ז"ל) וסדר התפלות בשבת הוא כמו בחול:

מוסף בלחש גבורות דו"ק דאמא ובנין לאה ורחל על סדר הנזכר בשחרית ונמצא דגם בצלמים דמוסף בלחש נשארים ג' פרצופים התחתונים בסוד תרדמה ובלא כלי הפנימי:

ועשרה מלכיות ג' דתורה וג' דכתובים וג' דנביאים כולם בפרצוף התחתון דשלשה פרצופים שנשארו [דל"ח ע"ב] בתרדמה בברכת א' תורה כנגד חב"ד כתובים כנגד חג"ת נביאים כנגד נה"י הפרטים של זה הפרצוף התחתון ותקיעת תשר"ת תש"ת תר"ת למלכיות הוא שע"י תקיעה א' דתשר"ת לעלות ההבל ההוא לחכמות וחסדים שהם למקיף וממשיכים נה"י דאמא מתוך הנוקבא ועושה כסא וזיווג או"א ע"ד הנז' בשחרית ממש אלא שזה בבחי' מוחין שנכנסו במוסף וע"י השברים נכנסים בינות וגבורות ממוחין החדשים בהוד דאימא ומתפשטין בקו שמאל דפרצוף הג' נה"י שאמרנו שהמלכיות רומזין לה ובתרועה מתלשין החסדים ומושכין הגבורות גם לתוך יסוד דאימאא ובתקיעה אחרונה להלביש החכמות בנצח דאימא ובתש"ת להמשיך נצח דאימא בקו ימין חח"ן של זה הפרצוף הנזכר ובתר"ת להמשיך ליסוד דאימא לקו אמצעי דת"י:

והזכירות הם בפרצוף האמצעי חג"ת ג' דתורה חב"ד וג' דכתובים חג"ת ושלשה דנביאים נה"י:

ובתקיעות להמשיך המוחין ונה"י דאימא לפרצוף האמצעי לתשעה ספירות שלו תשר"ת חח"ן תש"ת בג"ה תר"ת דת"י והשופרות הם בפרצוף הפנימי חב"ד ג' דתורה חב"ד ג' דכתובים חג"ת וג' דנביאים נה"י ובתקיעות להמשיך המוחין והנה"י דאמא לפרצוף הפנימי חב"ד לט' ספירות שלו תשר"ת חח"ן תש"ת בג"ה תר"ת דת"י:

צריך עיון בתפלת ר"ה שכתב הרב זלה"ה שהוא כסדר תפלת החול ממש ואין הפרש ביניהם אלא בחי' הרי"ו לבד צ"ע בנין יעקב למה וחזרת לאה במלך עוזר כו' כבר כתב במ"א כי חזרת לאה הוא באל עליון והארת הט' יודין בה ולחברם עם האלפין והלא האלפין נתפשטו ברחל וכניסת נה"י דאימא בלאה בפנים והלא הם ברחל וג' ע"ב דחיבוקי' דס"ג בר"ה דע"ב בסוכות דמ"ה בש"ע וה"פ מחיה מתים ונסירת לאה וכתר דרחל ביום א' והלא רחל עלתה בזקיפות עד קשר תפילין שבכתר וגם בנינה לא יבא ע"ד החול מטעם זה:

כשמסתלקין המוחין דז"א ועולים למ"ן לאו"א אינו עולה רק החכמה והחסדים ומזדווגים או"א ויורדים ב' מנצפ"ך א' לבינה דז"א וא' לנוקבא. עיין בפ"א שער הנסירה שער כ"ט שאומר שעליית הנוקבא בר"ה עד הכתר בתחלה בסוד נקודה ואח"כ נגדלת בסוד פרצוף עד הכתר עיין במקומו כי הוא בלאה ורחל אך רחל הוא מהחזה ולמטה וצ"ע מאד במקום אחר ע"כ תוכן דבריו:

עיין בעולת תמיד דע"א ע"ב ענין השופר וענין התרדימה והכנסת המוחין בנוקבא ביום ראשון ושני:

ביום ראשון דר"ה קודם השופר ננסרת לאה וע"י השופר דיום ראשון ננסר כתר דרחל עיין בע"ח שער ל"ד פ"ב כלל ח' כל ספירה של החיצוניות נפרטת לאלף רבוא ושל האמצעיות לששה אלפים רבבות ושל הפנימיות לעשרה אלפים רבבות פרסאות שער כ"ז פ"ב בסופו:

בענין העמידה בתפילת שחרית דר"ה כתב הרב זלה"ה שהיא כסדר תפלת שחרית דחול ממש ואין ביניהם הפרש כלל:

(**ועוד** יש חילוק אחר שאין אנו מכוונים לא במודים ולא בברכת הודאה וש"ש וגם אין אנו מכוונים בכתר דמוסף בשמע ישראל. אבל ביוה"כ אנו מכוונים בכתר דנעילה ולא במוסף. ובכל התפילות דיוה"כ שמ"ע ומוסף ונעילה אנו מכוונים במודים וש"ש כן ראיתי נוהגים והטעם מבואר. גם אין אנו מכוונים בימ"ת בשום תפילה ולא בשום ברכה ולא בברכת הלבנה כי אם דוקא בזכרנו לחיים סדר הנסירה כידוע. גם בימים שבין יוה"כ לסוכות ובסוכות ובאסרו חג אין אנו מכוונים כ"א בסוכות בנענועים ובברכת [דל"ח ע"ג] ההלל בימים שיש בהם נענועי לולב לאפוקי שבת חה"מ. ובשמיני חג עצרת אנו מכוונים בכתר לבד כידוע ואנו מתחילים לכוין מערבית דליל ב' שלאחר החג כנזכר בהקדמת דב"ש ונלע"ד דכשחל בשבת ליל ב' שלאחר החג שיש לכוין במנחת עש"ק בעמידה העליונות של העולמות כידוע ואח"כ לכוין בכל קבלת שבת שממנו מתחיל ש"ק עכ"ל הרב ח"ר חיים פינסו ז"ל בע"ס שם חדש) אלא בחי' הרי"ו לבד וצ"ע גדול כי נראה שהפרש גדול ביניהם א' שבחול הנוקבא עולה בכריעות ובר"ה אינה עולה אלא בזקיפות והתם עולה בזקיפות עד החזה והכא עד הכתר:

ב איך יצדק כונת בנין פרצופי יעקב ורחל הבא בדבור אחד מאל עליון ואילך כמו בחול דהתם מדבר כששניהם עומדים מהחזה ולמטה זה מפנים וזה מאחור והכא היא עלתה עד הכתר ועוד דמעיקרא בנין פרצוף יעקב הכא למאי אצטריך בשלמאא בחול הואיל ותכלית כונת בנין פרצופו הוא כדי שיזדווג עם רחל אבל הכא רחל אינה באה לפנים ואין לה זווג ולאה הבאה לפנים לא להזדווג עם יעקב אלא עם ישראל כמ"ש הרמ"ז או נאמר שמוכרח הוא להתגלות פרצוף יעקב כיון שנתפשטו מוחין דאבא בז"א:

ג מ"ש בענין הנסירה שביום א' ננסר פרצוף לאה וכתר דרחל והלא רחל עלתה בזקיפות עד כתר דז"א ולקחה מקום לאה ואפשר שכשנדחו הפרקין האמצעיים דאימא מחב"ד דז"א

בהגדול הגבור והנורא ירדה עמהם:

ד מ"ש שחזרת לאה לפנים הוא במלך עוזר כו' צ"ע שכבר כתב במקום אחר שחזרת לאה היא לעולם באל עליון:

ה מ"ש במלת ומגן להמשיך ללאה הארת התשעה יודין שבז"א ולחברם עם ג' אאלפין שנתפשטו בה באלהי אאברהם כו' לעשותם ג' א"ל כענין מג"ן צ"ע שהרי האלפין לא נתפשטו בלאה אלא ברחל ועוד שתשעה היודין הם בתשעה ספירות דז"א ולאה אינה אלא מהחזה ולמעלה ואין לומר שנגדלת לאה כשיעור כל קומת ז"א ע"י נה"י דאאו"א כמו רחל בחול זה אינו שהרי כבר נסתלקו נה"י דאו"א מז"א וחציים שהם חכמה ועיטרא דחסד עומדים על ראש ז"א למקיף ובינה ועיטרה דגבורה נתפשטו ברחל ואינם יוצאים אלא ע"י השופר ג' ע"ב דחיבוקים דס"ג בר"ה דע"ב בסוכות דמ"ה בש"ע או נראה שהוא בהושענא רבה שבו נעשים הנשיקים:

השופר היא מצוה מעשיות שהיא בחיצוניות ואיך בא להשלים מעשה התפלה שהיא בפנימיות צ"ע אם ביום ב' דר"ה עושה השופר בחיצוניות מה שעשה השופר ביום א' בפנימיות שהוא להמשיך לכתר דנוק' דחיצוניות ז' גבורות מתוקות וז' גבורות לחכמה דפנימיות וכפי זה אין בחיצוניות רק גבורות ומתוק לבד ואין בו ד' בחינות כמו הפנימיות וצריך לכוין ביום ג' לנסור חכמה דחיצוניות ובינה דפנימיות וביום ד' בינה דחיצוניות ודעת דפנימיות כו' ובעיה"כ נהי"ם דחיצוניות והי"מ דפנימיות או אם צריך לכוין בברכת אבות דיום ב' לנסור כתר וחכמה דחיצוניות וחכמה דפנימיות ובשופר נמשכים ז' גבורות מתוקות א' נשארת בכתר וששה יורדים לחכמה:

מליל שני דר"ה עד ש"ע צ"ע אם יכול לומר ברכת המפיל וכן נראה שאין לומר תיקון חצות. בשופר דיום ראשון חוזרים נה"י דאימא בז"א וחוזר להמשיך לנוקביה גבורות כיוצא בראשונות צ"ל כי חוזרים להתדבק אב"א:

ודע כי החיצוניות והפנימיות הנזכר בשני ימים דר"ה שניהם הם דחיצוניות הכולל הנזכר בשער כ"ח שער העיבורים אשר תקונם היה ע"י א"א ואו"א בעבור הי"ב וט':

ביום הכפורים הוא תיקון הפנימיות הכולל הנזכר בשער הנז"ל אשר תקונו היה ע"י ט"ס דא"א וע"י ז"ת [דל"ח ע"ד] דעתיק בעיבור הט' ושבעה וכנזכר שם כי אחר עיבור שני דחיצוניות התחיל תיקון הפנימיות וכנזכר בשער הכוונות ובס' עו"ת כי ביוה"כ נתקן הפנימיות וכדמשמע בסוף פרק י' משער אנ"ך. ודע כי החיצוניות הנתקן בר"ה הוא ב' פרצופי נה"י

וחג"ת הכוללים דא"ק והפנימיות הנתקן ביוה"כ הוא פרצוף הבינה דא"ק וכנזכר בפ"ה משער אאח"פ כי יה"כ באוזן דא"ק אלא שאפשר כי החיצוניות הוא נה"י וחג"ת (דנה"י וחג"ת סכ"י) וחב"ד דא"ק והפנימיות הוא החב"ד לכל פרט או אפשר כי החיצוניות הואא פרצוף כל א"ק אורות וכלים והפנימיות הוא הד' שרשי הנרנח"י שבכתר דא"ק וכנזכר בפ' הנזכר כי יוה"כ הוא בחוש השמע:

ודע כי הנוק' העולה בתפילות של יוה"כ קודם הז"א עד כתר דאמא אינה הנוק' הפרטית רחל מלך הז' דז"א אלא היא הנקודה החמישית דאצי' הנק' בכללות נוקבא דז"א אבל היא כלולה מכל הפרצופים ומכל העולמות והיא הנתקנת ע"י הנשים ע"י מצות שאין הזמן גרמא והיא בת זוג דז"א ומזדווג עמה ע"י קיום מצות עונה כנודע וכ"כ הרב ז"ל כי עיקר התענית ביוה"כ הוא לנשים כי בחינתם היא העולה. ויעקב ורחל הננסרים בר"ה ויוה"כ הם כללות כל עולם האצילות עם כל בי"ע הנקרא יעקב בערך כללות א"ק כנודע:

נכון לומר זה קודם תקיעת שופר וכן נוהגים ק"ק ספרדים בבית אל שבירושלם עה"ק תובב"א:

הנה כבר נודע כי פשט טעם מצות השופר הוא לעורר הלבבות הישנים בתרדמה חלאת היצה"ר והן עתה היתקע שופר בעיר והעם לא יחרדו. לכן נחפשה דרכינו ונחקורה כי הן בעוונותינו שולחה אמנו זה כמה וכמה שנים רבים והצדיק אבד למטרוניתא ולכן כל מגמת פנינו בתפילתינו תהיה בכונה שלימה לפדות את השכינה וניצוצי הקדושה מהגלות ולתברא בית אסורים דילה כמ"ש בתקונים על פסוק ויפן כה וכה אי אית מאן דיתער בתיובתא לתברא בית אסורים דילה לאמר לאסורים צאו אי אית מאן דקרא ליה בתיובתאא דיחזיר קב"ה שכינתא לגביה אלא כולהון צוחין בצלותין ביומא דר"ה ויוה"כ ככלבין הב לנא מזוני סליחה וכפרה כתבנו לחיים ואנון עזי פנים כו' ולית מאן דקרא ליה בתיובתא דיחזיר קב"ה שכינתא לגביה וכל איש הירא אאת דבר ה' לבו יחיל בקרבו מפחד ה' ומהדר גאונו ויתן אל לבו כי היום יביאו את דינו למשפט לפני ממ"ה הקב"ה שופט כל הארץ מגופו ומבניו וממונו מעשה איש ופקודתו ועלילותיו מחשבותיו ותחבולותיו שהוא יודע כל תעלומות לב ואין צריך לפניו לא עדים ולא ראיה כי הוא הדיין הוא עד והוא בעל דין ויראה ופחד יבא בו לאמר מה אעשה כי יקום אל וכי יפקוד מה אשיבנו ובכן בעיניו יראה ולבבו יבין ויפשפש במעשיו וברגע קטן עיניו יחזו למצוא עונו מצדו אלף

ורבבה מימינו ובפרט כמעט שעבר על כמה לאוין ובפרט התלויים בלב כגון לא תשנא את אחיך בלבבך לא תקום ולא תטור ולא תאמץ ולא תקפוץ ועשין ליראה את ה' לאהבה אותו ללכת בדרכיו ועשה דואהבת לרעך כמוך שהוא כלל גדול בתורה והיא היא שהחריבה את בתינו ועדיין לא נטהרנו מנגע צרעת עון שנאת חנם ולשון הרע הקשה מע"ז וג"ע וש"ד וכיוצא מעבירות קלות וחמורות כביר מצאה ידינו על זה ידוו כל הדווים האם לכך נוצר האדם לעבור על רצון יוצרו ח"ו או שמא החיים והשלום דשמייא מיהב יהבי לאבד הזמן להבל וריק והלא האדם נידון ע"כ הרגעים ותובעים ממנו במה הוציא כל רגע לא ירפנו ובפרט עון ביטול תורה העולה על כולנה על מה אבדה הארץ עליונה ותחתונה ותחלת דינו של האדם הוא על [דל"ט ע"א] ד"ת וכל שעה וכל רגע שאינו עסוק בד"ת נקרא וחסרון לא יוכל וגו' וכל שאינו עוסק בד"ת נק' נזוף כי דבר ה' בזה ובכל יום בת קול יוצאת ואומרת אוי כו' ואפילו היושב בטל נק' לץ מד' כיתות כו' כ"ש השח שיחה בטלה שהוא בעשה ומגיד לאדם מה שיחו אפי' דברים שאין בהם ממש נכתבים ונקראים אוי לאותה בושה ואוי לאותה כלימה וכ"ש הנכשל בעון ד' כיתות הפוגמים בכל ד' העולמות אבי"ע דהיינו לצים

חנפים שקרנים לשון הרע ובפרט בשכינה שכל חטא הוא קוץ מכאיב ומזיק בית אסורין דילה ומוסיף מכאוב על מכאובים ערות אמך לא תגלה ומה הלשון אומרת קלני כו' הגמול הזה קויתי אוי כי בני יצאוני צעקה הנערה נתנני ה' וגו' ועסק התורה שמתקן לקב"ה ושכינתיה צריך לשמה בלי שום פניה כמ"ש בתיקונים כמה מאמרים ומדרשות צווחין בכל יממא ולילה באורייתא דבעל פה בכמה קושיין וצווחי בה ככלבים כו' הב לן עתרא בעלמא דין הב לן עותרא בעלמא דאתי כמה דאוקמוה למוד תורה הרבה ויתנו לך שכר הרבה ולית מאן דישתדל באורייתא לסלקא שכינתא ולחברא לה בבעלה ובג"ד קלא נפיק בכל לילה ואמר מה אקרא זיל ואימא לון דישתדלון באורייתא ליחדא שכינתא עם בעלה ולית מאן דיתער בלה לגבי בעלמא אין מנהל לה ואין מחזיק בידה כי הן בעונותינו שולחה אמנו כו' כנ"ל לכן עתה עת רצון היא חזק ונתחזק להכניע לבנו ולשוב בתשובה שלימה כי שערי תשובה היום הם פתוחים כיאותה אנחנו מבקשים כהיום הזה כי כל עיקר השופר תלוי בתשובה כמ"ש בזוהר כנודע ואז תשוב ה' שהיא אמא להתפשט המוחין בז"א והוא הכרח גדול התעוררות הלב בתשובה כהיום הזה כי אין קול השופר פועל באימא הנק' אוזן

והנק' תשובה להמשיך המוחין בז"א אם לא שעולה הקול בהתעוררות הלב בתשובה ואז דברים היוצאים מן הלב נכנסים באוזן והוא כי נודע כי בצלם ה' עשה את האדם בצלם דמות כללות כל העולמות והאוזן כנגד אמא דכללות והלב מנגד ז"א דכללות שבו תלוי השינה כי כפי ביטול מ"ע שהאדם מבטל כך מחליש כח איברי נרנח"י שבו ואינם פועלים בו ונקראים מתים ולפעמים מסתלקים לגמרי והיא היא השינה וכפי מה שעובר על מל"ת כן הוא מייבש ומעוות איברי נרנח"י ומשליט עליהם ס"א ח"ו ועתה בהתעוררות לבו אל התשובה מתעוררים איברי הנרנח"י ההם כי החפץ והתשוקה אל התשובה שהיא נשמה הוא גורם להמשיך חיות הנרנח"י אל האיברים ומחיה אותם וכמו כן גורם כי בעלות קול השופר בהתעוררות הלב בתשובה גורם שהז"א שהוא הלב דכללות יתעורר להעלות מ"ן מניצוצי אחוריים דאמא ובזה מתפעלת אמא להתייחד עם אבא ולהמשיך המוחין בז"אא שכבר הוא מוכן לקבלם ונראה שאפילו יהיה בידו של האדם חטא מהחטאים המעכבים את התשובה כגון שהיה סיבה להחטיא את חבירו בזה התעוררות התשובה היום גורם לפתוח לו שערי התשובה כי שערי תשובה פתוחים כי התעוררות תשובה מעט היום הוא כנגד טורח גדול בזמן אחר ולכן עת לחננה ושעת רצון להתחרט חרטה גמורה על כל אשר נואלנו ואשר חטאנו בכלל ובפרט ולקבל כל א' ממנו לשוב מאיזה עון שבידו ואל יפחות כל אחד לשוב מאיזה חטא קל או חמור כי בזה זוכה להיות צדיק בעל תשובה ומכריע את עצמו ואת כל העולם לכף זכות וכן כתבו הראשונים שמי שלא שב בתשובה באותם הימים שקודם ר"ה ונכתב ונחתם בר"ה בין הרשעים שאם הרהר בתשובה באותו היום בצבור יקרע רוע גזר דינו ויכתב בספר החיים יען שערי תשובה פתוחים דרשו ה' בהמצאו וגו' ובפרט על הגלות השכינה ועל חרבן בית קדשנו ותפארתינו כי כל דור שלא נבנה ב"ה בימיו כו' ובפרט בדור זה:

[דל"ט ע"ב] **ידוע** למו"ר פשט טעם מצות השופר הוא לעורר הלבבות הישנים כמ"ש הרמב"ם ז"ל וז"ל אע"פ שתקיעת שופר בר"ה גזירת הכתוב רמז יש בו כלומר עורו ישנים משנתכם ונרדמים הקיצו מתרדמתכם וחפשו במעשיכם וחזרו בתשובה וזכרו בוראכם אלו השוכחים את האמת בהבלי הזמן ושוגים כל שנתם בהבל וריק אשר לא יועילו ולא יצילו הביטו לנפשותיכם והטיבו דרכיכם ומעלליכם יעזוב כל אחד דרכו הרעה ומחשבתו אשר לא טובה ע"כ ויתחרט על בטול תורה

ומיעוט מצות ומעשים טובים ועל אשר לא טוב עשה ולא על מעשיו של שנה שעברה לבד אלא על כל מעשה ימי שני חייו וגם על כל גלגוליו שעברו על הכל יביא האלהי' כו' ולכן יתחרט חרטה גמורה על אר לא טוב עשה ובזה יזכה להיות צדיק ומכריע א"ע ואת כל העולם לכף זכות. וכל א' ימחול בלב שלם לכל בן ישראל ושלא יענש שום בר ישראל בסבתו לקיים מצות ואהבת לריעך כמוך (ע"כ):

תקיעות דמיושב הם במקום הל' תקיעות דעמידה דשחרית שהיו תוקעים קודם הגזירה כי מלכיות זכרונות ושופרות היו בסדר תפלת שחרית כנודע ואחר הגזירה תקנו לתקוע אאותם אחר שחרית מיושב ומלכיות זכרונות ושופרות נתקנו בתפלת מוסף:

וכתב הרב ז"ל בליקוטים כי מלכיות הם תיקון פרצוף החיצון נה"י דזו"ן וזכרונות תיקון פרצוף האמצעי חג"ת דזו"ן ושופרות תיקון פרצוף הפנימי חב"ד דזו"ן וכנגדם נתקנו התקיעות עשרה קולות כנגד הי"ס דכל פרצוף משלשה פרצופים הנזכר כי תשר"ת בחב"ד ותש"ת בחג"ת ותר"ת בנה"י והם ג"פ תשר"ת תש"ת תר"ת כנגד הג' פרצופים הנז"ל. ונמצא כי תשר"ת תש"ת תר"ת הראשונים שהם בפרצוף החיצון נה"י דזו"ן הם בפנימיות דחיצוניות ועשה השניים שהם בחג"ת הם בחיצוניות דפנימיות ועשרה השלישים שהם בחב"ד הם בפנימיות דפנימיות:

או אפשר כי תשר"ת תש"ת תר"ת הראשונים הם בפרצוף החיצון נה"י דזו"ן דג' העולמות הנזכר והשניים בחג"ת דכולם והשלישים בחב"ד דכולם ונפקא מינה דסדרם הוא מתתא לעילא כנודע:

וכבר נודע כי עיקר חזרת המוחין בז"א היום ומיתוק הדינים הוא ע"י השופר וכל עצמו של שופר הוא לעורר לבבינו לתשובה כלומר עורו ישנים מתרמתכם ושובו אל ה' ואז תשוב ה' אימא להתפשט בז"א נמצא כי עיקר הכל היא התשובה ובלא תשובה א"א למוחין להתפשט כי כל אבר וגיד פגום או שעדיין לא נברר ולא נתקן א"א למוחין להתפשט בו כנוע לפיכך נחפשה דרכינו ונחקורה ונשובה אל ה' כל א' לפי שיעורו א' המרבה וא' הממעיט ובלבד שלא יפחות כל אחד לשוב מאיזה חטא קל או חמור ואז זוכה להיות צדיק בעל תשובה ומכריע את עצמו וכל העולם לכף זכות ונכתב בספר צדיקים לחיים ודבר זה הוא הכרח גדול בכל עת ובפרט ביום שאין בו תקיעת שופר אין לנו להשען אלא על אבינו שבשמים שע"י הרהורי תשובה זו יחזרו המוחין להתפשט בז"א וימתקן הדינים:

וכל מגמת פנינו בתפילותינו לא יהיה אלא להתפלל ולשפוך נפשינו אל ה' יתברך לפדות

השכינה מהגלות ולתברא בית אסורים דילה לאמר לאסורים צאו כמאמר התיקונים ויפן כה וכה אי אית מאן דאתער בתיובתא לתברא בית אסורים דילה ויקרא לקב"ה בתיובתא דיחזיר שכינתא לגביה אשר זה כמה ימים ושנים ושכינה בגלות בית קדשינו ותפארתינו חרב ונסתם כל חזון נבואה ורוה"ק פסקה ממנו ורוב מצות התורה גנוזים בקרן זוית עבר קציר כלה קיץ והכל תלוי בתשובה:

כל אלו הזיווגים דחיך וגרון הנזכר בשופר הם דפה דא"א [דל"ט ע"ג] והם זיווג דנשיקין דא"א להוציא ו"ק דז"א אחר שעלו ונכללו נה"י שלו בחג"ת ונזדווגו מ"ה וב"ן דחיך וגרון זיווג דנשיקין במ"ב זיווגים כנדע ומשם נמשכה הטיפה עם הו"ק דז"א דרך חוט השדרה עם ה"ח לנה"י דיליה סוד זו"ן דיליה ונזדווגו ומשם נמשכו ליסוד סוד יעקב ורחל דיליה ונזדווגו המ"ה וב"ן שבו והמשיכו להם לו"ק טיפה כלולה משלשה טיפים אש מיחם רוח והם המוחין שנמשכו מהנ"ה לו"ק אז יסוד דא"א נק' שופר צר מלמעלה ורחב מלמטה בסיומו. ואז מן המצר התחלת היסוד התחיל לקרוא לי"ה שהם או"א שימשיכו משם אליהם את הטיפה הנזכר ואמנם במרחב השופר שהוא סוף היסוד דא"א ענני יה או"א כי משם הטיפה הנז' יצאה וקבלוה י"ה או"א לתקנה בעיבור מ"ש ש"ה ח"א פ"ח:

ידוע מ"ש הרב ז"ל כי בכל ר"ה חוזר האצילות העליון לכמות שהיה בתחילת הבריאה והענין הוא כי בכל שנה ושנה יש בירור ותיקון חדש מבירורים חשים אשר עדיין לא הובררו ולא עלו ולא נתקנו מבריאת העולם וע עתה וסר תיקונו הוא כסדר התיקון שנתקן בבריאת העולם והוא פשוט למשכילים בברי הרב ז"ל כפי מה שביאר לנו בע"ח ובס' מ"ש ובכמה מקומות אמנם זהו בבחינת בירור ותיקון הנעשה בבחינת העתים והזמנים שהם השנים של השמטות והיובלות הנמנים ועולים משבעה לשבעה עד א"ס כמבואר אצלינו במ"א בהקמה ע"ש. אמנם בבחינת בירור ותיקון ששת ימי השבוע שהם פרטי ששת ימי בראשית הנמנים ועולים מעשר לעשר לשתא אלפי שני:

הנה בכל יום נברר ונתקן בכל מה שנעשה בו' ימי בראשית אמנם הוא בבחינת פרצוף אותו יום כמ"ש בע"ה וכן הוא מבואר בע"ח ובס' מ"ש ובדרוש ברכת המפיל ובכמה מקומות וזה פשוט וכתב הרב ז"ל בדרושי ר"ה ובספר הכונת הישן בדרושי ר"ח בביאור ענין חסרון ומלוי הלבנה כי י"ב חדשי השנה הם כנגד י"ב צירופי הוי"ה וי"ב צירופי אהי"ה והם ו"ק שהם ששה מלכים ז"א וו"ק שהם

ששה מלכים דנוק' ובששה חדשי
החורף נתקנים ו"ק דז"א והם מ"ה
דמ"ה עם מ"ה דב"ן הנק' דכורא
בערך ב"ן דמ"ה וב"ן דב"ן ובששה
חשי הקיץ נתקנים ו"ק נוק' והם
ב"ן דמ"ה עם ב"ן דב"ן הנק'
נוקבא בערך מ"ה דמ"ה ומ"ה
דמ"ה (כך מצאתי ונ"ל שצ"ל מ"ה
דדב"ן) וכל חדש כלול מארבעה
שבועות שבהם נתקנים ארבע
אותיות הוי"ה דכללות הי"ס דכל
קצה שהם ארבעה פרצופי או"א
וזו"ן דאותו הקצה וכל שבוע כלול
משבעה ימים לתקן השבעה
מלכים דכל א' מארבעה פרצופים
הנזכר בכל קצה והם כסדרן כי
בחדש תשרי נתקן פרצוף החסד
דמ"ה דב"ן ע"י פרצופי חסד דמ"ה
דמ"ה באותה השנה והוא אופן זה
כי בארבעה שבועות שבו נתקנים
ארבעה פרצופי או"א וזו"ן דחסד
הנז'. בשבוע ראשון נתקנים
שבעה מלכים דאבא. בשבוע שני
שבעה מלכים דאימא דחסד
הנזכר בשבוע השלישי שבעה
מלכי ז"א דחסד הנזכר. בשבוע
רביעי שבעה מלכים דנוק' דז"א
דחסד הנזכר וכל שבוע מארבע
שבועות דחדש חשון נתקנים
שבעה מלכים דכל א' מארבעה
פרצופי אבא ואימא וזעיר ונוקביה
דפרצוף הגבורה דמ"ה דב"ן ע"י
שבעה מלכים דכל אחד [דל"ט ע"ד]
מארבעה פרצופי או"א וזו"ן
דפרצוף הגבורה דמ"ה דמ"ה וכן
עד"ז פרצוף הת"ת בחדש כסליו

ופרצוף הנצח בטבת ופרצוף ההוד
בשבט ופרצוף היסוד באדר.
אמנם יש ביניהם שינוי כפי הסדר
הפרצופים דהוי"ה ואהי"ה
המתייחסים לאותו החדש כמ"ש
בע"ה. וכן עד"ז בו"ק דב"ן דב"ן
הנתקנים ע"י ב"ן דמ"ה בששה
חדשי הקיץ כי בכל שבוע
מארבעה שבועות דחדש ניסן
נתקנים שבעה מלכים דכל א'
מארבעה פרצופי או"א וזו"ן
דפרצוף החסד דב"ן דב"ן ע"י
שבעה מלכים דכל אחד מארבעה
פרצופי או"א וזו"ן דפרצוף החסד
דב"ן דמ"ה וכן עד"ז ארבעה
פרצופי הגבורה בחדש אייר
ופרצוף תפארת בסיון ופרצוף
הנצח בתמוז ופרצוף ההוד באב
ופרצוף היסוד באלול באופן כי
בהגמר י"ב חדשי השנה נגמרים
להתברר ולהתתקן הו"ק דמ"ה
ודב"ן דפרצופי האחור דזו"ן
דכללות השנה היא. וזה הסדר בין
לרבי אליעזר ובין לרבי יהושע
שאמר פנימיות העולמות אלא
שבחיצוניות העולמות מתחילים
להתתקן ו"ק דמ"ה דמ"ה עם ו"ק
דמ"ה דב"ן בששה חדשי החורף
כנז"ל ואח"ך ו"ק דב"ן דמ"ה עם
ו"ק דב"ן דב"ן בו' חדשי הקיץ
כנז"ל בעת ר"א אבל בפנימיות
העולמות שלא היתה תחילת
השנה אלא מניסן מתחילים
להתתקן ו"ק דב"ן דמ"ה עם ו"ק
דב"ן דב"ן בששה חדשי הקיץ
ואח"כ בששה חדשי החורף

נתקנים הו"ק דמ"ה דמ"ה עם שש קצוות דמ"ה דב"ן כנז"ל בדעת רבי יהושע. כי רבי אליעזר מביא ראיה מהעשבים והאילנות שהם חיצוניות העולמות ורבי יהושע מביא ראיה מבעלי חיים שהם פנימיות העולמות אפשר כי ר"א סובר כי בתחילה בו' חדשי החורף נברא ונתקן חיצוניות דדחיצוניות ואח"ך בו' חדשי הקיץ נברא ונתקן פנימיות דחיצוניות:

ורבי יהושע סבר כי בתחלה בקיץ נברא ונתקן פנימיות דפנימיות ואח"ך בחורף נברא ונתקן חיצוניות דפנימיות. או שר"י סובר שבקיץ נברא ונתקן חיצוניות דפנימיות שהם בעלי חיים ובחורף נברא ונתקן פנימיות דפנימיות שהוא האדם באופן שיש חלוקות רבות להבין ולהשוות דבריהם:

כי מתפילת ר"ה נראה שאנו עושים כדברי שניהם זה היום תחילת מעשיך:

הנסירה שבר"ה לשנת הזמנים ושבכל לילה לימי ו' ימי בראשית ולר"א בר"ה תחילת תיקון והמשכת המוחין דאב"א לזו"ן הכוללים דזו השנה הנכנסת ונסירה והמשכת מוחין דפב"פ לזו"ן דשנה שעברה והמשכת החסדים וזיווג דש"ת לזו"ן דשנת אשתקד:

ולרבי יהושע שבפסח התחלת תיקון והמשכת מוחין דאב"א לזו"ן הכוללים בזו השנה ונסירה והמשכת מוחין דפב"פ לזו"ן דשנה שעברה וזיווגא עילאה לזו"ן דשנת אשתקד:

והמשכת המוחין בליל פסח ויום ראשון דפסח לזו"ן שהם בבחי' צד הב"ן הנק' נוק' דזו"ן הכוללים דשנה שעברה והם המוחין דפנים הנכנסים בנוקבא תחילה לפי שעה להגדילה תכלית גדולתה דפנים כדי שתקח רשימו דכל המוחין כדי שיהיה לה מציאות להבנות בפנים ע"י כנז' בעמידה דחול ע"י מצות ספירת העומר:

ענין וסדר המשכת המוחין דה"ח וכללותם וכללות כללותם בנענועי הלולב בברכה ובהלל והוא להמשיך המוחין לג' פרצופים חב"ד דכל קצה מו"ק חג"ת נה"י דמ"ה וב"ן דנוק' שהם יעקב ורחל והענין כי הו"ק חג"ת ונה"י הם ב' פרצופים מלבישים זה לזה בשוה כי פרצוף דחג"ת כלול מחג"ת ונה"י מתפשט עד למטה ועליו מלביש פרצוף דנה"י גם הוא כלול מחג"ת ונה"י וג' פרצופי החג"ת מלבישים זה לזה בשוה כי החסד הוא פרצף גמור כלול מחג"ת ונה"י וכעד"ז בג' פרצופי הנה"י שכל פרצוף כלול מחג"ת ונה"י והם מלבישים בשוה לג' פרצופי החג"ת הנזכר:

ועל ג' פרצופי החג"ת הנז"ל מלבישים ג' פרצופי המלכיות שלהם וגם הם כוללים מחג"ת ונה"י ועל ג' פרצופי המלכיות הנזכר מלבישים שלשה פרצופי הנה"י ועליהם שלשה פרצופי

המלכיות שלהם ונמצא כי ג' פרצופי המלכיות דנה"י מלבישים לג' פרצופי הנה"י גוהם מלבישים לג' פרצופי המלכיות דחג"ת והם מלבישים לג' פרצופי החג"ת וזה הסדר [ד"מ ע"א] הוא בפרצופי ו"ק ומלכות דדעת וגם בו"ק ומל' דזו"ן וגם בו"ק ומלכות דנוק' שהם יעקב ורחל והנה כל פרצוף מאלו הו"ק ומלכות הנז"ל כלול משני פרצופים חג"ת ונה"י דמ"ה וב"ן עם נרנח"י דנפש ורוח וחסר לכל פרצוף ג' הפרופים הפנימיים חב"ד ואו החב"ד נמשכים לכל פרצוף ע"י הנענועים וכל זה בצלם דצ' דצלם ואח"ך בהקפה להמשיך ב' צלמי ל"מ:

והענין הוא כי בשלשה ימים הראשונים נתקנים ג' פרצופים דחג"ת ובג' ימים האחרונים נתקנים שלשה פרצופי הנה"י וביום הז' שהוא יום הו"ר נתקנים ו' פרצופי המלכיות דחג"ת ונה"י והוא כי ביום א' יכוין להמשיך המוחין לפרצופי חכמות דפרצופי חג"ת ונה"י דחג"ת וביום שני לפרצופי הבינות דפרצופים הנזכר וביום ג' לפרצופי הדעות דפרצופים הנזכר וביום ד' לפרצופי חכמות דפרצופי חג"ת ונה"י דנה"י וביום ה' לפרצופי בינות דפרצופי הנה"י הנז' וביום ו' לפרצופי הדעות דפרצופי הנה"י דנה"י הנזכר. וביום הו"ר לפרצופי חב"ד דפרצופי המלכיות דפרצופי חג"ת ונה"י דחג"ת ודפרצופי המלכיות דפרצופי חג"ת ונה"י דנה"י:

והענין באופן זה כי בג' ניענועים שלצד דרום דברכה דיום א' יכוין להמשיך המוחין דחח"ן בג"ה דת"י לחח"ן בג"ה דת"י דפרצוף חכמה דפרצוף חסד דחג"ת דחג"ת ונה"י דחג"ת ובג' ניענועי צפון לחח"ן בג"ה דת"י דפרצופי חכמה דפרצופי הגבורה דחג"ת דחג"ת ונה"י דחג"ת ובשלשה ניענועי מזרח לחח"ן בג"ה דת"י דפרצוף חכמה דפרצוף ת"ת דחג"ת דחג"ת ונה"י דחג"ת ובג' ניענועי מעלה לחח"ן בג"ה דת"י דפרצוף חכמה דפרצוף נצח דחג"ת ונה"י דחג"ת ובג' ניענועי מטה לחח"ן בג"ה דת"י דפרצוף חכמה דפרצוף הוד דחג"ת ונה"י דחג"ת. ובג' ניענועי מערב לחח"ן בג"ה דת"י דפרצוף חכמת דפרצוף יסוד דחג"ת ונה"י דחג"ת וכעד"ז ביום שני להמשיך המוחין לחח"ן בג"ה דת"י דפרצופי הבינות דחג"ת ונה"י דפרצופי חג"ת ונה"י דחג"ת:

וביום ג' לפרצופי הדעות דפרצופי הנזכר:

וביום ד' לפרצופי החכמות דפרצופי חג"ת ונה"י דנה"י כסדר יום א':

וביום ה' לפרצופי הבינות דחג"ת ונה"י דחג"ת ונה"י דנה"י:

וביום ו' לפרצופי הדעות דחג"ת ונה"י דפרצופי חג"ת ונה"י דנה"י:

וביום ז' בג' ניענועי דרום של

נֹהר שלום - לרש"ש

הברכה יכוין להמשיך המוחין לחח"ן בג"ה דת"י דפרצופי החכמות דפרצופי המלכיות דחג"ת ונה"י דפרצופי חג"ת ודפרצופי נה"י:

כל ז' ימי הסוכות כונה הסוכה הוא להמשיך מוחין לחב"ד דשש קצוות דחב"ד מחב"ד דו"ק דדעת דאו"א לחב"ד דו"ק דילהון ומשם לחב"ד דו"ק דחב"ד דז"א ומשם לחב"ד דו"ק דחב"ד דנוק' וכן ע"י הנענועים להמשיך מוחין מחב"ד דו"ק דדעת התחתון דאו"א לחב"ד דו"ק דדעת דז"א ומשם לחב"ד דו"ק דגופא ומשם לחב"ד דו"ק דדעת וגופא דנוק':

וההקפות דכל יום שיש בהם ג' בחי' אדם להמשיך מוחין מו"ק דחב"ד דדעות דאו"א וז"א ובהו"ר חוץ מבחי' יומו גם הוא להמשיך מחב"ד דחב"ד דדעות הנזכר וביום ש"ת הוא מהכתר דבחינה הנזכר:

הניענועים ביום א' הם לבד דאורייתא והם לגופא דזו"ן ומיום שני ואילך הם דרבנן והם ביסוד שהם ליעקב ורחלכ ולזו"ן נמשכים ממילא לא ע"י. וכונת העלאת מ"ן בברכת הלולב היא ביעקב ורחל וגם בזו"ן אע"פ שאינו נעשה ע"י הוא נעשה עתה בעת הזאת: [ד"מ ע"ב]

סוד הקפה לסוכות:

הנה כונת הקפה ליום א' להמשיך לרחל מקיף לאה וביום ב' מקיף יעקב יום ג' מקיף ז"א. יום ד' מקיף תבונה. יום ה' מקיף בינה. יום ששי מקיף יש"ס. וביום ז' יום הו"ר ממשיכין לה מקיף אבא ואחרי שהוא בא מכח עתיקא כופל השפעותיו ומחלק לכולם שפע באופן זה. הקפה א' מעתיקא לאבא נקודת מקיף לאה מג"ת דעתיקא ואבא נותן נקודת לאה זו ליש"ס והיא הוי"ה נקודת צירי שב"א ציר"י שב"א. הקפה ב' ממשיכין מעתיקא לאבא נקודת יעקב הוי"ה שכולה חול"ם ואבא נותן ליש"ס ויש"ס נותן נקודת לאה שהיתה בו תחילה לבינה. הקפה ג' נותן עתיקא לאבא נקודת זעיר אנפין הוי"ה בד' רביעין בלא ניקוד ואבא נותן ליש"ס ויש"ס נותן נקודת יעקב לבינה ובינה נותנת נקודת לאה לתבונה. הקפה ד' נותן עתיקא לאבא נקודת תבונה הוי"ה בניקוד אלהים ואבא נותן ליש"ס והוא נותן נקודת ז"א לבינה ובינה נותנת נקודת יעקב לתבונה והיא נותנת נקודת לאה לז"א. הקפה ה' נותן עתיקא לאבא נקודת בינה הוי"ה שכולו צירי ואבא נותן ליש"ס והוא נותן לבינה נקודת תבונה הוי"ה בניקוד אלהים ובינה נותנת לתבונה נקודת ז"א הוי"ה בד' רביעין ותבונה נותנת לז"א נקודת יעקב הוי"ה בחולם וז"א נותן ליעקב נקודת לאה. הקפה ו' נותן עתיקא לאבא נקודת יש"ס

הוי"ה שכולה פת"ח ואבא נותן ליש"ס ויש"ס נותן נקודת בינה לבינה ובינה נותנת נקודת תבונה לתבונה ותבונה נותנת נקודת ז"א לז"א וז"א נותן נקודת יעקב ליעקב ויעקב נותן נקודת לאה ללאה. הקפה ז' נותן נקודת עתיקא לאבא יְהַוָהַ כזה יהוה קמץ פת"ח קמ"ץ פת"ח והיא מחזיק אותה לעצמו ודע כי בכל א' מז' הויו"ת צריך לשתף לה הוי"ה שכולה קמ"ץ מכח עתיקא שהוא מהכתר:

כונת חנוכה:

חנוכה חנ"ה כ"ו חנה גימטריא ס"ג וכ"ו הוא שם הוי"ה עוד חנוכה עולה ט"פ והוא משם טפטפי"ה שזה השם ר"ל שטיפות י"ה יתעלו למעלה ולא ישלטו בהם הקליפות שכבר ידעת שאלו הימים הם לתקן ההוד והוד זה הוא ספירה ח' ובעבור זה יש ח' בחנוכה והיא צורת פתח וצריך להיותה סמוך לפתח טפח שטפח עולה צ"ז ובחלל שיש בין הוד ליסוד יש שם שם א"ל אדנ"י שעולה ע"ה צ"ז והיסוד של נוקבא הוא פתח וד' אותיות של שם אדנות הוא בסוד טפח לכן צריך שיהיה בין הפתח לחנוכה שיעור טפח סמוך לפתח:
כונת הפתילה היא שעולה תקכ"ה שהוא מפתילה תלצ"ה ד' שלהובים הרי תקכ"ה וה' אלהים הם ה' גבורות ממותקים שהם בסוד שמן ולא בסוד מים שהמים אינם מניחים רושם בעבור היותם חסדים גמורים אבל השמן מניח רושם שסוף סוף הם גבורות אלא שהם ממותקים ושמן זה יורד מחמשים שערי בינה דאמא ועד הוד התפטשת וחמישים שערי בינה מתחלקים כ"ה באימא וכ"ה בהוד וה' חסדים הם בסוד טיפה שעוברים מחג"ת נ"ה ה' יודי"ן כלולים מי' וי' מי' הם ת"ק וכ"ה שערי בינה הרי פתילה ויכוין כשישים אותה בתוך הנר בסוד נקודת ציון שהוא כפוף ואח"כ עולה השלהבת בסוד בנימין וכשידליק הפתילה יכוין בסוד ְ של הוד נקודה כזה ויכוין בסוד בנימין שהיא באה בסוד נ"ה. אדם קדמאה שהיא עולה סוד חנוכה במעלת כ"ב והשמן צריך שיהיה משקלו י"א בצים שהוד זה [ד"מ ע"ג] היה שקוע בתוך הקליפות שמספרם י"א. ביצה עולה צ"ז שהוא א"ל הוי"ה (ולע"ד נראה א"ל אדנ"י וצ"ע) ביצה היא י"ג דרהמים כל א' מהדרהמים היא י"ו שעורת שהם הכל מאתים ושמונה שעורות שהם ח' הויות שיש בהם ל"ב אותיות שהם באים מא' (פי' הוו של א' חלוקה לשנים והם י"ו למעלה וי"ו למטה סכ"י) שברישא דעתיקא ושורשם מנ"ה דאדם קדמאה וכשיורדים מוצאים זו הא' ולוקחים מספרה ויורדים למטה למתק הגבורות שעולים יצחק ושורש הגבורות היא פ"ר תוציא

שורש החסדים שנתמעטו בתוך הגבורות תוציא ע"ב מפ"ר ישאר ר"ח שהוא כמנין יצחק ומטעם זה לא נקרא יצחק פר כי כשישארו הגבורות בלתי שם ע"ב אז יבא שם ע"ב כנגדם כדי למתקם אבל כשהם ביחד א"א לבא ע"ב כנגדם להכניעם ועוד ששורש כולם הוא מ"ב ה"פ מ"ב עולים ר"י. וע"ב יש בו ד' יודין כלולים מעשר הם ת' נשאר משם ע"ב ל"ב הרי תב"ל כמו כן בשם ס"ג יש בו ג' יודין והאלף ששורשה יו"ד הם ד' יודין הם ת' נשאר משם ס"ג ל"ב כשתסיר ג' יודין וא' שהם ל"א הרי תב"ל וכנגדו בשם קס"א כנ"ל כמו כן בשם מ"ה יש בו ג' אלפין שהם בשורש יו"ד ועם יו"ד של שם ד' יודין כלולים מעשר הם ת' נשאר משם מ"ה ל"ב כשתסיר י"ג שהם שלשה אלפין ויו"ד הרי תב"ל כנגדו בשם קמ"ג יש בו שני אלפין ששורשם יודי"ן ויו"ד של שם הרי ש' נשאר קל"א ועם הכולל קל"ב הרי תב"ל וזהו כשתסיר י' ושני אלפין שהם י"ב כמו כן בשם ב"ן יש ב' ההין של המילוי כל א' בצורת ד"ו הרי ב' יודינו ויו"ד של השם הקרי ג' יודין הרי ש' וט' אותיוו עם הכולל הם י' כלול מעשר הרי ת' ישאר משם ב"ן ל"ב הרי תב"ל כנגדו בשם קנ"א יש בו ב' ההי"ן של המלוי בצורת ד"ו הרי ב' יודין ויוד של שם הרי ש' נשאר משם קנ"א קל"א ע"ה הרי קל"ב שהוא תב"ל ד"פ תב"ל הם אלף

ושבע מאות ועשרים ושמונה וסימנך אל תשכ"ח אלף שכ"ח שש עגלות צ"ב עגלה על ב' הנשיאים שהם כוונו לעשות זווג אלהי"ם ואהי"ה שעולה עגל"ה ע"ה והוי"ה יש לה י"ב צירופים וכולם נתמלאו במלוי ע"ב בעבור היות המקריב אהרן שהוא חסד וכל אחד לקח המלוי מ"ו מ"ו שהם שני מלוי ע"ב הרי צ"ב וכל א' כיוון לתקן ה' פרצופים שהם ת"ק וששה שלה הרי שור לא' ששה צ"ב עולים תקנ"ב ולכל א' יש לו א' מהאלף של עתיקא שהיא השורש של אהי"ה הרי לכל א' ל"ב י"ב פ' ל"ב הם שפ"ד תקנ"ב הם במנין י"ג תיקוני דיקנא דעתיקא שהם י"ג פ' ע"ב ואחר שכל אלו התיקונים הם לתקן להוד שהוא פסיעה לבר וניקודו יוכיח ואחר שיום א' הוא ממתק הגבורה ראשונה שהיא בינה. בינה עולה ס"ז אאל אדנ"י צ" הוי"ה בניקוד אלהים ג"כ עולה צ"ו עולים כולם נט"ר עם הכולל עולה ר"ס שהם י' הויות ואלו הי' הויות הם ביום כשאומר ההלל. ביום שני של חנוכה צריך לכוון למתק גבורה ב' שהיא גבורה שעולה רי"ו וצריך לכוין כשאומר הברכה בשם יכוין במלוי אלפין ויכוין באלף של מילוי ה"א אחרונה יכוין אותה כזה **אׄ** שהיא יו"ר שעולה רי"ו וה"א הוא ה' אותיות אלהים. להים ורי"ו עולים ש"ב ב"פ ש"ב עולה תר"ד שהם שש עגלות צ"ב שש ושני

אותיות והכולל וכולל הכולל הם תר"ד והש"ב השני שאנו מחשבים הוא מאלף של ה"א ראשונה שג"כ עולה בצורת הנזכר רי"ו וה' ראאשונה הוא אותיות אלהים בגי' פ"ו ורי"ו עולה ש"ב אחר ואלו הם שני פעמים ש"ב הנזכר והנשיאים כיוונו למתק כ"ד צירופי אדנות עם כ"ד צירופי הוי"ה כיצד ש"ב עם יו"ד של וייצר שהוא כנגד שני יצירות זעיר בסוד טיפה ויסוד בסוד טיפה ובעבור זה הניקוד של אמא בצירי שהוא ב' יודין כנגדו ב' יצירות של זעיר הרי ש"ב ועוד יו"ד הרי יש"ב שהם י"ב צירופי הוי"ה וש"ב השני עם י' השנית [ד"מ ע"ד] הרי יש"ב אחר כנגד י"ב צירופי הוי"ה אחרים שהם כל הצירופים כ"ד כשתתן הפרש בין ה"א ראשונה של הוי"ה לה"א אחרונה שתבין הכ"ד צירופים איך הם וכל אאלו הם לתיקון הוד שבינה דאמא אתלבשת בהוד שלה ומכח זאת הארה יכול לקחת הניצוצות שהם מובלעות בקליפות בסוד טיפה ואלו הנשיאים כוונו לקחת כל אחד צירוף א' הוי"ה מיש"ב הרי לכל נשיא ב' צירופים ב' הויו"ת שעולים ב"ן ושם ב"ן יש לו ט' אותיות וכל נקודות בציר"י שהוא ניקוד אאימא כנזכר לעיל תשעה פעמים עולים ק"פ וכולל הנקודות וכולל השם הם קפ"ב כמנין יעקב שהם ב' עקב א' של הוד וא' של נצח שבתיקון הוד נתקן גם נצח והם ב' עקב והם לוקחים היו"ד שהם הניצוצות הנבלעות בתוך הקלי' בסוד יו"ד ונכללים בתוך הקדושה ונעשה יעקב כמו שעשה יעקב לעשו:

בחנוכה כשתשים השמן תכוין בשם בָּיָ"טְ שהוא שמן בא"ת ב"ש והניקוד ב' קמצין ושב"א הקמצי"ן מורה על היותו נמשך מנה"י של א"ק ונמשך ובא בכל הפרצופין שהם ה' כנודע ושורה במנורה שנקודתה שב"א וזה הניקוד עולה בגי' ב"ן והשם עצמו עולה אהי"ה הרי שם ע"ג וכך עולה חנוכה חנ"ה כ"ו חנ"ה עולה ס"ג להורות שזה הרגל מאיר בו אימא עילאה עוד יכוין שחנוכה עולה פ"ט והוא משם. טפטפיה שי"ה צריכים אנו להשלים שם זית כיצד שמן עולה ש"ץ ובמ"ק עולה (פ"ט) י"ב הרי ב"ת ועם י"ה הרי זית. וכשמברך יכוין בשם הוי"ה במילוי יודי"ן שעולה ס"ג ויכוין בשם אהי"ה דיודי"ן שעולה קס"א שהוא הכל בגימטריא רכ"ד שהם ב' יב"ק וכשאומר להדליק יכוין בשם קמ"ג ובמלוי שם ע"ב שהוא ל"ו שכך עולה להדליק שמלוי היו"ד שהם ו"ד הם לצורך הנוקבא. ב' אל בינה דא"ק וב' אל שבפנים דא"א באים אל תוך זעיר ויושבים בשפת החור ואלו הב' א"ל הם ד' אותיות שהם ארבע אצבעות של טפח הסמוך לפתח ויכוין שעשה נסים נ"ס נו"ן סמ"ך שעולים רכ"ו שהוא ברו"ך. קנ"א ב"ן עם

אותיותיהם י"ט וד' אותיות השם עולים רכ"ו ואותיות נס במילואם יש בהם נס חר והוי"ו רומז לפתילה זמן עולה בגי' צ"ו אל אדנות ע"ה ג"כ עולה צ"ו שהם זו"ן שמש וירח שהם זמנים. באלהינו יכוי"ן אלהים בודין ונו"ן של אלהינו רומז לזעיר ונוקביה. בלילה ראשונה גבורה א' שהיא בינה שעולה ס"ז הוי"ה בניקוד אלהים עולה צ"ו אל אדנות ג"כ עולה צ"ו הרי צ"ו לצ"ו עם ס"ז בגימטריא נט"ר וע"ה הרי ר"ס שהם שתי פעמים אדנות בריבוע עם האותיות את"ה בגי' ב"פ ג"ר והם שתי שמות קנ"א ב"ן רחל לאה בסוד ראש ועקב על חור פתן י"ה אדנ"י עולים פ' והם ברגלי לאה וה' אלהים שעולים בימטריא ת"ל וב' יודין של וייצר עולה הכל פת"ן ועומדים שם כדי שלא יעבור פתן החיצון ואלו הב' יודי"ן הם כנגד ב' יצירות של ויצר והם כנגד רחל ולאה הנזכר וש"ה של שעשה הוא ב' אהי"ה מלאים שהם קנ"א קנ"ב ושני כוללים שהם כמנין ש"ה. דע שיש בשלהבת ש"ת הב"ל והם במדריגה א' ביסוד דאבא אלא שההבל הוא יותר פנימי משת כי שת הוא למטה בסוד וחשופי שת וזה השלהבת יוצאת מי"ה וזהו שלהבת י"ה כיצד יוצא מי"ה שלהבת דע כי י"ה דמלוי כזה יו"ד ה"י תכה יו"ד בה"י הם ש' וה"י ביו"ד הם ש' עולה בגי' ת"ר והיו"ד תכה מינה ובה י' פעמים י' הם ק'

וכן ה"פ ה' הם כ"ה הרי תשכ"ה וז' תיבות של ב' הכאות הרי תשל"ב וכשמתפשטים אותיות אל כשיוצאים מטיבור ז"א באור חוזר היו"ד שיוצאת תחילה היא פוגעת בה"א שיורדת אחריה ומכה שם ומתמלאים ונעשים חמשה אותיות הרי שלהבת עוד יש בשלהבת ג' גוונים ששמם הוא זה זהרירו"ן מיכא"ל ושורשם שהוא קס"א והג' היתרים הם הג' שמות [דמ"א ע"א] ואלו הם דבריאה וביצירה הם ג' פעמים גבריא"ל ע"ה שכולל אותם ובעשיה הוא שם כפירירו"ן ושם קס"א שג"כ כולל שם שלהבת אלו ה' שלהביות חשבונם עולה שלשת אלפים תרפ"ה והם מכופלים שהם ז' אלפים ש"ע כמנין ש"ע שהעי"ן עולה לשבעה אלפים ולשבעים בלב"ת אש עולה ג"כ שלהבת עם ד' אותיות ע"ב עולה שלהבת כשתסיר ד' יודי"ן הם ת' נשאר משם ע"ב ל"ב הם ש"ך וי' אותיות של מלוי ע"ב וד' יודי"ן ול' במ"ק הם שבעה הרי שלהבת ושם ס"ג עולה ג"כ שלהבת כיצד תסיר שלשה יודי"ן ואל"ף שבאמצע השם ששורש ה"א היא יו"ד נמצא שהם ד' יודין שהם ת' ונשאר ג"כ ל"ב כמו שנשאר משם ע"ב הרי תש"ך וי"ז כו משם ע"ב הרי שלהבת. ובשם מ"ה יש ג"כ שלהבת כיצד ג' אלפין והיוד של השם הם ת' שכבר אמרנו ששורש האלפין הוא יו"ד נשאר מהשם ל"ב תחשוב בשמות

הנ"ל והוא שלהבת ושם ב"ן ג"כ עולה שלהבת כשתצייר הב' ההי"ן בצורת ה' הם שני יודין ויו"ד ראשונה וכללות השני ההי"ן שהיא יו"ד אחרת (שהם יודי"ן משני ההי"ן) הרי ארבע יודין הם ת' נשאר משם ב"ן ל"ב כשתחשוב מה שלקחנו שהם עשרים נשאר ל"ב תחשוב כנ"ל הרי שלהבת (ותכוין שלא להפרידה מהגחלת):

סדר פורים:

ליפשוט לי מר האי ספקא שנפל לי בענין פורים ולתרץ לי קושיא א' שנפל לי בענין פורים והוא כי הנה נודע מ"ש הרב זל"ה בפ"ב משער מיעוט הירח ובשער הכונות כי בזמן גלות בבל היו זו"ן עומדין אב"א במוחין דגדלות דאב"א ובסוף השבעים שנה נסתלקו המוחין מז"א ונכנסו בה ואז יצאה הארת מרדכי ואסתר ואח"ך נגזרה הגזירה ההיא ואז השי"ת ברחמיו האיר הארת מרדכי ואסתר משמע שהוסיף להאיר בהם הארה מחודשת כי הם עצמם כבר היו מגולים מקודד הגזירה אע"פ שבכאן יש כמה פרטי שאלות אחרות כי כבר היו מרדכי ואסתר בעולם מקודם הגלות וכיוצא באלו השאלות אין לנו להתעסק בהם עתה ועי"ז לא יכלו הקליפות לשלוט בהם ואדרבא נהפוך הוא מרוב ההארה ההיא כי נסתמו עיניהם והנה בכל שנה ושנה שחוזר ונאור אותו האור נסתפק לי אם חוזרים זו"ן לעמוד אב"א עם מוחין דגדלות דאב"א והמוחין בה מתחלת ליל פורים וכל היום ההוא מצד עצמו של היום. ונפקא מינה שאם כך הוא אין לכוין בק"ש דערבית וכן בתפילת ערבית ולא בק"ש דמטה ודקרבנות ודיוצר ולא בברכה א' דשחרית עד באהבה. או אם נאמר שאין כל זה נעשה מצד היום עצמו כי הנה באותו זמן כל זה כבר היה עשוי מאליו ועיקר של הנס היה אותה ההארה שהוסיף להאיר במרדכי ואסתר כנ"ל וזאת ההארה המחודשת היא אשר מתגלית בכל שנה ביום פורים לכשיכנסו המוחין בה בזן הראוי להם והוא בעמידה דשחרית כנודע באופן שאין שום שינוי בין פורים לשאר ימות השנה רק באותה ההארה שביום פורים עוד תוסיף תת כחה לבלתי תתבטל כל היום ההוא מן באהבה דשחרית ואילך עד סוף היום כי אם כפי הספק הא' נמצאו ב' נסים א' להביא המוחין וא' לקיים אותה ההארה כי אין גלות זה דומה לגלות בבל כנודע. ועוד צ"ל עיון איך קבעו לנו רז"ל פורים באדר והיה ראוי לקובעו ביום שני דפסח כי בו ביום נתגלית אותה ההארה ונתבטלה הגזירה בשלמא באותה השנה הא' של הנס כי בו ביום אשר שברו אויביהם לשלוט בהם ונהפוך הוא ש"ד אבל לדורות

אשר קבעוהו להם זכר לאותה ההארה היה ראוי לקבוע בפסח:

ובענין פסח צל"ע איך כתב בשער הכונות שבגלות מצרים חזר הז"א לעיבור ג' גו ג' ואע"פ שאינו כפשוטו [דמ"א ע"ב] שחזר ממש לתוך אימא אלא ר"ל שנסתלקו כל המוחין ולא נשאר בו כי אם מוחין דעיבור שהם אל"ם ואפי' מוחין דיניקה לא נסתלקו אלא שלא היו פועלים והיו שם דוממים בסוד דומי"ה ושסיבת הגלות היה על עשרה דמים והלא בשער מיעוט הירח כתב שבזמן גלות מצרים היו הזו"ן עומדים אב"א עם מוחין דגדלות דאב"א כנודע ואין הה' ספי' עליונות דז"א מאירים בנוקבא העומדת אחורי הנה"י שלו וסיבת הגלות ת' שנה היה לסיבת חסרון הארת הה' ספירות עליונות בד' תחתונות דיליה ששם עומדת הנוקבא ותשובתו הרמתה כו':

(**א"ה** עיין של"ו פ"ב שהניחו בצ"ע ומצאתי תירוץ לזה בכ"י משם הרב הגדול חק"ל כמהר"ר דוד מאגאר זלה"ה וז"ל:

הנה נודע כי סוד יצ"מ ומה שחזר ז"א לבחי' עיבור דג' כלול בג' הכל הוא בבחי' פרצו' המוחי' דזו"ן כי כל דרושי הרב ז"ל בענין עיבור יניקה ומוחין דחיצוניות ופנימיות כולם הם מדברים בענין כללות פרצופי המוחין דזו"ן כי כל מה שהיה נוגע לפרצוף זו"ן דאצי' ולכל פרצופי בי"ע שהם חותם פרצופים דאצי' כולם כבר נגמרו ונתקנו בזמן הראוי להם בעת שעלה ברצון המאציל והאציל וברא ויצר ועשה כל העולמות כולם בצביונם ובתיקונם ואי שייך בהם לא מיעוט ולא ירידה ולא גדלות ולא קטנות וכל כוונתינו וכל דרושי הרב ז"ל כולם מדברים בפרצוף המוחין דזו"ן דכל העולמות כי אנחנו בנים לזו"ן כמש"ה בנים אתם לה' אלהיכם וע"י מעשינו אנו מתקנים פרצוף המוחין דזו"ן וזו"ן שהם בנים לאו"א מתקנים פרצוף המוחין דאו"א הנקרא גם הם זו"ן בערך מה שלמעלה מהם וצריכים עיו"מ והכל נתקן ע"י זו"ן דאצי' שהם בנים שלהם. ועד"ז או"א לא"א ונוק' וא"א ונוקבה לעתיק ונוק' וע"י ונוק' לא"ק והכל תלוי כפי מעשינו ופעולתינו ע"י קיום התורה והמצות וכל מה שאנו פועלים בזו"ן דאצי' כן גורמין ופועלים זו"ן לאו"א וכעד"ז כולם כי מה שנתקן ע"י המאציל יתברך בעת התיקון העולמות הוא זו"ן הכוללים דכח פרצוף ופרצוף שהם הז"ת דכל פרט ודכל כלל פרטי א"ק וע"י וא"א ואו"א וזו"ן דאבי"ע וכל דרושי הרב ז"ל כולם הם בנויים על ערכי הכנויים כי לפי ערכנו אנחנו בנים לזו"ן וזו"ן דאצילות דוקא הם החסרים עיו"מ וצריכים להשלימם על ידינו אמנם או"א הם שלמים וכ"ש הפרצופים שלמעלה מהם וזה כלל גדול שכל

עבודתינו וכל כוונת התפילות והתורה והמצות הכל הוא בפרצופי המוחין דזו"ן ובזה אל תתמה במ"ש הרב ז"ל שבגלות מצרים חזר ז"א לבחי' דג' כלול בג' תכלית המיעוט בתוך אימא דאצי' מי היה המדבר עם מרע"ה מי היה מוציא את ישראל ממצרים ואיך נתקיימו כל העולמות בי"ע עכ"מ):

דרוש יקר הערך בענין הדעת:

אמר חיים ויטאל הנני מחבר דרוש יקר הערך בענין הדעת וזולת זה הדרוש אין שום ידיעה שורשית בעניני הי"ס ואכתוב משנלע"ד בו מכל אשר עיינתי בספר הזה:

דע כי אע"פ שהוזכר תמיד היותם י"ס אינם רק ה' ספירות וכל ספירה הוא פרצוף אחד וכולל עשר מדות והם א"א ואו"א וזו"ן וזה פרטם כי ספי' הכתר כוללת עשר מדות ונק' א"א וספי' החכמה כוללות עשר מדות ונק' אבא וספירת בינה כוללת עשר מדות ונקרא אימא וספי' הדעת דחסדים כוללת עשר מדות ונק' זעיר אך כשנאצל לא היו בו רק שש מדות חג"ת נה"י שבדעת והם הם החג"ת נה"י הנקרא אצלינו מכלל הי"ס אבל אין רק מדות ולא ספי' כמו הג' ספי' הראשונים וספי' הדעת דגבורה כוללת עשר מדות ונקרא נוק' דזעיר אך כשנאצלה לא היה בה רק מדה [דמ"א ע"ג] א' לבד העשירית והיא מל' שבדעת הנזכר והיא היא המל' הנק' אצלינו מכלל הי"ס אבל אינה רק מדה א' ולא ספירה ואלו הה' פרצופים נרמזו בשם ההוי"ה בקוצו של יו"ד ובד' אותיותיו ולפי שהכתר אינו מכלל הי"ס והושם ספי' הדעת במקומו לכן נרמז בקוץ היו"ד ולא באות ממש ונמצא כי עיקר הפרצופים הם ד' או"א וזו"ן והם ד' אותיות ההוי"ה והם נכללות בג"ס בלבד שהם חב"ד ודעת כלול מב' עיטרין וז"ס פסוק ה' בחכמה יסד ארץ כונן שמים בתבונה בדעתו תהומות נבקעו ונמצא כי כל העולמות אינם רק שלשה בחינות חב"ד והסיבה היא כי שרש הכל הוא החסד והדין והרחמים ולפי שהרחמים מכריע ביניהם ריך שימצאו בו ב' בחינותיהם והם חו"ג תרין דעות ואלו עצמם הם ג' בחי' כהן לוי ישראל והם נר"ן והנה כל פרצוף מאלו הד' כלול מעשר מדות אשר כל העשרה אינם רק ספירה אחת כנזכר גם דע כי כל פרצוף היותר זך מתלבש תוך התחתון:

ונתחיל מן הראשון הנה ספי' הכתר היא נשמת האצילות ונחלק לג' מוחין חב"ד שהם נר"ן ג' חלקי הנשמה כיצד עתיק ונוק' חו"ב והם נשמה ורוח ואריך ונוק' הם זו"ן שבכתר ונק' דעת ונפש ושלשתם ג' חלקי הנשמה אח"כ ספי' חו"ב הם רוח דאצי' ונחלקים

לג' מוחין חב"ד שהם נר"ן ג' חלקי הרוח. כיצד או"א חו"ב והם נשמה ורוח והדעת שהוא זו"ן שבהם שהם ישסו"ת נק' נפש ושלשתם שלשה חלקי הרוח ואח"כ ספירת הדעת היא נפש דאצי' ונחלק לשלשה מוחין חב"ד שהם נר"ן ג' חלקי הנפש. כיצד זו"ן חו"ב והם נשמה ורוח והדעת של הדעת שהוא זו"ן שבהם הם יעקב ולאה ונקראים נפש ושלשתם הם ג' חלקי הנפש וכל הבחי' הנזכרי' כלולים מעשר ומתלבשים זה בתוך זה ונמצא כפי זה כי הדעת בכל מקום הוא זעיר שבבחינה ההיא וא"כ כמו שזעיר היה בו בתחילה קטנות שהם ו"ק ואח"כ נתוספו בו ג"ר כן ב' הבחי' יש שם בדעת דעת עליון כח"ב שבו דבוק תחת או"א ודעת תחתון שהם ו"ק והם למטה בז"א בקטנותו:

ונבאר עתה כל זה בפרטות פרצוף אחד שהוא זעיר וממנו תקיש בכללות כל הפרצופין יחד דע כי ז"א הוא פרצוף אחד כולל עצמות וכלים והכלים שבו הם נכללים בג' כי הכבד למטה וכולל עשר מדות שהם כל האיברים ומתלבש ע"י הורידין שב בכל הגוף והלב גבוה ממנו וכולל עשר מדות ומתלבש תוך בחינת הכבד ע"י הדפקים שבו ומתפשט בכל הגוף והמוח גבוה מכולם וכולל עשר מדות מתלבשים תוך בחי' הלב ע"י הגידים המתפשטים ממנו ומתפשט בכל הגוף ועד"ז ממש נחלק העצמות בג' נשמה ורוח ונפש מתלבשים זה בתוך זה ומתפשטים בכל הגוף לכן הכבד משכן הנפש והלב משכן הרוח והמוח משכן הנשמה והנה בהיות זעיר בזמן העיבור ג' כלילן בג' אין לו אלא נפש ובזמן היניקה שנתפשטו שש קצוותיו יש לו גם רוח ובזמן הגדלות יש לו גם נשמה כי גדלו בו ג"ר שבו ונשלם לעשר מדות:

ונבאר עתה ענין הגדלות הנקרא מוחין והטעם הוא כי המוחין הם כלי של הנשמה וכמו שהנשמה נחלקת בנר"ן שבה כן המוחין נחלקים בג' והם חב"ד שבו ונודע כי כל מוח מאלו כלול מעשר מדות ומתלבשים זה בתוך זה בכל הגוף דזעיר כיצד מוח חכמה תוך מוח בינה ומוח בינה בתוך הדעת וא"כ אע"פ שהדעת הוא זעיר שבג' חלקי הנשמה הנה כלול מעשר אלא שהוא כדמיון הזעיר שיש לו תחילה ו"ק ואח"כ ג"ר כן מוח הדעת יש לו ו"ק ונקרא דעת תחתון כי הוא נשמה לו"ק זעיר ודעת עליון והוא ג"ר שבו שהם חב"ד שבדעת ואלו עומדים למעלה תחת תרין מוחין חו"ב דזעיר וכאשר נגדל הזעיר ויש לו ג"ר ונמצא סמוך ראאשו תחת או"א ממש לוקח דעת העליון העומד שם ג"כ. ועוד דע [דמ"א ע"ד] כי כמו שזעיר הוא בן אחד שנולד מזווג או"א כן הוא הדעת נולד ע"י זווג חו"ב ב' מוחין דזעיר וכמו

שנולדה נוקבא דזעיר עמו כן עיטרא דגבורה שבדעת נולדה עם החסדים שבדעת מזווג חו"ב וב' העיטרין נולדים תאומים כדמיון זעיר ונוקביה ואח"כ ננסרים ומתפרשאן ואז דעת החסד נשאר בזעיר ודעת הגבורה ניתן לנוקבא הארותיו בתחלה שלא ע"י זווג לבנין פרצופה ואח"כ בעת הזווג נותן לה הגבורות עצמם עכ"ז נשארים בו שרשיהם כדי שלא יהיה גם הוא דעתו קלה והנה כיון שהדעת התחתון הוא בחי' זעיר שבדעת נמצא כי דעת עליון שהוא חב"ד שבדעת שהם או"א של הדעת תחתון יתלבשו בתוכו ונמצא כי בו"ק זעיר מתלבש דעת תחתון ולפנים ממנו יתלבשו ו"ק הדעת העליון ויהיו נשמה אליו כדרך או"א אשר מתלבשים שש קצוותיהם בלבד תוך זעיר:

כלל העולה כי בחי' הדעת של זמן הגדלות דז"א הוא בחינת חלק הנפש של הנשמה ונק' בחי' זעיר של הנשמה ונחלק לב' בחי' חב"ד שבו נקרא דעת עליון והם או"אא ודעת שבדעת וז"ת שבו נקרא דעת תחתון שהואא זעיר שבדעת ובהיות ז"א גדול מתלבש דעת תחתון בו"ק וו"ק שבדעת עליון מתפשטים תוך דעת התחתון וג"ר שבדעת העליון נשארים מגולים למעלה בראש ז"א (ונק' ב' מוחין חו"ב דז"א) וו"ק של ב' מוחין חו"ב דז"א מתלבשים בתוכם ועד"ז יהיה בבחי' ג' מוחין דיניקה וג' מוחין של עיבור בהיות הז"א קטן כי הדעת שבהם הוא חלק הנפש של הרוח או חלק הנפש של הנפש ומזה תקיש לבחינת הדעת של כללות עולם האצי' כלו ביחד באופן כי לעולם הדעת בחי' זעיר ברא דאו"א בכ"מ שהוא וכנזכר איך ג' מוחין חב"ד נשמה ורוח ונפש והנה כמו שנתבאר כי מוח הג' הנקרא דעת כלול מעשר מדות ויש בו ב' בחי' דעת כן כל מוח מהשנים אחרים הנקרא חכמה או בינה כלול מעשר ויש בו דעת כלול מב' בחינות ונמצא כי כשמזדווגת איזה מדה מעשר מדות שיש בפרטות איזה פרצוף עם חברתה כגון מוח חכמה דזעיר עם מוח בינה שבו מזדווג ע"י בחי' הדעת שבו עצמו רוצה לומר ע"י היסוד שבסוף הדעת התחתון שבמוח החכמה אלא שלהיותם בחי' מוחין אין אנו מזכירין שם יסוד שהוא בחי' ו"ק תחתונות וכשמזדווג הזעיר עם לאה שהם פרצופין נבדלים ונפרדין אז מזדווגים בחי' ג' המוחין שלו ע"י הדעת שהוא המוח הג' כלו וגם בזה יהיה פירושו ע"י היסוד שבדעת העליון שבמוח הג' הנק' דעת אך אינו נקרא בשם יסוד להיותו בחי' מוחין דזעיר וכשמזדווג זעיר עם רחל אז הזווג ההוא ע"י היסוד תחתון דזעיר אשר בו מתלבש נשמתו שהא יסוד הדעת התחתון ועד"ז למעלה באו"א כי כשמזדווג אבא

עם אמא הוא ע"י היסוד העליון שבו אשר בסוף דעת דאאבא עצמו הנקרא דעת עליון ובהזדווגם יחד בבחי' שש קצותיהם הנקרא ישסו"ת אז הוא ע"י היסוד התחתון שהוא יסוד הדעת התחתון ולהיות או"א בחי' מוחין של כללות האצילות לכן אין נזכר היות זווגם ע"י היסוד שבהם אלא שם דעת אפילו בזווג שש קצותיהם שהם ישסו"ת משא"כ בזעיר שזווגו העליון הוא ע"י הדעת שבו והתחתון ע"י יסוד ממש שבו כנזכר ונמצא כי כשאנו אומרים שמזדווגים או"א ע"י הדעת הוא ע"י דעת שבו שבפרצוף אבא עצמו ולא ע"י הדעת אשר תחת או"א שהיא בחי' ג"ר דגדלות דז"א כנז"ל כי זה נקרא בן שלהם ואינו יסוד שבהם עצמם בפרצופים ואמנם עולה הוא תוך דעת עצמו דאבא להיותו שם בחי' מ"ד כנודע אבל הזוג עצמו לעולם אינו אלא היסוד והדעת (נ"א או הדעת) הנכנסים בנקודת ציון יסוד הנקבה ועי"כ הוא החבור והזווג וכן בהזדווג ב' מוחין חו"ב דזעיר זה עם זה הוא ע"י הדעת או היסוד שבמוח החכמה לא ע"י הדעת שהוא המוח הג' כי זה הוא בן שלהם ולא [דמ"ב ע"א] יסוד את דעת מכלל פרצופים ומבשרינו נחזה אלוה כי אין זווג איש עם אשתו ע"י הבנים שלהם כי אם ע"י היסוד של עצמם. והנה גם בענין המוחין דזעיר יש חילוק א' וצריך לבארו והוא כי נודע שיש לזעיר ב' בחינות מוחין ג' מצד אבא וכלם נקרא מוח א' חכמה דזעיר וג' אחרים מצד אימא וכלם נקרא מוח אחד בינה דזעיר והנה אלו החכמה עם הבינה בהזדווגם יחד הוא ע"י מוח הג' דאבא הנק' דעת דמוחין מצד אבא כי הדעת הזה הוא מן כללות עשר מדות שבג' מוחין אלו ואמנם כשמזדווגים ב' בחינות חו"ב פרטיות ששניהם מצד מוח חכמה הכוללים אינו אלא ע"י הדעת הפרטי שבחכמה הפרטית שבג' מוחין דאבא ולא ע"י מוח הג' ממוחין דאבא הנקרא דעת בפ"ע בן להם כנז"ל והנה הם דעת א' מצד אבא מוח הג' שבג' המוחין ההם והוא כולל ה' חסדים וה' גבורות ודעת ב' מוח הג' שבג' המוחין שמצד אימא וגם הוא כולל חסדים וגבורות וכל דעת מאלו נחלק לב' בחי' דעת עליון ודעת תחתון כנז"ל. וכפי זה צריך להודיע ענין אחר כי ברוב המקומות שתמצא בס"ה ובספרינו זה ענין ג' מוחין דזעיר אין הכוונה אלא על כללות כלם רוצה לומר כי כשמזכיר חכמה דזעיר ר"ל כללות ג' מוחותיו שמצד אבא כי כולם נקרא חכמה סתם דזעיר והיא נשמה לנשמה שבו וכשמזכיר בינה דזעיר ר"ל כללות ג' מוחותיו שמצד אימא והם נשמה שבו וכפי זה יצא לנו טוב טעם למה אי אנו מונין את

הדעת לספירה בפ"ע מכלל הי"ס דזעיר והוא כי כפי האמת אין בו רק ב' מוחין מוח חכמה דמצד אבא הנכלל מג' מוחין פרטיים חב"ד שבה ומוח בינה דמצד אמא הנחלק לג' מוחין פרטיים חב"ד שבו ואמנם בחינת מוח ג' דעת כלול מג' מוחין אחרים פרטיים אין בו כי אאין למעלה בחינת פרצוף דעת זולת ב' פרצופים של או"א כי הדעת שבזעיר אינו רק מבחינת השני דעות שיש ב' המוחין שבו מצד או"א ולא מפרצוף ג' זולת ב' פרצופי או"א באופן כי חו"ב דמצד אבא נקרא חכמה שבו וחו"ב דמצד אימא נקרא בינה שבו ודעת דמצד אבא ודעת דמצד אמא הם דעת שבו אך כפי האמת חב"ד דאבא נקראא חכמה שבו וחב"ד דאימא נקרא בינה שבו אך מוח שלישי בפ"ע לכשיהיה בחינת דעת זולת ששה מוחין הנזכר אין בו וא"כ צריך לבאר כי כמו שבפרטיות הפרצוף יש דעת בפ"ע למה לא יש בכללות י"ס עולם האצילות בחי' דעת בפ"ע והענין הוא כי פרצוף ז"א כלו הוא נקרא דעת וכמו שנתבאר אצלינו כי כל האצילות נקרא חב"ד שהן נר"ן. (ע"כ מצאתי כתוב מהדרוש הזה):

דרוש י"ט בענין הדעת של ז"א באורך:

דרוש בחינת הדעת אשר לאו"א וז"א בביאור גמור נכון הנה ג' מוחין יש לאבא למעלה בראשו בג' חללי גולגלתא והם חו"ב ולמטה משניהם הוא הדעת המכריע ביניהם וזה נקרא דעת עליון דאבא ואלו נעשו באופן זה כי החכמה נעשית מפרק היד הימנית דאריך המתלבש בו והבינה מפרק הזרוע הימני דאריך המתלבש בו והדעת מן הרביע הימיני העליון דת"ת דאריך המתלבש בו עוד יש דעת ב' תחתון כלול מה' חסדים המתפטים למטה בו"ק שבו והוא נעשה מפרק הזרוע המחובר לכתף ימין דאריך המתלבש בו ועד"ז באימא כי החכמה שבה נעשית מפרק היד השמאלית דאריך המתלבשת בה והבינה מפרק הזרוע השמאלי דאריך המתלבש בה והדעת מן הרביע שמאלי העליון דת"ת דאריך המתלבש בה וזה נקרא דעת עליון דאימא ואמנם בז"א הוא באופן אחר כי בג' חללי גלגלתא יש ג' מוחין הנז' והנה [דמ"א ע"ב] בו הם כפולים כי יש בו ג' מוחין נמשכים מג' מוחין אבא הנז"ק והמות הג' שבהם הנק' דעת נקרא דעת עליון שבו המכריע בין חו"ב ועוד יש בו דעת ב' תחתון הנעשה מן פרק הסמוך לכתף ימיני דאריך שנתפשט בו"ק דאבא ומן הראוי היה כי גם בזעיר יהיה הדעת זה תחתון מתפשט בו"ק כיון שנמשך מן שתי קצוות דגופא

דאריך וכן מו"ק דאבא אמנם כשאין פגם בתחתונים עולה גם בראשו דזעיר וכשיש פגם בתחתונים יורד בין תרין כתפין דגופא דזעיר ועד"ז ממש יש לו ג' מוחין עליונים מצד אימא בראשו והדעת הזה נקרא דעת עליון מצד אימא ועוד יש בו דעת תחתון נעשה מפרק הסמוך לכתף השמאלי דאריך שנתפשט בו"ק של אימא וגם זה הדעת התחתון דמצד אימא לפעמים עומד בראש זעיר ולפעמים יורד ביןג תרין כתפין דזעיר ע"ד הנז"ל בדעת תחתון שמצד אבא. ודע כי כמו שהמוחין שבראש הם תרין מוחין חו"ב והדעת עליון מכריע ביניהם למטה מהם כן הוא בדעת התחתון דזעיר כי יש בו ב' מוחין שהם תרין כתפין דאריך ונקרא ב' עטרין חו"ג ועוד למטה מהם יש בחינה דעת המכריע בין ב' עטרין הנזכר וההפרש הוא כי הג' מוחין ראשונים נקראים חב"ד אך ג' אלו התחתונים כולם נקראים בחינת דעת א' לבד עם היות שהם במקומם נקרא חג"ת והענין יותר מבואר הוא כי הדעת עליון בין מצד אבא או מצד אמא המכריע בין תרין מוחין הנקרא חו"ב דזעיר נעלם מאד בסוד ונהר יוצא מעדן ותדיר הוא גניז בסוד הזווג דלא מתפרשין נתיב לא ידעו עיט ולכן אינו עולה בשם והוא גנוז למטה בתרין מוחין ונכלכל בהם ואינו נחשב בבחינת מוח הג' הנקרא דעת כי המוח הג' שבראש הוא בחינת זה הדעת התחתון הכלול מתלת בחינות חו"ג ודעת המכריע להם למטה ושלשתם נקראים בשם דעת אחד הוא מוח השלישי שבגולגלתא והם שני דעות א' מצד אבא וא' מצד אמא כנז"ל וכמו שנתבאר כי מקומו שם זולתי בהיות פגם בתחתונים כענין שביארנו בחטא אדה"ר בעץ הדעת:

ונבאר עניינו יותר בפרטות דע כי מפרק היד הימנית דאריך נעשה חכמה דאבא ומפרק היד השמאלית נעשה חכמה דאמא ומזרוע הימני דאריך נעשה בינה דאבא ומזרוע שמאלי דאריך נעשה בינה דאמא ומרביע עליון הימיני דת"ת דאריך נעשה דעתדאבא ומרביע עליון השמאלי דאריך נעשה דעת דאמא והדעות האלו יתבארו בכלל הדעות שבזעיר וזה ענינו זעיר יש בו צלם דנה"י דאבא ובהם חב"ד ודעת כלול מתרין עיטרין חו"ג ונמשכו מפרק המפרק דאריך שהיה גנוז באבא ואמנם תחת חו"ב יש דעת עליון נעלם ואינו נקרא מוח בפ"ע וזה נמשך מז' מלוי ס"ג דבתרין תפוחין דאריך אל פה דאמא ומשם לזעיר והמוח הג' שבו הוא הדעת הנזכר הכלול מתרין עיטרין חו"ג ועוד יש ביניהם דעת וכללות תלת בחינות אלו שהם חו"ג ודעת נקרא מוח הג' הנקרא דעת סתם בכל מקום וזהו הנקרא ג"כ דעת

התחתון דזעיר באופן שהם חב"ד עליון אבל אינם נקראים רק בחי' תרין מוחין חו"ב לבד כנז"ל ועוד חו"ג ודעת ושלשתם נקרא מוח א' לבד הנקרא דעת וזה המוח הג' בכללות שלשת חלקיו נקרא דעת תחתון בערך דעת עליון שאינו נזכר כאן וגם כי אינו מתפשט כלל בגופא דזעיר כמו דעת תחתון:

ונבאר דרך פרט ענין זה המוח הג' כי הנה החו"ג שבו לעולם הם למעלה תמיד מקובצים בראש במוח חלל הג' שבגולגלתא ולפעמים יורד בין תרין כתפרין והדעת שבו הוא לבדו הניח שם שרשו שהוא ג"ר ראש שבו ואמנם [דמ"א ע"ג] גופו שהם שש קצוותיו והמל' שבו נתפשטו בז"ת דזעיר וכיון שהוא מכריע יש בו חו"ג ג"כ ונמצא כי ענין זה נוהג בחו"ג שבו כי שרשם נשאר בדעת וז"ת שבהם נתפשטו בז"ת דזעיר ועד"ז הוא בצלם דאימא ג"כ בכל הפרטים שאמרנו בצלם דאבא. ודע כי ענין ההתפשטות הנזכר איננו צודק היטב רק בדעת דצלם דאמא כי דעת דצלם דאבא החו"ג שביסוד דאבא אינם מתפשטות בזעיר כלל אלא ביעקב כנודע ודע כי ב' מוחין חו"ב דז"א נמשכו מתרין מוחין חו"ב דאבא אבל מוח הג' הנקרא דעת כלול מתרין עיטרין לא נמשך מדעת דאבא אלא נמשך מן החו"ג המתפשטים בו"ק דגופא דאבא ולכן יש בו התפשטות חו"ג בגופא דזעיר ולא

עוד אלא שכל זה המוח הג' הוא עצמו כולו יורד עד תרין כתפין דזעיר כנז"ל להיות כי מקום כיוצא בזה היה מקומם באבא אך אין זה אלא בעת איזה פגם בתחתונים אך דעת עליון הנעלם נמשך ממוח דעת דאבא עצמו וכעד"ז הוא בענין ב' דעות עליון ותחתון שבצלם דאמא. וסוד ענין הנז"ל הוא זה דע כי בחינת המוחין דגדלות הנז"ל הם בחינת צלם דאמא הנקרא נשמה לזעיר ובחינת צלם דאבא הגנוז תוך צלם דאמא ונקרא חיה דזעיר וכל צלם מאלו הם פרצוף גמור די"ס. ונבאר צלם דאמא וממנו יתבאר צלם דאבא הנה ג"ר שבצלמם הנזכר הם תלת מוחין ממש של הנשמה ונקראים חב"ד עליון אמנם אינם נקראים רק בחי' תרי מוחין כנז"ל לפי שהדעת אינו אלא מכריע שלהם ואינו ספירה בפ"ע כנודע. ונודע כי הכלים דזעיר אינם רק ו' ספירות חג"ת נה"י אלא שבזמן ההגדלה נתחלק כל ספי' מהם לתלת פרקין ועי"כ היו ט' כלים ונמצא כי תלת פרקין עליונים ותלת אמצעיים חג"ת הראשונים דזעיר גדלו שליש ונעשו תלת כלים שלמים לתלת מוחין חב"ד הנזכר ואלו הנקראים ראש ומוחין של הנשמה אח"כ תלת פרקין תתאין דחג"ת הראשונים נעשו תלת כלים לתרין עיטרין ודעת תחתון ואלו נקראים חג"ת של הנשמה שהם גוף שלה אלא שהן

כלי מוח א' הג' הכלול מחו"ג ודעת תחתון הנקרא ת"ת ומן תלת פרקין עילאין דנה"י נעשו כלים לנה"י של המוחין אלא שהם בחי' חג"ת של זעיר ומתרין פרקין אמצעיים ותתאין שבכל א' מנה"י נעשו נה"י דזעיר ושם נתפשטו ג"כ נה"י של המוחין נמצא כי מוח הג' הכולל תרין עיטרין ודעת תחתון אינם אלא חג"ת של המוחין אלא שלפי שחג"ת הראשונים דזעיר נתעלו בבחינת כלים אל חב"ד של המוחין לכן גם חג"ת של המוחין נקרא שם דעת הכולל תלת מוחין תרין עיטרין ודעת תחתון אבל אינם רק חג"ת של המוחין וזהו טעם שהדעת הזה נקרא חסדים וגברות ודעת תחתון שהוא נשמתא אל הכלי הנקרא ת"ת שהוא הת"ת הא' דזעיר שעלה להיות כלי אל הדעת כנזכר. עוד דע כי הצלם הנזכר הכולל י"ס של הנשמות דזעיר אינו רק ז"ת לבד של הנשמה אלא שנחלק לי"ס כענין הזעיר עצמו שאינו רק ו"ק ונגדל לי"ס וזה לפי שצלם הנזכר הוא מן התבונה שהיא ו"ק הבינה אמנם כאשר נכללים בינה ותבונה בפרצוף א' אז יהיה הצלם הנזכר נשמה שלימה בי"ס גמורות אל זעיר ועד"ז בצלם דאבא. עוד דע כי עדיין אין בזעיר לא בחיה ולא בנשמה רק ט"ס גמורות אך כשעולה להיות צלם שבו גם מא"א אז יקנה גם יחידה ואז יושלם בי"ס גמורות ועי"ז נאמר ה' הוא האלהים שהם אריך וזעיר כנודע ואז זעיר יגדל כל צרכו ויהיה אריך:

כללו של דבר כי או"א הם חו"ב דכללות עולם האצילות וזעיר כלול מתרין בחינות והם דעת ות"ת הכולל ו"ק כל א' משניהם אלאא שדעת הוא נשמת זעיר המניח שורשו ביסוד דאו"א ונקרא דעת שלהם ועוד דעת ב' יורד [דמ"א ע"ד] בסוד נשמת זעיר למטה הנק' ו"ק דכללות עולם האצי' ועד"ז הא בתלת מוחין דזעיר עצמו ואמנם אע"פ שזעיר אינו רק ו"ק בערך עולם האצילות אבל בבחינת עצמו כולל י"ס שבו ולא עוד אלא כי גם כל מוח משלשתם שבו כולל י"ס כענין ג' מוחין דכללות האצי' הנקרא או"א ודעת הנז"ל:

ונבאר מוח הדעת הנחלק לי"ס הנה יש בו ד' מוחין והם חו"ב וחו"ג והנה חו"ב שלו נמשכו ממוח אבא עצמו הנקרא דעת שבו ונק' שניהם דעת עליון דזעיר ולכן נעשה מכריע עליון בין תרין מוחין עילאין הנק' חו"ב דזעיר והדעת של הדעת שלו נקרא דעת תחתון שבו ונמשך מתרין כתפין דא"א הגנוזים בדעת תחתון דאבא המתלבש בשש קצוותיו והנה זה הדעת תחתון דזעיר נק' חו"ג ויש לשניהם מכריע א' ושלשתם נק' מוח דעת דזעיר בפרסות יען כי הוא דעת שבדעת משא"כ בחו"ב של הדעת כי נשרש למעלה

למכריע עיון בתרין מוחין חו"ב דזעיר ואיחנם נכללים בוח הדעת ואמנם כי הכריע הפרטי שבין חו"ג דדעת תחתון כנזכר היא בפרטות נקרא דעת תחתון להיותו דעת שבדעת כנזכר כי תלת חלקי זה הדעת הם דעת וחו"ג ואמנם בחלק ב' ש"א נתבאר שם כי הם חג"ת והת"ת זה הוא דעת התחתון המכריע בין חו"ג הנק' תרין עטרין והנה זה הדעת תחתון נשאר שרשו שהם ג"ר שבו למעלה במוח הג' הנק' דעת כנזכר ומתפשטים שש קצוותיו התחתונים בו"ק זעיר הנק' גופא דזעיר ונעשים נשמה שלהם וכל זה נתבאר במקומות רבים. ודע כי כל אלו הפרטים הם במוח הדעת של זעיר מצד אאבא וכל הפרטים הנזכר ממש ע"ד הנזכר גם במוח הדעת של זעיר מצד אמא וכעד"ז הוא בדעת של כללות עולם האצי' שנחלק לשני דעות הא' דעת דאריך וזה נקרא דעת עליון והוא למעלה מאבאא ואמא והב' דעת שלמטה מאו"א ונקרא דעת תחתון והוא שורש נשמת זעיר שהניח שם כנזכר. השני הוא בדעת פרטי דזעיר כי יש בו ב' דעות והם דעת מצד אבא ודעת מצד אימא. הג' בכל דעת מהשנים הנזכר כי בדעת מצד אבא יש בו עליון ותחתון וכן בדעת מצד אימא יש בו דעת עליון ודעת תחתון ותחבר בענין זה ג"פ אופן התלבשות תלת המוחין בנה"י דאו"א כי ברוב המקומות ביארנו כי חב"ד דמצד אבא נתלבשו בנה"י דאבא וחב"ד דאימא בנה"י דאימא ובמקומות אחרים נתבאר באופן אחר ואמנם בח"ב ש"א נתבארו ב' הדרכים בדרוש ציצית כי בתחילה הם כך כנזכר בדרך א' אבל כשבאו להתלבש תוך זעיר היו באופן אחר כי חכמה דמצד אבא נתלבש בנצח דאבא ובינה דאבא בנצח דאימא ושתיהם נתלבשו זה בתוך זה תוך חכמה דזעיר מצד קו ימין כי כלו חכמות וחו"ב דאימא נתלבשו בב' ההודות דאו"א בקו שמאל דזעיר כי כלם בחינת בינה וחסד וחסד דאו"א ביסוד דאבא בימין ושמאל וכן נתבאר במקום אחר היטב ענין דעת עליון ותחתון שיש בכל פרצוף ואיך דעת התחתון דפרצוף העליון נעשה דעת עליון שבפרצוף שלמטה ממנו:

כל פרצופי אבי"ע כלולים ממ"ה וב"ן שהם חסדים וגבורות וכל בחי' משתיהם יש בה י"ח נר"ן שבכל פרצוף ותחלה יצאו ז' המלכים והם זו"ן ז"ק שבכל פרצוף בבחי' נפש הנק' ז' מלכיות שבז"ק מבחי' ב"ן ונשברו ואח"כ באו ז"ק של מ"ה מבחי' נפש והמשיכו עמהם נפש דב"ן ונתקנו ואח"כ עד"ז באו רוח ונשמה וחיה יחידה דמ"ה והמשיכו את רוח נשמה וחיה ויחידה דב"ן שלא נאצלו עדיין ובאו כולם כלולים בסוד תוספת בזו"ן שהם ז'

הקצוות שבכל כלל ובכל פרט וכל זה תבין ממצות ירושת המתים בפ' פנחס וכעד"ז י"ס דעגולים הם גבורות ויצאו תחילה בבחי' נפש לבד שבהם בסוד נקבה תסובב גבר ואח"כ יצא היושר שהוא חסדים [דמ"ג ע"א] בה' מיני נפש ורוח שבו ואז נשלמו העגולים בנפש ורוח כו' שבהם:

והיותר פשוט הוא אצלי בענין הדעת בקצרה ד' פרצופין כללים כל עולם מאבי"ע והם זכו"ן משא"כ בפרצוף הה' דאריך וכל פרצוף מארבעתם כלול מי"ס ונחלק לד' פרצופים הא כיצד חכמה הנק' אבא דעולם האצי' יש בו י"ס והחכמה או הבינה שבו פרצוף י"ס ונחלק לב' באופן כי חו"ב שבו הם זכו"ן או"א שבו בסוד ג"ר שבכל א' מהם והדעת שבו נחלק לב' דעות שהם ז"ת גופא דחכמה דעת א' ימני וז"ת גופא דבינה דעת ב' שמאלי וע"י ב' היסודות שבשני הדעות הם מזדווגים כי ב' דעות אלו הם זו"ן שבהם וכללות ב' דעות אלו נקרא דעת עליון דאבא המכריע בין חו"ב שבו ואח"כ ז"ת דאבא דאצי' הכוללים זו"ן שבו הם דעת תחתון דאבא נחלק לב' דעות ע"ד הנז"ל זכו"ן והנה תחלת שרשם הם ז' כמ"ש דעת אתי בשית סטרין ומה דאשתאר הוי ק"ל לנוקבא ולפעמים נגדל לי"ס ע"ד הזעיר דכללות עולם האצילות כנודע ונמצא כי חג"ת שהיו בו בתחילה עלה בבחינת ראש שהם חב"ד ושלשתם נקרא מוח א' הנקרא דעת תחתון דאבא מצד ימין חסדים וכנגדו מצד שמאל גבורות לנוקבא ונמצא כי הת"ת שבמוח זה הוא דעת תחתון באמת המכריע בין חו"ג הנקרא תרין עטרין והנה"י שבו נעשו חג"ת אח"כ נתוספו לו נה"י חדשים כנודע ואז הת"ת שעלה והיה דעת תחתון הנחלק לו"ק שבו כי הת"ת נקרא ו' יורד ומתפשט בנה"י הישנים ונה"י החדשים שהם עתה חג"ת נה"י שבאבא ונעשה נשמה להם ועד"ז בכל פרצוף הכלל העולה כי כל בחי' דעת הם ז"ק שבכל מדריגה ומדריגה אלא שהז"ק דג"ר שבאותה מדריגה נק' דעת עליון והז"ק דכללות כל אותה המדרגה נק' דעת תחתון בבחי' ג"ר שבז' אלו כשנגדלים לי"ס גם דעת עליון ודעת תחתון הם יעקב יעקב עליון ותחתון אכן ישראל הנקרא ז"א הוא כללות כל הפרצופים הנזכר. גם דע כי זיווג יעקב ההעליון בג"ר הוא רוחא ברוחא בסוד נשיקין שבפה וזווג יעקב תחתון הוא גופא בגופא ממשביסוד תחתון שבו עוד יש זווג אחר של יעקב ודור המדבר והם אורות יוצאים מחוץ אל יעקב הנקרא גופא דז"א הכולל וכמו כן יש בלאה היוצאת לחוץ מיעקב עליון והיא זולת רחל הגדולה כגודל זעיר ורחל הקטנה מחזה דזעיר ולמטה ולפעמים אוזיפת

מנהא לאה לרחל העליונה או להיפך וכן הענין בקטנה ולכן תמצא בז"א דאצי' שיש בו תרין מוחין חו"ב שבו מחו"ב דאבא דאצי' מג"ר שבהם ועוד יש בו דעת עליון נמשך מז"ק חו"ב דאבא ועוד יש בזעיר מוח ג' הנמשך מב' כתפין חו"ג דאריך וחו"ג דאבא ולכן נתלבש בתרין כתפין דחו"ג דזעיר ודעת תחתון הנק' ת"ת דזעיר מכריע ביניהם ואמנם ג' אלו הנכללים בשם דעת תחתון הם חג"ת הראשונים דזעיר שנעשו עתה ג' מוחין חב"ד אחרים לז"ת דז"א בין ב' כתפין שבו והת"ת הנק' דעת תחתון מתפשט בנה"י ראשונים ונה"י חדשים שבו כנז"ל כי ז"ק דזעיר הם פרצוף גמור של י"ס דיעקב וכל זה מצלם דזעיר מצד אבא וכנגדו מצלם דאימא ממש:

דרוש כ"ה בעינים של זו"ן:

ועיין בשער הייחודים במה ששמעתי מזולתי ביחוד פ' חזית איש מהיר במלאכתו וגו' וביחוד שם אלהי"ם שראשיתו חסר ומשם תבין דרוש שנכתוב כאן דע כי עי"ן בגי' ק"ל וכל בחינה שם ק"ל הוא בעינים ונודע כי הוא ג' בחי' שהם ע"ב ק"ל נ"ח וזה עניינם הנה מן הע"ב נעשים העפעפים שהם בחי' העבים הסוגרים על העיניים למנוע הראות וז"ס עבים סתר לו ולא יראה גם ז"ס בעב הענן [דמ"ג ע"ב] שהוא ע"ב של העפעפים ומן הק"ל נעשים העינים בעצמם כי עין בגי' ק"ל ומן הנ"ח נעשה בת עין שבתוך העין. והענין הוא כי שורש ק"ל הוא ע"ב כנודע ולכן אם תסיר שרשו שהוא ע"ב ישאר כמלוי לבד שהם נ"ח נמצא כי בת עין נק' נ"ח וז"ס ויאמר יהו"ה מסיני בא ר"ת בגי' נ"ח ומלת ויאמר בעצמה היא אותיות ומאיר וז"ס ומאיר לאישון בת עין כי בת עין הנקרא נ"ח היא המאירה את העין גם ז"ס ונח מצא ח"ן בעיני ה' כי ח"ן הוא צירוף נ"ח והוא בחינת בת עין שבתוך עיני ה' שהוא ז"א ודע כי זה המלוי העולה בגימטריא נ"ח והוא בת עין הנה ממנו נעשה הי"ה אחד שהוא סוד הבת עין והיא זאת יו"ד ה"י וא"ו ה"ה שהיא בגימטריא נ"ח וסדורו י' בה"י ראשונה א' בוא"ו ה' בה"ה אחרונה וסימנו יא"ה והנה כשתחבר שם זה העולה נ"ח עם שם ק"ל יעלו בגי' פקח עיניך ונעשים ב' שמות שם הוי"ה דמ"ה דאלפי"ן ואהי"ה דמלוי אלפין העולה קמ"ג ושניהם בגימטריא פק"ח כי אלו הם העין ובת עין וזהו פקח עיניך וראה כו' והנה יש שם ק"ל במלוי אהי"ה דההי"ן שבאימא והוא מתלבש בזעיר בהוי"ה הנזכר העולה נ"ח והרי נתבארו העינים של זעיר ואמנם העינים של הנקבה שלו הם כך כי העין ימיני שלה הוא אחוריים

דהוי"ה דמ"ה שהם בגי' עין ועין שמאלי שלה הוא אחוריים פשוטים ומליאים דהוי"ה דב"ן העולים ע"ב קד"ם כנודע והטעם כי מ"ה ראוי להיות בימין וב"ן בשמאל והנה ע"ב קד"ם של ההה"ן הוא יותר על ע"ב ק"ל דאלפי"ן י"ד אותיות והם י"ד אותיות שבהוי"ה פשוטה ומליאה וזהו ענין י"ד שנהפכה לד"י שהיד הזו מחפה על הדין שלא יתפשט יותר מגבולו ואומרת לו די. ואמנם באור בת עין הענין הוא כי הנה מצינו כתוב ועיני לאה רכות אבל ברחל לא הזכיר עינים שלה רק אמר ורחל היתה יפת תואר כו' ולפי שהעין הוא בגי' ק"ל שהם מספר חמשה הויות של ה' גבורות שניתנו לה בלבד בל ק"ל של החסדים לא ניתנו לה כנודע והנה עין שמאלי שלה הוא שני שמות של אדנ"י שהם בגי' עין והבת עין של זה העין השמאלי שלה הוא כך כי ה' פעמים י"ה אדנ"י הם גימטריא בת עם שני הכוללים של שני שמות י"ה אדנ"י אבל העין הימני שלה הוא בחי' הויות והם חמשה היו"ת של ה' גבורות שהם בגימטריא עין כנזכר והבת עין הימיני הוא כאשר אלו הה' הויו"ת שהם בגי' עין תמלאם במלוי ס"ג ומוסיף בכל הוי"ה מהם שהם שתי אותיות אחרונות של ההויות שהם ו"ה להשלימם לחשבון ס"ה כמנין אדנ"י יהיו ה' פעמים אדני ואז תחבר עמהם שם י"ה ע"ד הנז"ל בעין שמאל יהיו ה' פעמים י"ה אדנ"י שהם בגי' בת עם שתי הכוללים כנזכר בענין שמאל:

דרוש קטן בעניין הדעת של הנקבה רחל בימי החול:

ענין הדעת של הנקבה רחל בימי החול הנה בדרושים הראאשונים נתבארו באורך ענייני הדעת הנוק' בחול ובשבת ונוסיף ביאור דע כי יש ג' כלים בכל ספי' והנה הדעת החיצון שבשלשתם אשר בנוק' בימי החול הוא הוי"ה דמלוי אלפין בבחי' אחוריים הפשוטים והמלאים העולים בגימטריא ע"ב ק"ל והדעת הפנימי שבה אז הוא אחוריים פשוטים והמלאים דהוי"ה דב"ן דמילוי ההי"ן העולים בגימטריא ע"ב קד"ם ואם תחבר ע"ב ק"ל וע"ב קד"ם יהיו בג' תי"ת וז"ס פ' תחי נפשי ותהללך ונודע כי הנוק' נק' נפש וזה הדעת הוא נפש שלה וז"ס פ' ולכל חית הארץ ואמנם אם תחבר עמהם [דמ"ג ע"ג] הוי"ה דב"ן דההי"ן יהיו הכל בגימטריא ע"ת וז"ס פסוק ואל יבא בכל עת גם נרמזה ההוי"ה דב"ן זו במלת בכל בגימטריא ב"ן וז"ס פסוק וה' ברך את אברהם בכל בת היתה לו לאברהם ובכל שמה וז"ס פ' ומלכותו בכל משלה ואם תחבר עוד ד' אותיות הוי"ה פשוטה העשירית אשר במלכות שהיא בלתי נקוד כנזכר בספר התיקונים תיקון ע' אשר היא

הנשמה של כל המל' כמבואר לעיל בדרושים הקודמים יהיה הכל בגימטריא דעת שהוא הדעת שלה בימי החול:

א"ש אפשר לומר שגם הנוק' נקרא בשם ארץ כנודע ולכן מספר חי"ת הוא הדעת שלה והחיים שלה כנעל"ד:

דרוש הדעת:

ענין הדעת של ז"א דע כי יש בו תרין עיטרין ה' חסדים וה' גבורות שהם עשר הויות מצד מוחין דאבא ועוד יש עשר שמות אהי"ה שהם ה' חסדים וה' גבורות מצד אימאא והנה עשר הויו"ת בגימטריא ס"ר ועשר אהי"ה בגימטריא ר"י ושניהם יחד בגי' ע"ת של דעת ולפי שהם נחלקים לד' חלקים ה' חסדים וה' גבורות וה' חסדים וה' גבורות לכן נרמזו בדל"ת וזו היא אות ד' של דעת. עוד דע כי הדעת של ז"א הוא כלול משני דעות אחד מצד אבא וא' מצד אימא והם מלובשים כל אחד בתוך היסוד שלו ודע כי החו"ג שבתוך היסוד דאבא הם בוקעים היסוד דאימא מכנגד העורף של ראשו של זעיר ויוצא דרך שם ללאה העומדת באחורי ראש זעיר והנה מורח הואא שבעוברם מתוך היסוד דאימא שהם מניחים שם השורש שלהם כנודע כי כל דבר שבקדושה מניח הרושם שלו בכל מקום שעמד פעם אחת ולכן אלו האורות הם מניחים שרשם בכל מקום שיוצאים וכמו שביארנו בי"ח נשים שהמלך יכול לישא אותם והנה אלו האורות הנזכר שיוצאים מיסוד דאבא דרך יסוד דאימא הם סוד בלעם כמבואר במקומו:

דרוש גדול:

בענין עץ הדעת טו"ר ואגב יתבאר ענין אב"א מה עניינו וסוד המזוזה כבר הודעתיך כי התחלת קומת פרצוף רחל נוק' דז"א היא באחורי החזה דז"א אשר עד שם הוא סיום היסוד דאמא שבתוך ז"א והנה מן החסד המגולה בת"ת דזעיר כי שם התחילו החסדים להתגלות ומשליש החסד אשר שם ממנו נעשה הכתר של נוק' ומב' החסדים המגולים שבנו"ה דזעיר נעשו חו"ב שלה ומן הה' גבורות המקובצות ביסוד דזעיר נעשה הדעת שלה ואחר התקבץ הה' גבורות בדעת שבה אז יורדות ומתפשטות בגופא מחסד שבה עד הוד שבה כדמיון הה' חסדים המתפשטות בגופא דזעיר והנה עה"ד טו"ר הוא בזו"ן ואמנם בז"א הוא ממקום סיום היסוד דאמא שהוא מן החזה ולמטה כי משם ולמטה מתגלים החסדים בגילוי גדול ולכן אפשר אל החיצונים לינק ולהתאחז בחסדים ההם המגולים ולכן משם ולמטה בז"א נק' רע של עץ הדעת כי

החסדים הם בחי' הדעת דזעיר כנודע ואמנם בחי' החסדים שבז"א מן החזה ולמעלה אשר הם מכוסים ביסוד דאימא נק' טוב כי אין הקליפות הרעות יונקים מהם וסיבת יניקת הקלי' משם הוא לפי שהחסדים שהם האורות שבז"א הם שם מתגלים בגילוי ומשם כיון שנפתחו הם בולטים ויוצאים אל אחוריים שבו וכיון שיוצאים אל האחוריים יש כח אל החיצונים לינק משם משא"כ בהיותם מכוסים תוך הסוד דאימא שאינם יכולים לעבור ולצאת אל האחוריים ואמנם אף במקום הגלוי אינם יכולים לינק מצד פנים דזעיר כלל אלא מצד האחוריים מן אורות של החסדים הבולטים ויוצאים לצד האחוריים וזכור זה היטב כי אין אל החיצוניים אחיזה אלא באורות החסדים אשר נהפכים ויוצאים אל האחוריים ולא במאירים אל הפנים וכל זה אינו אלא במקום גילוי של החסדים שהוא מן החזה ולמטה וצריך שנקדים לך הקדמה א' והוא כי נודע כי גם את זה לעומת זה עשה האלהים וכמו שיש זעיר ונוקביה דקדושה כך יש זו"ן דקלי' והזכר יונק מן הזכר והנקבה מן הנקבה לפי שהזכר של הקלי' הוא יותר רך וזך ועליון מן הנקבה שלו ולכן הוא יונק מזעיר עצמו דקדושה מן האחוריים שבו כנזכר ונוק' דקלי' יונק מן האחוריים של נוק' דקדושה ואמנם לא יעלה בדעתך שח"ו הקליפות של עולם האצי' שולטים ועולים עד המקומות הנזכר אך כוונתינו לומר שהשפע שלהם נמשך להם מן המקומות הנזכר עד למטה במקום של הקלי' עצמם עוד צריך שתדע כי אין המקומות הנזכר שוים כי הנה הזעיר של הקלי' יונק מן מקום הרע של זעיר כנזכר מן החזה שבו ולמטה אך הנקבה של הקלי' יונק מן מקום הרע של הקדושה של הנוק' ממקום הטיבור שלה ולמטה שהוא שליש האחרון של הת"ת שבה ולא עוד וטעם זה הוא במה שנבאר לך תחילה ענין מקום הטוב ומקום הרע של זעיר ומקום הטוב ומקום הרע של נוקבא ונתחיל בזעיר דע כי אחיזת הקלי' בזעיר הוא בשני שלישי הת"ת התחתונים שהוא המקום המגולה כנז"ל אך לא בכלו רק במה שהוא כנגד הראש של הנקבה כי הנה אחורי הראש אינם שטוחים אלא עגלים ואינם מתדבקים לגמרי באחורי הת"ת דזעיר להיותם עגולים ובאותם שתי צדדי הראש מימין ומשמאל שהם נפרדים ואינם נדבקים היטב בת"ת דזעיר ונשארים בחי' ההם שבת"ת מגולים בלתי מכוסין בראש הנקבה ושם אחיזת הקלי'.

גם נודע כי שארית גופא דנוק' אין כלו מתדבק באחורי גופא דזעיר רק הגוף שלה בלבד אמנם זרועותיה וידיה ושוקיה ורגליה אינם מכוונות עם הזרועות

והשוקיים שלו להיות שיעור קומתו וקומתה בלתי שוים וכיון שאינם מכוונות אי אפשר להם להדבק ולכן הם נשארים בלתי חיבור ודבוק כלל עם אחורי זעיר וז"ס מה שביארו בס"ה ובספר התיקונים על פסוק וכנפיהם פרודות מלמעלה כו' הנאמר ביחזקאל ואמרו שם דדכו"ן אינון מתפרשאן בדרועין ובידין ובשוקין וברגלין דא מן דא והנה באחורי זעיר באותם המקומות שכנגד התפשטות זרועות ושוקין הנקבה שאינם מתדבקות עמו שם ג"כ נאחזים החיצונים וכל אלו הבחי' הם נק' עץ הדעת רע בז"א ע"ש שהקלי' הנק' רע נאחזת שם כו':

ונבאר עתה מילת טוב ורע שבזעיר מה עניינם הנה נת' כי הוי"ה דמ"ה דאלפין היא בז"א העולה בגימטריא אדם ואם תכה יו"ד פעמים ה"א יעלו בגימטריא ק"ך ואח"כ תכה ג"כ ה"א פעם וא"ו יעלה בגי' ע"ח אח"כ תכה ג"כ וא"ו פ' ה"א אחרונה יעלו בגי' ע"ח סך הכל בי' רע"ו אותיות ורע וזהו עץ הדעת טוב ורע. והענין הוא כי במה שהודעתיך כי כל בחי' הכאת האורות זה בזה הוא בבחינת האחוריים כי כל האורות מכים זה בזה וע"י הכאתם ופגישתם זה בזה מתנוצצים ויוצאים מהם ניצוצות אל צד האחוריים ושם נעשים כמנין ורע להורות אחיזת הקלי' בהם ומילת טוב הוא כך כבר הודעתיך כי המילוי לבדו של

הוי"ה דאלפין דמ"ה בגימטריא י"ט כמנין חוה שהיא נוק' דאדם שיוצאה ממילוי הוי"ה דמ"ה גם ב' אותיות האחרונות שהם וא"ו ה"א עולים בגימטריא י"ט והטעם הוא לרמוז על חוה נוקביה ששעור קומתה הוא מן הת"ת דזעיר ולמטה אשר שם בחי' ב' אותיות הנז' כי שתים הראשונות הם בראשו דזעיר והנה אם תסיר ב' אלפין שבמילוי ב' אותות האחרונות הנזכר אשר כנגדם עומדת רחל שהיא חוה באחוריהם וכאשר אין ב' אלפין אלו שהם סוד ב' אורות אינם יוצאים לצד האחור אז נשאר בגימטריא טו"ב כיון שאינם יוצאים לצד האחור ואין הקלי' יונקים מהם והרי נתבאר מילת עץ הדעת טוב ורע בז"א עצמו וגם בשם [דמ"ד ע"א] ההוי"ה אשר בו ונבאר עתה בחי' טו"ר שבנוק' דז"א דקדושה אשר ממנה יונקת נוק' דקלי' כנז"ל הנה הה"ג המתפשטות בחסד שבה עד הוד שבה הם עה"ד טו"ר אשר בנוק' כדוגמת הה"ח שבזכר שהם עץ הדעת שבו כנז"ל כי הדעת של הזכר עיקרם חסדים ושל הנקבה גבורות והנה כמו שהחסדים של הזכר היו קצתם מכוסים תוך היסוד דאימא ושם נקרא טוב וקצתם מגולים ונקרא רע כן הדבר בגבורות הנקבה כי הנה תחילה היו מקובצות תוך היסוד של הזכר ובאחוריים של היסוד דזעיר שם הוא ממש קו

אמצעי דת"י דנוק' כנודע והנה בהתנוצץ האורות ההם מן היסוד דדכורא אל הנוק' יש בו ב' בחינות ג"כ כי הנה נתבאר שהיסוד דזעיר מסתיים עד כנגד מקום הטיבור של הנקבה העומדת עמו אב"א לפי שהיסוד הזכר הוא יותר ארוך ומתפשט מן היסוד של אימא כנודע ולכן הגבורות שבנקבה המתפשטות עד הטבור שבה הם עוברים דרך מסך כלי היסוד דזעיר ומאירים בה ונקרא אורות סתומים ומקום ההוא נק' טוב ומשם ולמטה שהוא שליש תחתון דת"ת שבה וגם הנו"ה שבה הם אורות מגולים ונק' רע כו'. ונבאר עתה ג"כ מילת טוב ורע שבנקבה כדרך שנתבאר בזכר כו'. הנה נודע כי ג' הגבורות המתפשטות בחג"ת של הנקבה כבר באו ממותקות מכאשר היו בתחילה עומדות תוך היסוד דזעיר ע"י ג' החסדים המגולים דת"ת נו"ה דזעיר וב' גבורות תחתונות דנו"ה דנוק' לא נתמתקו ביסוד דזעיר דרך ירידת אור ישר של החסדים אכן עכ"ז ע"י חזרת עליית ב' החסדים באור חוזר ממטה למעלה בהיותם בתוך היסוד דזעיר קיבלו אלו שתי הגבורות קצת מיתוק ולא לגמרי ונמצא כי בהתנוצץ הגבורות בגופא דנוקבא ג"כ אותו הכח של המיתוק של החסדים שמתקו את הגבורות כנזכר נתערבו יחד ונתפשטו בנקבה ונמצא עתה היות גבורות וקצת אור החסדים מעורבים בגופא דנוק' והנה המתוק של ג' החסדים הם ג' הויו"ת שבהם י"ב אותיות ואמנם הגבורות המתמתקות בבחי' אור ישר או אור חוזר הם חמשה כנז"ל והנה י"ב וה' הם בגי' טו"ב. וא"ת מפני מה הגבורות נרמזו בדרך כלל והחסדים נרמזו בדרך פרט בבחי' האותיות שבכל הוי"ה שבהם והתשובה היא לפי שעיקר הטוב הוא מן החסדים הנקרא טוב כנודע והם הממתקים את הגבורות ולכן נרמזו דרך פרט כי הם הממתקים ומטיבים את הגברות אמנם בגבורות שהם מקבלות מתוק והטבת החסדים די לנו כשנמנה אותם דרך כלל. הכלל העולה הוא כי בחי' החסדים והגבורות שבנקבה שהם מבחי' הוחין דגדלות שהם בחי' שמות של הוי"ה כנודע כל אלו נק' טוב ואין אחיזה בהם אל הקלי' ואמנ יש בחי' ג' מוחין דזעיר דקטנות שבבוא המוחין דגדלות בראש זעיר ירדו הם ירידה אחר ירידה עד שירדו ביסוד שבו כנודע והנה אלו המוחין הם ג' שמות של אלהים ואין מי שימתקם כמו שנמתקו הגבורות של הגדלות כנזכר ולכן הם דינים קשים ולכן יונקים החיצונים מהם ונק' רע והוא באופן זה כי הנה ג' אלהי"ם הם בגי' רנ"ח ובכל א' מהג' יש בו בפשוטו ובמילואו י"ח אותיות שהם ה' וי"ג כנודע ואם תצרף

רנ"ח עם ח"י יעלו בגי' רע"ו שהם אותיות ורע:

סוד אחור באחור ונחזור לבאר ענין אב"א הנה נתבאר מקום אחיזת הקלי' בזו"ן והכל באחוריים שלהם והנה קודם שנברא אדם לא היה מי שיעבוד את האדמה העליונה והיה אפר שהקלי' ינקו משם להיותם האחוריים מגולים באותם המקומות הנק' רע בזו"ן כנז"ל ולתועלת תקון גדול בראם המאציל אב"א מדובקים יחד ועי"כ נתכסו האחוריים של שניהם ואין [דמ"ד ע"ב] החיצונים יונקים משם ואם בבחי' פנים כבר נתבאר שאין שם אחיזה כלל אל החיצונים אף אם הם מגולים וכבר נתבאר למעלה כי אין החיצונים נאחזים ממש במקומות ההם ועכ"ז נבאר קצת ענין אחיזת הקלי' במקומות הנזכר מה עניינם דע כל בחי' האחוריים הם שמות של אלהי"ם שהם דינים ואמנם הם סוד ק"כ צרופים של שם אלהים שהם דינים אשר התחלתם מן זעיר דאצילות עד סוף העשיה כמבואר אצלינו ושם אחר סיום אלו הק"ך צרופים שם עומדים הקלי' הנק' אלהי"ם אחרים ונמשכים משם בסוף כל העשיה והם נק' אלהים אחרים בערך אלו הק"ך צירופים דאלהי"ם שבקדושה שהם נק' אלהי"ם חיים וגם להיותם באחוריים כי אחרים לשון אחוריים והנה קודם בריאת אדם היו זו"ן דבוקים אב"א ולא היו שם נאחזים הקלי' וכאשר נברא אדם אם עושים התחתונים מצות ומ"ט עובדים האדמה העליונה ומסירים הקוצים הם הקלי' מן הכרם העליון אבל אם יחטאו התחתונים אז אותם הקלי' הנק' אלהים אחרים נכללים בשרשם שהם הק"ך צירופי אלהים שבקדושה כנזכר העומדים באחוריי' ויונקים מן הקדושה ע"י היותם נכללים בשרשם הנזכר ולא שח"ו הם עצמם נכנסים לתוך הקדש וז"ס הפ' ערו ערו עד היסוד בה כי הנה אלו הק"ך צירופי אלהי"ם שרשם מן הה"ג שהם המ"ן שביסוד הנקבה והם סוד ה' אותיות אלהי"ם וכאשר הנקבה העליונה רוצה להעלות מ"ן לגבי דכורא אז כל האלהי"ם הקדושים נכללים יחד זה בזה ביסוד שבה ואם ח"ו יש פגם במעשה התחתונים גורמים שגם הקלי' הנק' אלהי"ם אחרים נאחזים בק"ך צירופים הנזכר שהם שרשם ונכללים עמהם ואע"פ שאלו הקלי' אינם נכנסים גם הם ביסוד הנקבה עכ"ז ממקומם יונקים דרך האלהי"ם הקדושים שרשם בהיותם נכללים בהם וזה אומרו ערו ערו עד היסוד בה כי כביכול עד שם מגיע פגם התחתונים גם ז"ס ושפחה כי תירש גבירתה אשר לסיבה הנזכר כביכול הוא כאלו היסוד עליון דדכורא מזדווג עם השפחה שהיא קליפה בבחי' הנזכר גם ז"ס

פ' אלהים באו גויים בנחלתיך וגו' כי האלהי"ם אחרים נאחזים באלה"ם קדושים ונכללים בהם ועי"כ נכנסים בהיכל הקודש העליון ולכן הזכיר שם אלהי"ם ולא שם הוי"ה וזכור זה כי כל מקום שנזכיר אחיזת הקלי' בקדושה אינם אלא ע"ד הנזכר בלבד לא שח"ו נכנסים לתוך הקדש ואמנם כאשר התחתונים מעשיהם טובים וגורמים התעוררות זווג עליון של זו"ן אז חוזרים זו"ן פב"פ ואין אז פחד מהקלי' אפי' אם האחוריים ישארו מגולים כיון שמעשה התחתונים נאים. ועדיין צריך שנבאר איך הם נדבקים ממש אב"א בכותל אחד לשניהן והענין הוא כי האחוריים הם דינים ויוצאים ממנו ונעתקים בה ועי"כ נמצאים דבוקים יחד כדמיון הענף הנשאר דבוק באילן אשר ממני נמשך ויצא ואמנם כפי זה כאשר חזרו להיות פב"פ היה ראוי שיחזרו להדבק גם אז יחד מחמת החסדי' הנמשכים ממנו ונתני' בה אבל העניןהוא כי כיון שהזו"ן אין קומתם שוה אינם יכולים להתדבק יחד בהיותם פב"פ כי אין איבריהם מכוונים זה ע"ז והרי נתבאר טעם למה בראו דבוקי' אב"א לכשיצטרך אח"כ ענין הנסיר' להפרידה וגם למה היו אב"א ולא פב"פ:

ועוד מצאתי כתוב בקונטריסי דרוש אחד קטן בענין זווג אב"א וז"ל ענין זווג אב"א הכתוב אצלינו במקומות רבים ובודאי כי אין עניינו מתיישב על הדעת מה עניינו והנה בדרושי' הראשונים ביארתי עניינו וע"ש והענין בקיצור כבר נודע כי בעת הזווג כמו שהאדם הזריע טיפת מ"ד כן הנקבה מזרעת מ"ן ומעלה אותם לגבי מ"ד והנה אלו המ"ן הם עולים ע"י נשמות התחתונים ולכן כל זמן שישראל עושים ממעשים טובים הראויים שבסיבתם יחזרו זו"ן [דמ"ד ע"ג] פב"פ ויזדווגו ואז יש מ"ן ברחל נוק' דז"א ועל ידם היא מעלה אותם אבל כשאין מעשים טובים וזכיות בתחתונים אין כח ברחל נוק' דז"א להעלות מ"ן ולכן היא צריכה אז להעלות היא וזעיר למעלה עד או"א והיא לוקחת מ"ן דאימא בהלואה ואז מזדווגים שניהם בהיותם שם למעלה באופן כי זווג זה כמעט אינו מיוחס על שמם אלא ע"ש או"א כי עד מקומם עלו וע"י מ"ן שלהם נזדווגו ואמנם אם היו רוצים להזדווג למטה במקומם לא היו יכולים כי לחסרון זכיות התחתונים לא היו יכולים לחזור פב"פ כי א"א להזדווג אלא פב"פ וכיון שאאין יכולת בהם לחזור פב"פ בהיותם למטה אינם מזדווגים שם ונמצא כי אעפ"י שהאמת הוא שאין שום זווג אלא בהיותם פב"פ עכ"ז כאשר אי אפשר לעמוד במקומם אלא אב"א ולכן עולין למעלה כי שם יוכלו לחזור פב"ב ויוכלו להזדווג הנה הזווג ההוא נק'

נהר שלום - לרש"ש

זווג של אב"א:

א מוחין דיניקה דקטנות לא יחסר מז"א לעולם ואפשר שגם מוחין דעיבור דגדלות דהיינו ג' פרקין תתאין דצ' דצלם דאמא. עיין בע"ח שער פנימיות וחיצוניות דרוש ראשון:

ב שלשה כלים דחיצוניות הם שמות אלהים דניצוצות אך נר"ן שבהם הם הויות ואורות ובבא הגדלות אז הכלים דחיצוניות נעשים קרומים והכלים דפנימיות נעשים מוחין בערך הכלי' דחצוניות לא בערך הנר"ן שבחיצוניות. שם בדרוש שני:

ג ג' כלים דהויות שבכל ספירה הם דפנימיות ולא דחיצוניות. שם:

ד ג' כלים דחיצוניות הם כנגד בי"ע שבז"א וג' כלים דפנימי' כנגד אצי' שבז"א ונר"ן שבפנימיות הם ההויות המנוקדות בקמץ ופתח כו'. שם. וכן נר"ן דחיצו' הם הויו"ת מנוקדו' בקמץ כו' דרוש ג':

ה הכלי דמ"ן דנוק' הוא בחי' כ"ב אתוון וה"ג מנצפך הם המ"ן וכשזו"ן אב"א אז נתן לה כ"ב אתוון ומנצפ"ך אחד ומהם נעשו דלת אחד וחצי הכלי דמ"ן וחצי המ"ן ובנסירה לוקחת כ"ב אתוון אחרות ושורש המנצפ"ך עצמן ולא הארתם והם ה' דמים טהורים גבורות ממותקות ונשלמו דלת הב' וחצי הכלי וחצי המ"ן וצ"ע מה נתחדש בביאה א' שכבר נשלם הכלי והמ"ן בעת הנסירה. עיין שער מ"ד מ"ן פי"ב:

ו כלי דמ"ד דז"אוכלי דמ"ן דנוק' דפנימיות הם המ"ן עצמן דחיצוניות והם החו"ג הראשונים שבעת האצילות אבל המ"ד ומ"ן עצמן הם חו"ג הנמשכים בכל עת מזווג או"א. שם:

ז והכלי הנזכר הוא יותר גדול מהמ"ן עצמן. שם:

ח ואי אפשר לצאת נשמה ממ"ד ומ"ן הנזכר החדשים אם לא שתתלבש בלבוש אלוה הנמשך מהכלי הנזכר שהם החו"ג הראשונים והוא המעלה אותה למ"ן אבל בלא לבוש זה אין בה כח לעלות. שם:

ט החו"ג החדשים מהם נעשים הנשמות ואינם נשארים בזו"ן כמו הראשונים אלא כלים ונפסקים ולכך צריך זווג בכל עת. שם:

י מוהרח"ו ז"ל צ"ע איך החו"ג הראשונים גדולים מהחדשים ונלע"ד שיש רוחאא מהחו"ג הראשונים בחיצוניות ובפנימיות ובחיצוניות נעשה לבוש לחדשות דחיצוניות ודפנימיות לבוש לפנימיות. שם:

יא וכל זה הנ"ל הוא בזווג תחתון ודכותיה בזיווג העליון דנשיקין:

יב כל מצות מעשיות וברכותיהם כגון תפילין וציצית וקידוש שבת על היין ונטילת ידים וג' סעודות ואכילת מצה בפסח וסוכה ולולב וכיוצא הכל הוא בכלים דחיצוניות וכל מצוה בדבור כגון התפילות ועסק התורה וכיוצא הכל בכלי

דפנימיות אמנם הכונה במחשבה הוא אור הפנימי שהוא [דמ"ד ע"ד] הנשמה בין בחיצוניות בין בפנימיות והברכות במקיף בין בחיצוניות בין בפנימיות דרוש שער פנימיות וחיצוניות:

יג רחל תופסת כל שיעור קומת ז"א ובחצי העליון שם מתלבשת לאה ונק' על שמה וחצי התחתון נק' רחל ש' אנ"ך פ"ז:

יד דע שאין נשמת הצדיק עולה למ"ן דבינה אלא ע"י מסירת נפשו למיתה ר"ל ד' מיתות ב"ד על קידוש ה' אך הנפש יכול' לעלות למ"ן למלכות ע"י מסירת נפשו למיתה על קיום התורה והמצות ואין צריך הריגה. שער מ"ד ומ"ן דרוש י"א כלל ט"ז. כפי הנז"ל בכלל י"ב שכלל מצות המעשיות הם בחיצוניות העולמות אפשר להבין מה שקשה לנו והוא כי אחר שנכנסו כל המוחין בז"א עד גדלות שני בערבית בליל פסח ועל זה אנו אומרים ההלל א"כ הסדר למאי אצטריך וא"ת שחוזרים ומסתלקים זה לא נזכר בדברי הרב הקדוש האר"י זלה"ה אבל כפי הנז' שכל המצות המעשיות הם לצורך החיצוניות לא קשיא מידי כי כל מעשה הסדר של ליל פסח הוא להכניס המוחין בחיצוניות העולמות אבל פנימיות העולמות שהם הנשמות כבר נכנסו כל המוחין שלהם בתפלת ערבית כנזכר בדברי הרב זלה"ה ואינם צריכים להסתלק ולחזור בעת הסדר כמו שכתבו קצת מן המקובלים. הקטנות דליל פסח הוא היניקה וכולל גם העיבור וגם קטנות ב' הוא היניקה עי' ע"ח שער המוחין פ"ד מ"ב:

טו כל הדרושים הנאמרים בפנימיות ישנם בחיצוניות ואין ביניהם הפרש כלל ואל תטריח עצמך יותר וכדי שתכיר באיזו בחי' אנו מדברים תראה אם אותה מצוה הוא במעשה הרי היא בחיצוניות ואם היא בחי' דיבור ותפלות הרי הם בפנימיות. שער פנימיות וחיצוניות דרוש שלישי:

יו ענין עליית העולמות והכללותם בתפלת החול ובקבלת שבת ור"ה עיין בשער פנימיות דרוש ג':

יז רחיצת פניו ידיו ורגליו בחמין בע"ש הוא דוגמת יפנה ויטול דחול והוא לתקן החיצוניות ולהסיר מהם הקליפות והמזמורים דקבלת שבת הוא דוגמת הקרבנות דחול. שם:

יח חלוקא דרבנן הוא גוף זך מאד ודק מאד והוא לבוש שבו מתלבשים נר"ן שהם האורות דעיבור ויניקה ומוחין. שם דרוש ד' והוא נעשה ע"י המצות:

יט כשמזדווגים או"א להוציא המוחין דז"א נכללים לב' פרצופים כל הד' פרצופים ואח"כ נפרדים ונולדים המוחין מבינה עלאה ויורדים ומתלבשים בצלם דתבונה הב' שהיא הג' ונכנסים בז"א וזה במוחין דגדלות לבד. שער כ"ה דרוש ד':

כ י"ס דב"ן כלים ואורות הם נפש שבו ובתוך גוף זה מתלבשים י"ס דמ"ה דז"א כלים ואורות והם רוח דז"א ועד"ז בנוק' והגוף החצון דז"א נקרא ת"ת כליל שית סטרין ויעקב. והגוף הפנימי נקרא ת"ת מלגאו דאתי בשית סטרין והוא משה וישראל והגוף החצון דנוקבא נקרא מלכות והפנימי נקרא כנסת ישראל. וזווג ב' הגופים הפנימיים נקרא נשיקין רוחא ברוחא בערך החיצוניים וכשאין להם רק הב"ן שהוא החיצוניות הם עומדים אב"א וכשננסרים וחוזרים פב"פ הוא שבא להם פרצופים דמ"ה והוא החסד דאתי ופריש לון כנזכר בברכת אבות דחול שער פנימיות וחיצוניות פ"ו:

כא ודע כי כשאנו אומרים שעולה ז"א בחיצוניות נה"י דאמא אינו בפעם א' אלא תחילה בסוד עיבור בבחי' חיצוניות ואח"כ יניקה בבחי' אמצעית ואח"כ גדלות בבחי' פנימיות ונמצא כי ג' בחינות פנימיות ג"ר דז"א הלבישו שלשה בחי' דחיצו' נה"י דאמא ואח"כ חוזר לעלות ומלביש שלשה בחינות פנימיות ג"ר דז"א לשלשה בחינות פנימיות נה"י דאמא ע"י ג' בחינו' עיבור יניקה ומוחין והשלשה בחינות חיצוניות נה"י דאמא ירדו להיות מתלבשים לג' בחי' חיצוניות דג' אמצעיות בז"א וכן עד"ז בכל העליות שיש בכל הפרצופים. שער פנימיות וחיצוניות פרק ג':

כב החילוק שבין עליות החול לעליות דשבת. עיין שער הנ"ל פ"ח כלים הויות בלי ניקוד והנשמה הויות בניקוד. שער [דמ"ה ע"א] הנ"ל פ"ח. מה שיורד מהפרצופים דאצילות לבי"ע הוא חיצוניות הכלים. שם:

כג כשמסתלקי' המוחין גם הכלי הפנימי מסתלק. שער הנ"ל פ"ח:

כד כשאין לזו"ן רק הב' פרצופים דעיבור ויניקה דהיינו הב' כלים חיצון ואמצעי אז נקראא אב"א ואינם ראוים לזווג ועולים לאמא והנה"י מועלים להם לכלי הפנימי ומזדווגים פב"פ. שם:

כה כשז"א בעיבור דהיינו פרצוף נה"י דהיינו כלי החיצון שבו בכללו נוקבא הוא שיעור חצי מדה עטרת היסוד וכשיש לו יניקה דהיינו פרצוף דחג"ת דהיינו כלי האמצעי הנוקבא שיעור מדה אחת שלימה ובגדלות באים לו ג"ר דב"ן דהיינו פרצוף דחב"ד דהיינו כלי הפנימי וגם באים לו עם ג"ר דב"ן י"ס דמ"ה ולנוק' ט' אחרונות דב"ן וי"ס דמלכות דמ"ה. שם:

כו בקטנות אין לזו"ן מ"ה כלל רק ב"ן. שם:

כז בבוא הגדלות אז הז"א נותן לנוקבא בעת הנסירה כל הב"ן דיליה ונשאר בו הארתו והוא לוקח כל המ"ה דיליה ודילה ונותן לה הארת המ"ה דילה לבד וכ"ז המ"ה והב"ן דגדלות נק' תוספת המסתלק ולא נשאר בשניהם כי

אם ב"ן דקטנות ונמצא עיקר מ"ה בזכר והארתו בנוק' ועיקר ב"ן בנוק' והארתו בזכר וכעד"ז באו"א או אפשר כי מ"ה בימינם וב"ן בשמאלם בין בזו"ן בין באו"א. שם:

כח ובבוא הגדלות בז"א כלי הפנימי גדלה הנוקבא מאחוריו עד החזה ואין בה רק שני כלים וחסר דעת ויסוד ומלכות שבה ובנסירה לוקחת בינה וגבורות דהיינו ב"ן דז"א ונשלם דעת ויסוד ומלכות וחוזרים פב"פ ובזווג א' נותן לה שם ב"ן בבחי' הגדלות ונשלמת ובזווג ב' נותן לה הארת המ"ה שהם החסדים לצורך הנשמות. שם:

כט הדעות דזו"ן אין בכ"א מהם רק ב' כלים דיניקה וגדלות. שם:

ל ה"ג היוצאים לתיקון פרצופי הנוקבא הם נקבות והניתנים בסוד טיפת הזווג הם זכרים. שם:

לא ממקום אחר נראה כי ו"ק דב"ן נתקנו ע"י ו"ק דמ"ה ובהגדלות באים ג"ר דב"ן וג"ר דמ"ה וכן בנוקבא עד"ז. שם:

לב בב"ן יש חו"ג ובמ"ה יש חו"ג בז"א וכן בנוקבא. שם:

לג משם ב"ן שהם ה"ג מהארתם נבנית הנוק' ועצותה נעשה הכלי דמ"ן דילה ומשם מ"ה שהוא ה"ח נעשה הכלי דמ"ד. שם:

לד הטיפה נמשכת מחסד ראש הו"ק ואינה נמשכת מדעת העליון שבמוח זולת ליחידים. שם:

לה ענין התלבשות מוחין דאו"א בז"א ומוחין דישסו"ת בנוק' וענין הסתלקותם מז"א ונותנין לנוקבא בעת הנסירה עיין שער י"ד שער או"א פ"ז עד סופו:

לו זווג דחיות דזו"ן נפסק לפעמים. שם פ"ח:

לז ירידת הנוקבא בעשיה בום אחר התפלה ובלילה. דרוש עשירי משער מ"ד ומ"ן:

לח טעמים כתר נקודות חכמה תגין ג"ר דבינה אותיות ז"ת דבינה וזו"ן. שער טנת"א פ"ה:

לט ענין המקיפים דברכות האמצעיות דעמידה יוצאים מז' תחתונות דז"א לז' תחתונות דנוק' עיין בע"ח שער י"ז פ"ד. ובכוונות כתוב כי הפנימי מז"ת והמקיף מג"ר דכל אחת מז"ת. ועיין במבו"ש ש"ב ח"ג פ"ה בפרטי הפנימיי' והקיפים:

מ מ"ש הרב זלה"ה שבעת השינה והתרדמה דז"א נמשכים לו מוחין חדשים יותר עליונים היינו אחר השינה שאותם המוחין הראשונים נתחדשו וקבלו הארה גדולה יותר. עו"ת ד"ה [דמ"ה ע"ב] מיום ר"ה מתחלת הנסירה מ"ש ענין שקל עיין מבו"ש ש"ג ח"ב פ"ט:

מא עשרת דמים דעשרת רבועי אהי"ה דלבושי ה"ח וה"ג המתפשטים בז"א בעיבור ויניקה מאימא הם סוד נ' שערי בינה עיין מבו"ש ש"ה ח"ב פ"ה צ"ל אם יש לכוין בהם בחמשים תיבות שבק"מן ושמתם עד על הארץ:

שם **אגלא** ושם **בוכו** מילוי

דמילוי דאדנ"י ד"ל אותיות הם
במלכות בהיותה פב"פ רוח
הקדש תיקון הנדר די"ד ע"ב וכן
בע"ח שער י"ז סוף פ"ד מילי שד"י
הנזכר בישראל דק"ש דקרבנות
הוא צ' דצלם דאבא מבו"ש ש"ה
ח"ב פ"א:
מב ענין עשרה דמים הנ"ל
המתפשטים בי' שמות דמ"ה הם
סוד צ' דצלם. מבו"ש ש"ה ח"ב
פ"ה:
מג ענין ציור ההי"ן דאלהים
דמוחין דקטנות אינם רק במוחין
דאבא. ש"ה ח"ב פ"ז:
מד ענין המוחין דקטנות
שנקראים אלהים גם הלבושים
שלהם שהם נה"י דאי' נק' אלהים
על סדר האלהים דמוחין נפקא
מינה שצריך לכוין להלביש אלהים
דמוחין בתוך אלהים דלבושים
משולבים. מבו"ש ש"ה ח"ב פ"ז:
מה ענין אלהים דמוחין דעיבור
ויניקה פשוטים מצויירים בצורת
ההי"ן ואח"ך מתמלאים היינו הו"ק
דצ' דצלם דקטנות הוא אלהים
פשוטים וג"ר דצ' דצלם הם
אלהים מלאים. ש"ה ח"ב פ"ז
בסופו ממש:
מו ענין כללות או"א בישסו"ת
להזדווג בבחי' הנשמות להוציא
מוחין דגדלות אינו אחר החרבן
ועכשיו אינם נכללים להזדווג רק
בזווג דחיות העולמות וממנו אנו
ממשיכים מוחין דגדלות בק"ש
ובעמידה לזו"ן דאצי' ולאו"א
דבריאה אבל זיווג התחתון

דישסו"ת לבדם למטה אינו רק
לתת מוחין דיניקה לזו"ן דאצי'
ומוחין דיניקה לאבא דבריאה
ומוחין דגדלות לאימא וזו"ן
דבריאה. עו"ת דס"ו ע"א:
מז ענין עליות העולמות שאין
עולים רק הכלים ולא העצמות
הנק' נשמות עיין בעולת תמיד
דס"ט ע"ב שאומר שעולים גם
העצמות שהוא הנשמות שלהם
ומה שאינו עולה הוא אור הא"ס
המתלבש בהם שאפי' העצמות
שלהם נק' כלים לגבי אור הא"ס:
מח בענין שביעי של פסח נמשך
הארה מא"א ליסוד דז"א ליתן בו
כח להזדווג עם נוק' עיין בע"ח ש'
כ"ט ספ"ו גם עיין בפירוש האידרא
זוטא ונ"ל שהוא ענין מה שנעשה
בקונה הכל כנ"ל בפי' העמידה
ודוק טעם התדבקות רחל עם ז"א
אב"א כי לולא זה שהיתה עמו
אב"א והיתה עצם מעצמיו ובשר
מבשרו בתכלית הדיבור והקשור
הנה לא היה חושש אח"כ לתקנה
ולהאיר לה כל הצריך לה. שער
ל"ב שער הארות זו"ן פ"א:
מט אין הזכר העליון מתעורר
לזיווג רק עד שהנקבה העליונה
תתקשט ותכין עצמה לזיווג
ותמצא חן בעיניו ואז הוא מתעורר
להזדווג עמה שאל"כ הנה הוא
עסוק תמיד למעלה לקבל שפע
ולינק מאמו ואינו רוצה לתת
מהשפעתו לזולתו עד אשר הכלה
העליונה תתקשט את עצמה
כאמור:

צריך להבין אם הגבורות מתפשטות בנוק' בעומר כדרך שמתפשטי' החסדים בז"א כי לא נזכרו הגבו' בדברי הרב בס' הכונות שמתפשטים בנוק' וכך נראה מע"ח שאין הגבורות מתפשטות בנוק' עד אחר כלות החסדים להתפשט בגופא דז"א כנודע וגם החסדים מהיכן באו כי כל המוחין גזרו להסתלק ויצאו הנה"י דמ"ה:

ענין הזיווג שיהיה בלי חציצה בתיקונים תיקון נ"ח והביאו הרב ראשית חכמה בדרי"ו ע"ב עיין שם כי מסוף המאמר נראה שיהיו בלי לבוש כלל רק בכסות אחד לשניהם ע"ש:

[דמ"ה ע"ג] **ענין** זיווג אב"א שעולים לאו"א ושם מקבלין מוחין דפנים ונשלמים וחוזרים פב"פ. שער פנימיות וחיצוניות סוף דרוש רביעי ע"ש:

כונה גדולה לקשירת תפלת של יד בזרוע עיין בביאור אדרארבא בביאור ד"ה מארי דחוטמא מחד נוק' כו' ע"ש כי צריכה עוד כונה אחרת וטעם קשירה תפלה של יד בזרוע שמאל עיין בדרוש שלישי דדרושי ק"ש שעל המטה:

כונת הזיווג:

תחילה בנשיקין יכוין להמשיך יה"ו דע"ב מחכמה דחכמה דא"א ולהעבירו דרך ס"ג דבינה דחכמה זו ולהלבישו ביה"ו דמ"ה דו"ק דחכמה ולהלבישם ביה"ו דב"ן דמלכות דחכמה ודרך יסוד שהוא החיך ימשיכם לגרון שהוא בינה דא"א ויכוין שהיא תעלה מ"ן והיא תרין טיפין לקבל טיפה דדכורא והם ב' קס"א מחו"ב נגד יה"ו דע"ב וב' קמ"ג מחו"ב כנגד יה"ו דמ"ה וב' קנ"א מנו"ה נגד יה"ו דב"ן וג' יה"ו שהם טיפה דדכורא כל א' נק' מ"ב לפי שהב' עליונים יורדים ומתלבשים ביה"ו דב"ן שגי' מ"ב וכנגד כל יה"ו ב' אהיה שגי' מ"ב כללות ומטיפה דכורא יעשה החלב של הולד ומתרין טיפין דנוק' מאחת נעשה הדם דהולד ומהב' יעשה החלב:

קול ודיבור **א הוי"ה אדנ"י ב** גם הם בחי' עיטרא דגבורות שביסוד דאימא שבדעת דז"א להוציאם למקיף:

ג גם הם זיווג דנשיקין דב' פרצופים הפנימים דמ"ה דזו"ן רוחא ברוחא דרוש ו' שער החיצוניות ופנימיות:

ד גם הם זיווג דחו"ב י"ה דהוי"ה ומהיו"ד נמשך טיפת ה"ח גיכ"ק לה"ג אחה"ע דמ"ן דבינה ה' ראשונה ע"י הלשון דעת המזווגם ראש הו' ודרך הפה יוצאים הגבורות והחסדים מתפשטים דרך חוט השדרה שהוא ו' דהוי"ה עם היסוד סוף הו' ומשם ניתנים למלכות ה' ארונה. פרק י"ד דמ"ד ומ"ן:

ה גם הם להמשיך נשמות ומוחין ומקיפים לזו"ן משורשם העליון

נְהַר שָׁלוֹם – לרש"ש

מנה"י דתבונה דאזן דא"ק
המלובש בחג"ת דז"א דחוטם
ומתפשטים עד הפה ודרך חיך
וגרון ההנזכר ימשיך מקול לז"א
ומדבור לנוק': ש' אח"פ:

ו גם הם להמשיך אור הא"ס ע"י
כלים של הפה שהם כלים דאצי'
חכמה שבה מתפשט אור הא"ס
להמשיכו אל הבריאה בינה הנק'
פה להוציא קול ודיבור זו"ן. דרושי
אבי"ע פ"ב:

ז גם הם להמשיך שפע ואור גדול
לזו"ן משורשם העליון קול ודיבור
העליונים ולגלות אור י"ס דבינה
העליונה שבפה ע"י החכמה
מחשבה העליונה חיך וגרון חו"ב
דבינה לחיים חו"ג שפתיים נו"ה
לשון דת"י כללות הפה מל'. פי'
במאמר זוהר בראשית מי ברא
אלה:

א נודע מ"ש הרב בדרושי הק"ש
בדרוש ה' שהק"ש שהיא מ"ע
דאורייתא היא בחב"ד וחג"ת
והתפלה שהיא מ"ע דרבנן היא
בנה"י וצ"ל באיזה פרצופים ואם
הוא בעובי או באורך או אם
התפלה הוא בנה"י דחב"ד וחג"ת
הכוללים ובנה"י הכולל דאורך:

ב וגם צ"ל מ"ש בדרוש המקיפים
של העמידה הכתוב בדרושי ר"ה
כי בעת יחוד הק"ש ירדו למטה ד'
מוחין דאור פנימי כו' ועתה חוזרים
לרדת כו' ע"ש כנראה שהוא
להורידם למטה לנה"י בעמידה
שהיא בנה"י:

ג גם צ"ל מ"ש בדרושי הציצית
בענין המוחין דו"ק המתפשטים
בחב"ד דז"א בק"ש שכתב
שאח"כ בעמידה יורדים מוחין אלו
לחג"ת דז"א ובאים לו מוחין
אחרים לחב"ד ע"ש הוא להשוותם
עם הנז"ל:

[דמ"ה ע"ד] **ד** גם צ"ל מ"ש בדרוש ד'
דברכות אבות כי בק"ש נמשכים
מוחין פנימיים דאו"א לחב"ד דזו"ן
והם מחיצות או"א ובעמידה
מקיפים לחב"ד מבחי' אמצעית
דאו"א ומוחין פנימים לחג"ת
ונה"י:

ה ובדרוש המקיפים דעמידה
הכתוב בדרושי ר"ה כתב שהוא
נמשך ממקיף דאו"א:

ו גם בדרושי הציצית משמע
שבק"ש נמשכים מוחין דו"ק
דאו"א:

ז וכן בכמה מקומות מע"ח כתב כן
ושם כתב ג"כ שבק"ש נמשכים
מוחין פנימיים דאו"א כנז"ל אבל
בדרושי הק"ש כתב שאין נמשך
בק"ש רק מוחין דו"ק דבינה וכן
בדרושי העמידה ובכ"מ כתב כן
וכן בס' ע"ת:

ח וצ"ל אם הו"ק דאימא הם מו"ק
דאו"א והם הנק' בינה כי כן
ישסו"ת שהם ו"ק דאו"א נק' אימא
בינה כנודע או אם הם הו"ק דבינה
ממש לבד או אם הם שני מיני
המוחין וצריך להסתכל ולהבין איה
מקומם אם אחד בכללות ואחד
בפרטות או בחיצוניות ובפנימיות
או במ"ה וב"ן או בשניהם:

רנב

ט צ"ל כשמתפשטים המוחין דפנים בנוק' במלך עוזר כו' מתפשטים בה בתחילת הכלים החדשים דז"א ואח"כ מתפשטים בתוכם המוחין במלך עוזר כו' או שאינם מתפשטים אלא בכלים דנוק':

י צ"ל הכלי הנעשה בק"ש של המטה אם הוא לנוק' הכוללת הננסרת בלילה אבל ללאה צריך להמשיך טיפת החסדים כי הורתה ולידתה הוא בחצות הלילה כנודע:

יא גם צ"ל אם הו"ק דגדלות המתפשטים בז"א בק"ש הם הצ' דצלם דצ' הנק' רוח ו"ק כנזכר בשער המוחין והג"ר הנמשכים בעמידה הם כצ' דב' צלמי ל"מ אלא שלפי פשוטן של הדברים א"כ מה הוא ענין דחיית המוחין אע"פ שיש לישבו בעובי צריך להשוותם:

יב גם צ"ל אם הו"ק הנמשכים בק"ש הם המוחין דגדלות דג"ר דו"ק שהם הויו"ת כנזכר בשער אנ"ך או אם הם הו"ק דג"ר או אם הם שניהם גם אם נמשכים ג"ר דו"ק דשני צלמי או"א וו"ק דג"ר דאימא אלא שברוב ע"ח ומ"ש וע"ת וס' הכונות כתוב שג"ר דו"ק הם מוחין דאלהים והו"ק דמוחין דגדלות הנמשכים בק"ש הוא הו"ק דג"ר ויש לישבם ולהשוותם כי הו"ק דג"ר דגדלות הם עצמם היו ג"ר דו"ק כי המוחין נחלפו ונכללו זה בזה כנודע וכנזכר בשער פרקי הצלם:

יג גם צ"ל מ"ש בשער המוחין דצלם סוף פ"ו כי שמות המוחין דו"ק הם באופן אחר והג"ר הם בשלימות הגדלות כנזכר בדרושי הציצית עכ"ל אם כונתו היא שהמוחין דו"ק הם שמות יה"ו אה"י ושמות הג"ר הם שמות שלימים והרי שם בדרושי הציצית נתבאר שזה החילוק דשמות שלימים לשמות חסירים ה' אחרונה הוא ממוחין דאבא למוחין דאימא אבל כולם הם מוחין דו"ק או כונתו לומר שכל אותם המוחין דאמא הם מוחין דו"ק דאו"א ואותם המוחין שלמים דאבא הם מוחין דג"ר דאו"א וכנודע כי ישסו"ת שהם נשמה בינה אימא בריאה והם ו"ק דאו"א ואו"א עילאין חיה חכמה אבא אצי' הם הג"ר:

יד ולפי זה ראוי להבין איך לא כתב הרב ז"ל לכוין בשמות המוחין דאבא בעמידה שהיא בג"ר אצילות חיה אבא אלא שיש לומר אמת הוא שהמוחין דאבא הם מוחין דג"ר כנז"ל אלא שכיון שנתבאר בדרושי הציצית שכל אותם המוחין דאו"א הנזכר שם הם מוחין דו"ק א"כ המוחין דאבא הם מוחין דו"ק דג"ר ודאמא הם ו"ק דג"ר דו"ק כי שיעור כח הק"ש לתקן ולהמשיך מוחין דו"ק לבד וכולם הם מוחין דאא בינה בריאה כי ק"ש הוא [דמ"ו ע"א] בבריאה והוא חיצוניות דאצילות ובפנימיות

דבריאה כי חיצוניות ודאצילות היינו בריאה דאצילות כנודע כי ישסו"ת הם חיצוניות דאו"א אלא שאפשר שמוחין דאמא הם כל המוחין דג"ר דו"ק ולפיכך נקרא פנימיות דבריאה כי בריאה ואצילות הם הג"ר דכל פרט ובמילת ישראל נמשכו מוחין דרוח דבריאה ובמלת אחד נמשכו מוחין דנח"י דבריאה אבל מוח דאבא שהם הג"ר הנק' אצי' אינם אלא מוחין דו"ק הנק' חיצוניות דאצילות ר"ל ו"ק דג"ר דאבא שהם בריאה דאצילות והם מוחין שלמים בערכם אלא שבערך כללות האצי' יקראו ו"ק בערך הבריאה הכולל הנק' אימא ו"ק בערך האצי' הנק' אבא ג"ר:

נמצא שכל אותם המוחין בין דאבא בין דאימא נמשכים בק"ש כי כולם נק' מוחין דו"ק ונק' מוחין דאימא ואח"כ בעמידה נמשכים מוחין דו"ק וג"ר מג"ר דאו"א וכולם נק' מוחין דג"ר ונק' מוחין דאבא:

טו גם אפשר לומר כי המוחין דאימא הם המוחין דו"ק דג"ר דו"ק כנז"ל והמוחין דאבא הם מוחין דג"ר דג"ר דו"ק וכנגדם נמשכים מוחין כפולים לבריאה דאצילות והם ממש דוגמת תפילין דיד שהיא בבריאה ותפילין דראש באצילות וכל א' מצוה בפ"ע הי"ה שלימה כלולה ממוחין דאו"א. הארבעה ע"ב דרפ"ח ניצוצין הנבררין ועולים בשמע הם בירורי ארבע נוק' דב"ן הע"ב בירורי נוק' דג' דכורין עתיק ואבא וז"א שהם חלקי הב"ן המחובר עם המ"ה שבגופם שבדכורין והס"ג חלקי בירורי הב"ן דנוק' דעתיק ואימא ונוק' דז"א הכוללת. והמ"ה בירורי הב"ן דאריך ויש"ס ויעקב והב"ן בירורי הב"ן דנוק' דא"א ותבונה ורחל המוחין דו"ק דגדלות הנמשכים בק"ש שהם ד' יה"ו דע"ב ס"ג מ"ה ב"ן ד' מוחין חו"ב וחו"ג דחכמה וד' אה"י מלאים ד' מוחין חו"ב וחו"ג דבינה נראה כי הד' יה"ו מלאים הם מוחין דחכמות דארבעה פרצופים שבכתר שהם עתיק ונוקביה וא"א ונוק' לחלקי המ"ה שבהם וד' אהי"ה מלאים הם מוחין דבינות דפרצופים הנזכר לחלקי הב"ן שבהם וד' אהו"ה מלאים מוחין דחסדים דדעות דפרצופים הנזכר לחלקי המ"ה שבהם וד' אה"ו מלאים מוחין דגבורות דדעות דחלקי הב"ן דפרצופים הנזכר:

הגהות ספר הכונות ממוהרש"ש ז"ל:

דרוש א עמ"ש גם הי"ח ברכות שיש מן ברכת ענ"י נ"ב ט"ס הוא זה וצ"ל מן ברכת הנותן לשכוי כו' וכך היא הגירסא בספר הכונות ישן ובספר ע"ת. ע"ש עמ"ש וכנגד הי"ח אזכרות שיש בשירת הים ושם ביארנו סודם וע"ש ג"כ שהם בז"א דעשיה והם ט' דאור ישר וט' דאור חוזר:

עיין שם עמ"ש ואמנם הם סוד תרי עיינין נ"ב ותרי אודנין ותרי נוקבי דחוטמא. ופומא ע"ש בסוד מש"ה ויבא לו יין וישת נ"ב דארמי ביה מיא יע"ש. עוד שם על מה שאמר כעין זיווג תפארת ומלכות נ"ב כי כבר ידעת כי כל בחינת זיווג הברכות המצות והנהנין הוא זיווג חיצוניות העולמות וחיותם שהוא זיווג תדירי דלא פסיק לעלמין ועל כן אלו השני יסודות שלהם יחד במילת ברוך כי שניהם לעולם בזיווג. דרוש ג' משער הציצית עמ"ש גם היא מלאה באלף כזה וא"ו נ"ב כן הוא בס' ע"ת הוא"ו מלא. דרוש א' משער תפילין עמ"ש שם יהו"ה במילוי אלפין אשר בז' בחי' שבו נ"ב ושם אהי"ה דההי"ן הוא כתר שבת"ת דז"א והוא נשמה אל הוי"ה דההי"ן שבז"ת שבו. דרוש א' מסדר התפילה עמ"ש ברוך שאמר עד יוצר אור נ"ב אז נעשים מוחין פנימיים ומקיפים לבחי' הרוחות שהוא פנימיות דיצירה ואז אנו מעלין כו' ע"ש עמ"ש והטלית הגדול נ"ב אלא שנראה דציצית קטן גם הוא בחיצוניות ס' כונות ישן די"ג ע"ש:

[דמ"ו ע"ב] **דרוש** ג משער הנזכר ענ"י נ"ב צ"ל מן הנותן לשכוי עד פרשה התמיד וכנז"ל. ע"ש עמ"ש ביוצר אור עד העמידה נעשים מוחין פנימיים מקיפים לנשמות שהם פנימיות הבריאה ואז אנו מעלים כו' ונכללים בהם נ"ב ועולים דאצילות:

עיין שם עמ"ש שלשה ספירות אחרות נ"ב ופנימיות חג"ת עם חיצוניות המלכות הרי שלשה ספירות אחרות. דרוש א' מדרושי הדיש עמ"ש אמר הכותב שכחתי תשלומו נ"ב זה תשלומו לפי שהיכל קה"ק דילה כולל ארבעה ספירות כחב"ד וששה היכלות התחתונות הרי הם י"ס והם נחלקים לשבעה היכלות וסי' שבעה ושבעה מוצקות ע"כ מס' הכונות ישן. דרוש תהלה לדוד עמ"ש בענין כונת שם חת"ך הנזכר נ"ב ונלע"ד חיים כי הראשון הוא שני אחוריים דלאה עם ישראל ואמנם השני הוא כנגד שני האחוריים דרחל עם ישראל ובמילת רצון כו':

דרוש ב של הזמירות עמ"ש בתפילת ראש השנה יע"ש נ"ב והם בחי' המוחין המקיפים הנר"ן הנק' תפילין הנזכר שם בדרוש ה' ואינם המוחים המקיפים הנזכר בדרוש ד' דברכת אבות כי שם נתבאר כי בפסוק שמע נמשכים מוחין לז"א ובשכמל"ו מוחין לרחל נוקביה אבל בדרוש המקיפים דר"ה מסכים עם זה הדרוש שאין הנוק' מקבלת המוחין עד העמידה כנזכר בכאן ע"ש. דרוש ח' משער ק"ש תסתכל בהם בפסוק זה נ"ב תעבירם ע"ג עיניך ותנשק אותם כנזכר לקמן בסדר התפילה:

דרוש ה משער העמידה בברכת אתה גיבור וע"ש נ"ב ודע כי

כשחזרו המוחין להתפשט בז"א במגן אברהם לא נתפשטו ה"ח החסדים רק בחסד דז"א הראשון שהוא החכמה ואח"ך מברכת אתה גיבור בגבורה ובאתה קדוש בת"ת והרי זה חיבוק ונלע"ד חיים כי זהו אמיתות הדבר ע"ת דרוש ו' משער הנזכר:

על מה שכתב ושים שלום הם סוד נה"י שלו נ"ב ולקמן בכונת רצה כ' שהם נה"י שלו אחרונים ע"ש בסוף הדרוש עמ"ש ושים שלום הם סוד נה"י דזעיר אחרון עצמו נ"ב ולעיל בתחילת הדרוש כתב שהם נה"י דז"א הראשונים שעלו לחג"ת והם התלת פרקין עילאין דנה"י שעלו לחג"ת. ולענ"ד להבין במה שנתבאר בשער מיעוט הירח כי אחר חרבן בית ראשון לא נתפשטו נה"י דאימא רק עד הנה"י דז"א הראשונים שעלוכ לחג"ת נמצא שצריך לכוין בשלשה ברכות אלו להמשיך הארה מנה"י דאימא שבנה"י הראשונים דז"א שעלו לחג"ת להמשיך הארה הנזכר לנה"י שלו האחרונים ומשם לחב"ד דנוק':

דרוש כונת אמן עמ"ש ברוך הוא וב"ש נ"ב נלע"ד שצריך לומר כך במילת ברוך תכוין אל שם אהי"ה דיודין המלובש בשם הוי"ה דב"ג וכך היא נוסחת ספר הכונות ישן ועיין לעיל סוף דרוש ראשון מדרושי התפילין שורש כונה זו:

שער דרושי עומר עמ"ש בהתפשטות החסדים נ"ב ואלו לבד מהתפשטות ה"ח וה"ג בברכה עם עשרה לבושיהן בכל לילה. דרוש א' מדרוש חג השבועות עמ"ש זה הכתר הניתן לז"א עיין בשער כ"ט פ"ט באמצע הפרק ד"ה ואמנם תחלה אבאר כו' עד סוף הענין ותראה מה ענין הכתר הזה. ע"ש עמ"ש כנודע נ"ב נ"ל שצ"ל כי או"א הם חו"ב דכללות האצי' ואריך כתר דאצי' ע"ש עמ"ש גם למעלה לא יש זיווג עד היום נ"ב יען כי כל המוחין שנמשכו בז"א מתחלת העומר עד אשמורת יום שבועות הם המוחין דאחור וע"י תפילת שחרית ומוסף נמשכים מוחין דפנים דישסו"ת ודאו"א ודא"א ואז מזדווגים ולכן אין צריך לכוין בתפילת שחרית ומוסף כי אם ממילת באהבה ואילך בשחרית מוחין דפנים דבינה מישסו"ת בחזרה מוחין דפנים דחכמה מאו"א עילאין בלחש וחזרה דמוסף מוחין דפנים דכתר מא"א:

עיין שם עמ"ש מקבלת במקומה למטה נ"ב לפי כי עד עתה [דמ"ו ע"ג] היא עומדת עמו אב"א מהחזה שלו ולמטה כי עדיין לא באו המוחין דפנים הגורמים העלאת מ"ן ושיסתלקו המוחין מז"א ולעלות למ"ן והמוחין דבינות והגבורות מתפשטים בנוק' וה' ספירות ראשונות דז"א מאירים בה ואז עולה ונגדלת כמוהו ואח"כ המוחין דפב"פ לפרצופי הפנים דזו"ן וזה נעשה על ידי תפילת

שחרית ומוסף:

דרוש ו מדרוש ר"ה והיסוד הם קכ"ה הם רי"ו נ"ב אח"כ עולה בנו"ה ויש בו שם יאהדונה"י גי' צ"א ולוקחים ה"פ כ"ה שהם דעת חו"ג נו"ה שהם גי' קכ"ה ועם צ"א הם רי"ו ע"ש עמ"ש אח"כ עולה מוחין פנימים נ"ב ועתה כשאלו המקיפיים השניים יורדים פוגעין ג"כ במוחין ואח"כ חוזרין כו' כן היא גירסת שער הכונות הישן:

דרוש ז נ"ב עיין בשער הולדת או"א וזו"ן פ"ה איך יסוד דא"א בהזדווגו עם מלכותו להוציא הזו"ן בהיותו כלול ג' בג' תוך ג' בג' דא"א בתוך או"א וע"י זיווגם דאו"א נקרא היסוד דא"א שופר וגם אימא נקרא עתה שופר וגם בינה דא"א גרון דיליה בהות כל הבחי' האלו נה"י וחג"ת דא"א ואאו"א וזו"ן כלולים בה נקרא שופר וגם בזיווג העליון דנשיקין ע"ש הענין במ"ב זיווגים שהיו בפה בחיך וגרון דא"א להוציא הזו"ן שאח"כ יורדים הטיפות ההם ליסוד דא"א ויוצאים דרך שם ונק' שופר כנזכר בפ"א ובפ"ב משער הנזכר. ע"ש עמ"ש שינים נ"ב והוא"ו השנית מתחברת עם י' התחתונה ונעשה י"ו שינים למטה כו':

דרוש ח מחג הסוכות להמשיכן נ"ב אבל עתה בזמן הגלות צריך ליטול במדינה כל ז' כיון שלא ניטל במקדש כי בזמן הבית היו סומכים על נטילת הלולב שבמקדש ולא היו צריכים ליטול רק יום א' שהיא מ"ע דאורייתא והיא להמשיך מוחין לזו"ן וגם ליעקב ורחל ומאיליו נמשכין לזו"ן ואפשר ששמות המקיפים הם כשמות הפנימיים כמבואר בדרושי ציצית ותפילין כו':

דרוש ט ולחבר כל בחי' החסדים המקופים דאימא ודעת דז"א נ"ב והם מעולים מאותם שנמשכו לה בשבעת הימים כי אלו הם משורשי החסדים דדעת דאימא ודעת דז"א ודגופא דז"א ועיין בספר הכונות הישן ואלו הז' מקיפים הם מלבד המקיף דחסד הז' הנמשכים בה היום ככל שאר הימים ונמצא כי בהקפה א' צריך לכוין להמשיך לה המקיף דחסד הז' וגם המקיף דחסד הא' דדעת דאימא ודעת דז"א ודגופא דז"א:

קצת ליקוטים שנמצאו מהרב זיע"א:

כוונת השלג בפרש שדי מלכים בה תשלג בצלמון. יכוין במלת בפר"ש בפ"ר שעולה גימ' יהו"ה אהי"ה אדנ"י גי' יב"ק ואהי"ה דיודי"ן כזה אל"ף (ע"ב) ה"י יו"ד ה"י ועשרה אותיות כמנין בפ"ר. שד"י יכוין בשד"י פשוט. מלכים גימ' אהי"ה דאלפין אל"ף ה"א יו"ד ה"א עם כולל מלכים למתק פנים של זעם ואלהים דיודי"ן דשי"ן של בפרש ואלהים בריבוע כזה א' א"ל אל"ה אלה"י אלהי"ם גי' ר'.

תשל"ג יכוין בת' עלמין דכסופין לגלות הארתם ולמתק אלהי"ם דיודין אל"ף למ"ד ה"י יו"ד מ"ם שעולה גי' ש' ע"י ל"ג גלגולים. בצלמון גימ' אלהים בריבוע שהוא ר' וט' אותיות דשם ב"ן למתק אלהים ע"י שם ב"ן יו"ד ה"ה ו"ו ה"ה ובצלמון חסר ו' ואחר הטבילה יכוין בצלמון מלא גימטריא רי"ו ויכוין דג' אלפין של אלהים דיודי"ן דאלפי"ן דההי"ן למתק ג' אלפי"ן דאהי"ה דיודי"ן דאלפין דההי"ן הא' ניקוד מלך השני ניקוד מלך השלישי ניקוד ימלוך ע"כ:

עוד כונה אחרת ממוהר"ן ובניהו בן יהוידע סוד מלכות בן איש חי סוד יסוד רב פעלים כי כל מין פעולה נעשה ע"י מלכות ותפארת סוד מקבצאל שהוא סוד ימא עילאה כי תמן כנישו דנהורא דחכמתא וע"י העון סליק [דמ"ו ע"ד] נביעו דילה ועי"ז הוא הכה ב' מקדשין סוד מניעת השפע דמלכות בגלות והוא הכה את הארי כי כשהיה נמשך השפע היו מקרבין הקרבנות ומניעת השפע גורם הכאת הארי ביום השלג הוא סוד הורדת או"א לנ"ה ואז הוא בחי' צירוף הוי"ה והוא מתגלגל בשלג ומכוין שאם גרם ע"י עוונו לעשות זאת ההכאה לאו"א עתה הוא מתגלגל בשלג ומכוין שמתחבר עם זו"ן ובכח זה הקרירות שהולך ממנו חום הטבעי והרי במסירת נפשו ורוחו

נעשה נפשו ורוחו מ"ן ועולים זו"ן לאו"א ויכוין להוריד שפע מאימא לגדולה גבורה ואח"כ יכוין כי גדולה גבורה בינה גי' של"ג אח"כ יכוין לחבר זו"ן עם האותיות שלהם שהם ו"ה יעשה הוי"ה פשוטה יחוד והוי"ה יחוד ו"ה בי"ד ויכוין בשם **צמרכ"ד** היוצא מפסוק הנותן שלג כצמר כפור. שם צמרכ"ד יוצא מפסוק הנותן שלג כצמר אותיות כצמר הרי צמר"כ וש' דשלג מתחלפת בבי"ת בא"ת ב"ש וכ' של כפור באות ב' באי"ק בכ"ר הרי ד' של צמרכ"ד וגם יוצא מס"ת פ' פ' ראשונה דבראשית:

מי שמתענה שלשה ימים ושלשה לילות ובסוף יום שלישי יתגלגל בשלג ז' פעמים פנים ואחור בכונה זו יעלו לו חשבון ק' הפסקות של ג"י שכל ג' עולים לחשבון ששים:

יכוין ע"י ע"ב שעות של התענית גורם גילוי הארת שם ע"ב דיודי"ן דבמצחא דאריך כזה יו"ד ה"י וי"ו ה"י וכשמגלגל בשלג יכוין שע"י התענית יש לו כח לגרום לבטוש ד' בטישין בכח חזק מאד ארבעה יודין אלו לדיקנא דיליה שה"ס לבושיה כתלג חיוור ומשם לג' ראשונות דבינה שהם ג' אלפין דג' אהי"ה במלואם אל"ף אל"ף אל"ף והענין הוא כי אלו הג' אלפין הם סוד ג' פרצופים דבינה אהי"ה דיודין בפרצוף פנימי דהיינו אל"ף בג"ר דילה הי' יו"ד הי' בת"ת

אהי"ה דאלפי"ן בפרצוף האמצעי ע"ד הנ"ל אלף בשלשה ראשונות דילה ה"א יו"ד ה"א בת"ת. אהי"ה דההי"ן דפרצוף החיצוני ע"ד הנ"ל הרי כי בכל השלשה פרצופים האלף הוא בג"ר שלה ויכוין שכל אלו האורות הם נמשכין בשופע למקוה שה"ס חסד דחסד דאימא ויכוין לחבר נפשו ורוחו ע"י ו"ה ויעלו למקוה הנזכר בסוד מ"ן ומתגלגלים באורות אלו ושואבין מאותו קרירות סוד החסד ואז מתעוררים ג"כ הגבורות ע"י החימום הנמשך מקרירות השלג כנודע בחוש ואז ע"י החמום מזדווגים יחד יאהדונה"י:

והרוצה להתגלגל ל"ג גלגולים יכוין במלת שלג למתק אלהים דיודי"ן אל"ף למ"ד ה"י יו"ד מ"ם שהם ש' דשלג ע"י ל"ג גלגולים לג' דשלג שה"ס אודות הנמשכים מי"ב עזקן דעתיק וי"ב עזקן דאריך וט' אתוון דשלשה אלפין הנזכרים במלוא' הרי ל"ג דשלג ול"ג דמילת תל"ג והת' דתל"ג ה"ס הארת ארבע יודי"ן הנזכר:

מי שמתגלגל ט' גלגולים יכוין ליחד ולחבר ט' אותיות של ג' הי"ה דג' אהי"ה הנז' שהם סוד ו"ת של ג' פרצופים הנזכר עם אלפין שבשלש ראשונות שלהם הרי ט':

ומי שמתגלגל שבעה גלגולים יכוין שע"י גילוי ד' יודי"ן ע"י התענית וגילוי אורות הדיקנא של השלג נכפלים אלו הג' אלפין של השלשה ראשונות הרי ששה אלפין ואח"כ בגלגול הז' יכוין לחברם יחד באופן שיעשו שלשה אלפין כפולים כנודע ויכוין שע"י עלייתו בסוד מ"ן ע"י הגלגולים הנזכרים ע"י ו"ה אז זו"ן מוקפין מאורות הנזכר שבתוך המקוה הנז' שה"ס אורות הנמשכים מא"א והם מקיפים לאבא ואימא ועליה זו היא תכלית עלייתו שה"ס בן מאה שנה וכל זה ע"י ד' יודין הנזכר שמספרם מ' לכן עולה הפסקה זו למאה הפסקות של מ' יום שמספרם ק' ארבעים:

אמנם כשמתגלגל בשלג בלא תענית אין כח בידו לגרום שיקיפו זו"ן את או"א כ"א שיהיו מוקפין מאורות א"א הנזכר וג"ז אינו ע"י המשכה מחדש כי אם שיתגלגלו באורות שהם תדירים במקוה הנזכר: [דמ"ז ע"א]

עוד כונה אחרת לשלג:

וישלח יעקב יכוין כי ע"י הכונת של השלג שהיא בשם צמרכ"ד הוי"ה אדנ"י שביסוד ונ"ה וח"ג שנעשה מהם ג' רי"ו כמבואר במקומו ויתחברו בשורשם שה"ס רי"ו שבבינה וה"ס חרב גלית הפלשתי כי בתחלה לא נתגלה ע"י השלג כי אם ג' אלפין של ג' אהי"ה ועתה ע"י יחוד זה נתגלו ג' מילואו אהי"ה בשלמות ויעשה מהם חרב הנזכר וכ"ז יכוין במלת יעקב שהוא גי' ב"פ הוי"ה אדנ"י

ובמלת מלאכים שאז שה"ס ב"פ מלאך שהוא ג"כ ב"פ הוי"ה אדנ"י הרי ד"פ הוי"ה אדנ"י שנעשה מהם ד"פ רי"ו הנזכר וכ"ז יעלה אל עשו אחיו להכניעו ע"י חרב הנזכר:

כונת המצח ימרח מצחו בשלג ג"פ ויכוין להמשיך ג' אלפין של ג' אהי"ה במילוי הג' אלפין גי' שלג והם בבינה להמשיכם במצחא דז"א למתק הדינים שאותו המצחא ויתרחצו בחלב והוא טוב מאוד להסיר הכעס והשכחה:

טבילה בהפשרת שלגים:

יאמר פסוק עושה גדולות ויכוין שש"ע נהורין דפני אריך יאירו לו"ה להכניע י"ס דקלי' היונקת מו"ה ובשי"ן דעושה יכוין שהוא ממשיך מבינה א"ש שהוא אלהים דיודי"ן אל"ף למ"ד ה"י יו"ד מ"ם להכניע ולשרוף ד' ספי' דקלי' ויכוין שאם פגם והוריד לאו"א למטה יכוין להעלות למעלה ויהיו זו"ן מלבישים לאו"א וע"ק ויהיה מלביש ע"ק לאו"א וזו"ן בסוד לבושיה כתלג חיוור:

במקוה של הפשרת שלגים יכוין שע"י שטובל בשלג הנפשר מתקרר גוף האדם והוא סיבה לשיתחמם הגוף אח"כ כנודע בחוש ולכן יכוין להעלות נפשו ורוחו בסוד מ"ן ע"י שיתחברו עם ו"ה כנודע וע"י העלאת מ"ן לבינה מתרבים האורות למעלה מן הפרסה בסוד האורות הנמשכים מצינורות הדיקנא ונבקע הפרסא ומתחברין מיין עילאין עם מיין תתאין ואז הוא בסוד הו"ה כי אות הו' ה"ס הפרסה וב' ההי"ן ה"ס תרין מיין מיין הנזכר בסוד ציור הא י' למעלה ו' למטה ו באמצעיתא ועי"ז מתחברין יחד בינה ותבונה ונעשים פרצו' א' ונעשה זיווג העליון ע"י השלג שה"ס ג' אלפין דג' אהי"ה במילואם שנפשרים ע"י חמימות של הגבורות שע"י נעשה הזיווג ובאותו השלג שנפשר ונעשה מים טובל האדם וזש"ה כי לשלג יאמר הוה ארץ כי ע"י השלג נעשה סוד הו"ה כי יש אם למקרא ויש אם למסורת ובהגיע אלו המים למלכות נעשה ארץ ויכוין שמוסר נפשו ורוחו ומעלה אותם עם ו"ה שבשם למקוה העליון חסד דחסד אימא עילאה בסוד מ"ן וע"י כן מתרבים האורות של הפרסא הבאים מסוד דיקנא עילאה וסוד ג' ראשונות דאימא סוד שלשה אלפין דג' אהי"ה במילוי יודי"ן אלפי"ן ההי"ן ועולים ובוקעים ויוצאים דרך הפרסא סוד יהו"ה ועולין מיין תתאין לקבל עילאין ונכללים ישסו"ת באו"א ומסו' השלג הנפשר ונעשה מים למטה וכשמתפשט במל' נעשה ארץ וז"ס כי לשלג יאמר הוה ארץ:

יחוד לאחר גלגול השלג:

עלי באר ענו לה עלי גימ' י"ק יכוין להכות מוחין דקלי' כי י"ק עולה כמנין ב"פ ה"ן והם אותיות שאין להם זווג וסודם בבלהה וזלפה וכבר נודע שמהם יוצאים תרין צפרין שהם מוחין של הקלי' ויכוין להביאם אל הקדושה ע"י שיתחברו אלו האותיות עם באר מים חיים ויכוין כי בא"ר עולה אי"ל ה"ה ויח"ם (יחוד זה) יאהדונהי"י ענ"ו גי' קכ"ו שהוא אדנ"י בריבוע כזה א' א"ד אד"נ אדנ"י וע"י יחוד זה יתמתקו וגם יתמתקו ד"ל אותיות מילוי המילוי דאדנ"י כזה אל"ף למ"ד פ"א דל"ת למ"ד ת"ו נו"ן וא"ו נו"ן יו"ד וי"ו דל"ת ויכוין של"ד [דמ"ז ע"ב] יהיו ל"ה אותיות הנז' כי התי"ו תהיה במילוי יו"ד:

ענין אין גורם תיקון כל הפגמים שעולה לצ"ט הפסקות כשיעשה הפסקה של ג' ימים הכונה הוא למתק כל דיני רחל וממשיכים לה י"ס ואז מתקשטת בכ"ד קישוטים שהם אלף תק"ס וגם סוד ב' גבורות זולת הי' גבו' שיש לה כמ"ש בכונת ק"ש וכל גבורה ה"ס שם ב"ן שני פעמים ב"ן גי' אלף מ' וסוד הי"ס כל אחד כלולה מעשר הרי ק' הכל גי' ב' אלפין ותנ"ז כמנין ימי מאה הפסקות וזאת הכונה של השלג כמו שהיא כתובה לעיל בהפסקת השלג וצריך לעשותה ביום ג' של הפסקה והשלג עולה לצ"ט הפסקות וע"י זאת ההפסקה הם ק' ויש ד"ל ימים יתרים כי יום שלישי שעושה טבילה הנז' של השלג גורם שמל' תחזור פב"פ עם ז"א ואז יש חלה סוד מילוי דמילוי דאדנ"י שהם ד"ל אותיות:

עוד כונת השלג עניינו כי צירופי הוי"ה הוא מה שהיה בשעת הפגם אך עתה שעולים או"א ועמהם זו"ן יכוין י"ב הויות כסדרן.

שם המפורש הנזכר בכל מקום הוא יֹהָוֵה דפנימיות דעת דז"א דאצילות כזה יהו"ה יוד חולם נשמה לנשמה דדעת ה"א צירי נשמה פנימי וא"ו קמ"ץ רוח באמצעי. ה"א אחרונה בצירי נפש בחיצון דדעת. ע"ח שער השמות פ"ג ע"ש:

ז"ל מהרח"ו זלה"ה:

גם מצאתי בכ"י מורי זלה"ה **ברוך** ב' מל' ובינה ר' חכמה ו' ת"ת ך' כתר וטעם לזה כי אימא של כלה היא קודמת ואח"כ אביה ואחר שנתייחדה עם אמא ואביה מזדווגת עם זוגה תפארת ועולה עמו עד הכתר עכ"ל. ואפשר שאין זה כ"א בברוך של העמידה כנראה מהתיקונים דל"ז ע"א:

שם י"ב הוא זה מגוגל ומצורף ומנוקד ומוטעם בנשימותיו השלש בכתיבה מרובעת יְהָ יְהָ וְהַ וְהַ וְהָ יְהָ בשכמל"ו עכ"מ **ובמקום** אחר מצאתי וז"ל שם ב"ן י"ב כו' ואין מוסרין אותו דע כי שם ב"ן י"ב הוא שם זה **יאההדוינההי**

נהר שלום - לרש"ש

שהם י"ב אותיות והנקודות הוא שהצניעום מפני הפריצים שלא ישתמשו בו וכשהוא צדיק שם אהי"ה מסייעו במחשבתו ושם הוי"ה בדיבורו ושם אדנ"י במעשיהו עכ"מ:

לחם גי' ג' הויות דנוצר ומלח גי' ג' הויות דונקה ומזיווג ב' מזלות אלו בא לאדם המזון כנזכר בפי' משנת פת במלח כו' עי' בס' הנופות נוף ג':

יוצר דערבית דחול בז' היכלי דנוק' דבריאה ויוצר דשחרית בז' היכלי ז"א דבריאה ודליל שבת בהיכלי אימא דשרית בהיכלי אבא דבריאה ודליל כפור בנוק' דא"א ודיום דא"א דבריאה:

משלי סימן י"א צדקת תמים תישר דרכו וברשעתו יפול רשע יובן במה שמביא הרב זלה"ה על פ' יגמור נא רע כו' וגם במ"ש על יוחנן כ"ג ור"א שנטל חלקו ודוק. וגם פסוק צדיק מצרה נחלץ ויבא רשע תחתיו יובן כמ"ש. וגם פסוק הן צדיק בארץ ישולם אף כי כו' גם פסוק מפרי פי איש ישבע טוב וגמול ידי אדם ישיב לו יובן בהקדמה הנ"ל ובמה שהביא הוא ז"ל על המוכיח לחבירו ואינו מקבל גם בזה יובן פ' חטאים תרדף רעה ואת צדיקים וגו':

זה לשון הרב ז"ל דע שהמגולגל המשלים נוטל חלקו וחלק חבירו בסוד יכין רשע וצדיק ילש כי אותו הלבוש שעשה רשע זה ע"י קצת צדקותיו ומעשיו הטובים ולא זכה ללובשו עתה המגולגל המשלימו לובשו וזהו וצדיק ילבש והנה יוחנן כ"ג שמש בכהונה גדולה פ' שנה ובודאי שע"י עבודתו כמה וכמה לבושין דיקר עשה לו אלא שאח"כ נעשה צדוקי אז אבד כל החלקים הטובים ההם והנה דוגמת [דמ"ז ע"ג] יוחנן שימיו הראשונים היה צדיק ולבסוף חטא הנה מה שפגם הם ימיו האחרונים ולזה בא רבי אלעזר בן דורדייא שהיה פגום בכל ימיו הראשונים ובסוף ימיו עשה תשובה ונמצא שיש כאן ימים שלימים מתוקנים וימים שלמים מקולקלים והנה צד הרע שבימים אלו נטל יוחנן וצד הטוב שבימים האלו נטל ראב"ד וכמ"ש בפ' יגמור נא רע רשעים ותכונן צדיק ובפ' אם רעב שונאך כו' עכ"ל וקשה איך לא לקחו הקב"ה ליוחנן קודם שחטא כמו שעשה לחנוך ולכיוצא בו שכך הוא דרכו של הקב"ה כמ"ש בזוהר ע"פ ויתהלך חנוך וגו' או למה לא עשה לחנוך כמו שעשה ליוחנן ולא ליקח אותו ויתן תחילה ימיו הטובים למי שעשה תשובה בסוף ימיו ואפשר שלזה כיון שהע"ה באומרו יש הבל אשר נעשה על הארץ אשר יש צדיקים אשר מגיע אליהם כמעשה הרשעים כגון יוחנן כה"ג ויש רשעים שמגיע להם כמעשה הצדיקים כגון רבי אלעזר בן דורדייא ע"ה כנ"ל גם בזה יובן פ' יש מתעשר ואין כל כגון ר"א ממתרושש והון רב כגון יוחנן כ"ג:

ענין ט"ב וגלות מצרים שחזר ז"א בחי' עיבור א' עיין במבו"ש ש"ה ח"א פט"ו ופי"ב:

מה שאסור ליתן שלום לחברו קודם שיתפלל היינו דוקא בקול רם עי' בזוהר ח"ב דרכ"ו ע"ב שדייק מן הפסוק שאמר מברך רעהו בקול גדול דוקא וע"ש הטעם ומלך שהשלום שלו יברכנו ברכה שלימה ברוב עוז ושלום וישים חלקנו בתורתו תורת **חיים אמת ושלום**:

אמר הצעיר כחס על הנייר שלא להניחו חלק ראיתי להעתיק בכאן דף א' שנמצא כמוס מכתבי הקדש של הרב החסיד זיע"א וז"ל:

נודע כי תורה שבכתב היא בז"א דאצילות ותורה שבע"פ בכל פרטיה היא בנוקבא דז"א דאצי' ובמ"א כתוב כי מקרא בעשיה ומשנה ביצירה ותלמוד בבריאה וקבלה באצילות א"כ מוכרח הוא כי מקרא היא בעשיה דז"א דאצי' ר"ל בפרצוף החיצון דז"א הנק' עשי' וקבלה ותלמוד ומשנה הם באצי' בריאה יצירה דנוק' שהם פרצופי או"א וז"א דנוק' דז"א דאצילות ונודע כי ז"א יש לו ג'פרצופים והפרצוף הפנימי הוא כלול מחב"ד חג"ת נה"י והוא כל שיעור אורך קומת ז"א והפרצוף האמצעי הוא כלול מחג"ת נה"י בלבד ולכן מלביש לפרצוף הפנימי מחג"ת והוא שיעור חג"ת נה"י דז"א בגדלות והתחלתו מן הגרון ופרצוף החיצון הוא כלול מנה"י בלבד ולכן הוא מלביש לפרצוף האמצעי מהחזה שבו שהוא הנה"י והוא שיעור נה"י דז"א בגדלות דהתחלתו מהחזה ובמ"א כתוב כי יש בז"א ג' פרצו' כנזכר והם מלבישים זא"ז בשוה ושלשתם שוים בקומתם א"כ מוכרח הוא כי יש בז"א שלשה פרצופים חיצון ואמצעי ופנימי ונק' בי"ע דז"א וכל אחד כלול מג' פרצופים שהם בי"ע והג' פרצופים דעשיה וכן דיצירה ודבריאה הם ע"ד הנזכר כי העשיה שבהם מתחלת מהחזה והיצירה שבהם מהגרון ובריאה מהכתר אמנם בי"ע דעשי' מלביש לבי"ע דיציר' ובי"ע דיצירה לבי"ע דבריא' והם שוים בקומתם נמצא כי המקרא שהוא בתנה"י דעשיה דז"א שם הוא כל קומת פרצוף עשיה דעשי' כי הכתר דפרצוף חיצון דחיצו' הוא ת"ת דכללות עשיה שהוא פרצוף החיצון הכולל וחח"ן ובג"ה דפרצוף חיצון דחיצון הוא נ"ה דכללות עשי' ודת"י דפרצו' חיצון דחיצון הוא היסוד דכללות עשיה דז"א וכן הוא בנוק' דז"א כי יש ג' כלים כוללים שהם בי"ע דנוקבא וכ"א כלול מג' כלים ע"כ:

זה הלשון מצאתי בכ"י מהרב דברי שלום זיע"א ושייך לדרוש א' דר"ה:

מה שנלע"ד לפרש בכוונת הרב ז"ל במ"ש בדרוש א' דר"ה והוא

דתחי' נדקדק כמה דקדוקים בדבריו דבתחילת דבריו [דמ"ז ע"ד] כ' וז"ל דע כי כל החדשים הם במל' אבל נחלקים לב' בחי' הא' הוא בהיותה מצד עצמה והב' הוא מצד הזכר כו' וכן חלקם בסמוך ונראה שכ' דו' חדשי הקיץ הם בנוק' והתחלתם מניסן וו' חדשי החורף הם בדכורא והתחלתם מתשרי וא"כ צריך להבין אם כל החדשים הם במל' מה פי' דכר ונוק' שכתב. ועוד שכ' אח"ך בדרוש אחר ששמע מהרז"ל וז"ל דע כי חשבון השנים מתחיל מתשרי וחשבון החדשים מניסן והענין כי ששה חדשי החורף מתשרי ועד אדר הם ו"ק דז"א ולכן הם בסוד שנה ולא בסוד חדשים ומניסן עד אלול הם ו"ק דנוק' יע"ש:

והנה חוץ ממה שצ"ל דהוא היפך ממ"ש לעיל שכתב דכל החדשים הם במל' וכן כתב דחדשי החורף הם בז"א והם בסוד שנה ולא בסוד חדש. עוד צ"ל במ"ש כאן שמתשרי ועד אדר הם בסוד שנה ומניסן ועד אלול הם בסוד חדש נמצא דהשנה אין בה כ"א ו' חדשים וכן בחדשי הלבנה אין בו כ"א ו' חדשים והלא נודע כי חדשי הלבנה הם י"ב וכ"כ חדשי השנה הם י"ב ואין חילוק אלא שזה מתחיל מתשרי וזה מתחיל מניסן:

וכתב עוד שאדר הוא חוטם הדכר וכן אלול הוא חוטם הנוק' וחסר הפה של הדכר ונוק' ולכן נצטוו הסנהדרין לקדש את החדש בפה יע"ש וצ"ל דאם קידוש זה הוא לתשלום הפה של הדכר ונוק' למה היו מקדשין בכל חדש היה די שיקדשו באדר ובאלול:

וכתב עוד ובז"ת טעם נכון למה אין מעברין את השנה אלא בחדש אדר האחרון לששה חדשי החורף ולמה אין מעברין את אלול בסוף ו' חדשי הקיץ יע"ש וצ"ל דאם נשלם בחי' הפה על ידי קידוש החדש למה צריך חדש העיבור לבחי' הפה:

ועוד דלגבי קידוש החדש כתב שלזה צריך קידוש בכל חדש כדי להשלים בחי' הפה הדכורא ולמה לא תיקנו חדש אחר לסוף אלול כדי להשלים פה של הנוק' וממשמעות דברי הרב ז"ל נראה דהקשה קושיא זו שכתב ולמה אינם מעברים אלול כו' דאם סיום הקושיא הנ"ל לכתוב למה אינם מעברים את השנה אלא בחדש אדר ולא באלול כו' ומדכתב ולמה אינם מעברים את אלול משמע דכונתו הוא להקשות שהיה להם לתקן חדש אחר באלול כדי להשלים פה של הנוק' ואם כך הוא כונתו לא מצינו שתי' ע"ז כלום. ועוד במ"ש ובז"ת טעם נכון כו' איך יובן עמ"ש לעיל מזה:

וכתב עוד כי כל החדשים נק' ראשי חדשים לפי שכולם הם בחי' ראש כמו שנבאר לכן כל חדש וחדש יש בו מספר ל' יום להורות כי הם בחי' ראשים וצ"ל לאיזה

ענין הביא זה ועוד דלמה הם ל' ולא עשרים ולא עשרה:

וכתב עוד דהו' חדשים הם בז' בחי' שבראש והם גלגלתא ותרין אודנין וב' עיינין וחוטם וחסר בחי' הפה ומשמע דמטעם זה נק' כל ראשי חדשים וא"כ צ"ל דבז' בחי' אלו שמנה אינם ז' דגלגלתא כמ"ש בע"ח בשערי א"א וכמו שיראה המעיין:

ועוד צ"ל איך יתיישב אלו הב' שמועות דכאן כתב שהו' חדשים הם בז' בחי' שבראש ושמועה אחרת כתב שהם בו"ק כו' יע"ש:

וכדי להבין כ"ז נקדים מה שנודע שיש ימות החמה וימות הלבנה והנה ימות החמה הם שס"ה ימים שהם י"ב חדשים מלאים כל חדש מל' יום וימות הלבנה הם שנ"ד ימים שהם י"ב חדשים חסרים כל חדש מכ"ט יום וחצי והנה חדש העיבור הוא להשלים חדשי הלבנה עם חדשי החמה:

וגם נודע דחמה ולבנה הם זו"ן גם נודע דשנים הם בז"א וחדשים הם בנוק' כמ"ש הרז"ל הכא גם נודע דהשנים [דמ"ח ע"א] מתחילין מתשרי והחדשים מניסן כמ"ש הרז"ל הכא. וא"כ נמצא בז"א שהוא חמה יש לו י"ב חדש מלאים ומתחילין מתשרי בבחי' שנים ונוק' שהיא לבנה יש יב"ח ומתחי' מניסן בבחי' חדשים וחדש העיבור הוא להשלים חדשי הנוק' עם חדשי הז"א ולכן אין מעברין אלא באדר דעד אדר נשלמו חדשי הנוק' ומעברין חדש אחד כדי להשלימ' ומטעם זה אין מעברין בניסן כמו שרצה חזקיהו דניסן הוא שנה אחרת כמ"ש הרז"ל ומניסן אנו מתחי' לעשות חשבון חדש. וגם מטעם זה אין מעברין באלול יען דעדיין לא נשלמו חדשי הנוק' כ"א עד אדר וכדי להבין מה בחי' הם אלו של זו"ן שכתב הרז"ל נקדים מ"ש הרב מר זקיני:

שר שלום זלה"ה בליקוטיו וז"ל כתב הרז"ל בדרושי ר"ה ובספר הכונות ישן בדרושי ר"ח בביאור ענין חסרון ומלוי הלבנה כי י"ב חדשי השנה הם כנגד י"ב צירופי הוי"ה וי"ב צירופי אדנ"י והם ו"ק שהם ששה מלכים דז"א וו"ק שהם ו' מלכים דנוק' ובו' חדשים החורף נתקנים ו"ק דז"א והם מ"ה דמ"ה עם מ"ה דב"ן הנק' דכורא בערך ב"ן דמ"ה וב"ן דב"ן ובו' חדשי הקיץ נתקנים ו"ק דנוק' והם ב"ן דמ"ה וב"ן דב"ן ונק' נוק' בערך מ"ה דמ"ה ומ"ה דב"ן עכ"ל הצריך לעניינינו:

ופירוש דבריו דנודע דמ"ה וב"ן הם זו"ן והנה בזמן המלכים יצאו מ"ה וב"ן דב"ן מ"ה דב"ן ז"א ב"ן דב"ן נוק'. ואירע בהם מקרה המלכים בין בז"א ובין בנוק' ובזמן התיקון יצאו מ"ה וב"ן דמ"ה שהם זו"ן דמ"ה ותיקנו למ"ה וב"ן דב"ן שהם זו"ן דב"ן דהיינו מ"ה דמ"ה תיקן למ"ה דב"ן ומ"ה דב"ן אעפ"י שהוא דכורא. נעשה נוק' יען שהוא מב"ן בערך מ"ה דמ"ה

שהוא ממ"ה ונתחברו שניהם יחד ונעשה פרצו' ז"א כלול ממ"ה דמ"ה וממ"ה דב"ן והם דכר ונוק' שבו. וכן נוק' ב"ן דמ"ה תיקן לב"ן דב"ן וב"ן דמ"ה אעפ"י שהיא נוק' נעשה דכורא יען שהוא ממ"ה בערך ב"ן דב"ן שהוא מב"ן ונתחברו יחד ונעשו פרצוף דנוק' כלולה מב"ן דמ"ה ומב"ן דב"ן והם דכר ונוק' שבה א"כ נמצא דז"א הכלול ממ"ה דמ"ה וממ"ה דב"ן נק' דכורא בערך הנוק' הכלולה מב"ן דמ"ה ומב"ן דב"ן אבל האמת הוא שמ"ה וב"ן דמ"ה הוא דכורא והראיה שנעשה דכורא דזו"ן ומ"ה וב"ן דב"ן הוא נוק' והראי' שנעשה נוק' דז"א:

מעתה נמצא דמ"ה וב"ן דמ"ה שהוא ז"א הם יב"ח השנה והם מתחי' מתשרי דהיינו ו"ק דמ"ה דמ"ה הם מתרי עד אדר ו"ק דב"ן דמ"ה הם מניסן עד אלול ואלו הם ימות החמה שהם יב"ח מלאים שהם שס"ה ימים. וכן מ"ה וב"ן דב"ן שהוא נוק' הם ג"כ יב"ח והם מתחילין מניסן דהיינו ו"ק דב"ן דב"ן הם מניסן עד אלול וו"ק מ"ה דב"ן הם מתשרי עד אדר ואלו הם ימות הלבנה שהם יב"ח חסרים שהם שנ"ד ימים וזמ"ש הרז"ל דהחדשים הם במל' נחלקים לב' בחי' הא' הוא בהיותה מצד עצמה [דמ"ח ע"ב] והב' הוא מצד הדכר הוא על מ"ה וב"ן דב"ן שהיא נוק' וכפי"ז נמצא דמתשרי עד אדר הם מ"ה דמ"ה עם מ"ה דב"ן והוא הוא ז"א הכלול מדכר ונוק' ומניסן עד אלול הם ב"ן דמ"ה וב"ן דב"ן והיא נוק' הכלולה מדכר ונוק':

והנה מ"ש הרז"ל וכל החדשים הם בחי' ראש ולכן כל חדש וחדש יש בו מספר ל' יום כו' הטעם שהם ל' יום הכונה יען דכל ראש הוא כללות כח"ב ואי אנו מונים הדעת יען שהדעת הוא תולדת חו"ב ואינו ספי' בפ"ע ולכן אנו אומרים כח"ב והנה כ"א מאלו הכח"ב כולל י"ס כיון שכל א' הוא ראש בפ"ע כמ"ש בשער א"א וא"כ נמצא שהם ל' ספי' ולכך כל חדש שהוא כללות ראש א' כולל ל' יום כל זה הוא בחדשי החמה שהם מלאים אבל בחדשי הלבנה שהם חסרים נמצא שחסר יום לכל חדש וא"כ נמצא שכתר וחכמה דכל חדש כלול כל א' מעשר ובינה דכל חדש כלולה מט"ס וחסר ממנה בחי' המל' וזה המל' היה נתקן ע"י קידוש החדש בפה של הסנהדרין יען דפה הוא מל'. ומ"ש הרב דאלו החדשים הם בז' בחי' של הראש ומטעם זה נק' ראשים יען דכולם הם רמוזים בראש נלע"ד דהכונה הוא דבחי' אלו נק' ראשים יען דע"י מתנהג כל הגוף דהיינו הגלגלה שהוא בחי' המוח אשר בו מתלבש הנשמה וכן האזנים חוש השמע וכן העינים חוש הראות וכן החוטם חוש הריח וכן הפה חוש הדיבור וע"י כחות אלו יכול הגוף לעשות פעולותיו ומ"ש בשמועה אחרת היפך מזה שהם ו"ק כו'

כבר כתב דהכל הולך למקום אחד והכונה שהו"ק הם הענפים של ראשים אלו ומ"ש שבששה חדשים חסר בחי' הפה כו' כמו כן חסר בחי' המלכות בו"ק כמ"ש בשמועה אחרת דכיון שחסר בשורש כך חסר בענפים והנה בחי' זו נעשה ע"י חדש העיבור ולכך אנו מעברים באדר יען שהוא סוף חדשי הנוק' שהם מ"ה וב"ן דב"ן ואעפ"י שכבר השלמנו בכל חדש בחי' הפה אינו אלא דרך רמז מ"מ חדשי הנוק' חסרים ולכן אנו משלימים בכל ג' שנים חדש אחד כדי שעי"ז יושלמו ימי הלבנה עם ימי החמה ועי"ז נעשי' חדשי הלבנה י"ג חדשים חסרים וע"י נשלם בחי' פה של הכללות של מ"ה וב"ן דב"ן ומ"מ צ"ל דבחדשי הז"א שהם י"ב מלאים א"כ נמצא דחסר מהם בחי' הפה ומל' והיה צריך לעשות אותם י"ג חדשים מלאים כדי להשלים פה של ז"א שהוא כללות מ"ה וב"ן דמ"ה אלא יובן עמ"ש הרז"ל בע"ח שכ"ז פ"א וז"ל ז"א אין בו רק ט"ס והעשירית היא פרצו' הנוק' והוא אינו רק ט"ס יע"ש וכ"כ ש"ל פ"ג וז"ל כי הז"א אין בו רק ט"ס והמל' משלימתו לעשר אמנם המל' שהיא נוק' דז"א יש בה י"ס כי יש בה מל' שבמל' יע"ש ולכן בחדשי הז"א אין אנו צריכים חדש כדי להשלים בחי' פה והמל' דנוק' עצמה משלימתו לבחי' פה ומל' אבל בחדשי הנוק' יש לה פה ומל' בפ"ע ולכן אנו צריכים חדש א' להשלים בחי' פה ומל' שלה זהו משנלע"ד והקב"ה יאיר עינינו בתורתו אכי"ר עכ"ל:

תושלב"ע

נָהָר שָׁלוֹם – לרש"ש

א-

א - אחד
א - אחר
אא - אברהם אבינו
אא - אי אפשר
אא - אי אתה
אא - אריך אנפין
אא - אשת איש
אאביע - א"ק אצילות בריאה יצירה עשיה
אאכ - אלא אם כן
אאלט - אם אני לא טועה
אאס - אור אין סוף
אאעה - אברהם אבינו עליו השלום
אב - איכא בינייהו (יש ביניהם) ארמית
אב - אמרי בינה (ספר)
אבא - אחור באחור
אבא - אי בעית אימא
אבד - אב בית דין
אבי - אצילות בריאה יצירה
אביע - אצילות בריאה יצירה עשיה
אבפ - אחור בפנים
אגלא - אתה גיבור לעולם אדני (שם קודש)
אד - איכא דאמרי (יש אומרים) ארמית
אדהר - אדם הראשון
אדמור - אדוננו מורנו ורבינו
אדק - אדם קדמון
אדר - אידרא רבא
אדרז - אדרא זוטא
אה - אמר המגיה
אהב - אבי הבן
אהב - אמר הבונה
אהב - אמר הבן
אהויר - אהבה ויראה
אהנ - אין הכי נמי (הן כך הוא) ארמית
אהנ - אליהו הנביא
או - אלא ודאי
אוא - אבא ואמא
אוא - אחד ואחד
אוא - אלהינ"ו ואלה"י אבותינו
אוד - או דילמא (או אולי) ארמית
אוה - אומות העולם
אוה - איסור והתר
אוהח - אור החמה
אוהחק - אור החיים הקדוש
אוהל - אור הלבנה
אוהמ - אור המקיף
אוהע - אומות העולם
אוז - אור זרוע (ספר)
אוח - אור חוזר
אוחוז - אור חוזר
אוחז - אור חוזר
אוי - אור ישר
אויור - אור יושר
אומ - אור מקיף
אונ - אהובי וידיד נפשי
אונ - אוכל נבלות
אונ - אוכל נפש
אונ - אריך ונוקבא
אופ - אור פנימי
אופא - אופן אחר
אוצח - אוצרות חיים
אורהפ - אור הפנימי
אז - אדרא זוטא
אז - אור זרוע (ספר)
אז - אחרי זה
אח - אור חוזר
אח - אורח חיים
אח - אזן חוטם
אח - אלהי"ם חיים
אחבא - אחור באחור
אחבי - אחינו בני ישראל
אחז - אחר זה
אחז - אחר זמן
אחזר - אחר זה ראיתי
אחך - אחר כך
אחכ - אחר כך
אחל - אחר חצות לילה
אחף - אזן חוטם פה
אחפ - אזן חוטם פה
אי - אור יקר
אי - אינו יהודי
אי - ארץ ישראל
איה - אברהם יצחק הכהן (הרב קוק זצ"ל)
איה - אם יעזור השם
איה - אם ירצה השם
איה - אמר יהודה הלוי
איהשר - אמן יהיה שמא רבא
איש - אדוני יתברך שמו

אישר - אמן יהיה שמא רבא
אכ - אם כן
אכיר - אמן כן יהי רצון
אכמ - אין כאן מקומו
אכמל - אין כאן מקום להאריך
אל - אמר לו
אל - אמר ליה (אמר לו) ארמית
אלה - אי לאו הכי (אם לא כן) ארמית
אלי - אמת ליעקב (רבי יעקב שאלתיאל)
אלכ - אם לא כן
אלתה - אי לא תימא הכי
אמ - אבינו מלכנו
אמ - אספקלריא מאירה
אמה - אמר המגיה
אמה - אמר המגיה
אמז - אמר משה זכותא (רבי משה זכות)
אמל - אמר לו
אמל - אמר ליה
אמל - אמת ליעקב (ספר)
אמלי - אין מה להאריך יותר
אמן עדן - אבי מורי נשמתו עדן
אמרזל - אמרו רבותינו זכרונם לברכה
אמש - אויר מים אש
אנ - או נאמר
אנ - אי נמי (או גם) ארמית
אנ - אם נאמר
אנהנ - אין הכי נמי
אניוק - אחרי נשיקת ידי ורגלי קודשו
אנך - אורות נצוצות כלים
אנסו - אמן נצח סלע ועד
אס - אין סוף
אסבה - אין סוף ברוך הוא
אע - אבא עילאה
אע - אדון עולם
אע - אהבת עולם
אע - אור עליון
אע - אימא עילאה
אע - איסור עריות
אע - את עצמו
אע - את עצמו
אעג - אף על גב
אעד - אף על דא (אף על זה) ארמית
אעה - אבינו עליו השלום
אעיכ - איך על ידי כך
אעפ - אף על פי

אעפי - אף על פי
אעפכ - אף על פי כן
אפה - אף הכא
אפה - אפילו הכי
אפיה - אפילו הכי
אפל - אפשר להשיב
אפל - אפשר לומר
אפל - אפשר לתרץ
אפשל - אפשר להשיב
אפשל - אפשר לומר
אפשל - אפשר לתרץ
אצ - אין צריך
אצל - אין צריך לומר
אק - אדם קדמון
אר - אדרא רבה
אר - אמר רבי
ארגמן - אוריאל רפאל גבריאל מיכאל נוראל
ארי - אשכנזי רבי יצחק
ארמע - אש רוח מים עפר
ארץ - ארם צובא
ארש - א"ל רחום שמך
ארש - אמר רבי שמעון (רשב"י)
אש - א"ל שד"י
אש - אלהנ"ו שבשמים
אש - אם שגתי
אש - אמר שם
אשהב - אשמורת הבוקר
אשל - אדום שחור לבן
אשל - איפה שלמה (פרוש השד"ה על אוצרות חיים)
אשע - אלופו של עולם
את - אם תאמר
את - אם תגיד
את - אם תקשה
אתי - אל יעזבינו יום
אתל - אם תרצה לומר
אתמ - איתי תלין משוגתי
אתמ - אל תשליכנו מלפניך

ב-
בא - באר אברהם
בא - בן אדם
בא - בני אדם
בא - בני אהרון (ספר)

באוהמ - באור המקיף
באוהפ - באור הפנימי
באופא - באופן אחר
באוצח - באוצרות חיים
באז - באדרא זוטא
באי - באר יצחק
באיאמה - ברוך אתה הוי"ה אלהינ"ו מלך העולם
באר - באדרא רבה
בב - במהרה בימינו
בב - בני ביתו
בבא - במהרה בימינו אמן
בבד - בבית דין
בבי - במהרה בימינו
בבכ - בא באי כוחו
בבנא - בבני אדם
בבת – בלתי בעל תכלית
בג - שתי גבורות
בגד - בגין דא (לכך) ארמית
בגה - בינה גבורה תפארת
בגכ - בגין כך (בגלל ש) ארמית
בגמ - בגמרא מסכת
בד - בינה דעת
בד - בית דין
בד - בן דוד
בד - בן דוסא
בדא - במה דברים אמורים
בדה - בדבור המתחיל
בדה - ברוך דין האמת
בדה - ברוך דין האמת
בדוהמ - בדור המדבר
בדור - בדחילו ורחימו
בדז - בדבר זה
בדמה - בדבור המתחיל
בדת - בארבעה תחתונות
בה - בית הלל
בה - בעזרת השם
בה - בעל הבית
בה - ברוך הוא
בהא - בית הלל אומרים
בהובש - ברוך הוא וברוך שמו
בהח - בית החיים
בהכ - בית הכנסת
בהכ - בית הכסא
בהמ - בית המדרש

בהמז - ברכת המזון
בהנו - בעזרת השם נעשה ונגמור
בהנו - בעזרת השם נעשה ונצליח
בהק - בית הקברות
בו - בשר ודם
בוד - בשר ודם
בוה - ברכה והצלחה
בז - בן זומא
בזהז - בזמן הזה
בזהל - בזה הלשון
בזובז - בזה ובזה
בזוג - בן זוג
בזוג - בת זוג
בזוגר - בזווג ראשון
בזוגש - בזווג שני
בזמ - בשבע מלכים
בח - בית חדש (פירוש על הטור)
בח - בעלי חיים
בח - בקור חולים
בח - שני חלקים
בח - שני חסדים
בחי' - בחינה, בחינות
בי - בית יוסף
ביהש - בין השמשות
ביו - בפרק ט"ו
ביוב - ביום שני
בילאו - ברוך ה' לעולם אמן ואמן
בילאוא - ברוך ה' לעולם אמן ואמן
ביע - בריאה יצירה עשיה
ביצמ - ביציאת מצרים
בכ - בגין כך (בגלל זה) ארמית
בכ - ברכת כהנים
בכא - בכל אחד
בכאוא - בכל אחד ואחד
בכהע - בכתר העליון
בכז - בכל זאת
בכז - בכל זמן
בכח - בכתר חכמה
בכמ - בכל מקום
בכמ - בכמה מקומות
בכע - בכל עולם
בכע - בכתר עליון
בלאה - בלאו הכי
בלאהנ - בלו הכי נמי
בלאוה - בלאו הכי

בלהק - בלשון הקודש
בלז - בלשון זה
בלט - בליל טבילה
בלי - בית לחם יהודה (רבי יהודה פתיה)
בלנ - בלי נדר
בלר - באר לחי רואי
בלש - בליל שבת
במ - בכמה מקומות
במ - בר מנין
במא - במקום אחד
במא - במקום אחר
במב - בורא מיני בשמים
במדהי - במדינת הים
במדומ - במחשבה דבור ומעשה
במומ - במשא ומתן
במל - במלכות
בממ - בורא מני מזונות
במס' - במסכת
במקא - במקום אחר
במש - במה שכתוב
בנ - בר נש (בן אדם) ארמית
בן - שם ב"ן (יוד הה וו הה)
בנא - בנוסחה אחרת
בנא - בני אדם
בנא - בנפילת אפים
בנד - בנידון דידן
בנהש - בנהר שלום
בנוה - בנצח והוד
בני - בני ישראל
בנמ - בנדפס מחדש
בנפא - בנפילת אפים
בנקח - בנקיטת חפץ
בנר - בורא נפשות רבות
בס' - בספר
בס - ב' ספירות
בס - בו סכנה
בס - שתי סברות
בסד - בסוף דבר
בסד - בסיעתא דשמיא
בסד - בספרא דצניעותא
בסדה - בסוף דיבור המתחיל
בסהז - בספר הזהר
בסהל - בספר הלקוטים
בסוד - בסוף דרוש
בסוהד - בסוף הדרוש
בספהט - בספרו הטהור
בע - בכל עת
בע - בן עזאי
בעב - בורא עצי בשמים
בעב - בורא עשבי בשמים
בעד - בעל דבר (הסיטרא אחרא)
בעד - בעל דין
בעה - בעזרת השם
בעה - בעל הבית
בעהב - בעל הבית
בעהז - בעולם הזה
בעהק - בעיר הקודש
בעהש - בעזרת השם
בעהש - בעלות השחר
בעוה - בעונותנו הרבים
בעוהר - בעוונותינו הרבים
בעז - בעולם זה
בעזה - בעזרת השם
בעח - בעל חוב
בעכ - בעל כורחם
בעפ - בערב פסח
בעש - בערב שבת
בפ - שתי פעמים
בפ - שתי פרצופים
בפהג - בורא פרי הגפן
בפז - בפרק זה
בפי - בן פורת יוסף
בפע - ב' פרקין עילאין
בפע - בפני עצמה
בפע - בפני עצמו
בפע - בפני עצמם
בק - בת קול
בקגוש - בקנין גמור ושלם
בקגוש - בקנין גמור ושריר
בקוח - בקור חולים
בקור - בקול רם
בקר - בקול רם
ברה - בראש השנה
ברהש - ברכות השחר
ברוד - ברחימו ודחילו
ברכי - ברכי יוסף (החיד"א)
בש - ב' שלישים
בש - בית שמאי
בש - ברוך שאמר
בש - ברוך שמו

בש - בת שבע

בשא - בשמאי אומרים

בשג - בשולי גויים

בשהט - בשלחנו הטהור

בשכמלו - ברוך שם כבוד מלכותו לעולם ועד

בשפ - בשווה פרוטה

בשש - בשים שלום

בת – בעל תכלית

בתז - בתוך זה

בתחה - בתחית המתים

בתחהמ - בתחיית המתים

-ג

גא - ג' אמצעיות

גור - גשמיות ורוחניות

גז - גם זה

גזד - גזר דין

גזס - גם זה סוד

גזש - גזרה שווה

גח - ג חלקים

גח - גמילות חסדים

גי' - גירסה

גימ' - גימטריה

גכ - גם כן

גס - שלוש ספירות

גע - גילוי עריות

גע - גן עדן

געומ - גידין עצמות ומוח שבעצמות

גפ - שלושה פרצופים

גר - ג' ראשונות

גש - ג' שלישים

גש - גזירה שוה

גת - ג' תחתונות

-ד

דא - ארבע אמות

דא - דבר אחר

דאבי - דאצילות בריאה יצירה

דאדק - דאדם קדמון

דאהנ - דאין הכי נמי

דאח - דברי אלהי"ם חיים

דאלכ - דאם לא כן

דאלתה - דאי לא תימא הכי

דב - די בזה

דבק - דברי קודשו

דבש - דברי שלום

דה - דבור המתחיל

דהולל - דהוה לה לומר (ארמית) היה לו לומר

דהעה - דוד המלך עליו השלום

דוהמ - דוד המלך

דוהמ - דור המדבר

דומ - דיבור ומחשבה

דומ - דיבור ומעשה

דונ - דוכרא ונוקבא

דור - דחילו ורחימו

דז - דבר זה

דז - דין זה

דז - דרך זה

דח - ד' חלקים

דחג - דעת חסד גבורה

דיל - דיש לומר

דכון - דוכרא ונוקבא

דכונ - דוכרא ונוקבא

דכצל - דכך צריך לגרוס

דל - די למבין

דלל - דלית לה

דלקמ - דלא קשיא מדי (אין כאן קושיה) ארמית

דמ - דרך משל

דמבד - ד' מיתות בית דין

דמכש - דמכל שכן

דמש - דמה שכתב

דס - ארבע ספירות

דסל - דסבירא ליה (שסבור הוא) ארמית

דפ - ארבע פרצופים

דפ - ארבעה פעמים

דפ - ארבעה פרשיות

דפוי - דפוס ישן

דפחח - דברי פי חכם חן

דצחמ - דומם צומח חי מדבר

דקאל - דקאמר ליה (שאמר לו) ארמית

דקק - דקצת קשה

דרה - דרכי האמורי

דרזל - דרשו רבותינו זכרונם לברכה

דרמ - דרבי מאיר

דרנ - דרוח נפש

דת - ד' תחתונות

דת - דין תורה
דתהר - דתהומא רבא
דתי - דעת תפארת יסוד
דתים - דעת תפארת יסוד מלכות
דתכבת - דתלת כלילין בתלת
ה' - הוי"ה

ה-

הא - הוי"ה אלהינ"ו
האאסבה - הארת אור אין סוף ברוך הוא
האומ - האור מקיף
האומ - הארץ ומלואה
האופ - האור פנימי
האסבה - הארת אין סוף ברוך הוא
הארש - הרב אדוננו רבי שלום
הבבת – הבלתי בעל תכלית
הבי - הבית יוסף
הג - ה' גבורות
הגובי - הגהות וביאורים
הגרא - הגאון רבינו אליהו (מוילנא)
הד - הדא דכתיב (זהו שכתוב) ארמית
הד - היכי דמי (אין זה דומה) ארמית
הד - הינו דאמרי (זהו שאומרים) ארמית
הדמ - הדרת מלך
הה - הא"ל הגדול
הה - הדא הוא
הה - הוא הדבר
הה - הוא הדין
הה - היינו הך
הה - הלא הוא
הה - הלא המה
הה - העולם הבא
הה - הר הבית
הה - הרב הגדול
הה - הרי הוא
ההא - הוא היה אומר
ההד - הדא הוא דכתיב (זה שכתוב) ארמית
ההה - הוא הודה הוא הדרה
ההיב - השם הטוב יכפר בעדי
ההיב - השם התברך יכפר בעדי
ההל - היה לו לומר
הויה - יהו"ה
הול - הוה ליה
הולל - היה לו לומר
הוס - הוא סוד
הור - הושענה רבא
הז - הוא זה
הז - הרי זה
הח - ה חלקים
הח - ה חסדים
החומ - החתום מטה
החידא - הרב חיים יוסף דוד אזולי
החמ - החתום מטה
הט' - הטעם
הט - הוא טעם
הטוהמ - הטוב והמטיב
הי - הוד יסוד
הי - השם ישמור
הי - השם יתברך
הימ - הוד יסוד מלכות
הימל - הוא ישלח מלאכו לפניך (שם קדוש)
היס - העשר ספירות
היסב - היד סולדת בו
היע - המקום ירחם עלינו
היעבא - המקום ירחם עלינו במהרה אמן
הירא - רבי ידידיה אבו-אלעאפיה
הית - השם יתברך
הכע - הכתר עליון
הל - הוה ליה (מה היה) ארמית
הל - היה לו
הל - הנזכר למעלה
הל - הרי לך
הלל - היה לו לומר
הללמ - הלכה למשה מסיני
המ - הדור מצוה
המ - הדרת מלך (ספר)
המ - הכי משמע (כך נשמע) ארמית
המ - חמש מקיפין
המ - חמשה מוצאות
המ - חמשה מקיפים
המדא - היינו מאי דאמר
המהריט - הרב מורנו רבי יום טוב אלגאזי
המהרשא - המורנו הרבה רבי שמואל אידלש
המקח - המקום חיצוני
המקפ - המקום פנימי
הנ - הכא נמי (אותו דבר) ארמית
הנדמ - הנדפס מחדש

הנוה - הנצח והוד
הנז' - הנזכר
הנזל - הנזכר להלן
הנזל - הנזכר להעיל
הנזל - הנזכר למעלה
הנל - הנזכר לעיל
הנמ - הנדפס מחדש
הנמ - הנפקא מינה (היוצא מזה) ארמית
הס - הוא סוד
הס - הר סיני
הס - חמש ספירות
הע - חמש עולמות
הער - הערב רב
הפ - חמש פנימיים
הפ - חמש פעמים
הפ - חמשה פרצופים
הצג - הוא צדיק גמור
הק - ה' קצוות
הקבה - הקדוש ברוך הוא
הקק - היכל קודש קודשים
הראבד - רבי אברהם בן דוד
הראש - הרב רפאל אברהם שרעבי (נכד הרשש)
הרג הלוי - הרב גדליה הלוי
הרדא - הרב דוד אבודרהם
הרדבז - רבי דוד בן זמרא
הרדפ - הרב רבי דוד פרדו
הרומ - הרוגי מלכות
הרז - הרי זה
הריץ - הרב יעקב צמח
הרמדל - רבי מנחם די לונזנו
הרמדל - רבי משה די לאון
הרמהח - הרב מסעוד הכהן חדד (שמחת כהן)
הרמפ - הרב רבי מאיר פאפרוש כץ
הרנש - הרב נתן שפירא
הרפיש - הרב יפה שעה
הרשו - הרב רבי שמואל ויטאל
השבח - הרב שלמה בן חיים חיקיל (בעל הלש"ם)
השדה - הרב שאול דויק הכהן (איפה שלמה)
השוהא - השמים והארץ
השית - השם יתברך
השמש - הרב שלום מזרחי שרעבי (הרש"ש)
השע - השליש עליון
השק - השש קצוות

ו-
ואהנ - ואין הכי נמי (והן כך הוא) ארמית
ואחז- ואחר זמן
ואחז - ואחרי זה
ואחכ - ואחר כך
ואכ - ואם כן
ואכמל - ואין כאן מקום להאריך
ואנהנ - ואין הכי נמי
ואעפ - ואף על פי
ואעפכ - ואף על פי כן
ואפיה - ואפילו הכי
ואפל - ואפשר להשיב
ואפל - ואפשר לומר
ואפל - ואפשר לתרץ
ואפשל - ואפשר להשיב
ואפשל - ואפשר לומר
ואפשל - ואפשר לתרץ
ואש - ואלהינ"ו שבשמים
ואש - ואם שגיתי
ואשאת - ואם שגיתי איתי תלין
ואשאתמ - ואם שגיתי איתי תלין משוגתי
ואת - ואל תעשה
ואת - ואם תאמר
ואתל - ואם תרצה לומר
ובגד - ובגין דא (ולכך) ארמית
ובדמה - ובדבור המתחיל
ובה - וביאור המילה
ובהנמח - ובהנדפס מחדש
ובכא - ובכל אחד
ובכמ - ובכל מקום
ובמש - ובמה שבארנו
ובסד - ובסוף דבר
ובסהק - ובספר הקדוש
ובסהק - ובספרי הקטן
ובסוד - ובסוף דבר
ובש - וברוך שמו
וג - שש גדולים
וגז - וגם זה
וגע - וגן עדן
ודוק - ודייק ותמצא קל

ודל - ודי למבין
ודמ - ודרך משל
והה - והוא הדין
וההיב - והשם הטוב יכפר בעדי
וההיב - והשם התברך יכפר בעדי
וההל - והיה לו לומר
והט - והוא טעם
והיעא - והשם יאיר עינינו אמן
והיעבא - והשם יאיר עינינו בתורתו אמן
והלל - והיה לו לומר
והמי - והמבין יבין
והמי - והמשכיל יבין
והס - והוא סוד
והרז - והרי זה
וזא - וזה אמר
וזבז - וזה בזה
וזהש - וזה הוא שכתוב
וזל - וזה לשונו
וזמשה - וזה מה שאמר הכתוב
וזס - וזה סידרן
וזעגז - וזה על גבי זה
וזשארזל - וזה שאמרו רבותינו זכרונם לברכה
וזשה - וזה שאמר הכתוב
וחא - וחד אמר
ויל - ויש לומר
וימ - ויניקה מוחין
וכה - וכך הוא
וכהא - וכן הכתוב אומר
וכהג - וכהאי גונא (באופן זה, בדרך זה) ארמית
וכז - וכל זה
וכמ - וכך מובן
וכמ - וכן מובן
וכמוכ - וכמו כן
וכמשה - וכמו שאמר הכתוב
וכמשזל - וכמו שאמרו זכרונם לברכה
וכנ - וכן נזכר
וכנ - וכן נראה
וכעדז - וכן על דרך זה
וכעזהד - וכן כל זה הדרך
וכפ - וכך פסק
וכש - וכל שכן
ולד - ולעניות דעתי
ולזא - ולזה אמר

ולעדן - ולעניות דעתי נראה
ולענדן - ולעניות דעתי נראה
ולעתל - ולעתיד לבוא
ולפיז - ולפי זה
ולפמש - ולפי מה שכתב
ולשיקבהוש - ולשם יחוד קודשא בריך הוא ושכינתיה
ומכמ - ומכמה מקומות
ומכש - ומכל שכן
ומכשכ - ומכל שכן
וממא - ומכל מקום אחר
ומס - ומר סבר
ומעט - ומעשים טובים
ומשוה - ומשום הכי (ומסיבה זאת) ארמית
ונ - שש נקודות
וס - שש ספירות
ועז - ועל זה
ועזא - ועל זה אמר
ועזאבה - ועל זה אמר בעל התמונה
ועזנ - ועל זה נאמר
ועיכ - ועל ידי כך
ועיל - ועוד יש לדקדק
ועיל - ועוד יש להקשות
ועיל - ועוד יש לומר
ועיע - ועיין עוד
ועכ - ועל כן
ועל - ועיין לעיל
ועש - ועיין שם
ופא - ופעם אחת
ופו - ו' פעמים ו' (שש כפול שש)
וצי - וצריך ישוב
וק' - וקשה
וק - ו' קצוות
וק - וקשה
וקו - וקל וחומר
וקל - וקל להבין
וקק - וקשה קצת
וש - ששה שלישים
ושכמה - ושכרו כפול מן השמים
ות - שש תחתונות

ז-

זא - זאת אומרת
זא - זה אמר

זא - זעיר אנפין
זאז - זה אחר זה
זאז - זה את זה
זבז - זה בזה
זבתז - זה בתוך זה
זג - זמן גרמא
זה - זה הדין
זהל - זה הלשון
זהמ - שבע המלכים
זוגר - זווג ראשון
זוגש - זווג שני
זוהק - זהר הקדוש
זוח - זהר חדש
זונ - זכר ונקבה
זונ - זעיר אנפין ונוקבא
זח - זהר חדש
זח - שבעה חדשים
זטה - שבעה טובי העיר
זיע - זכותו יגן עלינו
זיעא - זכותו יגן עלינו אמן
זכונ - זכר ונקבה
זל - זה לשונו
זל - זכרונו לברכה
זל - זרע לבטלה
זלהה - זכרונו לחיי העולם הבא
זלז - זה לזה
זלמ - זה למטה מזה
זלמ - זה למעלה מזה
זלמז - זו למטה מזו
זמ - שבעה מלכין
זמז - זה מזה
זמל - שבעה מלכים
זמש - זה מה שכתוב
זמש - זהו מה שאמר
זמשה - זה מה שאמר הכתוב
זנ - שבע נקודות
זס - ז' ספירות
זס - זה סוד
זס - זה סידרן
זעגז - זה על גבי זה
זעז - זה על זה
זצל - זכרון צדיק לברכה
זק - ז' קצוות
זש - זה שאמר
זש - זה שכתוב
זשארזל - זה שאמרו רבותינו זכרונם לברכה
זשה - זה שאמר הכתוב
זת - שבע תחתונות
זת - שבעה תיקוני
זתג - שבעה תיקוני גולגולתא
זתז - זה תוך זה

ח-

חא - חד אמר
חא - חלק א
חב - חלק ב
חבד - חכמה בינה דעת
חבח - חותם בתוך חותם
חבח - חסד בתוך חסד
חבחג - חכמה בינה חסד גבורה
חבית - חלב בשר יין תכלת (לחותם בתוך חותם)
חבית - חלב בשר יצהר תרוש (לחותם בתוך חותם)
חבתו - חברון תבנה ותתקומם
חבתם - חכמה בינה תפארת מלכות
חג - חלק ג
חג - חמשה גבורות
חג - חסד גבורה
חגבי - חלב גבינה ביצה יין
חגת - חסד גבורה תפארת
חגתי - חסד, גבורה, תפארת, יסוד
חדב - חכמה דעת בינה
חדג - חסד דעת גבורה
חדר - חסד דין רחמים
חה - חול המועד
חו - חס וחלילה
חוב - חכמה ובינה
חוג - חסדים וגבורות
חוהמ - חול המועד
חוח - חן וחסד
חומ -חתום מטה
חונצ - חסד ונצח
חוף - חוטם פה
חופ - חוטם פה
חופ - חצוני ופנימי
חור - חכמי ורבני
חזל - חכמינו זכרונם לברכה
חח - חמשה חסדים

חחן - חכמה חסד נצח
חי - חמדת ימים
חי - חמדת ישראל (ספר לרבי שמואל ויטאל)
חיה - חיבוט הקבר
חכוב - חכמה כתר ובינה
חל - חוץ לארץ
חל - חצות לילה
חליש - חיים לכל ישראל שבק
חמ - חכמה מלכות
חמ - חתום מטה
חמוע - חנניה מישאל ועזריה
חמפג - חילתית מורייס פת גבינה
חס - חזקת סכנה
חס - חכמה סתימאה
חס - חשש סכנה
חס - שמונה ספירות
חסד - חסדי דוד (רבי דוד מגר)
חע - חכמה עילאה
חעד - חבל על דאבדין
חפ - חוטם פה
חק - חסידא קדישא
חקל - חיים לכל חי (ספר)
חר - חכם רבי
חשבס - חולה שיש בו סכנה
חשו - חירש שוטה וקטן
חשמ - חול של מועד

ט-

ט - טעם
טא - טעם אחר
טב - תשעה באב
טג - טלית גדול
טוד - טעם ודעת
טור - טוב ורע
טות - טלית ותפילין
טז - טורי זהב (פירוש לשולחן ערוך)
טח - תשעה חודשים
טט - מטטרו"ן (מלאך)
טנ - תשעה נקודות
טנתא - טעמים נקודות תגין אותיות
טס - תשע ספירות
טפ - תשעה פירקין
טק - טלית קטן
טק - טעות קולמוס
טר - ט (תשע) ראשונות
טת - ט (תשע) תחתונות

י-

יאוא - הוי"ה אלהינ"ו ואלוה"י
יאואא - הוי"ה אלהינ"ו ואלוה"י אבותנו
יב - יודעי בינה
יבח - י"ב חודשים
יבי - עשר בעשר
יג - יש גורסים
יגתד - יג תיקוני דיקנא
יד - יורה דעה
ידח - ידי חובה
יהרמ - יהי רצון מלפניך
יוהך - יום הכיפורים
יוהכ - יום הכפורים
יוט - יום טוב
יומ - יניקה ומוחין
יוסד - יוסף דעת
יוצאיח - יוצאי חלציו
יושה - יסוד ושורש העבודה (רבי אלכסנדר זיסקינד)
יח - ידי חובה
יחנרן - יחידה חיה נשמה רוח נפש
יחנרנ - יחידה חיה נשמה רוח נפש
יטס - י"ט ספירות
ייהר - יין הרקח
יל - יכול להיות
יל - יש לדקדק
יל - יש להבין
יל - יש לומר
יל - יש לתרץ
ילפ - יש לפרש
ימ - יניקה מוחין
ימ - יסוד מלכות
ימב - ימי בראשית
ינ - עשר נקודות
יס - ים סוף
יס - עשר ספירות
יסות - ישראל סבא ותבונה
יע - עשרה עגולים
יעא - יגן עליה אלהי"ם
יעא - יגן עלינו אמן
יעא - יכוננה עליון אמן
יעא - יעקב אבינו

יעבא - יאיר עינינו בתורתו אמן
יעועכיא - יגן עלינו ועל כל ישראל אמן
יעוש - יעוין שם
יעושב - יעוין שם בדברו
יעקור - יעקב ורחל
יעש - יעוין שם
יעשב - יעוין שם בבאורו
יפי - י' פעמים י' (עשר פעמים עשר)
יפש - יפה שעה (פרוש רבי שלמה הכהן על ע"ח)
יצ - יעקב צמח
יצהט - יצר הטוב
יצהר - יצר הרע
יצו - ישמרהו צורו ויחיהו
יצמ - יציאת מצרים
יקנהז - יין קדוש נר הבדלה זמן
ירה - ירום הודו
ירה - ירחם השם
ירושתו - ירושלים תבנה ותכונן
ירע - יראה עילאה
ירת - יראה תתאה
ישסות - ישראל סבא ותבונה
ישרמ - יהיה שמיא רבא מבורך
יתבל - יתבאר לעתיד
יתש - יתברך שמו

כ-

כא' - כאחד
כא - כי אם
כא - כי אם
כא - כל אחד
כבב - כל בני ביתו
כג - כהן גדול
כדא - כדאמרינן
כדא - כמה דאתאמר
כדמוי - כדת משה וישראל
כדתים - כתר דעת תפארת יסוד מלכות
כה - כך הוא
כהג - כהאי גונא
כהג - כהן גדול
כהח - כף החיים
כהנ - כל הנצרך
כהנ - כן היא נוסחת
כהנ - כן הנוסח
כומ - כוכבים ומזלות
כז - כל זה
כח - כתר חכמה
כחב - כתר חכמה בינה
כחבד - כתר חכמה בינה דעת
כי - כנסת ישראל
כי - כתב יד
כיק - כתב יד קודשו
כיר - כן יהי רצון
כירא - כן יהי רצון אמן
ככ - כך כתב
ככ - כל כך
כלמ - כלפי מעלה
כלצמא - כלי לבוש צלם מוחין אור
כמ - כך מובן
כמ - כל מקום
כמ - כן מובן
כמ - כסא מלך
כמבא - כי מימיני בל אמוט
כמדא - כמא דאתאמר (כמו שנאמר) ארמית
כמהרר - כבוד מעלת הרב רבי
כמוכ - כמו כן
כמרזל - כמאמר רבתינו זכרונם לברכה
כמש - כמו שכתבנו
כמש - כמו שכתוב
כמש - כמו שנכתוב
כמשהכ - כמו שאמר הכתוב
כמשזל - כמו שאמרו זכרונם לברכה
כמשית - כמו שיתבאר
כמשל - כמו שכתוב לעיל
כמשל - כמו שכתוב לקמן
כמשל - כמו שמבואר להלן
כמשל - כמו שמבואר לעיל
כמשל - כמו שמבואר לקמן
כנ - כן נראה
כנזל - כנזכר להעיל
כנל - כנזכר לעיל
כע - כח עליון
כע - כל עולם
כע - כתר עליון
כעדז - כך על דרך זה
כעז - כתוב על זה
כעזהד - כן כל זה הדרך
כפ - כך פסק
כפ - כתם פז

כפז - כפי זה
כץ - כהן צדק
כצל - כך צריך לומר
כקיס - כקריעת ים סוף
כש - כל שכן
כש - כרם שלמה (רבי סולמאן אליהו)
כשארזל - כמו שאמרו רבותינו זכרונם לברכה
כת - כבוד תורתו
כתים - כתר תפארת יסוד מלכות
כתק - כתנא קמה (כמו התנא הראשון) ארמית
כתר - כבוד תורתו

ל-

לא - לשון אחר
לב - לישב בסוכה
לבע - לבית עולמו
לבעד - לבעל דין
לבת לבן תורה
לג - לא גורסים
לג - לא גרסין
לד - לאו דווקא
לדפ - לארבע פרצופים
לה - לבנת הספיר
להדמ - לא היו דברים מעולם
להק - לשון הקודש
להר - לשון הרע
להרר - להרב רבי
לו' - לומר
לזא - לזה אמר
לי - שלושים יום
ליח - לצאת ידי חובה
לכא - לכל אחד
לכי - לכנסת ישראל
לכל- לכל עלמא
לל - לית ליה (אין לה) ארמית
למד - למאן דאמר (למי שאמר) ארמית
למהד - למאן דאמר (למי שאמר) ארמית
לעד - לעניות דעתי
לעדן - לעניות דעתי נראה
לעולע - לעולם ועד
לעולע - לעולמי עולמים
לעיתש - לעבודתו יתברך שמו
לעכומז - לעובדי כוכבים ומזלות
לעל - לעתיד לבוא
לענדן - לעניות דעתי נראה
לענדנ - לעניות דעתי נראה
לעע - לעולמי עד
לעע - לעולמי עולמים
לעע - לעת ערב
לעע - לעת עתה
לעש - לערב שבת
לעתיש - לעשרת ימי תשובה
לעתל - לעתיד לבוא
לפה - לחמש פרצופים
לפז - לפי זה
לפיז - לפי זה
לפמש - לפי מה שכתב
לקמ - לא קשיא מדי (אין כאן קושיה) ארמית
לקפ - לקבל פרס
לרור - לרוח רעה
לש - לא שנא (אין הבדל) ארמית
לש - ליל שבת
לשהר - לשון הרע
לשות - לשם ותהילה
לשיקבהוש - לשם יחוד קודשא בריך הוא ושכינתיה
לשש - לשם שמים
לת - לא תעשה

מ-

מא - מים אחרונים
מא - מים אמצעיים
מא - מקום אחר
מאמר - מאמרי רשב"י
מאמרזל - מאמר רבותינו זכרונם לברכה
מב - מ"ה ב"ן
מב - מהדורה בתרא
מב - מעשה בראשית
מב - שם מב (שם של מ"ב אותיות)
מבד - משיח בן דוד
מבוש - מבוא שערים
מבעי - מבעוד יום
מבפע - מב' פרקין עילאין
מגא - מגן אברהם
מד - מיין דוכרין
מד - מן דאמר
מדבק - מדברי קודשו

מדה - מדבור המתחיל
מדהד - מידת הדין
מדהי - מדינת הים
מדומ - מחשבה דבור ומעשה
מדומן - מ"ד ומ"ן
מדומנ - מדוכרא ונוקבא
מדז - מדבר זה
מדק - מדברי קודשו
מה - מלאך המות
מה - מלאכי השרת
מה - שם מ"ה (יוד הא ואו הא)
מהמ - מלאך המות
מהמ - מלכי המלכים
מהרחו - מורנו הרב רבי חיים ויטאל
מהריץ - מורינו הרב יעקב צמח
מהרנש - מורנו הרב רבי נתן שפירא
מהרשו - מורינו הרב שמואל ויטאל (הבן של רבי חיים ויטאל)
מהרשך - מורינו הרב שאול דוויק (השד"ה) בעל איפה שלמה
מהרשך - מורינו הרב שלמה הכהן בעל יפה שעה
מהש - מלאכי השרת
מוהר - מורי הרב
מוהרחו - מורנו הרב חיים ויטאל
מוהריט - מורנו הרב רבי יום טוב (אלגאזי)
מוהרם - מורנו הרב מאיר
מוהרשו - מורנו הרב שמואל ויטאל
מוהרשש - מורינו הרב שלום שרעבי (הרש"ש)
מוזל - מורי ז"ל
מולמ - מטי ולא מטי
מומ - משא ומתן
מוס - מוחא סתימאה (מוח סתום שהוא חכמה דא"א) ארמית
מופ - מקיף ופנימי
מוצש - מוצאי שבת
מוק - מועד קטן (מסכת)
מוש - מוצאי שבת
מזל - מוציא זרע לבטלה
מזלן - משה זכות לי נראה
מח - משנת חסידים (רבי עמנואל חי רקי)
מחהש - מחצית השקל
מחק - מקום חיצוני

מט - מאי טעמא (מה הטעם) ארמית
מט - מה הטעם
מטומ - מטי ולא מטי
מטשב - מ"ט שערי בינה
מכ - מצאתי כתוב
מכמ - מכל מקום
מכמ - מכמה מקומות
מכע - מכח עליון
מכע - מכתר עליון
מכש - מכל שכן
מכשכ - מכל שכן
מל - מלכות
מל - מתוק לנפש
מלאד – מלכי אדום
מלת - מצות לא תעשה
ממ - מאי משמע
ממ - מכל מקום
ממ - מעשה מרכבה
ממ - מפני מה
ממ - מקרא מפורש
ממ - מראה מקום
ממא - מכל מקום אחר
ממא - ממקום אחר
ממדומ - ממחשבה דיבור ומעשה
ממה - מלך מלכי המלכים
ממהמ - מלך מלכי המלכים
ממוזל - ממורי ז"ל
ממש - ממה שכתוב
מן - מיין נוקבין
מניר - מעלתו נירו יאיר
מניר - מר ניהו רבה
מניר - מרן נירו יאיר
מס - מר סבר
מסכי - מספר כתב יד
מסנ - מסירות נפש
מע - מצות עשה
מעב - מעשה בראשית
מעט - מעשים טובים
מעכת - מעלת כבוד תורתו
מעכת - מעלת כבוד תורתם
מעלד - מאבד עצמו לדעת
מעלע - מעת לעת
מעע - מעשר עני
מער - מעשר ראשון
מעש - מערב שבת

מעש - מעשר שני
מצש - מצת שמורים (ספר)
מק - מהדורה קמא
מק - מצאתי קושיה
מקב - מקום בינה לרבי יצחק צבע
מקוב - מקום בינה (ספר) למקובל יצחק צבע
מקמ - מקדש מלך
מקפ - מקום פנימי
מר - מדרש רבה
מר - מים ראשונים
מרעה - משה רבינו עליו השלום
מש - מאי שנא
מש - מבוא שערים
מש - מה שיבואר
מש - מה שכתב
מש - מה שכתוב
מש - מה שמבואר
מש - מה שמצאתי
מש - מה שנאמר
מש - מה שנכתב
משאכ - מה שאין כן
משאכ - מה שאמרו כאן
משה - מה שאמר הכתוב
משה - מה שנא התם
משהכ - מה שאין כן
משוה - משום הכי (מסיבה זאת) ארמית
משזל - מה שאמרו זכרונם לברכה
משזל - מוציא שכבת זרע לבטלה
משכ - מה שכתוב
משכז - משכב זכר
משכן - מטה שולחן כסא מנורה
משל - מה שאכתוב להלן
משל - מה שאכתוב לקמן
משל - מה שהיה להוכיח
משל - מה שכתבתי להוכיח
משל - מה שכתבתי למעלה
משל - מה שכתבתי לעיל
משל - מה שנתבאר לעיל
משל - מה שרצה להוכיח
משמ - מתנת שכיב מרע
משצל - מלאכה שאינה צריכה לגופה
משק - מה שאמר קרא
משש - מה שכתב שם
משש - מה שכתבתי שם
משש - מה שכתוב שם
משש - מוסף של שבת
משש - מנחה של שבת
מת - מהדורה תנינא
מתתלע - מתתא לעילא

נ-

ן' - בן
נא - נוסחא אחרינא (נוסחה אחרת)
נא - נפילת אפים
נב - נכתב בצידו
נב - נראה בעיני
נדמ - נדפס מחדש
נה - נצח הוד
נהי - נצח הוד יסוד
נהים - נצח הוד יסוד מלכות
נהר - נפשו הרמה
נהר - נשיא הרבנים
נהש - נהר שלום
נוא - נדב ואביהוא
נוה - נצח והוד
נוק' - נוקבא
נור - נפש ורוח
נז' - נזכר
נחי - נשמה חיה יחידה
נטי - נטילת ידים
נטלפ - נותן טעם לפגם
ניוק - נשיקת ידי ורגלי קודשו
נכ - נפילת כפיים
נל - נכון לעשות
נל - נראה לי
נלח - נודע לידעי חן
נלח - נראה לי חיים (המרח"ו)
נלעד - נראה לעניות דעתי
נלעדן - נראה לעניות דעתי נתן (רבי נתן שפירא)
נלפ - נראה לי פרושו
נלפ - נראה לי פשוט
נלפ - נראה לפרש
נמ - נדפס מחדש
נמ - נפקא מינה (יוצא מזה) ארמית
נן - נבוכדנצר
נע - נשמתו עדן
נפא - נפילת אפיים
נפוש - נפלו ונשברו

נק' - נקרא
נקבה - נערה קטנה בוגרת ה'
נקח - נקיטת חפץ
נר - נחת רוח
נר - נפש רוח
נרו - נטרה רחמנא וברכיה
נרו - נצרהו רחמנא ונטרהו
נרנ - נפש רוח נשמה
נרנח - נפש רוח נשמה חיה
נרנחי - נפש רוח נשמה חיה יחידה
נשב - נ' שערי בינה
נשי - נשמות ישראל
נשצל - נראה שצריך לגרוס
נתא - נקודות תגין אותיות
נתב' - נתבאר
נתל - נתבאר לעיל

ס-

סא - סברה אחרונה
סא - סברה אחרת
סא - סיטרא אחרא (הצד האחר) ארמית
סבל - ספק ברכות להחמיר
סבל - ספק ברכות להקל
סג - שם ס"ג (יוד הי ואו הי)
סד - סוף דבר
סד - סלקא דעתך (עולה על דעתך) ארמית
סד - ספרא דצניעותא
סדא - סלקא דעתך אמינא (היית חושב כי אומר) ארמית
סדה - סוף דיבור המתחיל
סדמ - סדרי משנה
סה - סך הכל
סה - ספר הזהר
סהל - ספר הלקוטים
סהת - ספר התורה
סהת - ספר התיקונים (תקוני הזוהר)
סובע - סובב כל עלמין
סוד - סוף דבר
סוד - סוף דעתו
סוס - סוף סעיף
סט - סדר טהרות
סט - סופו טוב
סט - סימן טוב
סטא - סטרא אחרא

סי' - סימן
סי - ספר יצירה
סכי - ספר כתב יד
סל - סבירא ליה (סבור הוא) ארמית
סמב - ס"ג מ"ה ב"ן
סס - סוף סוף
סס - ספק ספיקא
סעומ - סעודת מצוה
ספדצ - ספרא דצנעותא (סוף פרשת תרומה בזהר)
ספהט - ספר הטהור
ספהט - ספרו הטהור
ספי' - ספירה, ספירות
סר - ששים רבוא
סרח - ספר ראשית חכמה
סשהח - סקילה שריפה הרג חנק
סת - סופי תבות
סת - ספר תורה
סתמ - ספר תורה, תפילין, מזוזה
סתר - סוף תוך ראש

ע-

עא - עד אחד
עא - עמוד א
עא - עמודה א
עא - ענין אחר
עאכו - על אחת כמה וכמה
עאפ - על אף
עב - עמוד ב
עב - עמודה ב
עב - שם ע"ב (יוד הי ויו הי)
עבגעומ - עור בשר גידין עצמות ומוח שבעצמות
עבגעמ - עור בשר גידין עצמות מוח
עבט - עני בן טובים
עבכ - עם ב' כוללים
עג - על גב
עג - על גבי
עג - עמודה ג
עד - על דא (על זה) ארמית
עד - על דבר
עד - על דבר
עד - על דרך
עד - עמודה ד
עדג - על דרך גוזמא

עדה - על דרך הכתוב
עדה - על דרך הסוד
עדז - על דרך זה
עדמשה - על דרך מה שאמר הכתוב
עדש - על דרך שכתוב
עה - עליו השלום
עה - עם הארץ
עה - עם הכולל
עה - עמוד השחר
עה - עצם השמים
עהב - עולם הבא
עהד - עץ הדעת
עהז - עולם הזה
עהח - עץ החיים
עהכ - עם הכולל
עהפ - על הפסוק
עהש - עלות השחר
עוג - עובד גלולים
עוהב -עולם הבא
עוהז - עולם הזה
עועא - עובדי עבודת אלילים
עועג - עובד עבודת גלולים
עועג - עומד על גבו
עוש - עוד שם
עות - עולת תמיד (ספר)
עז - עבודה זרה
עז - עולם זה
עז - על זה
עז - עם זה
עזא - ועל זה אמר
עזנ - על זה נאמר
עח - עץ חיים
עטב - עטרת בעלה
עטר - עטרת ראשנו
עי - על יד
עי - עתיק יומין
עיא - עליה יגן אלהי"ם
עיהר - עין הרע
עיוט - ערב יום טוב
עיומ - עבור יניקה ומוחין
עיז - על ידי זאת
עיז - על ידי זה
עייש - עיין שם
עיכ - על ידי כך
עיל - עוד יש לדקדק

עיל - עוד יש להקשות
עיל - עוד יש לומר
עימ - עבור יניקה מוחין
עיע - עיין עוד
עית - עשרת ימי תשובה
עכ - עד כאן
עכ - על כורחו
עכ - על כורחם
עכ - על כן
עכד - כל כל דא
עכד - עד כאן דיברו
עכומ - עובדי כוכבים ומזלות
עכומז - עובדי כוכבים ומזלות
עכז - עם כל זה
עכל - עד כאן לשונו
עכפ - על כאן פרושו
עכפ - על כל פנים
עכפ - על כן פירש
עכפ - על כן פסקו
עכתל - עד כאן תוכן לשונו
על - עיין לעיל
עמ - על מנת
עמלקפ - על מנת לקבל פרס
עמש - על מה שאמר
עמש - על מה שביאר
עמש - על מה שכתב
עמשל - על מה שכתב לעיל
ענ - על נכון
ענ - עליו נאמר
עני - על נטילת ידים
עס - ע"ב ס"ג
עס - עד סוף
עס - עשר ספירות
עסמ - ע"ב ס"ג מ"ה
עסמב - ע"ב ס"ג מ"ה ב"ן
עפ - על פי
עפ - על פניהם
עפ - על פסוק
עפ - ערב פסח
עצהד - עץ הדעת
עק - עתיקא קדישא (הזקן הקדוש) ארמית
עקה - על קדוש השם
ער - ערב רב
ערה - ערב ראש השנה

עש - עיין שם
עש - על שם
עש - ערב שבת
עת - עולת תמיד
עתי - עתיק יומין
עתיש - עשרת ימי תשובה

פ-

פ' - פרק
פ' - פרשת
פא - פעם אחרת
פא - פעם אחת
פא - פרק א
פא - פרק אמצעי
פא - פרקין אמצעים
פאפ - פה אל פה
פבא - פנים באחור
פבפ - פנים בפנים
פהא - פרי האדמה
פהג - פרי הגפן
פהע - פרי העץ
פוא - פנים ואחור
פוח - פנימי וחיצון
פור - פרו ורבו
פז - פרק זה
פח - פה חוטם
פחח - פי חכם חן
פי' - פירוש
פיו - פניו ידיו ורגליו
פיו - פרק ט"ו
פסד - פסק דין
פע - פרק עליון
פע - פרקין עילאין
פעח - פרי עץ חיים
פפ - פוצה פה
פפ - פותח פה
פפ - פתחון פה
פק - פרק קמא
פק - פרקא קדמאה
פרדס - פשט רמז דרוש סוד
פרדרא - פרקי דרבי אליער
פרח - פרי חדש (ספר)
פרח - פרי עץ חיים (ספר)
פרשי - פרוש רש"י
פשז - פולטת שכבת זרע

פת - פרק תחתון
פת - פרקין תתאין
פתהד - פתח הדביר (ספר)

צ-

צב - צריך ביאור
צבצ - צדיק בן צדיק
צבר - צדיק בן רשע
צג - צדיק גדול
צג - צדיק גמור
צדל - צדקה לענים
צהכ - צאת הכוכבים
צוטל - צדיק וטוב לו
צורל - צדיק ורע לו
צי - צריך ישוב
צל - צריך לאמר
צל - צריך לבאר
צל - צריך לגרוס
צל - צריך לדעת
צל - צריך להבין
צל - צריך לזה
צלד - צריך לדעת
צלח - ציון נפש לחיה (ספר)
צלע - צריך לזה עיון
צלעג - צריך לזה עיון גדול
צע - צריך עיון
צעג - צריך עיון גדול
צער - צריך עיון רב
צת - צניף תפארתנו

ק-

ק - קשה
קאל - קאמר ליה (אמר לו) ארמית
קבהו - קודשא בריך הוא ושכינתיה (הקדוש ברוך הוא והשכינה) ארמית
קבעומש - קבלת עול מלכות שמים
קבש - קבלת שבת
קג - קשר גודל (ספר לחיד"א)
קגוש - קנין גמור ושלם
קגוש - קנין גמור ושריר
קד - קנין דברים
קה - קדוש השם
קהי - קהילת יעקב
קו' - קושיה
קו - קל וחומר

קובהוש - קודשא בריך הוא ושכינתיה
קור - קול רם
קייל - קיימא לן
קיס - קריעת ים סוף
קלי' - קליפה, קליפות
קמג - שם קמ"ג (אלף הא יוד הא)
קמל - קא מבעי ליה
קמל - קא משמע לן
קמל - קא משמע לן (בא ללמד אותנו) ארמית
קנא - שם קנ"א (אלף הה יוד הה)
קסא - שם קס"א (אלף הי יוד הי)
קסד - קא סלקא דעתך
קפ - קבלת פרס
קק - קודש קודשים
קק - קונטרס קבלה
קק - קצת קשה
קק - קשה קצת
קקק - קדוש קדוש קדוש
קר - קול רם
קר - קלות ראש
קרושב - קלות ראש ושיחה בטילה
קריעת ים סוף
קש - קריאת שמע
קשד - קרינן שם דבריו
קשל - קשיא לה (קשה לו) ארמית

ר-

רא - רבי אלעזר
ראבע - רבי אלעזר בן עזריה
רבבח - רבה בר בר חנה
רבימ - רומי בבל יון מצרים
רבצ - רשע בן צדיק
רבר - רשע בן רשע
רבשע - רבונו של עולם
רדלא - רישא דלא אתיידע
רה - ראש השנה
רה - רחובות הנהר
רה - רשות הרבים
רהי - רשות היחיד
רהר - רשות הרבים
רוד - רחימו ודחילו
רוטל - רשע וטוב לו
רול - רוצה לומר
רומ - רום מעלתו
רור - רוח רעה
רורל - רשע ורע לו
רז - רבינו זלמן (בעל שולחן ערוך הרב)
רזל - רבותינו זכרונם לברכה
רזל - רבינו זכרונו לברכה
רח - ראש חודש
רח - ראשית חכמה (ספר)
רחבד - רבי חנינה בן דוסא
רחבד - רבי חנינה בן תרדון
רחו - רבי חיים ויטאל
רחל - רחמנא לצלן
רי - רבי יצחק
ריבז - רבי יוחנן בן זכאי
ריהח - רבי יהודה החסיד
ריח - רבי יוסף חיים (בן איש חי)
ריפ - רבי יהודה פתיה
ריצ - רבי יעקב צמח
רל - רוצה לאומר
רל - ריש לקיש
רל - רצונו לומר
רמ - רבי מאיר
רמ - רום מעלתו
רמ - רעיא מהימנא
רמבם - רבי משה בן מימון
רמבן - רבי משה בן נחמן
רמז - רבי מורי זקני
רמז - רבי משה זכותא
רמח - רמ"ח (אברי האדם)
רמפ - רבי מאיר פאפרוש כץ
רמק - רבי משה קורדברו
רנ - רוח נפש
רנש - רבי נתן שפירא
רע - רבי עקיבה
רעוד - רעותא דליבא
רעמ - רעיא מהימנא
רפ - רב פעלים (שו"ת לרי"ח הטוב)
רפבי -רבי פמחס בן יאיר
רפח - רבי חיים פלאגי
רפח - רפ"ח ניצוצות
רצהע - רצון העליון
רצע - רצון עליון
רר - רוח רעה
רשבי - רבי שמעון בר יוחאי
רשו - רבי שמואל ויטאל
רשי - רבי שלמה יצחקי

רשמ - רצונו של מקום
רשש - רבי שלום שרעבי
רת - ראשי תבות
רת - רבינו תם
רתס - ראש תוך סוף

ש-

שא - שליש א'
שא - שליש אמצעי
שאלכ - שאם לא כן
שאלמ - שאין לו מתירין
שארזל - שאמרו רבותינו זכרונם לברכה
שב - שיחה בטילה
שב - שליש ב'
שב - שערי בינה
שבהק - שבחמשה קצוות
שבח - שלמה בן חיים חיקיל (בעל הלש"ם)
שבלאה - שבלאו הכי
שבמא - שבמקום אחר
שבנוה - שבנצח והוד
שבעהז - שבעולם הזה
שבעז - שבעולם זה
שבעפ - שבעל פה
שג - שליש ג'
שד - שפיכות דמים
שדרזל - שדרשו רבותינו זכרונם לברכה
שהג - שער הגלגולים
שהולל - שהיה לו לומר
שהזג - שהזמן גרמא
שהיסב - שהיד סולדת בו
שהמ - שער המצות
שהעה - שלמה המלך עליו השלום
שהפ - שער הפסוקים
שהק - שער ההקדמות
שהש - שיר השירים
שהשר - שיר השירים
שואת - שב ואל תעשה
שואתע - שב ואל תעשה עדיף
שוע - שתי וערב
שוקר - שחוק וקלות ראש
שור - שוב ראיתי
שות - שאלות ותשובות
שז - שכבת זרע
שזג - שזמן גרמא

שזל - שפך זרע לבטלה
שח - שאלת חלום
שח - שומר חינם
שטח - שטר חוב
שיוב - שיורי ברכה (ספר)
שילמ - שיש לו מתירין
שכ - שכיב מרע
שך - שלמה הכהן (הרב יפה שעה - רבי שלמה הכהן)
שכא - שכל אחד
שכזל - שכבת זרע לבטלה
שככ - שכך כתב
שכל - שכל זה
שכמ - שכיב מרע
שכמה - שכרו כפול מן השמים
שכפז - שכפי זה
שלבל - שלא בא לעולם
שלה - שני לוחות הברית (ספר)
שמ - שכיב מרע
שמ - של מטה
שמ - של מעלה
שמ - שמע מינא
שמוזל - שמורי ז"ל
שמות - שנים מקרא ואחד תרגום
שממ - שמכל מקום
שמן - (הרב) שלמה מולכו נראה שמן למאור
שמס - שמר סבר
שמר - שמועה רחוקה
שמר - שמות רבה
שמר - שער מאמרי רשב"י
שמרשבי - שער מאמרי רשב"י
שמש - שלום מזרחי שרעבי (הרש"ש)
שמש - שמה שכתב
שנב - שהכול נהיה בדברו
שנגלה - שורש נשמה גוף לבוש היכל
שנימ -שומר נפשו ירחק מזה
שס - שישה סדרים (משנה, תלמוד, גמרא)
שסדמ - שש סדרי משנה
שסה - שס"ה (גידים באדם)
שע - של עולם
שע - שליש עליון
שע - שמיני עצרת
שעאפ - שעל אף

שעג - שעל גבי
שעג - שעל גביו
שעה - שורש ענף הארה
שעהכ - שער הכונות
שעיכ - שעל ידי כך
שער - שעת רצון (לרב שלמה הכהן)
שפ - שווה פרוטה
שפא - שפת אמת (ספר בקבלה)
שץ - שליח ציבור
שצ - שליח ציבור
שצ - שלמי ציבור
שצל - שאינה צריכה לגופה
שצמחנכל - שבתאי צדק מאדים חמה נוגה כוכב לבנה
שק - שבת קודש
שק - שש קצוות
שר - שימושא רבא
שר - של ראש
שר - שלום רב
שר - שלוש רגלים
שר - שם רע
שר - שמות רבה
שר - שנה ראשונה
שר - ששים רבוא
שש - שים שלום
שש - שכר שכיר
שש - שלום שרעבי (הרש"ש)
שש - שם שמים
שש - שמן ששון (פרוש רבי ששון בכר על ע"ח)
ששק - של שבת קודש
שת - שליש תחתון

ת-

תגת - תלת גו תלת
תד - תקוני דיקנא
תה - תחת השמש
תה - תשמיש המיטה
תהר - תהומא רבא (תהום גדול) ארמית
תהש - תכלית השלמות
תהש - תכלית השנאה
תהש - תפילת השחר
תהש - תרגום השבעים
תו - תבנה ותכונן
תוא - תגין ואותיות
תובב - תיבנה ותתקומם במהרה בימינו
תובבא - תבנה ותכונן במהרה בימינו אמן
תוהק - תורה הקדושה
תומ - תפארת ומלכות
תומ - תפלין ומזוזות
תומי - תומך יד
תומי - תומכי ישראל
תומי - תכף ומיד
תומצ - תורה ומצות
תז - תקוני זהר
תזוח - תקוני זהר חדש
תזל - תזכו למצוות
תח - תא חזי (בא תראה) ארמית
תח - תורת חכם (רבי חיים דילה רוזה)
תח - תיקון חצות
תח - תלמיד חכם
תחה - תחית המתים
תחהמ - תחיית המתים
תחי - תחת יד
תחי - תחת ידי
תי' - תיקון
תיקו' - תיקונים
תכ - תוך כדי
תכ - תורת כהנים
תכ - תניא כותיה
תכ - תשש כחו
תכב - תלת כלילן בתלת
תכבת - תלת כלילין בתלת
תל - תיקון לאה
תל - תלמוד לומר
תלית - תהילות לשם יתברך
תנ - תפילת מנחה
תנדבא - תנא דבי אליהו
תנה - תפארת נצח הוד
תנהי - תפארת נצח הוד יסוד
תנהים - תפארת נצח הוד יסוד מלכות
תנך - תורה נביאים כתובים
תע - תפילת ערבית
תע - תשועת עולמים
תעב - תבוא עליו ברכה
תר - תיקון רחל
תרומ - תרומות ומעשרות
תש - תא שמע (בא תשמע) ארמית
תש - תפילת שחרית
תשבעפ - תורה שבעל פה

תשח - תשואות חן
תשי - תפילין של יד
תשר - תפילין של ראש
תת - תלמוד תורה
תת – תפארת